微课版

Excel在人力资源与行政管理中的应用

ExcelHome 编著

人民邮电出版社
北京

图书在版编目（CIP）数据

Excel在人力资源与行政管理中的应用 : 微课版 / ExcelHome编著. -- 北京 : 人民邮电出版社, 2017.8
微软Excel致用系列
ISBN 978-7-115-44995-5

Ⅰ. ①E… Ⅱ. ①E… Ⅲ. ①表处理软件－应用－人力资源管理②表处理软件－应用－行政管理 Ⅳ. ①F243-39②D035-39

中国版本图书馆CIP数据核字(2017)第114306号

内 容 提 要

本书以 Excel 在人力资源与行政管理中的具体应用为主线，按照人力资源管理者的日常工作特点谋篇布局；在讲解具体工作方法的同时，通过典型应用案例，介绍相关的 Excel 2010 常用功能。

全书共 7 章，分别介绍了办公与行政后勤常用表格制作、员工信息基础表格制作、人事信息数据统计分析、人员招聘与录用常用表格制作、员工培训管理常用表格制作、考勤与薪酬福利管理常用表格制作、职工社保管理常用表格制作等内容。

本书讲解案例实用清晰，知识点安排深入浅出，注重理论与实际操作相结合，涵盖了 Excel 2010 在处理人力资源与行政管理方面的难点和热点。本书主要面向需要提高 Excel 应用水平的人力资源与行政管理人员，既可作为高等院校讲授 Office 办公软件课程的教材，也可作为企业办公人员的自学用书和广大 Excel 爱好者的参考书。

◆ 编　　著　ExcelHome
责任编辑　孙燕燕
责任印制　周昇亮
◆ 人民邮电出版社出版发行　　北京市丰台区成寿寺路 11 号
邮编　100164　　电子邮件　315@ptpress.com.cn
网址　http://www.ptpress.com.cn
北京七彩京通数码快印有限公司印刷
◆ 开本：787×1092　1/16
印张：17.5　　2017 年 8 月第 1 版
字数：414 千字　　2024 年 12 月北京第 11 次印刷

定价：54.00 元（附光盘）

读者服务热线：(010)81055256　印装质量热线：(010)81055316
反盗版热线：(010)81055315
广告经营许可证：京东市监广登字20170147号

前言
PREFACE

在众多Office组件中，Excel无疑是最具有魅力的应用软件之一，它在日常工作中的重要性不言而喻。对于人力资源与行政管理从业人员来说，Excel在人事信息管理、招聘管理、培训管理、薪酬绩效管理、行政管理的数据统计和汇总分析等方面也有着不可替代的作用。

本书从人力资源与行政管理工作的实际出发，将人力资源工作案例管理与Excel知识点相结合，在细致地讲解工作要求和思路的同时，把Excel各项常用功能的使用方法与职业技能进行无缝的融合。只有将高超的Excel技术配合行业经验来共同应用，才有可能把Excel发挥到极致，让人力资源与行政管理从业者更高效地处理工作，更及时地解决问题。

同时，本书为读者准备了大量的示例，这些示例具有一定的典型性和实用性，并能解决特定的问题。本书力图让读者在掌握具体工作方法的同时，也相应地提高Excel的技术水平，并能够举一反三，将示例的用法进行消化、吸收后用于解决自己工作中遇到的问题。

读者对象

本书面向的读者群是所有需要使用Excel的人力资源与行政管理从业人员。无论是在校学生、职场新人还是中、高级用户，都能从本书找到值得学习的内容。当然，编者希望读者在阅读本书以前至少对Windows操作系统有一定的了解，并且知道如何使用键盘与鼠标。

关于光盘/二维码

本书附带光盘一张，内容为图书素材文件和配套视频。本书实例所涉及的源文件可供读者练习操作使用，也可稍加改动，应用到日常工作中。为了便于读者学习，在光盘中还提供了重点、难点的视频讲解，可作为课堂讲解的补充。另外，本书也将视频以二维码形式嵌入文中，便于读者使用。

软件版本

本书内容适用于Windows 7/8/10操作系统上的中文版Excel 2010，绝大部分内容也可以兼容Excel 2007/2013/2016。

Excel 2010在不同操作系统中的显示风格虽有细微差异，但操作方法完全相同。

声明

本书及本书附带光盘中所使用的数据均为虚拟数据，如有雷同，纯属巧合，请勿对号入座。

写作团队

本书由ExcelHome组织策划，由ExcelHome社交媒体主编、微软全球最有价值专家祝洪忠和ExcelHome站长、微软全球最有价值专家周庆麟编写完成。

感谢

特别感谢由ExcelHome会员张飞燕、戴雁青、刘钰志愿组成的本书预读团队所做出的卓越贡献。他们用耐心和热情帮助作者团队不断优化书稿，让作为读者的您可以读到更优秀的内容。

衷心感谢ExcelHome论坛的四百万会员，是他们多年来不断的支持与分享，才营造出热火朝天的学习氛围，并成就了今天的ExcelHome系列图书。

衷心感谢ExcelHome所有的微博粉丝、微信公众号关注者和QQ公众号好友，你们的“赞”和“转”是我们不断前进的新动力。

后续服务

在本书的编写过程中，尽管每一位团队成员都未敢稍有疏虞，但纰缪和不足之处仍在所难免。敬请读者能够提出宝贵的意见和建议，您的反馈将是我们继续努力的动力，本书的后继版本也将会更臻完善。

您可以访问http://club.excelhome.net，我们开设了专门的版块用于本书的讨论与交流。您也可以发送电子邮件到book@excelhome.net，我们将尽力为您服务。

此外，我们还特别准备了QQ学习群，群号为：547197415；您也可以扫码入群，与作者和其他读者共同交流学习，并且获取超过4GB的学习资料。

入群密令：ExcelHome

最后祝广大读者在阅读本书后，能学有所成！

ExcelHome

2017年1月

目录 CONTENTS

第1章

办公与行政后勤常用表格制作

本章导读

Excel是微软办公软件Microsoft Office的重要组件之一，以其操作灵活、功能强大的特点，在日常办公中发挥着越来越重要的作用。本章主要介绍办公与行政后勤常用表格的制作，同时讲解Excel的基础操作、数据的录入、工作表的格式化以及表格打印输出等技巧。通过本章的学习，读者能够独立制作和管理各种行政人事表格。

1.1 收发文件登记表

素材所在位置：

光盘：\素材\第1章 办公与行政后勤常用表格制作\1.1 收发文件登记表.xlsx

收发文件登记表是行政人员日常工作中一种常见的表格。收文指的是接收的外来文件、信函以及内部刊物和其他文字资料等；发文则一般是指由公司发布的内部文件，仅适用于公司内部人员。

1.1.1 新建工作簿

使用以下两种方法都可以创建新工作簿。

方法 1 在Excel工作窗口中创建

从系统【开始】按钮或是桌面快捷方式启动Excel，启动后的Excel就会自动创建一个名为“工作簿1”的空白工作簿。如果重复启动Excel，工作簿名称中的编号会依次增加。

也可以在已经打开的Excel窗口中，依次单击【文件】→【新建】，在可用模板列表中选择【空白工作簿】，单击右侧的【创建】按钮创建一个新工作簿，如图1-1所示。

在已经打开的Excel窗口中，按<Ctrl+N>组合键，也可以快速创建一个新工作簿。

由以上方法创建的工作簿，在用户没有保存之前只存在于计算机内存中，没有实体文件存在。

方法 2 在系统中创建工作簿文件

在Windows桌面或是文件夹窗口的空白处单击鼠标右键，在弹出的快捷菜单中单击【新建】→【Microsoft Excel工作表】，可在当前位置创建一个新的Excel工作簿文件，并处于重命名状态，如图1-2所示。使用该命令创建的新Excel工作簿文件是一个存在于系统磁盘内的实体文件。

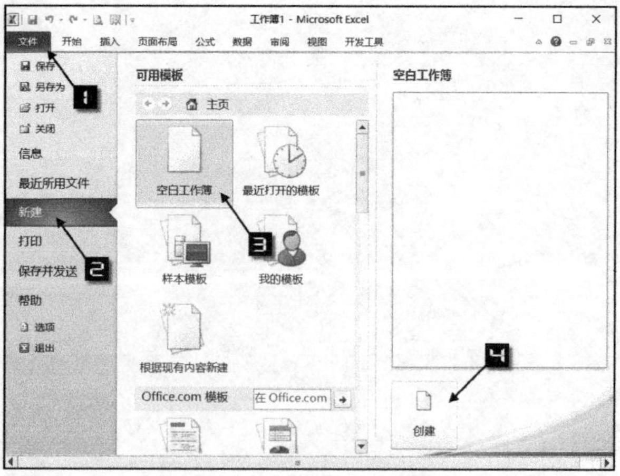

图1-1 创建新工作簿

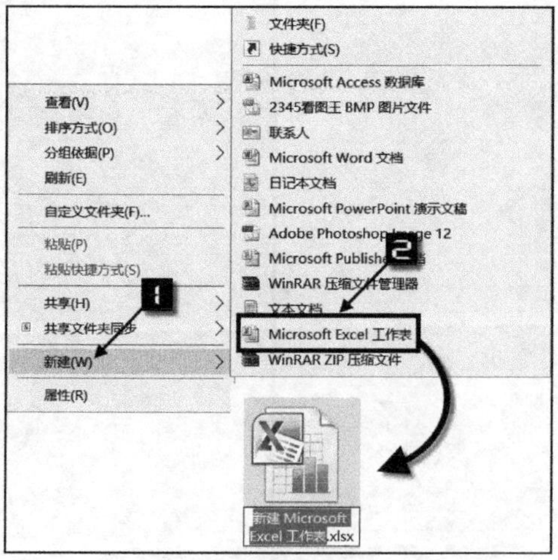

图1-2 通过鼠标右键快捷菜单创建工作簿

Excel在创建工作簿时，会默认包含3个工作表，并依次命名为“Sheet1”“Sheet2”和“Sheet3”。双击Sheet1的工作表标签，此时工作表标签变成黑色背景，输入新工作表名称为“收发文件登记表”，如图1-3所示。

鼠标右键单击Sheet2工作表标签，在扩展菜单中单击“删除”命令；或是单击【开始】选项卡中的【删除】下拉按钮，在扩展菜单中选择【删除工作表】命令，即可删除所选的Sheet2工作表，如图1-4所示。

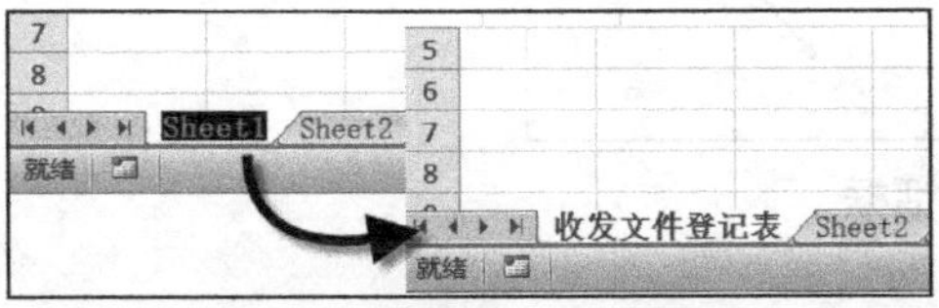

图1-3　重命名工作表

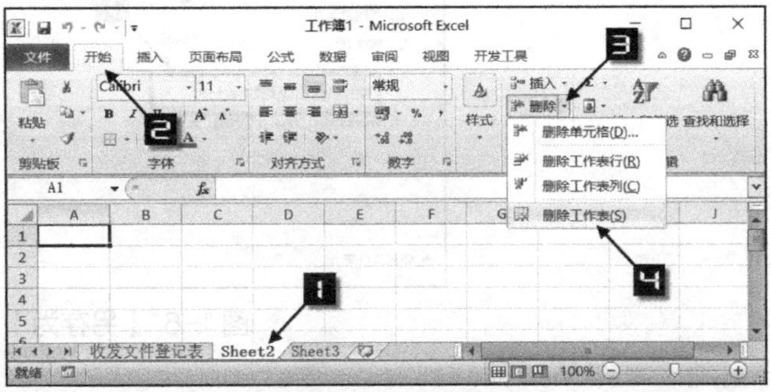

图1-4　删除工作表

1.1.2 保存工作簿

用户新建工作簿或是对已有工作簿文件重新编辑后，要经过保存才能存储到磁盘空间，用于以后的编辑和读取。在使用Excel过程中，必须要养成良好的保存文件习惯，经常性的保存可以避免系统崩溃或是因突然断电所造成的损失。对于新建工作簿，一定要先保存文件，再进行数据编辑录入。

保存工作簿的方法有以下几种。

（1）单击快速访问工具栏的【保存】按钮。

（2）单击功能区的【文件】→【保存】按钮或【另存为】按钮。

（3）按<Ctrl+S>组合键，或按<Shift+F12>组合键。

当工作簿编辑修改后未经保存就被关闭时，Excel会弹出提示信息，询问用户是否进行保存，单击【保存】按钮就可以保存该工作簿，如图1-5所示。

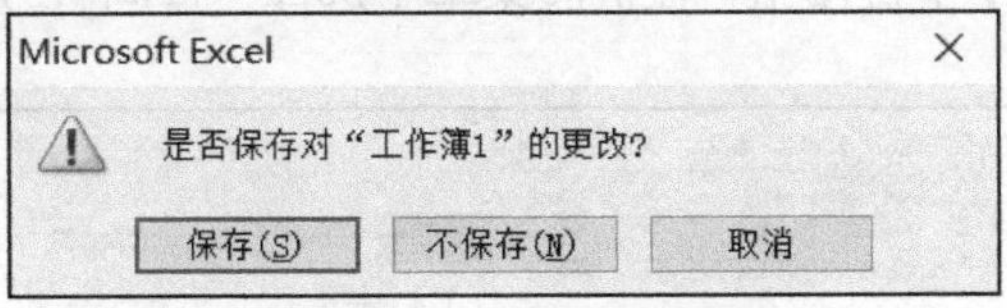

图1-5　Excel提示对话框

对新建工作簿第一次保存时，会弹出【另存为】对话框，在【另存为】对话框左侧列表框中选择文件存放的路径。如果单击【新建文件夹】按钮，可以在当前路径中创建一个新的文件夹。在【文件名】文本框中为工作簿命名为“收发文件登记表”，单击【保存】按钮关闭【另存为】对话框，如图1-6所示。

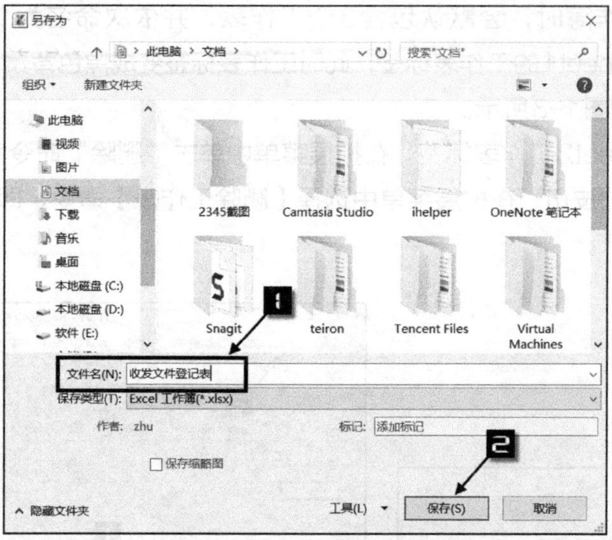

图1-6 【另存为】对话框

提示

"保存"和"另存为"的名字和作用接近，但在实际使用时有一定的区别。

对于新建工作簿的首次保存，"保存"和"另存为"命令的作用完全相同。对于之前已经保存过的现有工作簿，再次执行保存操作时，【保存】命令直接将编辑修改后的内容保存到当前工作簿中，工作簿的文件名和保存路径不会有任何变化。执行【另存为】命令，则会打开【另存为】对话框，允许用户对文件名和保存路径重新进行设置，从而得到当前工作簿的副本。

1.1.3 工作表页面设置

保存工作簿后，首先应对表格进行页面设置，包括纸张大小、纸张方向和页边距等，避免因为页面设置而影响到已录入内容的整体布局。

步骤 1 单击【页面布局】选项卡下的【纸张大小】下拉按钮，在扩展菜单中选择"A4"。

步骤 2 单击【纸张方向】下拉按钮，在扩展菜单中选择"横向"，如图1-7所示。

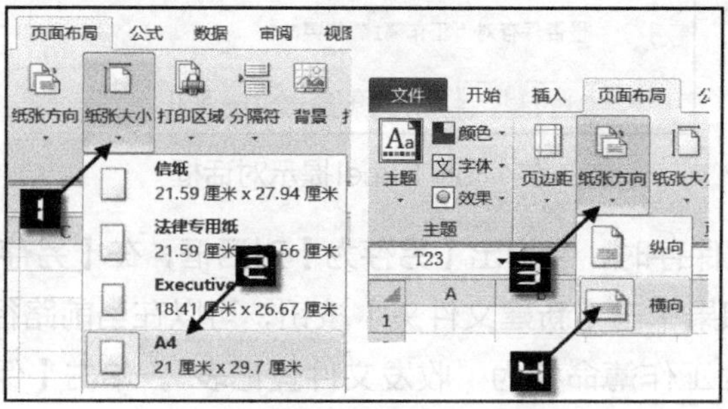

图1-7 设置纸张大小和方向

步骤3 单击【页面设置】命令组右下角的对话框启动器，在打开的【页面设置】对话框中单击【页边距】选项卡，分别设置左右边距为1.3。在【居中方式】区域勾选【水平】和【垂直】复选框，最后单击【确定】按钮完成页面设置，如图1-8所示。

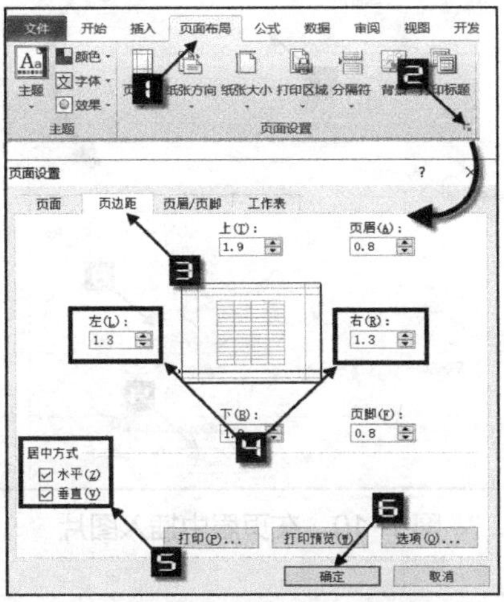

图1-8 【页面设置】对话框

扩展知识点

在页眉中添加公司logo

素材所在位置：

光盘：\素材\第1章 办公与行政后勤常用表格制作\在页眉中添加公司logo.xlsx

在页眉中添加公司 logo

在公司的宣传手册或者培训手册上添加公司的logo作为页眉，都会起到非常好的宣传作用。

步骤1 准备一张公司logo的图片。

步骤2 在【页面布局】选项卡下，单击【页面设置】命令组右下角的对话框启动器，打开【页面设置】对话框，选择【页眉/页脚】选项卡，单击【自定义页眉】按钮，如图1-9所示。

步骤3 在弹出的【页眉】对话框中，首先单击【中】编辑框，然后单击控件区域的【插入图片】按钮，在弹出的【插入图片】对话框中选择logo图片，单击【插入】按钮关闭【插入图片】对话框，再单击【确定】按钮返回【页面设置】对话框，最后单击【确定】按钮关闭【页面设置】对话框，如图1-10所示。

设置完成后，单击快速访问工具栏的【打印预览】按钮，可查看打印效果，如图1-11所示。

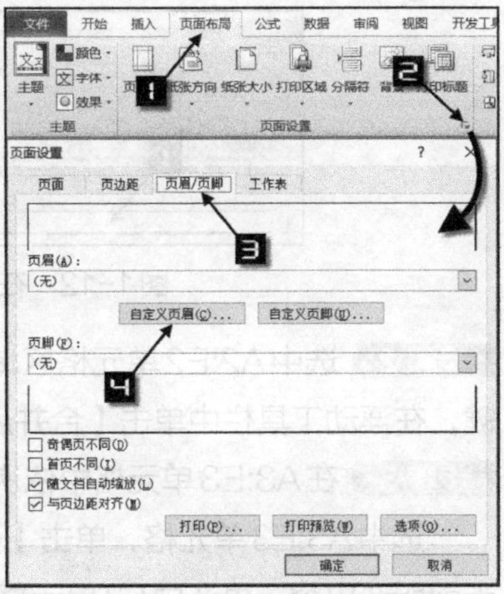

图1-9 【页眉/页脚】选项卡

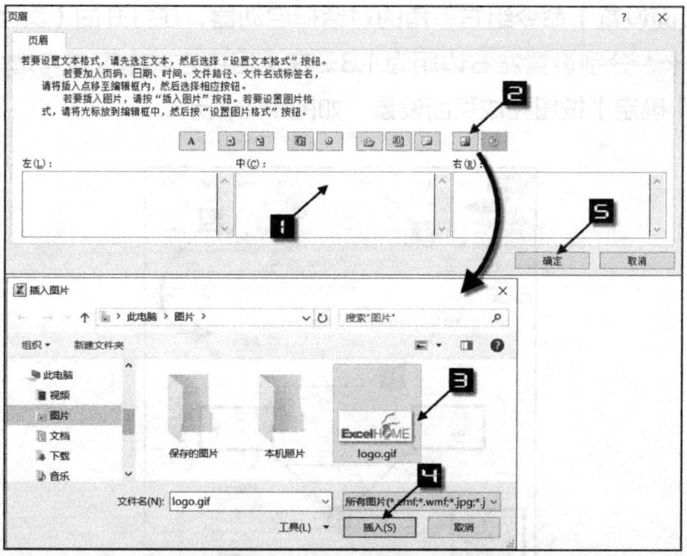

图1-10　在页眉中插入图片

工号	姓名	原部门	原岗位	新部门	新岗位	调动时间	调整原因	原薪资	新岗位薪资
GS0008	李紫婷								
GS0005	楚羡冰								

图1-11　打印预览效果

1.1.4　在工作表中输入内容

步骤1 在A1单元格中输入“收发文件登记表”。选中A1:J1单元格区域，单击【开始】选项卡下的【合并后居中】按钮，如图1-12所示。

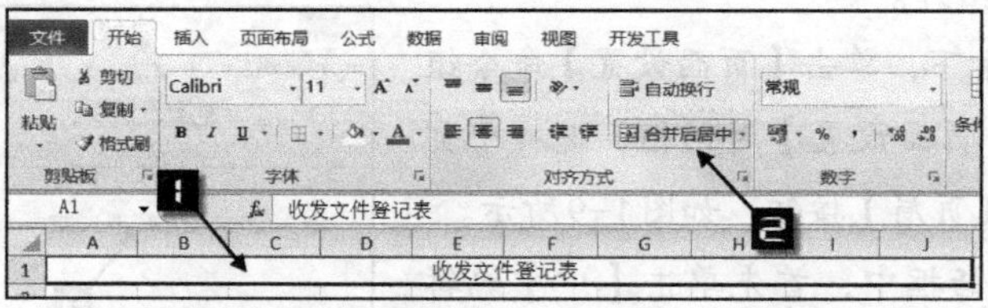

图1-12　在选项卡中设置合并后居中

在工作表中
输入内容

步骤2 选中A2:E2单元格区域，按住<Ctrl>键不放，再选中F2:J2单元格区域，单击鼠标右键，在浮动工具栏中单击【合并后居中】按钮，如图1-13所示。

步骤3 在A3:E3单元格中依次输入“日期”“文号”“来文单位”“事由”“签收人”。

选中A3:E3单元格，单击【开始】选项卡下的【复制】按钮或是按<Ctrl+C>组合键，复制当前所选内容，再选中F3单元格，单击【粘贴】按钮，或按<Ctrl+V>组合键，在F3:J3单元格区域即复制了与A3:E3单元格区域相同的内容，如图1-14所示。

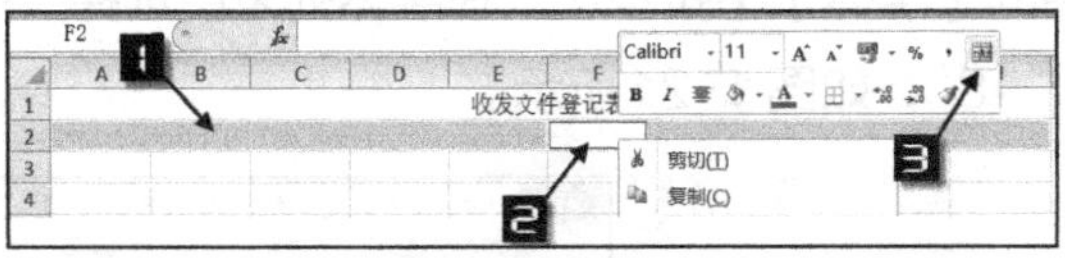

图1-13　在浮动工具栏中设置合并后居中

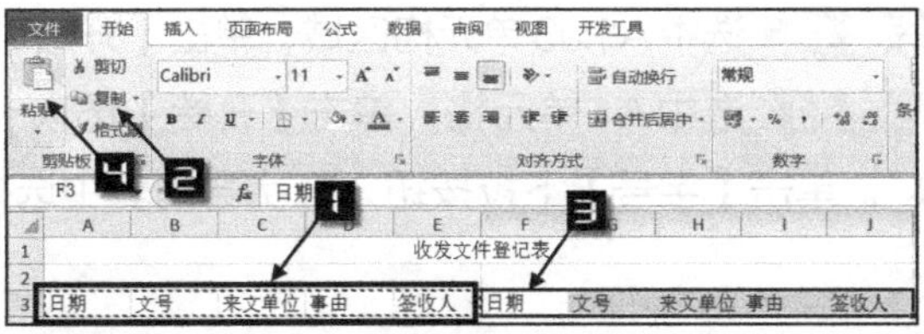

图1-14　复制单元格内容

步骤 4 选中A2单元格，输入“收文”。选中F2单元格，输入“发文”。选中H3单元格，输入“发文单位”。

步骤 5 选中A2:J25单元格区域，在【开始】选项卡下单击【下框线】下拉按钮，在扩展菜单中选择【所有框线】命令，如图1-15所示。

步骤 6 选中A3:J3单元格区域，单击【开始】选项卡下的【居中】按钮，如图1-16所示。

步骤 7 单击A列的列标签，按住鼠标左键不放，此时光标变成黑色粗箭头样式，向右拖动至J列的列标签，释放鼠标，选中A~J列。

鼠标指针放到A~J列任意两列的列标签之间，按下鼠标左键，拖动调整列宽，如图1-17所示。

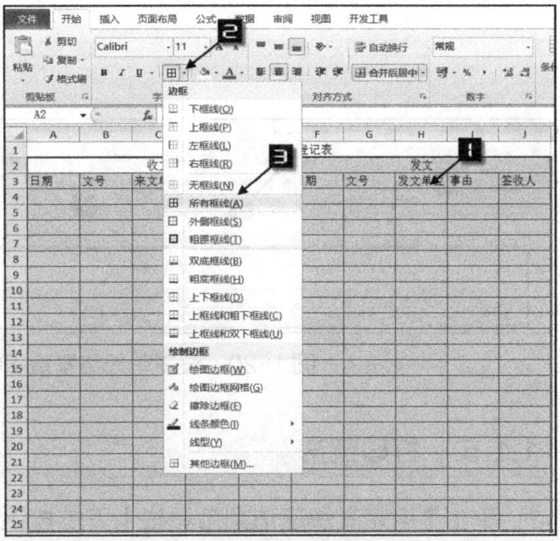

图1-15　为表格添加边框线

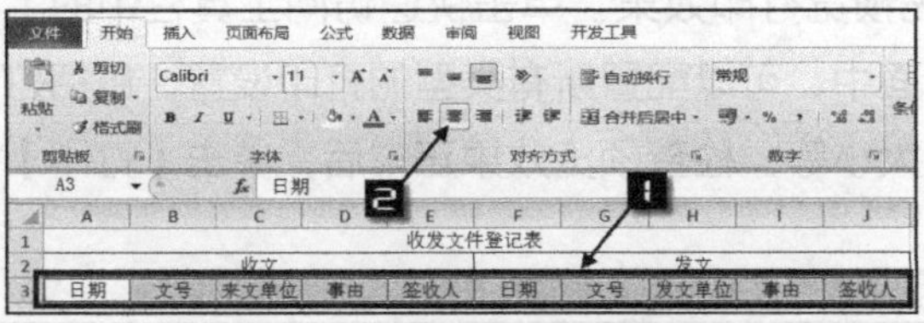

图1-16　设置单元格居中对齐

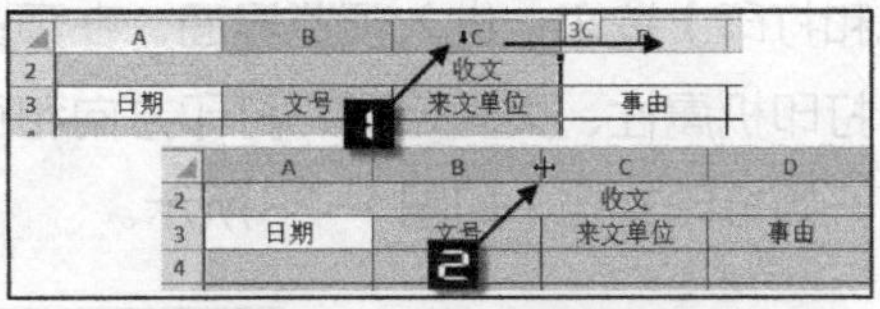

图1-17　调整单元格列宽

步骤 8 单击第1行的行标签，依次单击【开始】→【格式】下拉按钮，单击扩展菜单中的【行高】命令，在弹出的【行高】对话框中，输入行高值“40”，单击【确定】按钮，如图1-18所示。

步骤 9 单击第二行的行标签，按住鼠标左键不放，向下拖动至第25行的行标签，释放鼠标，选中第2~25行。

鼠标指针放到第2~25行任意两行的行标签之间，按下鼠标左键，拖动调整行高，如图1-19所示。

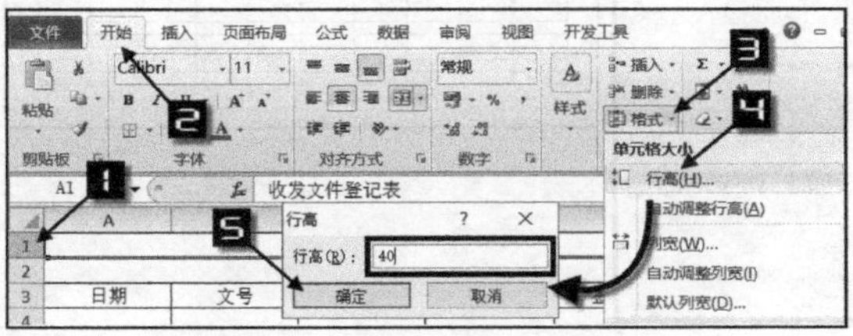

图1-18　设置单元格行高

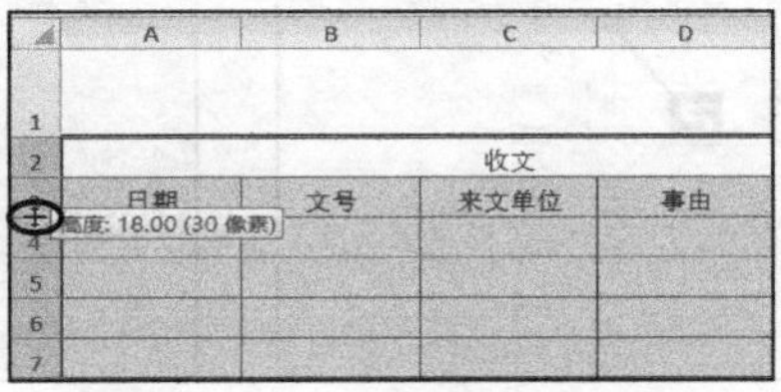

图1-19　调整单元格行高

步骤 10 选中A1:J3单元格区域，单击【开始】→【垂直居中】，如图1-20所示。

步骤 11 选中A1单元格，单击【开始】选项卡中的【字体】下拉按钮，在字体列表中选择“黑体”。单击【字号】下拉按钮，在字号列表中选择“18”，如图1-21所示。

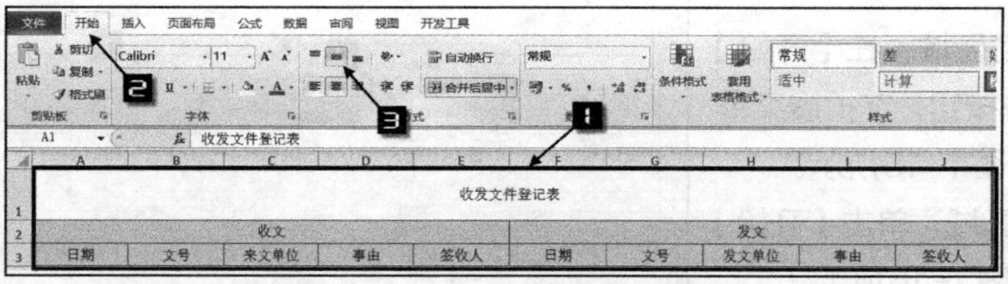

图1-20　设置单元格垂直居中

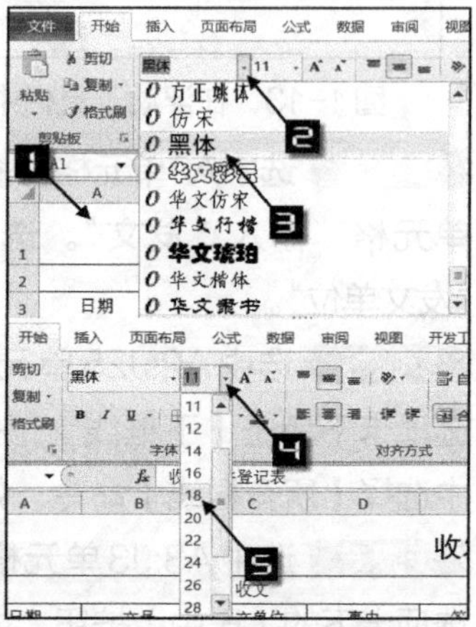

图1-21　设置字体和字号

1.1.5　打印预览

单击【自定义快速访问工具栏】下拉按钮，在下拉菜单中选择【打印预览和打印】命令，将其添加到快速访问工具栏，如图1-22所示。

为了避免纸张浪费，在表格打印前需要先预览打印效果。单击快速访问工具栏中的【打印预览和打印】按钮，进入预览界面。在预览界面中，可以配置所有类型的打印设置，包括打印份数、打印机属性、页面范围、打印方向和页面大小等。检查预览效果正常后，单击【打印】按钮即可开始打印文档，如图1-23所示。

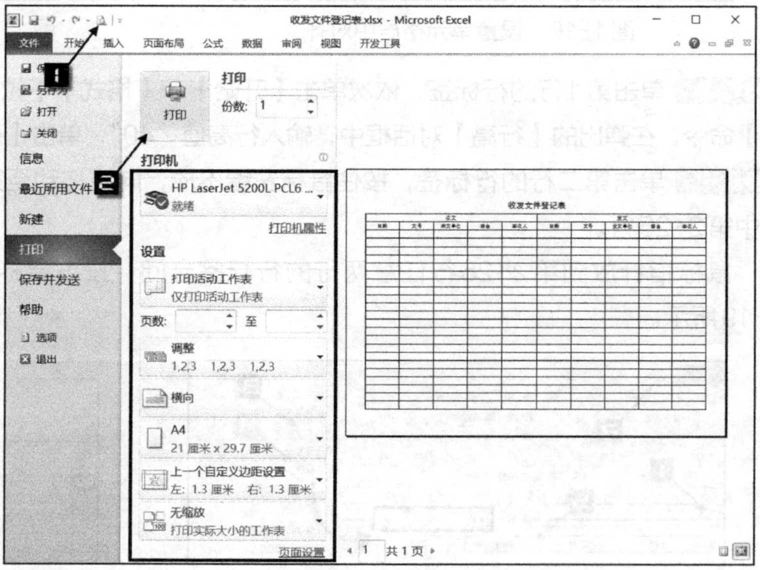

图1-22　自定义快速访问工具栏　　图1-23　打印预览

扩展知识点

电子表格的发展与演变

人类文明在漫长的发展历史中，发明创造了无数的工具来改造环境和提高生产力，计算工具就是其中非常重要的一种。随着20世纪50年代第一台电子计算机的出现，计算工具进入了高速发展的阶段，体积越来越小，运算速度也越来越高。

计算工具的发展历程，反映了人类对数据计算能力需求的不断提高，以及在不同时代的生产生活中，对数据的依赖程度。人类与数据的关系越密切，就越需要有更加先进的数据计算工具和方法，以及能够熟练掌握它们的人。

1979年，美国人丹·布里克林（D.Bricklin）和鲍伯·弗兰克斯顿（B.Frankston）在苹果Ⅱ型计算机上开发了一款名为“VisiCalc”（即“可视计算”）的商用应用软件，这是世界上第一款电子表格软件。

继VisiCalc之后的另一个成功的电子表格软件是Lotus公司的Lotus 1-2-3，它能运行在IBM PC上，而且集表格计算、数据库和商业绘图三大功能于一身。

微软公司从1982年开始对电子表格进行研发，1985年第一款只用于Mac系统的Excel诞生。经过不断的改进，在1987年凭借着与Windows系统捆绑的Excel 2.0后来居上。此后大约每两年，微软公司就会推出新的Excel版本来扩大自身的优势，经过不断升级完善，微软奠定了Excel在电子表格软件领域的霸主地位。如今，Excel几乎成了电子表格的代名词，并且成为了事实上的电子表格行业标准。

扩展知识点

插入新工作表

Excel在创建新工作簿时，会自动包含3个工作表，并依次命名为“Sheet1”“Sheet2”和“Sheet3”。多数情况下，工作簿中没有保留大量工作表的必要，过多的空白工作表不便于数据的管理和查询，在需要时可以插入新工作表。

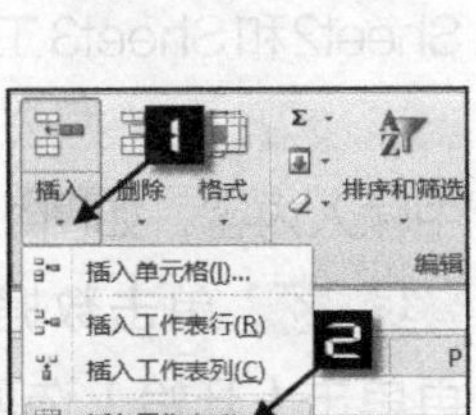

图1-24 通过【插入】下拉菜单插入新工作表

使用以下几种方法都可以在当前工作簿中插入新的工作表。

方法1 在【开始】选项卡下，单击【插入】下拉按钮，在下拉菜单中单击【插入工作表】，会在当前工作表之前插入一个新的工作表，如图1-24所示。

方法2 右键单击当前工作表标签，在弹出的快捷菜单中单击【插入】，在【插入】对话框中单击选中【工作表】，最后单击【确定】按钮。用户可在当前工作表之前插入一个新的工作表，如图1-25所示。

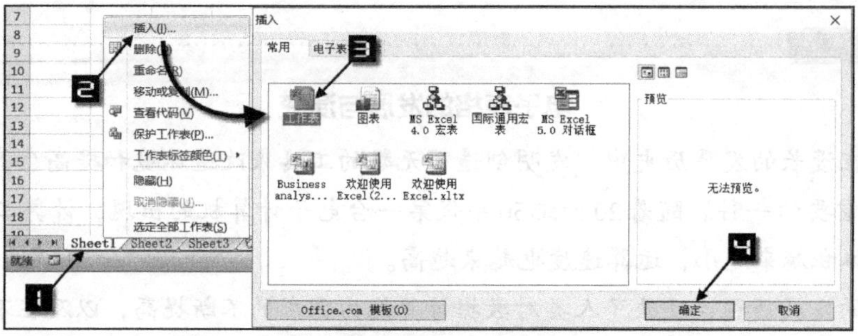

图1-25　通过右键快捷菜单插入新工作表

方法 3 单击工作表标签右侧的【插入工作表】按钮，会在工作表的最后插入新工作表，如图1-26所示。

方法 4 按<Shift+F11>组合键，则可在当前工作表之前插入一个新的工作表。

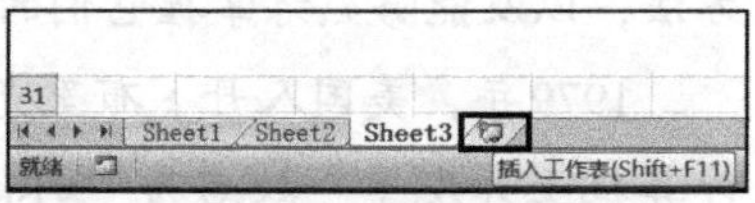

图1-26　单击【插入工作表】按钮插入新工作表

1.2 办公用品采购记录表

在部分公司，办公用品的采购、发放、管理工作要求由办公室统一负责，采购部门与办公室分别配备人员对办公用品到货明细进行记录。

以下介绍办公用品采购记录表的制作。

素材所在位置：

光盘：\素材\第1章　办公与行政后勤常用表格制作\1.2　办公用品采购记录表.xlsx

步骤 1 新建一个Excel工作簿，双击Sheet1工作表标签，输入“办公用品采购记录表”，删除Sheet2和Sheet3工作表。按<Ctrl+S>组合键，将工作簿保存为“办公用品采购记录表”。

步骤 2 在“办公用品采购记录表”工作表中输入内容，如图1-27所示。

步骤 3 单击数据区域任意单元格，如E3，再单击【开始】选项卡中的【套用表格格式】下拉按钮，在“表样式”列表中选择“表样式中等深浅9”。

在弹出的【套用表格格式】对话框中会自动选取表数据的来源，保留【表包含标题】的勾选，单击【确定】按钮，如图1-28所示。

步骤 4 设置A1:G1单元格区域对齐方式为居中，设置A1:G16单元格区域字体为微软雅黑，完成后的表格样式如图1-29所示。

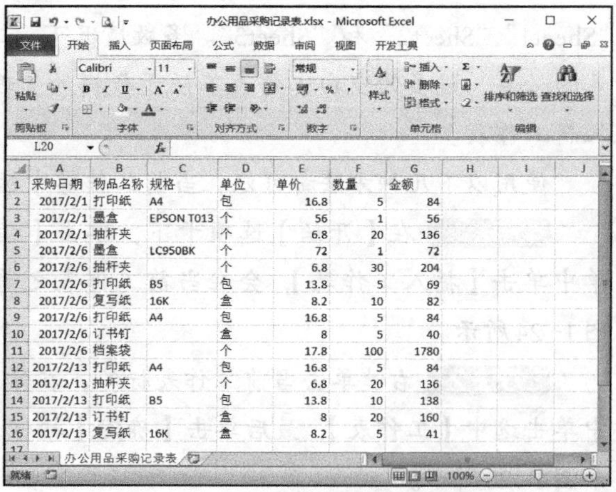

采购日期	物品名称	规格	单位	单价	数量	金额
2017/2/1	打印纸	A4	包	16.8	5	84
2017/2/1	墨盒	EPSON T013	个	56	1	56
2017/2/1	抽杆夹		个	6.8	20	136
2017/2/6	墨盒	LC950BK	个	72	1	72
2017/2/6	抽杆夹		个	6.8	30	204
2017/2/6	打印纸	B5	包	13.8	5	69
2017/2/6	复写纸	16K	盒	8.2	10	82
2017/2/6	打印纸	A4	包	16.8	5	84
2017/2/6	订书钉		盒	8	5	40
2017/2/6	档案袋		个	17.8	100	1780
2017/2/13	打印纸	A4	包	16.8	5	84
2017/2/13	抽杆夹		个	6.8	20	136
2017/2/13	打印纸	B5	包	13.8	10	138
2017/2/13	订书钉		盒	8	20	160
2017/2/13	复写纸	16K	盒	8.2	5	41

图1-27　办公用品采购记录表

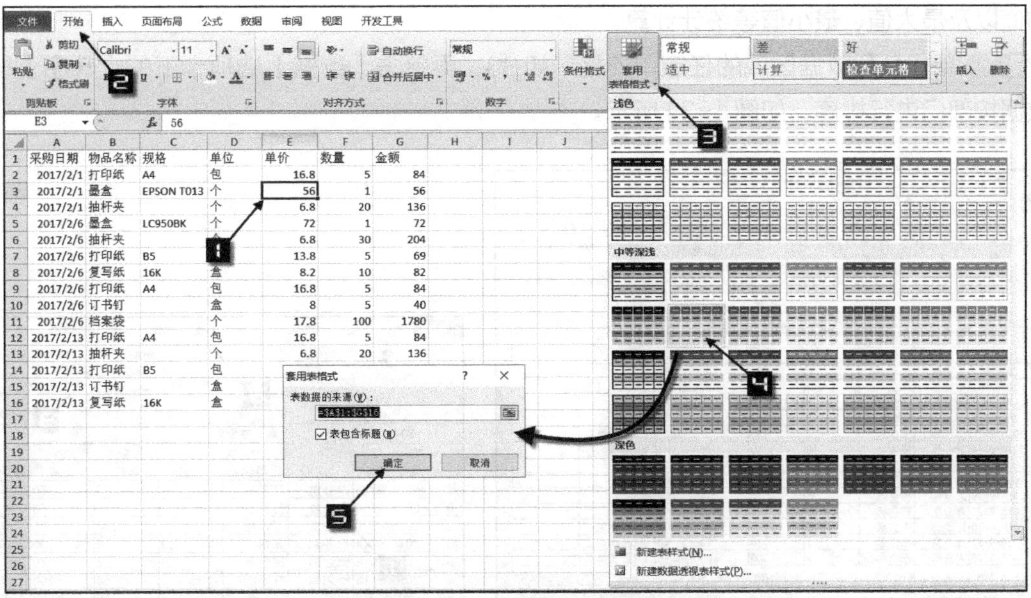

图1-28　套用表格格式

	A	B	C	D	E	F	G
1	采购日期	物品名称	规格	单位	单价	数量	金额
2	2017/2/1	打印纸	A4	包	16.8	5	84
3	2017/2/1	墨盒	EPSON T013	个	56	1	56
4	2017/2/1	抽杆夹		个	6.8	20	136
5	2017/2/6	墨盒	LC950BK	个	72	1	72
6	2017/2/6	抽杆夹		个	6.8	30	204
7	2017/2/6	打印纸	B5	包	13.8	5	69
8	2017/2/6	复写纸	16K	盒	8.2	10	82
9	2017/2/6	打印纸	A4	包	16.8	5	84
10	2017/2/6	订书钉		盒	8	5	40
11	2017/2/6	档案袋		个	17.8	100	1780
12	2017/2/13	打印纸	A4	包	16.8	5	84
13	2017/2/13	抽杆夹		个	6.8	20	136
14	2017/2/13	打印纸	B5	包	13.8	10	138
15	2017/2/13	订书钉		盒	8	20	160
16	2017/2/13	复写纸	16K	盒	8.2	5	41

图1-29　完成后的办公用品采购记录表

1.3 办公用品领用记录表

企业为控制办公消耗成本，规范办公用品的发放、领用，会要求员工对办公用品的领用进行登记管理。

以下介绍办公用品领用记录表的制作方法。

素材所在位置：
光盘：\素材\第1章 办公与行政后勤常用表格制作\1.3 办公用品领用记录表.xlsx

步骤 1 新建一个Excel工作簿，将Sheet1工作表重命名为“办公用品领用记录表”，删除Sheet2和Sheet3工作表，再将工作簿保存为“办公用品领用记录表”。

步骤 2 在“办公用品领用记录表”工作表中输入内容，添加表格边框，效果如图1-30所示。

基础数据录入完成后，接下来使用分类汇总的方法，快速汇总每个部门的领用总价值。

分类汇总能够快速地以某个字段为分类项，对数据列表中其他字段的数值进行求和、计数、平均值以及最大值、最小值等统计计算。

步骤 3 单击B列数据区域的任意单元格，如B3，再单击【数据】选项卡下的【升序】按钮，使数据按部门进行排序，如图1-31所示。

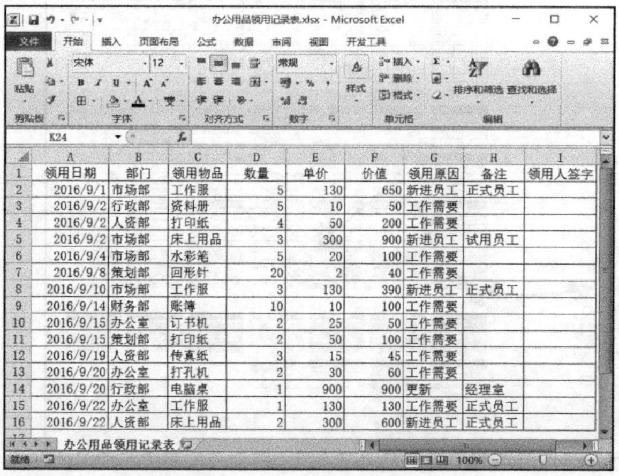

图1-30　办公用品领用登记表

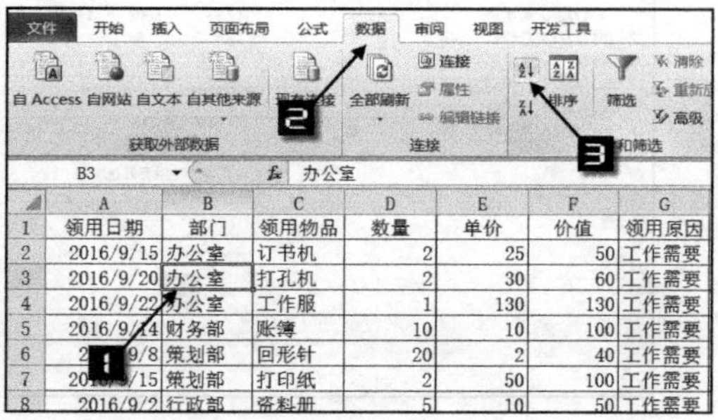

图1-31　数据排序

步骤 4 单击数据区域任意单元格，再单击【数据】选项卡下的【分类汇总】按钮，在弹出的【分类汇总】对话框中，分类字段选择“部门”，汇总方式选择“求和”，在【选定汇总项】列表中勾选“价值”，最后单击【确定】按钮，如图1-32所示。

分类汇总操作完成后的效果如图1-33所示。

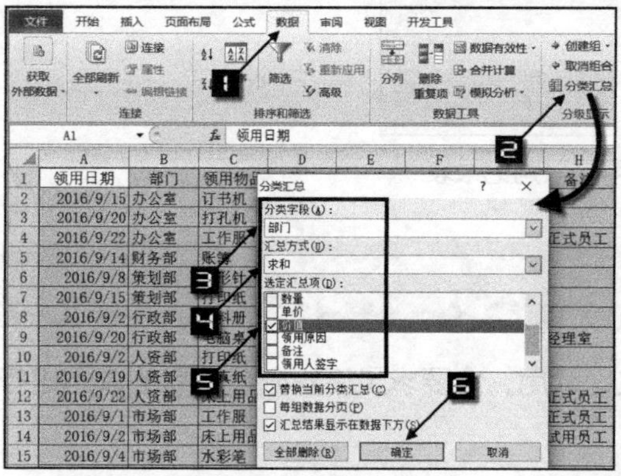

图1-32　分类汇总

图1-33　分类汇总效果

单击工作表左上角的分类汇总分级按钮，可查看不同层级的数据，如图1-34所示。

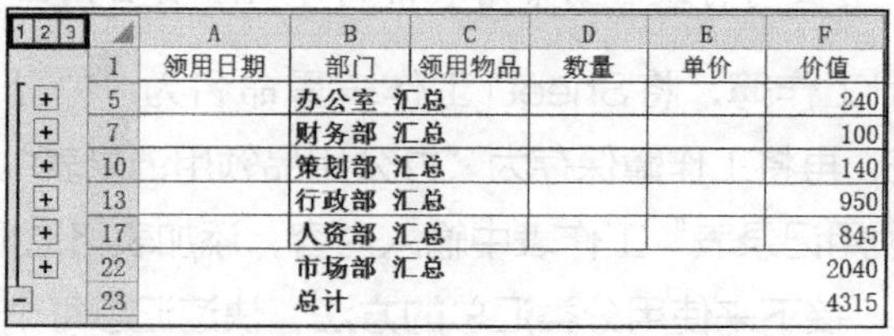

图1-34　查看不同层级的数据

知识点讲解

分类汇总

分类汇总是Excel中较为常用的数据分析方法之一，能够对表格中的数据做进一步的归类和组织；可以快速地以某个字段为分类项，对数据列表中其他字段的数值进行求和、计数、平均值以及最大值、最小值等统计计算。

如果希望分页打印分类汇总后的结果，可以在【分类汇总】对话框中勾选【每组数据分页】复选框，Excel会在每组数据后自动添加分页符，将每组数据分页打印。

如需删除分类汇总，可单击数据区域任意单元格，再单击【数据】→【分类汇总】按钮，在弹出的【分类汇总】对话框中单击【全部删除】按钮，最后单击【确定】按钮即可，如图1-35所示。

图1-35 删除分类汇总

扩展知识点

工作表的复制和移动

用户可以根据需要在当前工作簿中调整各个工作表的位置，也可以在当前工作簿或是新建工作簿中创建工作表的副本。移动或复制工作表的方法主要有以下3种。

第一种方法是在当前工作表标签上单击鼠标右键，在弹出的快捷菜单中单击【移动或复制】命令，弹出【移动或复制工作表】对话框。在【工作簿】下拉列表中选择目标工作簿。默认为当前工作簿，也可以选择已经打开的其他工作簿或是新建工作簿。

在工作表列表框中，显示了指定工作簿中包含的所有工作表名称，单击其中的任意工作表名称，选择移动/复制工作表的目标排列位置。

如果勾选【建立副本】复选框，则建立一个与原工作表内容、格式、页面设置等完全一致的工作表，并自动重命名。例如，原工作表名称为“Sheet1”，则复制后的工作表被命名为“Sheet1(2)”，最后单击【确定】按钮，完成移动/复制工作表操作，如图1-36所示。

第二种方法是单击【开始】选项卡中的【格式】下拉按钮，在下拉菜单中选择【移动或复制工作表】命令，弹出【移动或复制工作表】对话框。在对话框内指定位置后，单击【确定】按钮，如图1-37所示。

第三种方法是直接拖动工作表标签快速移动或复制工作表。

将光标定位到需要移动的工作表标签上，按下鼠标左键，鼠标指针会显示出文档的图标，拖动鼠标即可将工作表移动到其他位置。

如图1-38所示，拖动Sheet2工作表标签至Sheet1工作表标签上方时，Sheet1工作表标签前会出现黑色三角箭头，表示工作表的移动插入位置，此时松开鼠标左键，即可把Sheet2工作表移动到Sheet1工作表之前。

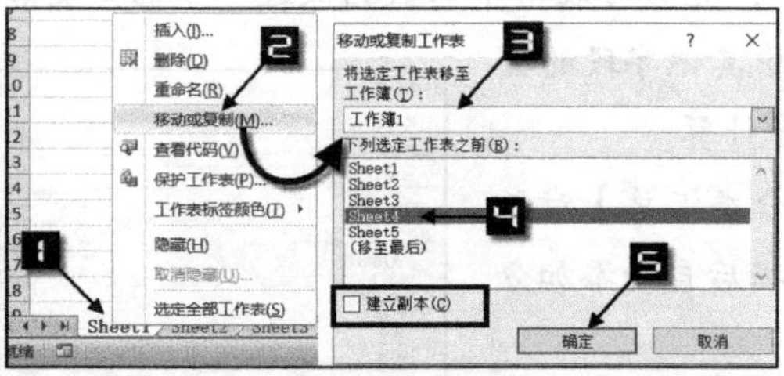

图1-36　通过右键快捷菜单移动或复制工作表

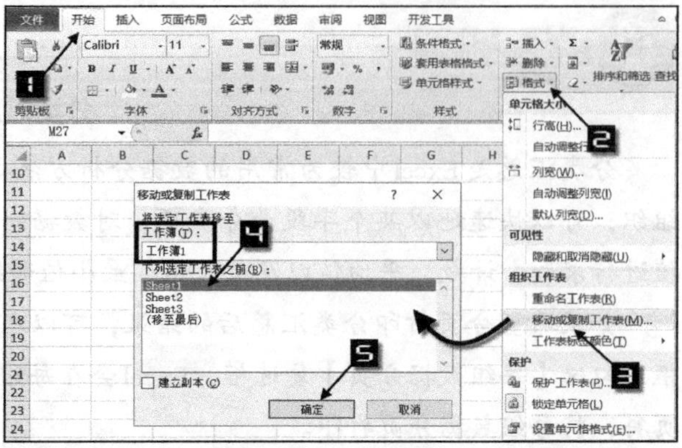

图1-37　通过选项卡移动或复制工作表

如果在按住鼠标左键的同时再按<Ctrl>键，则执行“复制”操作，鼠标指针下的文档图标会添加一个“+”号，以此来表示当前操作方式为“复制”，如图1-39所示。

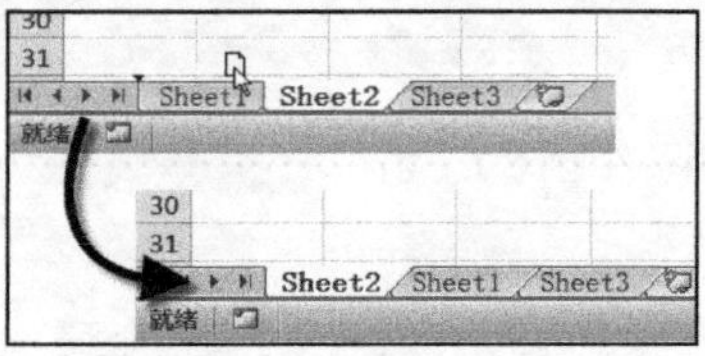

图1-38　拖动工作表标签移动工作表

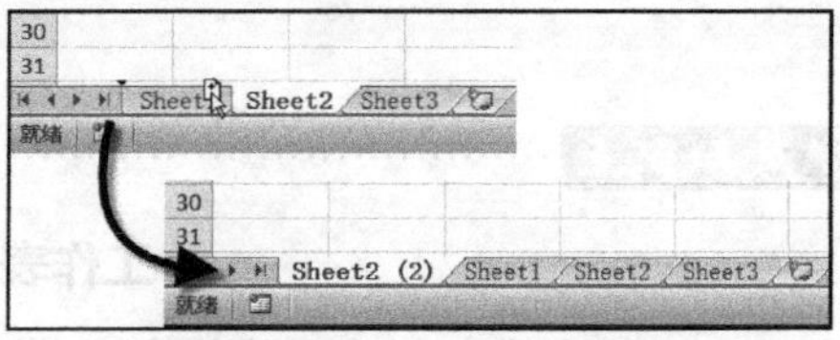

图1-39　拖动工作表标签复制工作表

1.4　办公室值班记录表

大多数公司都会执行办公室人员值班制度，用以维护日常工作秩序，及时反馈信息和处置突发性事件。

以下介绍办公室值班记录表的制作。

素材所在位置：

光盘：\素材\第1章　办公与行政后勤常用表格制作\1.4　办公室值班记录表.xlsx

步骤1 新建一个Excel工作簿，删除Sheet2和Sheet3工作表，再将工作簿保存为“办公室值班记录表”。

步骤2 依次在工作表内输入内容，如图1-40所示。

步骤3 选中A1单元格，设置字体加粗显示。选中A1:I1单元格区域，按住<Ctrl>键不放，再依次拖动鼠标左键选中A3:A4和F3:G3单元格区域，在【开始】选项卡下设置合并后居中。选中A3:I6单元格区域，添加单元格边框。完成后的表格效果如图1-41所示。

步骤4 选中A3:A4单元格区域，双击【开始】选项卡下的格式刷按钮，光标变成毛刷样式，然后单击B3单元格，按住鼠标左键不放，在B3:E4单元格区域拖动。再单击H3单元格，在

H3:I4单元格区域拖动，如图1-42所示。再次单击格式刷按钮，光标恢复正常状态，完成各个单元格的合并。

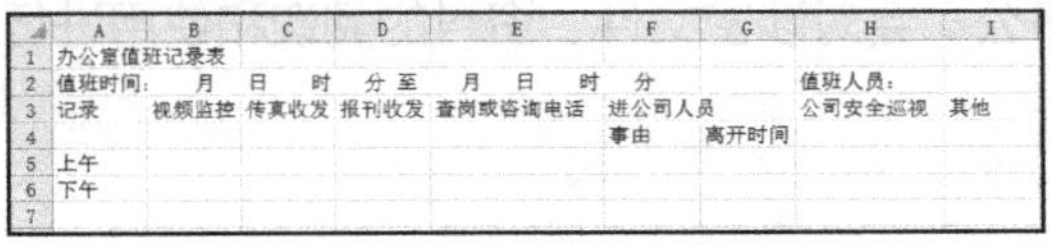

图1-40 输入基础数据

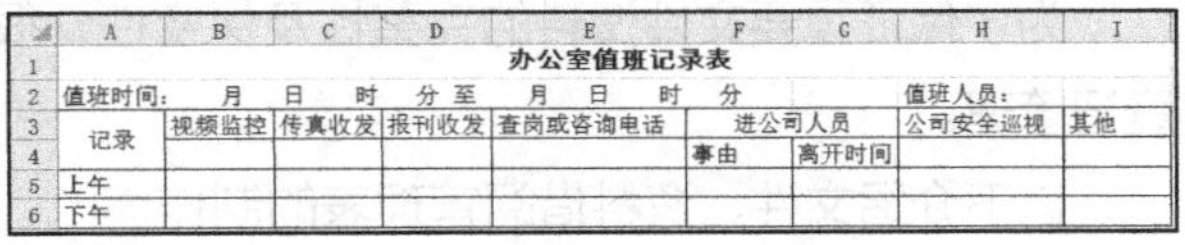

图1-41 设置单元格格式

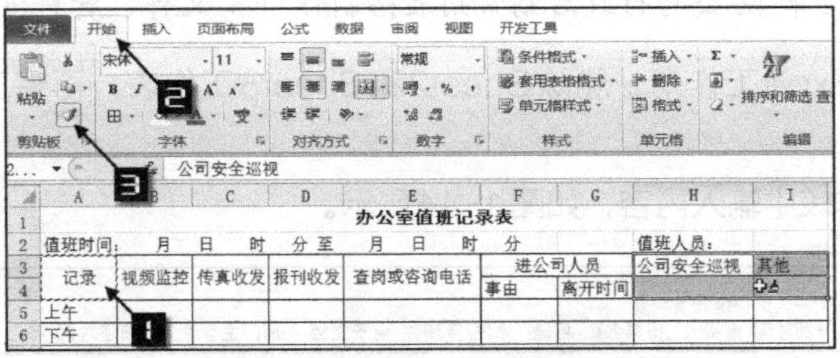

图1-42 使用格式刷快速复制格式

步骤5 拖动鼠标选中5~6行的行号，调整行高。选中A3:I6单元格区域，设置单元格对齐方式为居中。

参考1.1节中的方法，设置纸张大小、纸张方向和页边距，完成后的表格如图1-43所示。

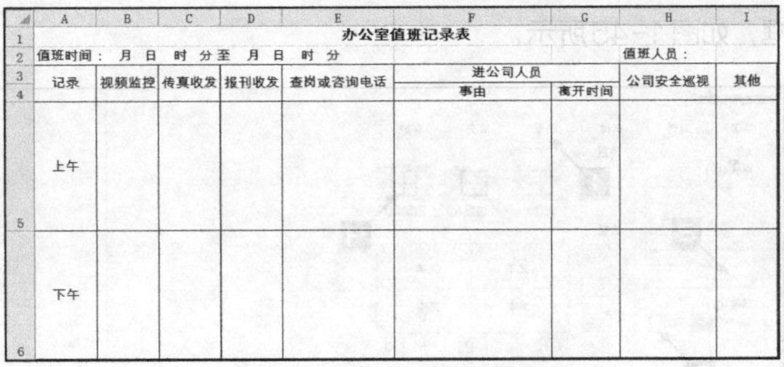

图1-43 办公室值班记录表

知识点讲解

格式刷

利用【格式刷】按钮，可以方便快捷地复制单元格格式。首先选中带有特定格式的单元格或单元格区域，单击【开始】选项卡中的【格式刷】按钮。光标移动到目标单元格区域，此时光标变为✚🖌，按下鼠标左键拖动，即可将格式复制到新的单元格区域。

双击【格式刷】按钮，可以将现有格式复制到多个不连续的单元格区域，操作完成后，再次单击【格式刷】按钮或按<Ctrl+S>组合键保存即可。

1.5 文件、资料借阅管理表

为了保证重要文件资料的完整性及保密性，很多公司会对涉密文件、资料的阅读和使用进行登记管理。

以下介绍文件、资料借阅管理表的制作。

素材所在位置：

光盘：\素材\第1章 办公与行政后勤常用表格制作\1.5 文件、资料借阅管理表.xlsx

步骤1 新建一个Excel工作簿，删除Sheet2和Sheet3工作表，再将工作簿保存为“文件、资料借阅管理表”。

步骤2 依次在工作表中输入内容，如图1-44所示。

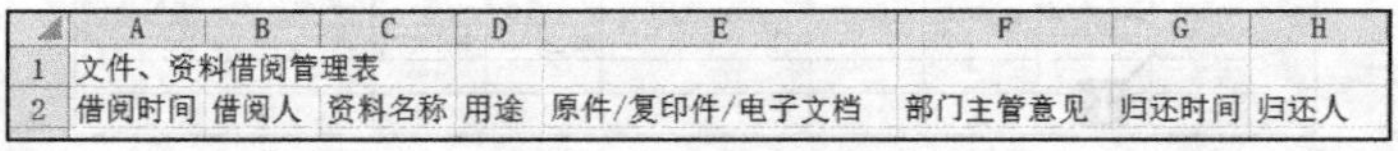

	A	B	C	D	E	F	G	H
1	文件、资料借阅管理表							
2	借阅时间	借阅人	资料名称	用途	原件/复印件/电子文档	部门主管意见	归还时间	归还人

图1-44 输入内容

步骤3 选中A2:H15单元格区域，按<Ctrl+1>组合键，打开【设置单元格格式】对话框，切换到【边框】选项卡，在线条样式库中选择第7种样式；单击【颜色】下拉按钮，选择“水绿色，强调文字颜色5”；单击【预置】区域的【内部】按钮。

再从线条样式库中选择第13种样式；单击【预置】区域的【外边框】按钮。最后单击【确定】按钮关闭对话框，如图1-45所示。

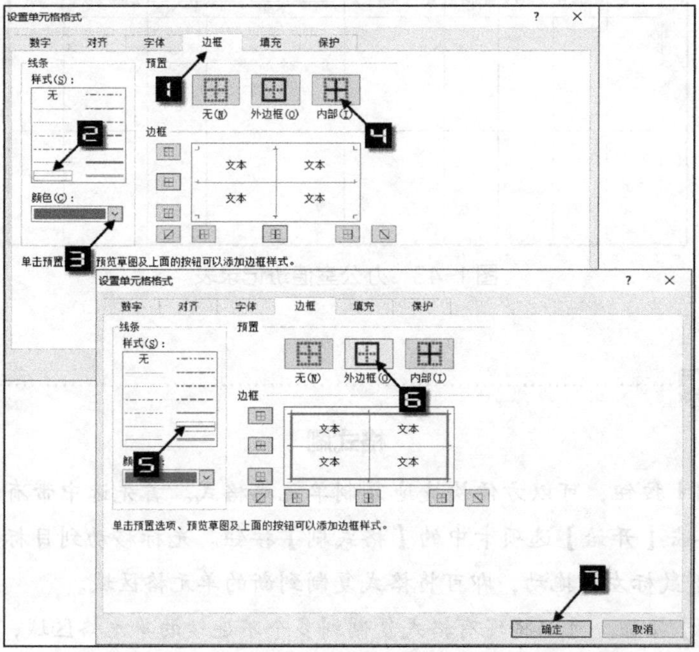

图1-45 设置单元格边框

步骤4 选中A1:H1单元格区域，在【开始】选项卡下单击【居中】按钮，再单击【合并后居中】下拉按钮，在下拉菜单中选择【跨越合并】，如图1-46所示。

步骤5 设置字体和字号及对齐方式，调整工作表行高、列宽，设置纸张大小、纸张方向和页边距，设置完毕后的表格效果如图1-47所示。

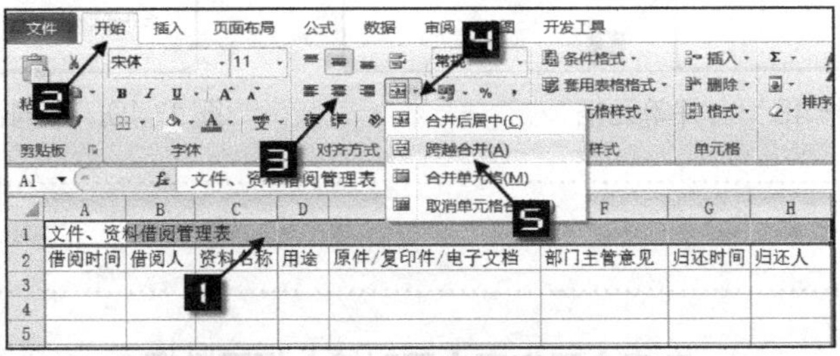

图1-46 设置跨越合并

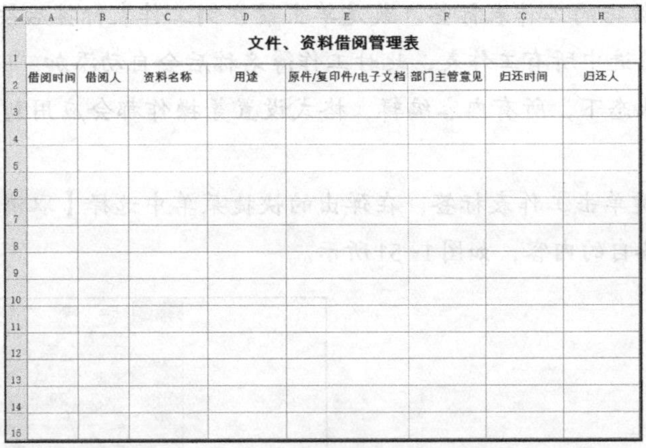

图1-47 设置完毕后的表格

知识点讲解

合并单元格

将两个或多个位于同一行或者同一列的单元格合并成一个单元格的操作，叫作合并单元格。Excel提供了3种合并单元格的方式，包括合并后居中、跨越合并和合并单元格，如图1-48所示。

合并后居中，就是将选取的多个单元格进行合并，并将单元格内容在水平和垂直两个方向上居中。

跨越合并，就是在选取多行多列的单元格区域后，将所选区域的每行进行合并，形成单行多列的单元格区域。

合并单元格，就是将所选单元格区域进行合并，并沿用该区域起始单元格的格式。

不同合并单元格方式的效果如图1-49所示。

如果需要取消合并单元格，可以先选择需要取消合并的单元格，再单击【合并后居中】按钮即可。

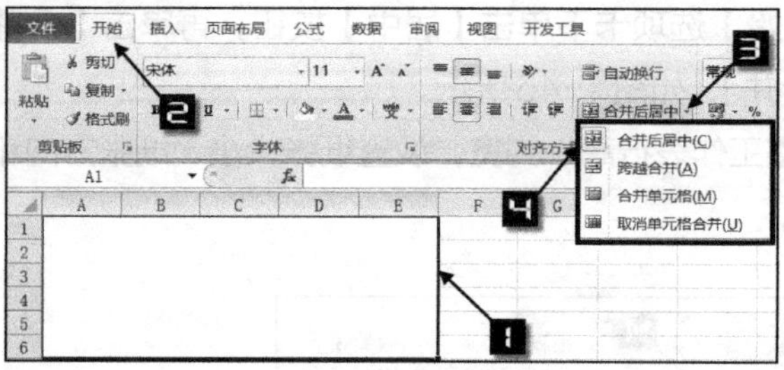

图1-48　合并单元格

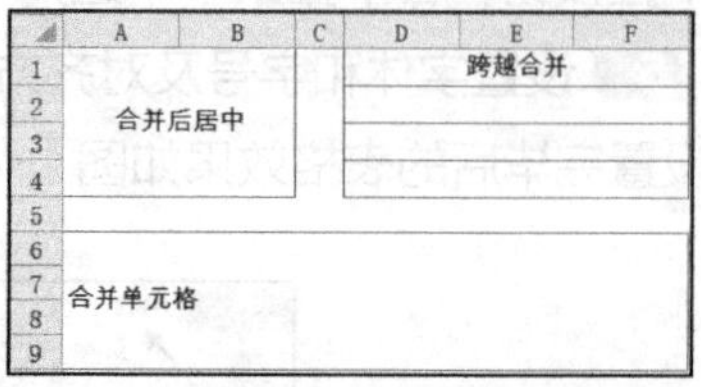

图1-49　不同合并单元格方式的效果

扩展知识点

在多个工作表中同时输入相同数据

如需在多个工作表中同时输入相同的数据，可单击工作表标签，然后按住<Ctrl>键不放，再依次单击其他要输入数据的工作表标签。或是单击最左侧工作表标签后按住<Shift>键不放，再单击最右侧工作表标签选中所有工作表，此时工作簿名称后会自动添加“[工作组]”字样。

在“[工作组]”状态下，所有内容编辑、格式设置等操作都会应用到选中的多个工作表中，如图1-50所示。

输入数据后，右键单击工作表标签，在弹出的快捷菜单中选择【取消组合工作表】，即可在选中的工作表内输入各自的内容，如图1-51所示。

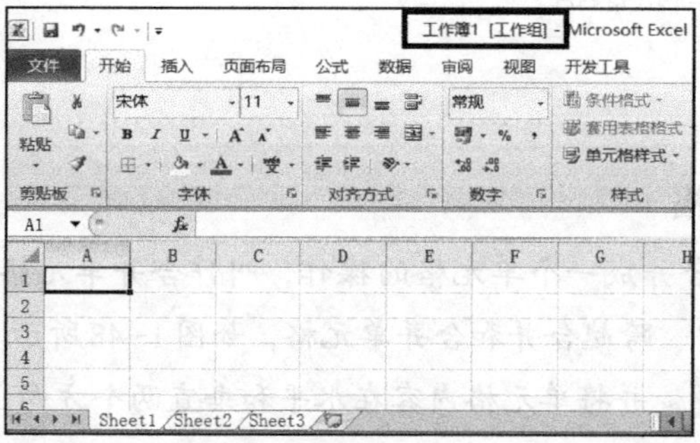

图1-50　选中工作组

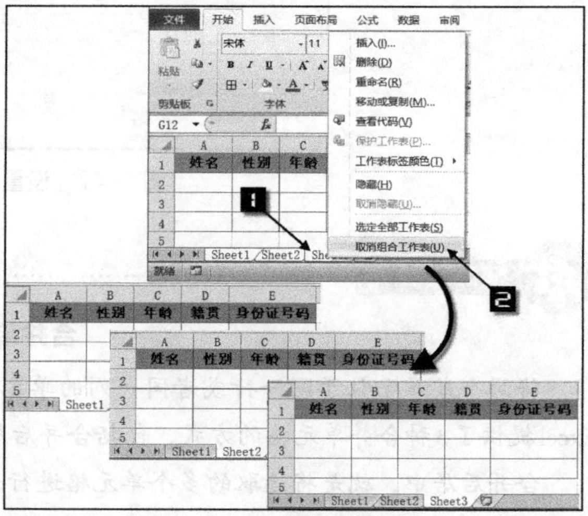

图1-51　取消组合工作表

1.6　车辆使用与管理表

车辆管理的统一化和制度化，是真实反映公司车辆实际情况的基础，以下介绍车辆使用与管理表的制作。

素材所在位置：

光盘：\素材\第1章 办公与行政后勤常用表格制作\1.6 车辆使用与管理表.xlsx

步骤1 新建一个Excel工作簿，删除Sheet2和Sheet3工作表，再将工作簿保存为“车辆使用与管理表”。

步骤2 依次在工作表中输入内容，如图1-52所示。

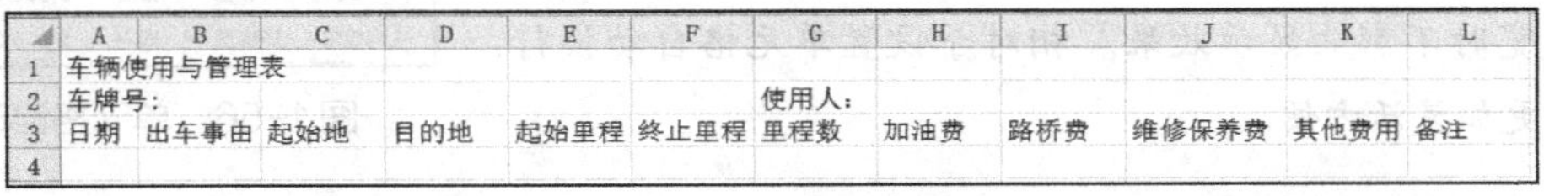

图1-52 输入基础数据

步骤3 单击E3单元格，再单击编辑栏中“起始”和“里程”之间的位置，按<Alt+Enter>组合键，将单元格内容强制换行显示，如图1-53所示。

步骤4 双击F3单元格，将光标定位到“终止”和“里程”之间的位置，按<Alt+Enter>组合键。同样的方法，分别将J3单元格和K3单元格设置为强制换行，完成后的效果如图1-54所示。

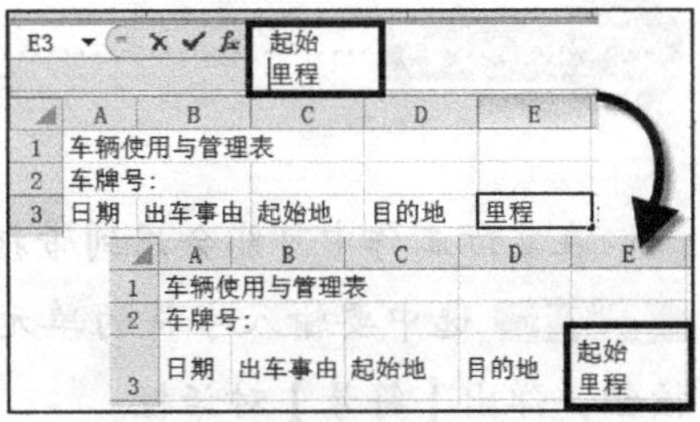

图1-53 单元格内强制换行1

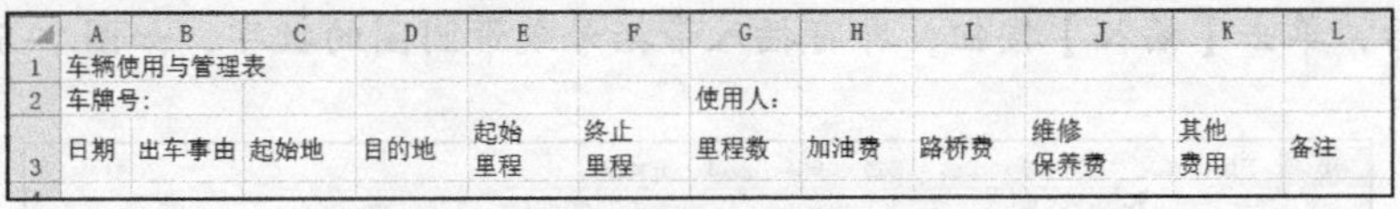

图1-54 单元格内强制换行2

步骤5 为表格添加边框，设置字体、字号和单元格对齐方式，再设置纸张大小、纸张方向及页边距，设置完成后的效果如图1-55所示。

图1-55 车辆使用与管理表

知识点讲解

单元格内自动换行与强制换行

在制作工作表的表头或是在同一单元格中输入较多的内容时，将单元格设置为自动换行，可以使同一单元格的内容显示为多行，以便使工作表看起来更加美观。

如图1-56所示，单击目标单元格，如E2，再单击【开始】→【自动换行】按钮，即可使该单元格内容自动换行。

使用该方法在调整列宽时会影响显示效果，有一定的局限性。按<Alt+Enter>组合键在单元格内执行强制换行操作后，在调整列宽时不影响显示效果。相对于设置单元格自动换行，强制换行更加灵活方便。

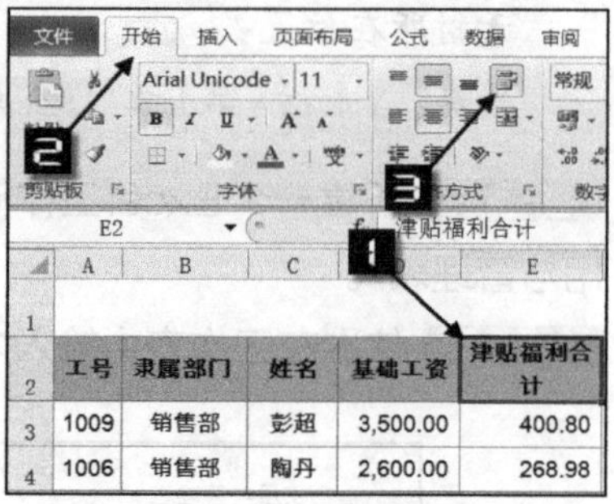

图1-56　单元格自动换行

小技巧

插入带括号或带圆圈的数字

在实际工作中可能会用到带括号或带圆圈的数字，可以通过以下方法来实现。

步骤1 选中要输入字符的单元格，在【插入】选项卡下，单击【文本】命令组中的【符号】按钮，弹出【符号】对话框。

步骤2 在【符号】对话框中，切换到【符号】选项卡，单击【子集】右侧的下拉按钮，在弹出的下拉菜单中选择“带括号的字母数字”，此时在备选图框里即可出现带括号或带圆圈的数字，选中某个字符后，单击【插入】按钮，即可插入带括号或带圆圈的数字，如图1-57所示。

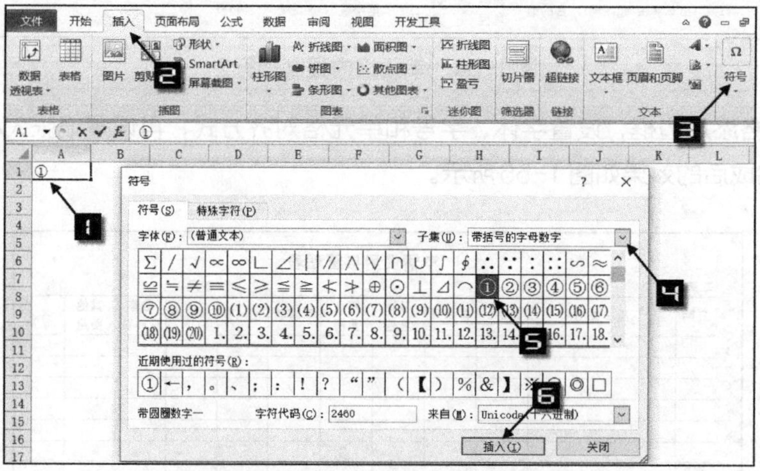

图1-57　插入带括号或带圆圈的数字

扩展知识点

1. 可定制的自定义选项卡

Excel允许用户根据自己的需要和使用习惯，对选项卡和命令组进行显示、隐藏以及次序的调整。

（1）显示选项卡。依次单击【文件】→【选项】，打开【Excel选项】对话框，切换到【自定义功能区】选项卡。在右侧的【自定义功能区】列表中，勾选相应的主选项卡复选框，单击【确定】按钮即可，如图1-58所示。

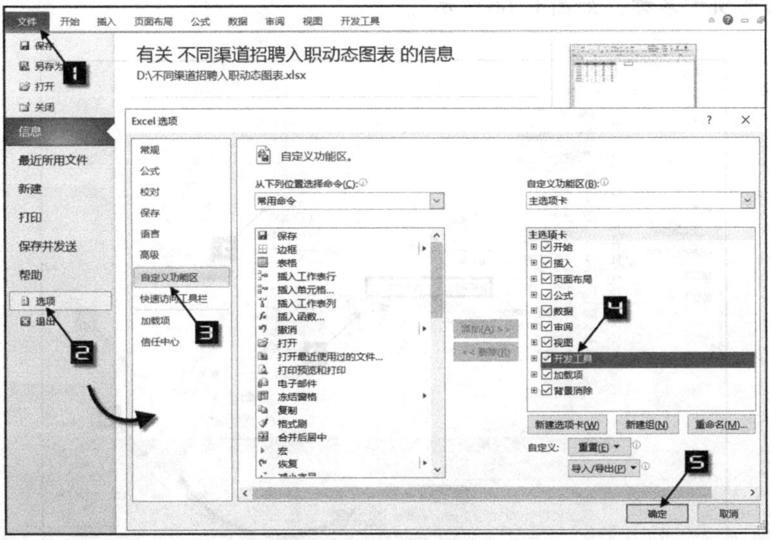

图1-58　显示选项卡

（2）新建选项卡。在【Excel选项】对话框中，选中【自定义功能区】选项卡，单击右侧下方的【新建选项卡】按钮，自定义功能区列表中会显示新创建的自定义选项卡。

用户可以对新建的选项卡和其下的命令组重命名，并通过左侧的常用命令列表，向右侧命令组中添加命令，如图1-59所示。

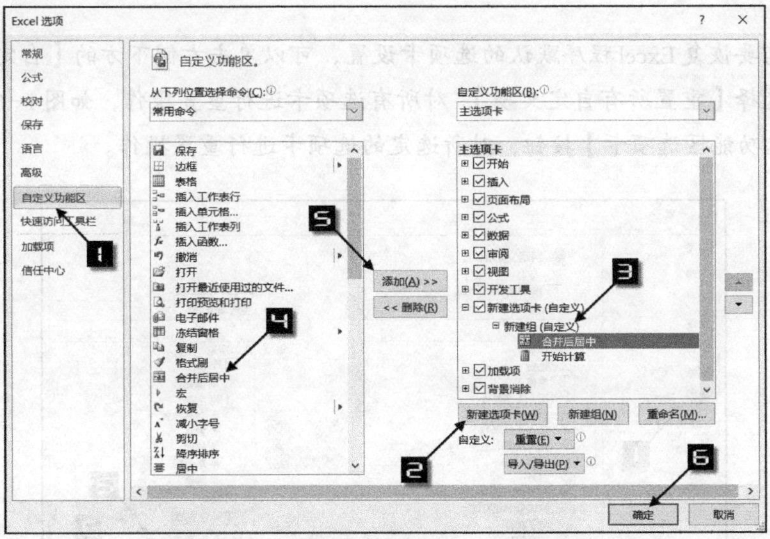

图1-59　添加自定义选项卡和添加命令

（3）删除或重命名选项卡。如需删除自定义的选项卡，可以在选项卡列表中选中该选项卡，再单击左侧的【删除】按钮。

Excel不允许用户删除内置的选项卡，但是可以对所有选项卡重命名。在选项卡列表中选中需要重命名的选项卡，单击右下角的【重命名】按钮，在弹出的【重命名】对话框中输入显示名称，依次单击【确定】按钮，关闭【重命名】对话框和【Excel选项】对话框，即可在功能区中显示出自定义的选项卡名称，如图1-60所示。

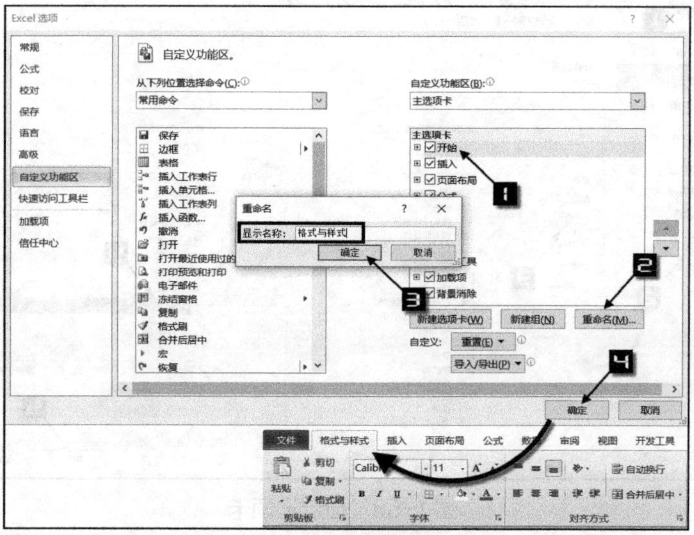

图1-60　重命名选项卡

（4）调整选项卡显示次序。用户可以根据需要，调整选项卡在功能区中的显示次序。在【Excel选项】对话框的【自定义功能区】选项卡下，选中待调整的选项卡，单击【主选项卡】列表右侧的微调按钮。或是选中待调整的选项卡，按住鼠标左键直接拖动到需要移动的位置，松开鼠标左键即可。

如果用户需要恢复Excel程序默认的选项卡设置，可以单击右侧下方的【自定义】下拉按钮，在下拉列表中选择【重置所有自定义项】，对所有选项卡进行重置操作，如图1-61所示；或是单击【仅重置所选功能区选项卡】按钮，对所选定的选项卡进行重置操作。

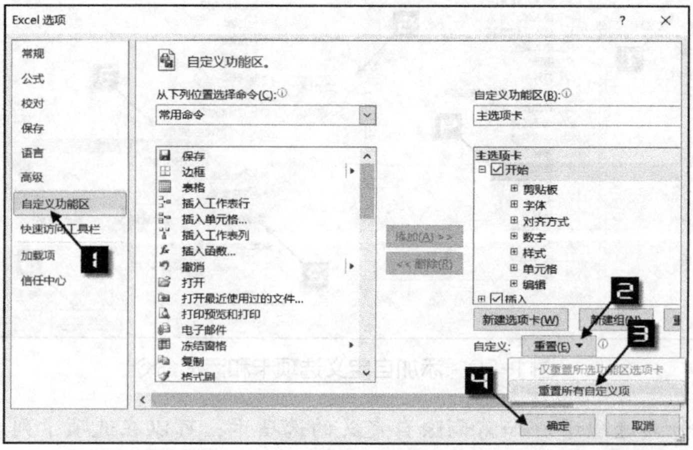

图1-61　重置所有自定义项

2. 可定制的快速访问工具栏

快速访问工具栏包括几个常用的命令按钮，通常显示在Excel【文件】选项卡的上方，默认包括【保存】、【撤销】和【恢复】3个命令按钮，快速访问工具栏里的命令按钮不会因为功能选项卡的切换而隐藏，因此使用很方便，如图1–62所示。

单击快速访问工具栏右侧的下拉按钮，可以在下拉菜单中显示更多的常用命令按钮。通过勾选，用户即可将常用命令按钮添加到快速访问工具栏，如图1–63所示。

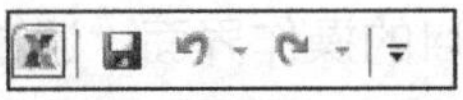

图1–62　快速访问工具栏

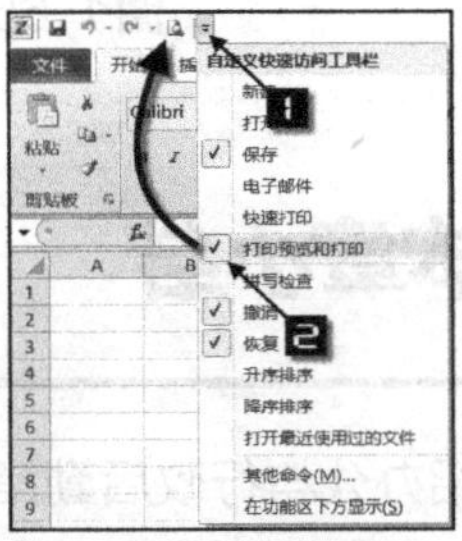

图1–63　自定义快速访问工具栏

在图1–63所示的【自定义快速访问工具栏】下拉菜单中，勾选【在功能区下方显示】，可更改快速访问工具栏的显示位置。

除了【自定义快速访问工具栏】下拉菜单中的几项常用命令，用户也可以根据需要将其他命令添加到快速访问工具栏。

以添加【数据透视表和数据透视图向导】命令按钮为例，操作步骤如下。

步骤1 单击快速访问工具栏右侧的下拉按钮，在下拉菜单中单击【其他命令】，弹出【Excel选项】对话框，并且自动切换到【快速访问工具栏】选项卡。

步骤2 在左侧【从下列位置选择命令】下列列表中选择【所有命令】选项，然后在命令列表中找到【数据透视表和数据透视图向导】命令并选中，再单击中间的【添加】按钮，最后单击【确定】按钮，关闭【Excel选项】对话框，即可将所选命令按钮添加到快速访问工具栏，如图1–64所示。

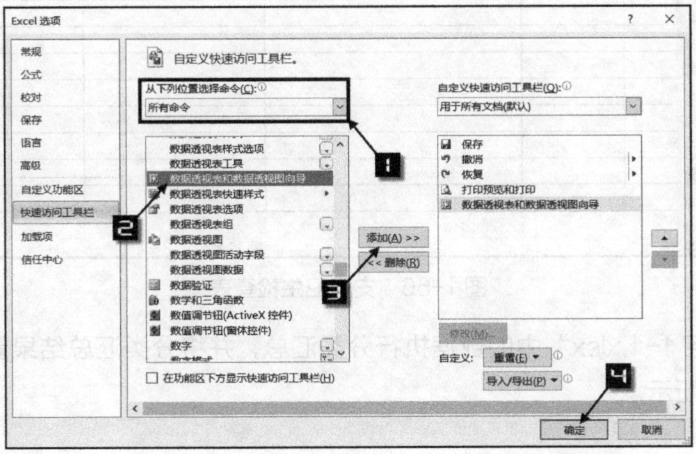

图1–64　在快速访问工具栏上添加命令按钮

需要删除快速访问工具栏上的命令按钮时，只需用鼠标右键单击该命令按钮，然后在快捷菜单中单击【从快速访问工具栏删除】命令即可，如图1-65所示。

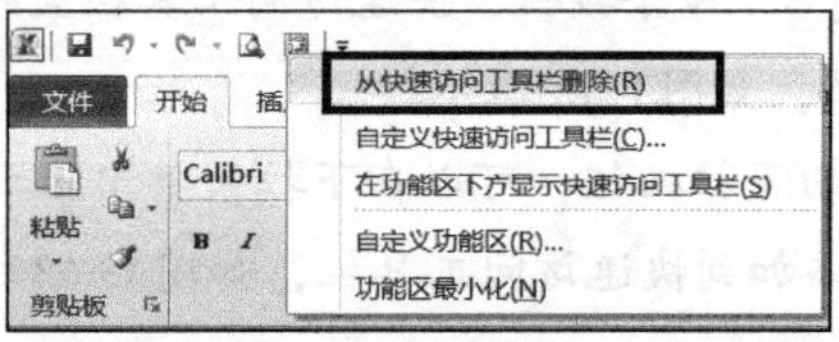

图1-65　删除快速访问工具栏上的命令按钮

本章小结

本章介绍办公与行政后勤常用表格的制作，以及Excel的操作界面。通过学习，读者能够熟悉Excel的操作界面，独立制作简单的基础表格。

练习题

1. 制作图1-66所示的安全卫生检查表，设置纸张大小为B5，纸张方向为横向。

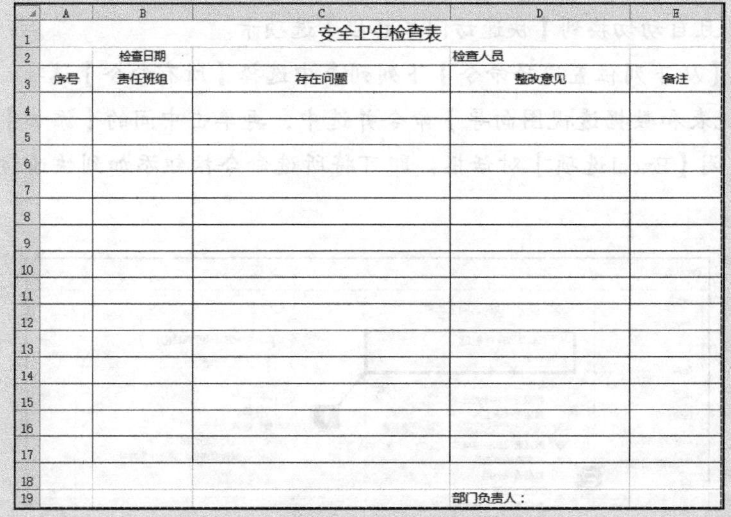

	A	B	C	D	E
1			安全卫生检查表		
2		检查日期		检查人员	
3	序号	责任班组	存在问题	整改意见	备注
4					
5					
6					
7					
8					
9					
10					
11					
12					
13					
14					
15					
16					
17					
18					
19				部门负责人：	

图1-66　安全卫生检查表

2. 对“练习1-1.xlsx”中的数据执行分类汇总，并将分类汇总结果复制到新工作表中，如图1-67所示。

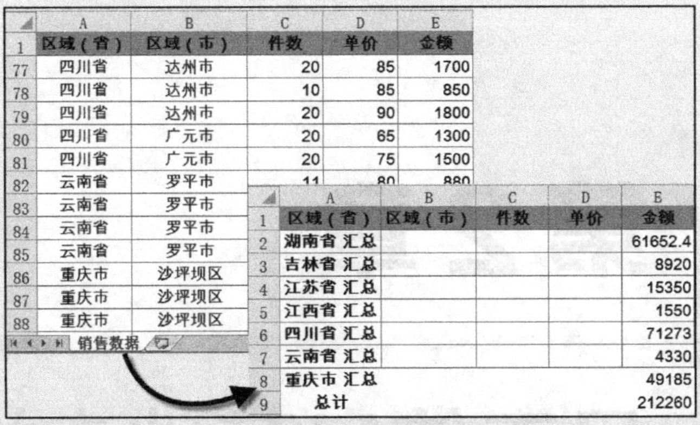

	A	B	C	D	E
1	区域（省）	区域（市）	件数	单价	金额
77	四川省	达州市	20	85	1700
78	四川省	达州市	10	85	850
79	四川省	达州市	20	90	1800
80	四川省	广元市	20	65	1300
81	四川省	广元市	20	75	1500
82	云南省	罗平市	11	80	880
83	云南省	罗平市			
84	云南省	罗平市			
85	云南省	罗平市			
86	重庆市	沙坪坝区			
87	重庆市	沙坪坝区			
88	重庆市	沙坪坝区			

销售数据

	A	B	C	D	E
1	区域（省）	区域（市）	件数	单价	金额
2	湖南省 汇总				61652.4
3	吉林省 汇总				8920
4	江苏省 汇总				15350
5	江西省 汇总				1550
6	四川省 汇总				71273
7	云南省 汇总				4330
8	重庆市 汇总				49185
9	总计				212260

图1-67　将分类汇总结果复制到新工作表

3. Excel提供了3种合并单元格的方式，包括__________、__________和__________。

4. 格式刷命令的作用是____________________。

5. 单元格内强制换行的快捷键是__________。

第2章

员工信息基础表格制作

本章导读

数据录入是Excel中最基本的一项工作，但是基本的东西也需要遵守一定的规则。多数情况下，录入的基础数据需要借助排序、筛选、函数公式、数据透视表等功能进行汇总分析。规范的数据可以简化后续的数据统计与分析过程，而不规范的基础数据表格会人为增加数据处理的复杂程度。

本章将以制作员工信息表为主线，首先介绍制作基础数据表格时的注意事项；在表格制作过程中，介绍数据有效性、条件格式以及部分简单函数公式的使用；最后讲解对重要文件加密和保护的方法。

2.1 数据源表格和报表表格

无论是计算机高手还是普通用户，首先就是要规范基础数据的录入。只要基础数据规范，绝大多数的问题是无须非常复杂的公式解决的。往往因为前期数据不规范，后期进行数据分析时要想一步实现某个效果，才会出现非常复杂的嵌套或数组公式。

基础数据表主要是用于数据分析汇总的数据源，报表表格的作用主要是呈现某个角度的分析结果。在学习录入数据之前，首先来了解数据源表格和报表表格的不同。

2.1.1 数据源表格和报表表格的不同

通常情况下，Excel表格按用途可以分为基础数据表格和报表表格两种。例如，历年的员工信息表、员工离职表和培训记录等，即属于基础数据表；而历年的工资增长率、员工离职率、员工学历占比等经过处理的数据，则属于报表表格。

数据源表格是指没有经过任何分析和处理的基础数据，如员工信息表、资产明细表等。数据源表格的使用者一般是数据统计分析人员，在没有分析结果的情况下，承载的有效信息非常有限，但是基础的数据往往更容易提炼和加工。

如图2-1所示，使用数据透视表功能，能够很容易地从基础信息表中统计出不同月份因为不同原因的离职人数。而对于已经汇总出的结果，如果再以此为数据源进行分析时，很难得到更有深度的信息。

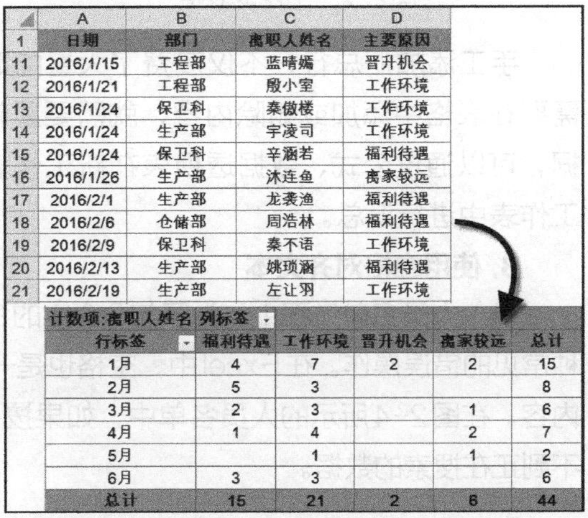

	A	B	C	D
1	日期	部门	离职人姓名	主要原因
11	2016/1/15	工程部	蓝晴嫣	晋升机会
12	2016/1/21	工程部	殷小室	工作环境
13	2016/1/24	保卫科	秦傲楼	工作环境
14	2016/1/24	生产部	宇凌司	工作环境
15	2016/1/24	保卫科	辛涵若	福利待遇
16	2016/1/26	生产部	沐连鱼	离家较远
17	2016/2/1	生产部	龙袭渔	福利待遇
18	2016/2/6	仓储部	周浩林	福利待遇
19	2016/2/9	保卫科	秦不语	工作环境
20	2016/2/13	生产部	姚琐涵	福利待遇
21	2016/2/19	生产部	左让羽	工作环境

计数项:离职人姓名	列标签				
行标签	福利待遇	工作环境	晋升机会	离家较远	总计
1月	4	7	2	2	15
2月	5	3			8
3月	2	3		1	6
4月	1	4		2	7
5月		1		1	2
6月	3	3			6
总计	15	21	2	6	44

图2-1 从基础数据源中提炼有用的信息

2.1.2 制作基础数据表注意事项

素材所在位置：

光盘：\素材\第2章 员工信息基础表格制作\2.1.2 不规范表格.xlsx

一些日常记录性质的表格，主要是用于打印后填写，不需要汇总分析。为了显示美观，其表格结构可以相对比较随意。如果是制作用于数据汇总、分析的基础数据表格，则需要表格结构规范化。

1. 合并单元格

我们经常可以看到类似图2-2这样的表格，不仅使用了双行表头，而且还使用了很多的合并单元格。基础数据表中，要避免使用双行表头和合并单元格。这样的表格将无法排序和筛选，也无法进行分类汇总，如果要按部门汇总数据时，需要非常复杂的公式才能完成。

2. 手工添加汇总行

为了使工作表中体现更多的汇总信息，有很多人会选择在表格中手工插入小计行和总计行，如图2-3所示。

	A	B	C	D
1	部门	姓名	费用明细	
2			水电费	通讯费
3	采购部	蒋若涵	153	88
4		钱瑾瑜	182	66
5		李梦雪	201	78
6	财务部	欧阳秋月	135	59
7		谭赵琪	176	64

图2-2　不规范表格

	A	B	C	D
1	部门	姓名	费用明细	
2			水电费	通讯费
3	采购部	蒋若涵	153	88
4		钱瑾瑜	182	66
5		李梦雪	201	78
6	小计		536	232
7	财务部	欧阳秋月	135	59
8		谭赵琪	176	64
9	小计		311	123
10	总计		847	355

图2-3　手工添加的汇总行

手工添加汇总行，不仅浪费了大量的时间，而且会对数据的排名、排序带来影响，一旦需要在表格中添加或删除内容，就需要重新调整表格结构，重新进行计算。要想得到汇总数据，可以通过公式、数据透视表在新工作表中汇总统计，或是通过分类汇总功能在基础数据工作表中进行汇总。

3. 使用空格对齐文本

录入人员名单过程中，为了与3个字的名字对齐，会在两个字的名字中间加上空格，这是一种常见的错误操作。在Excel中，空格也是一个字符，所以“张三”与“张 三”会被视作不同的内容。在图2-4所示的人员名单中，如果按<Ctrl+F>组合键查找姓名“李瑶”，Excel将提示找不到正在搜索的数据。

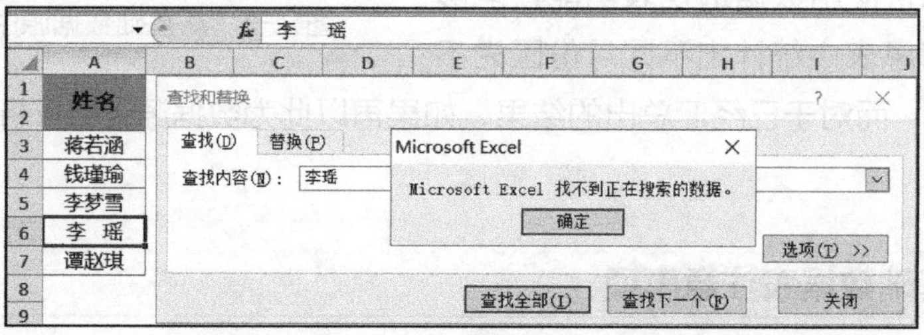

图2-4　Excel找不到正在搜索的数据

如果要对不同字符数的姓名进行对齐，正确的方法是设置单元格对齐方式。如图2-5所示，选中要设置对齐方式的A2:A6单元格区域，在【开始】选项卡下，单击【对齐方式】命令组右下角的对话框启动器，打开【设置单元格格式】对话框并自动切换到【对齐】选项卡。在【文本对齐方式】区域中，设置水平对齐方式为“分散对齐（缩进）”，单击【确定】按钮，关闭对话框。

设置完成后，适当调整单元格列宽，不同字符数的姓名会自动对齐，这样既兼顾了表格美观的需要，同时单元格内的实际数据也不会受影响，如图2-6所示。

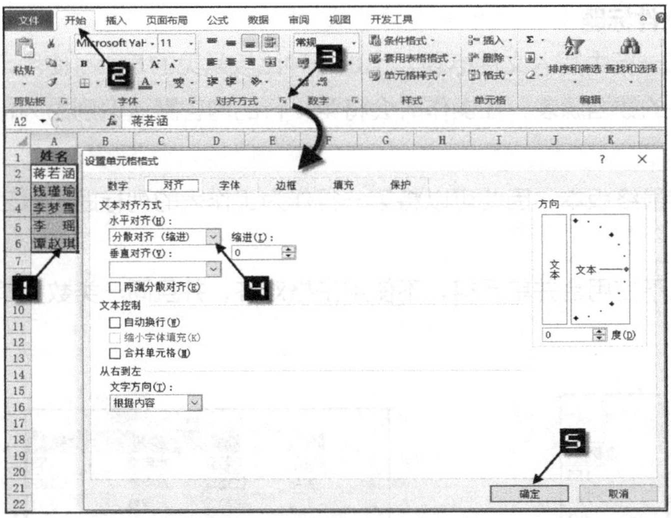

图2-5 设置对齐方式

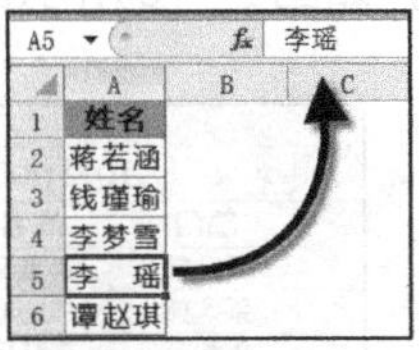

图2-6 分散对齐

4. 不规范的日期格式

在Excel中输入日期时，很多人习惯写成类似“2017.2.24”这样的样式表示2017年2月24日，但是这样的内容只能被Excel识别为文本，而无法识别为日期。如果后续要按时间统计某些信息，则加大了处理的难度。正确的日期间隔符号可以是“/”和“-”两种，即“2017/2/24”或“2017-2-24”的录入形式。

很多时候，我们得到的是由其他人录入的数据源，对于已经录入的不规范数据，需要进行必要的处理。如图2-7所示，A列录入的日期使用“.”作为间隔，在Excel中无法正确识别，需要将其转换为日期格式。

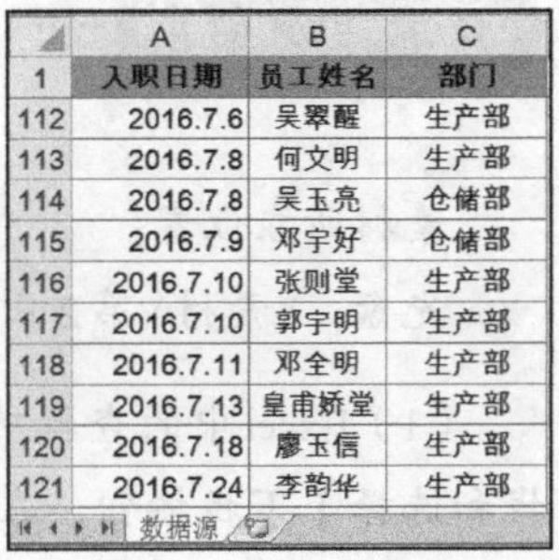

	A	B	C
1	入职日期	员工姓名	部门
112	2016.7.6	吴翠醒	生产部
113	2016.7.8	何文明	生产部
114	2016.7.8	吴玉亮	仓储部
115	2016.7.9	邓宇好	仓储部
116	2016.7.10	张则堂	生产部
117	2016.7.10	郭宇明	生产部
118	2016.7.11	邓全明	生产部
119	2016.7.13	皇甫娇堂	生产部
120	2016.7.18	廖玉信	生产部
121	2016.7.24	李韵华	生产部

图2-7 不规范的日期格式

单击A列列标，选中整列，按<Ctrl+H>组合键调出【查找和替换】对话框，在【查找内容】编辑框内输入“.”，在【替换为】编辑框内输入“-”，单击【全部替换】按钮，在弹出的提示框中单击【确定】按钮，最后单击【关闭】按钮，关闭【查找和替换】对话框，A列中的内容即可批量转换为Excel的日期格式，如图2-8所示。

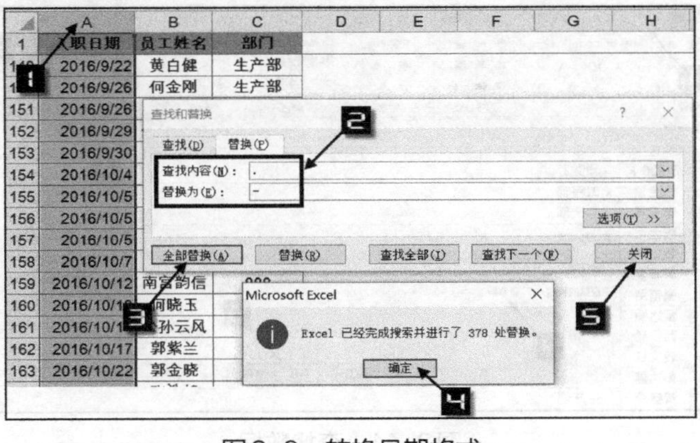

图2-8 转换日期格式

5. 数据表中的第一行写入文件标题

如图2-9所示，在数据表第一行中写入文件标题，也是一种比较常见的Excel使用习惯。但是，如果以该表格作为邮件合并的数据源表，在操作时会将第一行的内容默认识别为列标题，人为地增加了操作难度。

由于数据源表格不是打印的最终版本，因此可以将第一行作为工作表的列标题，以工作表标签名称作为表格名。

规范的基础表格样式，应该不使用合并单元格，不使用空格对齐，并且同一类数据单独放在一列内，如图2-10所示。

	A	B	C	D
1	10月份办公费用明细			
2	部门	姓名	费用	金额
3	采购部	蒋若涵	水电费	153
4	采购部	钱瑾瑜	水电费	182
5	采购部	李梦雪	水电费	201
6	财务部	欧阳秋月	水电费	135
7	财务部	谭赵琪	水电费	176
8	采购部	蒋若涵	通讯费	88
9	采购部	钱瑾瑜	通讯费	66
10	采购部	李梦雪	通讯费	78
11	财务部	欧阳秋月	通讯费	59
12	财务部	谭赵琪	通讯费	64

图2-9 第一行写入文件标题

	A	B	C	D
1	部门	姓名	费用	金额
2	采购部	蒋若涵	水电费	153
3	采购部	钱瑾瑜	水电费	182
4	采购部	李梦雪	水电费	201
5	财务部	欧阳秋月	水电费	135
6	财务部	谭赵琪	水电费	176
7	采购部	蒋若涵	通讯费	88
8	采购部	钱瑾瑜	通讯费	66
9	采购部	李梦雪	通讯费	78
10	财务部	欧阳秋月	通讯费	59
11	财务部	谭赵琪	通讯费	64

10月份办公费用明细

图2-10 规范的表格样式

知识点讲解

查找和替换

素材所在位置：

光盘：\素材\第2章 员工信息基础表格制作\查找和替换.xlsx

（1）Excel中的查找功能可以帮助用户在工作表中快速查询数据。依次单击【开始】→【查找和选择】下拉按钮，在下拉菜单中单击【查找】命令，或是按<Ctrl+F>组合键调出【查找和替换】对话框，并自动切换到【查找】选项卡。在【查找内容】编辑框中输入要查询的内容，单击【查找下一个】按钮，可快速定位到查询数据所在的单元格，如图2-11所示。

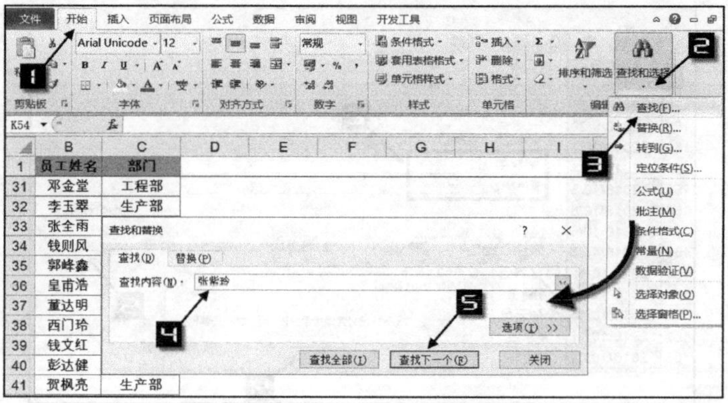

图2-11 查找数据

如果在【查找和替换】对话框中单击【查找全部】按钮，会在对话框下方显示出所有符合条件的列表，单击其中一项，可定位到该数据所在的单元格，如图2-12所示。

单击【查找和替换】对话框中的【选项】按钮，能够展开更多与查找有关的选项，除了可以选择区分大小写、单元格匹配、区分全/半角等，还可以选择范围、搜索顺序和查找的类型，如图2-13所示。

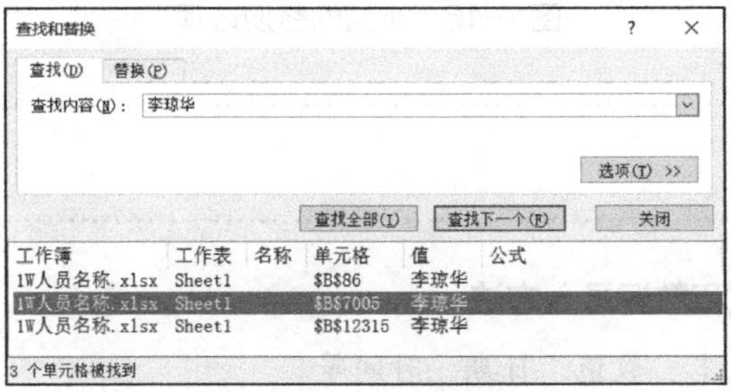

图2-12 查找全部

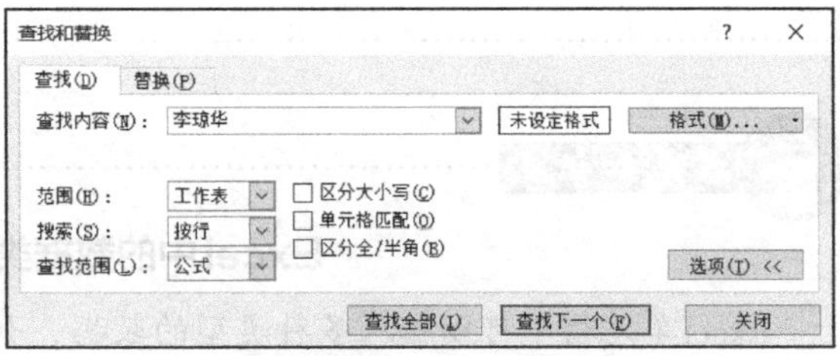

图2-13 更多查找选项

如果勾选了【区分大小写】复选框，在查找字符串"Excel"时，不会在结果中出现内容为"excel"的单元格。

如果勾选了【单元格匹配】复选框，在查找字符串"Excel"时，不会在结果中出现内容为"ExcelHome"的单元格。

如果勾选了【区分全/半角】复选框，在查找字符串"Excel"时，不会在结果中出现内容为"Ｅｘｃｅｌ"的单元格。

除了以上选项外，还可以单击【查找和替换】对话框中的【格式】下拉按钮，在下拉菜单中单击【格式】命令，对查找对象的格式进行设定。或是单击【从单元格选择格式】命令，以现有单元格的格式作为查找条件，以便在查找时只返回包含特定格式的单元格，如图2-14所示。

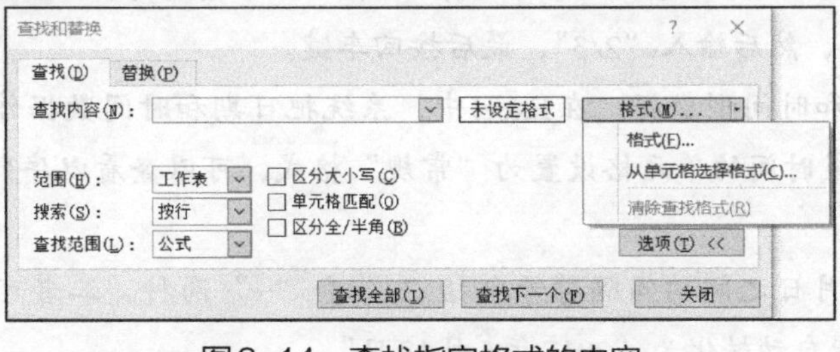

图2-14 查找指定格式的内容

（2）使用替换功能，可以快速更改表格中符合指定条件的数据内容。依次单击【开始】→【查找和选择】下拉按钮，在下拉菜单中单击【替换】命令，或是按<Ctrl+H>组合键调出【查找和替换】对话框，并自动切换到【替换】选项卡。在【查找内容】编辑框中输入要查询的内容，在【替换为】编辑框中输入要替换的内容，单击【全部替换】按钮，可快速将所有符合查找条件的单元格替换为指定的内容，如图2-15所示。

与查找功能类似，替换功能也有多种选项供用户选择，并且可以指定查找内容和替换内容的格式，如图2-16所示。

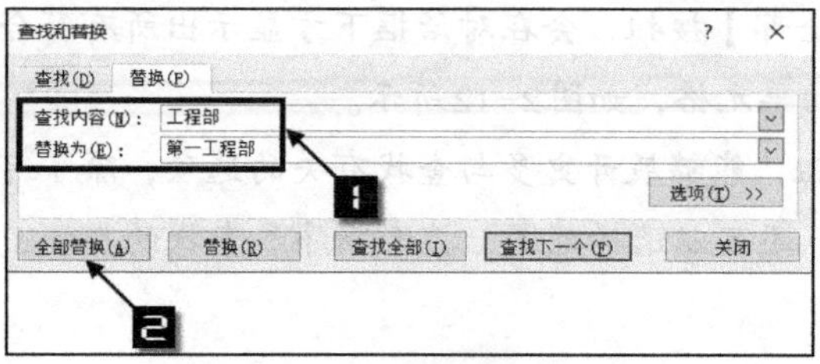

图2-15　替换数据

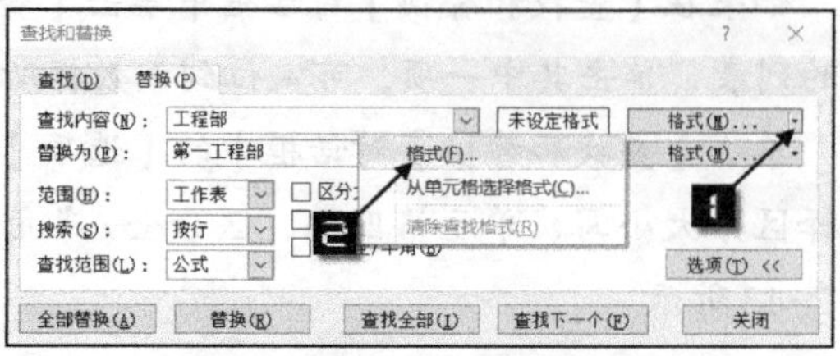

图2-16　丰富的替换选项

扩展知识点

Excel中的数据类型和数据录入方法

Excel单元格中可以输入多种类型的数据，如文本、数值、日期、时间等。

（1）文本型数据。Excel中的文本型数据包括汉字、英文字母、空格等。默认情况下，输入的文本型数据会自动沿单元格左侧对齐。当输入的字符串超出了当前单元格的宽度时，如果右侧相邻单元格里没有数据，那么字符串会往右延伸；如果右侧单元格有数据，超出部分的数据会自动隐藏，只有把单元格的列宽变大后才能显示出来，如图2-17所示。

图2-17　文本型数据的显示

（2）数值型数据。Excel中的数值型数据包括0~9中的数字以及含有正号、负号、货币符号、百分号等任意一种符号的数据。默认情况下，数值自动沿单元格右侧对齐。

① 负数：在数值前加一个“-”号或把数值放在一对半角括号中，都可以输入负数。

② 分数：要在单元格中输入分数形式的数据，应先输入“0”和一个空格，然后再输入分数，否则Excel会把分数当作日期处理。例如，在单元格中输入分数“2/3”的步骤是：先输入“0”，再输入一个空格，然后输入“2/3”，最后按回车键。

（3）日期型数据和时间型数据。在Excel中，系统把日期和时间数据作为一类特殊的数值表现形式。将包含日期或时间的单元格设置为“常规”格式，可以查看以序列值显示的日期和以小数值显示的时间。

默认情况下，年月日之间的间隔符号包括“/”和“-”两种，二者可以混合使用。如输入“2017/5-12”，Excel能自动转化为“2017年5月12日”。

使用其他间隔符号将无法正确识别为有效的日期格式，如使用小数点“.”和反斜杠“\”做间隔符输入的“2015.6.12”和“2015\6\12”，将被Excel识别为文本字符串。除此之外，在中文操作系统下使用部分英语国家所习惯的月份日期在前、年份在后的日期形式，如“4/5/2017”等，Excel也无法正确识别。

在中文操作系统下，文本字符“年”“月”“日”可以作为日期数据的单位被正确识别，如A1单元格输入“2017年2月16日”，将该单元格设置为常规格式后，可以转换为2017年2月16日的日期序列值42782。

Excel可以识别以英文单词或英文缩写形式表示月份的日期，如单元格输入“May–15”，Excel会识别为系统当前年份的5月15日。

当单击日期所在单元格时，无论使用了哪种日期格式，编辑栏都会以系统默认的短日期格式显示，如图2–18所示。

Excel中的日期可以使用四位数值作为年份，如“1999–2–14”，也可以使用两位数值作为年份，如“99–2–14”。以两位数字作为年份时，Excel将0~29之间的数字解释为2000—2029年，将30~99之间的数字解释为1930—1999年。为了避免系统自动识别产生的错误理解，输入日期时建议使用四位数字表示年份。

在时间数据中，使用半角冒号“:”作为分隔符，如“21:55:32”。Excel允许省略秒的时间数据输入，如“21时29分”或“21:29”。

如果使用中文字符作为时间单位时，表示方式为“0时0分0秒”。表示小时单位的“时”不能以日常习惯中的“点”代替，例如输入“21时29分32秒”，Excel会自动转化为时间格式，而输入“21点29分32秒”则会被识别为文本字符串。

录入日期和时间数据时，需要注意以下几点。

① 输入日期数据时，年、月、日之间要用“/”或“–”隔开，间隔符号不能使用小数点代替，否则Excel会将其识别为文本类型，而无法参与后续的计算汇总。

② 输入时间数据时，时、分、秒之间要用半角冒号隔开。

③ 如需在单元格中同时输入日期和时间，日期和时间之间需要用空格隔开，如图2–19所示。

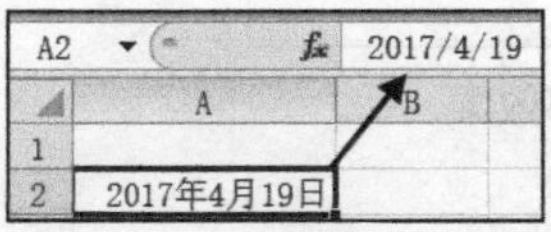

图2–18 输入中文日期

	A	B
1	类型	样式
2	负数	-66
3	分数	2/3
4	日期	2017/2/16
5	时间	10:32:24
6	日期时间	2017/2/14 5:32

图2–19 不同类型的数据

2.2 设计一个结构合理的员工信息表

素材所在位置：

光盘：\素材\第2章 员工信息基础表格制作\2.2 员工信息表.xlsm

设计一个结构合理的员工信息表

建立员工信息表，能够使人事管理更具有条理。建立一个结构合理、信息完善的员工信息表，能够为快速分析各项人事数据提供便利。

在建立员工信息表之前，应充分考虑不同岗位对员工信息表的数据需求。员工信息表中一般包括姓名、性别、出生年月、年龄、身份证号码、入职时间、转正信息、所在部门、担任职务、学历、生日信息、劳动合同签订情况、劳动合同到期时间以及岗位变动情况、离职时间等内容。

根据现有法律规定，用人单位自用工之日起即与劳动者建立劳动关系。多次签订劳动合同的，劳动合同到期后下一次劳动合同随即生效。连续订立两次固定期限劳动合同后，除劳动者提出订立固定期限劳动合同外，应当订立无固定期限劳动合同。所以除了某些特殊情况，一般公司与员工的劳动合同签订三次即可。在员工信息表格中，可以用“入职时间”“第一次劳动合同到期日”和“第二次劳动合同到期日”对应各阶段劳动合同的起始时间。

确定好基本思路，接下来开始制作表格并录入基本信息。

步骤 1 新建一个Excel工作簿，双击Sheet1工作表标签，重命名为“员工信息表”，再将工作簿保存为“员工信息表”。

步骤 2 在工作表中依次输入标题列的内容，如图2-20所示。

A B C D E F G H I J K L M N
工号 姓名 身份证号码 性别 出生年月 年龄 学历 入职时间 转正时间 第一次劳动合同到期日 第二次劳动合同到期日 离职时间 离职原因 备注

图2-20　输入标题列

步骤 3 调整表格列宽，添加单元格边框，设置字体字号，设置完成后的表格局部效果如图2-21所示。

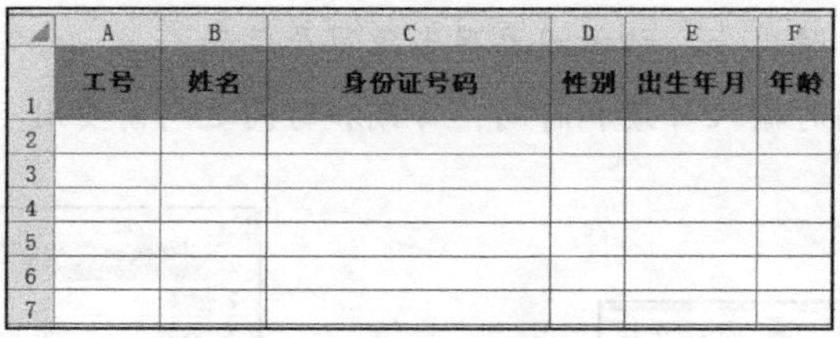

A B C D E F
工号 姓名 身份证号码 性别 出生年月 年龄

图2-21　员工信息表局部效果

2.2.1　使用数据有效性防止工号的重复输入

员工工号必须具有唯一性，在员工信息表中可以根据工号区分重名员工，因此在输入数据时要限制重复数据的录入。使用数据有效性功能结合简单的函数公式，就可以限制输入重复数据。

操作步骤如下。

步骤 1 选中要输入工号的A2:A15单元格区域，单击【数据】选项卡下的【数据有效性】按钮，打开【数据有效性】对话框。

步骤 2 如图2-22所示，在【设置】选项卡下的【允许】下拉列表中选择“自定

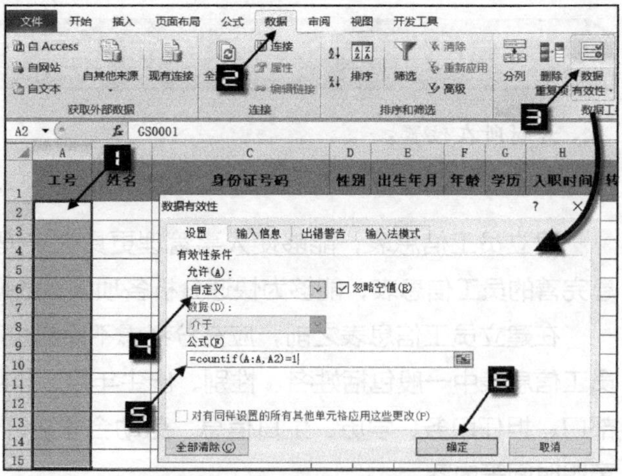

图2-22　设置有效性条件

义”，在公式编辑框中输入以下公式。

=COUNTIF（A:A,A2）=1

步骤3 切换到【出错警告】选项卡，在【输入无效数据时显示下列出错警告】编辑区域中分别输入标题和错误提示信息，单击【确定】按钮，如图2-23所示。

此时如果在A2:A15单元格区域中输入重复的工号，Excel就会弹出警告对话框，并拒绝输入，如图2-24所示。

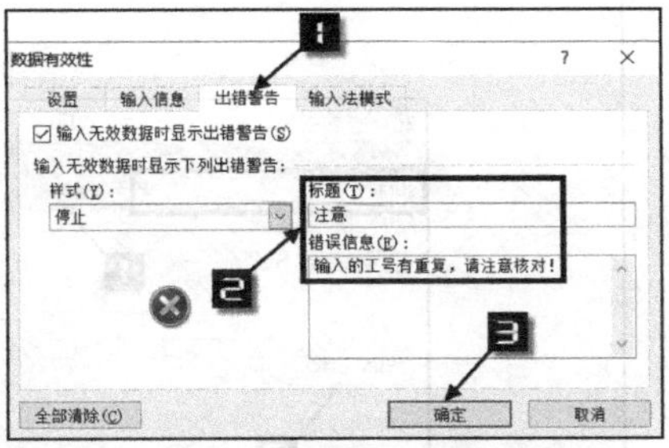

图2-23 输入错误警告信息

图2-24 错误提示

小技巧

通过帮助文件理解函数公式

在工作表中输入函数时，屏幕默认会出现函数屏幕提示。如果单击【函数屏幕提示】工具条上的函数名称，将打开【Excel帮助】对话框，快速获取该函数的帮助信息，如图2-25所示。

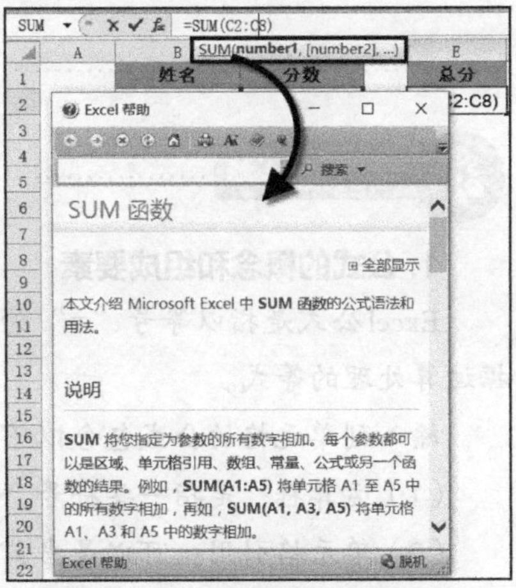

图2-25 获取函数帮助信息

帮助文件中包括函数的说明、语法、参数以及简单的函数示例，尽管帮助文件中的函数说明有些还不够透彻，但仍然不失为学习函数公式的好帮手。

除了单击【函数屏幕提示】工具条上的函数名称，使用以下方法也可以打开【Excel帮助】对话框。

（1）在公式中输入函数名称后按<F1>键，即可打开【Excel帮助】对话框。

（2）选中要输入函数的单元格，单击编辑栏中的【插入函数】按钮，打开【插入函数】对话框。单击选中函数名称，再单击左下角的【有关该函数的帮助】链接，即可打开【Excel帮助】对话框，如图2-26所示。

（3）直接按<F1>键，或是单击工作表窗口右上角的?图标，打开【Excel帮助】对话框，在【帮助搜索】框中输入关键字，单击【搜索】按钮，即可显示与之有关的函数帮助列表，单击函数名称，将打开关于该函数的帮助文件，如图2-27所示。

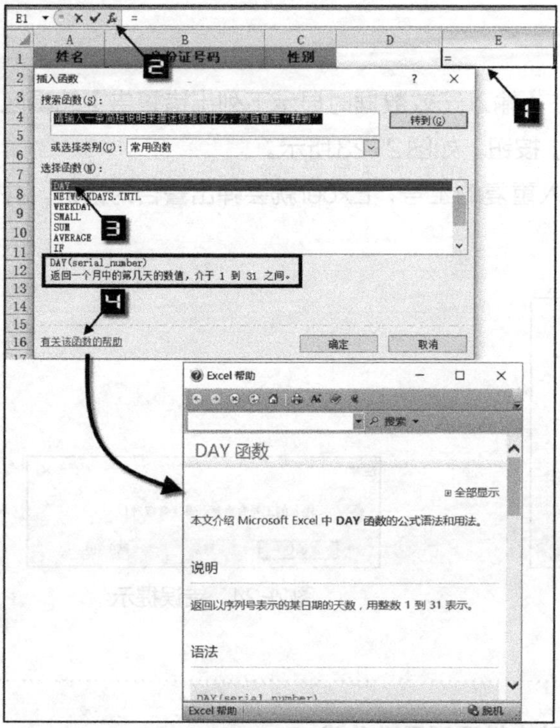

图2-26　在【插入函数】对话框中打开帮助文件

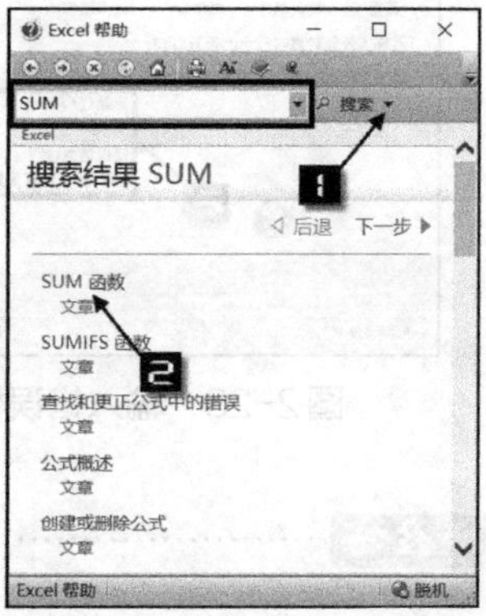

图2-27　在【Excel帮助】对话框中搜索关键字

知识点讲解

1. 公式的概念和组成要素

Excel公式是指以等号"="为引导，通过运算符、函数、参数等按照一定的顺序组合进行数据运算处理的等式。

输入到单元格的公式包含以下5种元素。

（1）运算符：是指一些符号，如加（+）、减（-）、乘（*）、除（/）等。

（2）单元格引用：可以是当前工作表中的单元格，也可以是当前工作簿其他工作表中的单元格或是其他工作簿中的单元格。

（3）值或字符串：如数字8或字符A。

（4）工作表函数和参数：例如用于求和的SUM函数以及它的参数。

（5）括号：控制着公式中各表达式的计算顺序。

2. 相对引用、绝对引用和混合引用

在公式中，如果A1单元格公式为"=B1"，那么A1就是B1的引用单元格，B1就是A1的从属单元格。从属单元格与引用单元格之间的位置关系称为单元格引用的相对性，可分为3种不同的引用方式，即相对引用、绝对引用和混合引用。不同引用方式用美元符号"$"进行区别。

（1）相对引用。当复制公式到其他单元格时，Excel保持从属单元格与引用单元格的相对位

置不变，称为相对引用。

例如，在B2单元格输入公式=A1，当向右复制公式时，将依次变为=B1，=C1，=D1，…；当向下复制公式时，将依次变为=A2，=A3，=A4，…，也就是始终保持引用公式所在单元格的左侧1列、上方1行位置的单元格。

（2）绝对引用。当复制公式到其他单元格时，Excel保持公式所引用的单元格绝对位置不变，称为绝对引用。

如果希望复制公式时能够固定引用某个单元格地址，需要在行号或列标前使用绝对引用符号$。如在B2单元格输入公式=$A$1，当向右复制公式或向下复制公式时，始终为=$A$1，保持引用A1单元格不变。

（3）混合引用。当复制公式到其他单元格时，Excel仅保持所引用单元格的行或列方向之一的绝对位置不变，而另一个方向位置发生变化，这种引用方式称为混合引用，可分为“对行绝对引用、对列相对引用”和“对行相对引用、对列绝对引用”。

在编辑栏内选中公式中的单元格地址部分，然后依次按<F4>键，可以在不同引用方式之间进行切换：绝对引用→“对行绝对引用、对列相对引用”→“对行相对引用、对列绝对引用”→相对引用。

例如，在B1单元格输入公式=A1，单击B1单元格，再单击编辑栏，依次按下<F4>键时，公式中的“A1”部分会依次显示为

```
$A$1→A$1→$A1→A1
```

各引用类型的特性如表2-1所示。

表2-1　单元格引用类型及特性

引用类型	A1样式	特性
绝对引用	=$A$1	公式向右或向下复制时，都不会改变引用关系
行绝对引用、列相对引用	=A$1	公式向下复制时，不改变引用关系；公式向右复制时，引用的列标发生变化
行相对引用、列绝对引用	=$A1	公式向右复制时，不改变引用关系；公式向下复制时，引用的行号发生变化
相对引用	=A1	公式向右或向下复制均会改变引用关系

决定引用方式的$符号，可以看作是一个“S”形的挂钩，当使用“对行绝对引用、对列相对引用”方式时，$符号的位置在单元格行号之前，即表示在水平方向（列与列之间）可以自由移动，但是垂直方向（行与行之间）则无法移动，如图2-28所示。

如果将图2-28逆时针旋转90°，则可以看作是“对行相对引用、对列绝对引用”的示意图。$符号的位置在单元格列号之前，即表示在垂直方向（行与行之间）可以自由移动，但是水平方向（列与列之间）则无法移动。

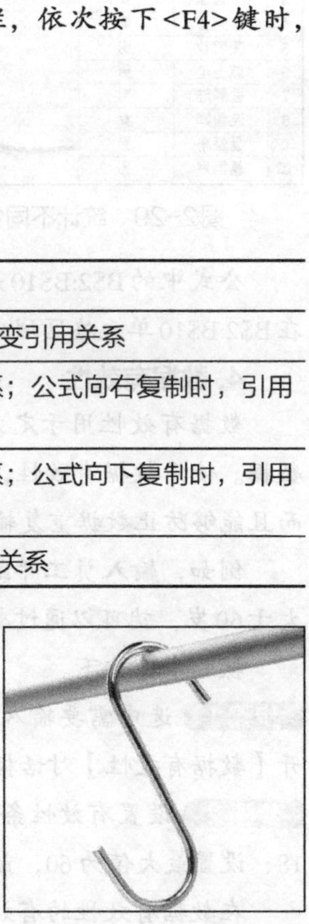

图2-28　“列相对引用、行绝对引用”方式示意图

3. COUNTIF函数

素材所在位置：

光盘：\素材\第2章 员工信息基础表格制作\2.2 统计不同性别人数.xlsx

认识COUNTIF函数1

COUNTIF函数主要用于统计满足某个条件的单元格的数量，其语法为

COUNTIF(range,criteria)

第一参数表示要统计数量的单元格范围。第二参数用于指定统计的条件，计数条件可以是数字、表达式、单元格引用或文本字符串。

认识COUNTIF函数2

如图2-29所示，需要统计不同性别员工的人数。

E3单元格输入以下公式。

```
=COUNTIF(B$2:B$10,D3)
```

光标靠近E3单元格右下角的填充柄，变成黑十字形时，按下鼠标左键向下拖动到E4单元格，释放鼠标，完成公式的复制填充，如图2-30所示。

认识COUNTIF函数3

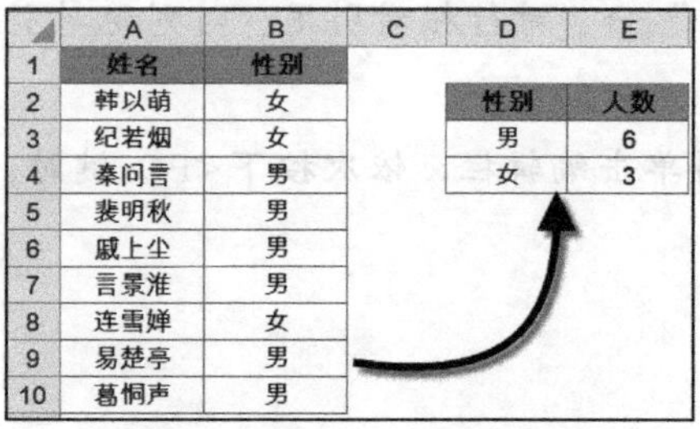

图2-29 统计不同性别人数

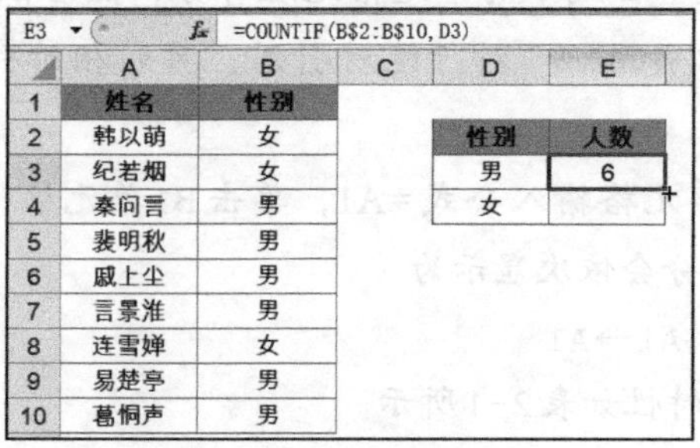

图2-30 复制填充公式

公式中的B$2:B$10是要统计数量的单元格范围，D3是指定要统计的条件。COUNTIF函数在B$2:B$10单元格区域中，统计有多少个与D3内容相同的单元格。

4. 数据有效性

数据有效性用于定义允许在单元格中输入哪些数据，防止用户输入无效数据。使用数据有效性，不仅能够限制数值输入位数和限定数值输入的范围，而且能够防止数据重复输入等，从而提高输入的准确性。

初识数据有效性

例如，输入员工年龄时，我们知道员工实际年龄不会小于18岁，也不会大于60岁，就可以通过数据有效性设置年龄输入的区间范围。

操作步骤如下。

步骤1 选中需要输入年龄的单元格区域，单击【数据】选项卡下的【数据有效性】按钮，打开【数据有效性】对话框。

步骤2 设置有效性条件，“允许”选择“整数”，“数据”选择“介于”，再分别设置最小值为18，设置最大值为60，最后单击【确定】按钮，如图2-31所示。

在数据有效性的有效性条件设置为“自定义”时，可以使用函数公式指定规则。数据有效性中的公式用法与在表格中应用函数公式类似，但只能是结果返回TRUE或FALSE的公式。当公式结果返回TRUE时，Excel允许输入；如果返回FALSE，则拒绝输入。

以本节输入员工工号为例，限制录入重复数据的公式为“=COUNTIF（A:A,A2）=1”，即先计算“COUNTIF（A:A,A2）”的结果，再判断是否等于1。如果COUNTIF函数的计算结果等于1，公式最终返回TRUE，Excel允许输入，否则Excel拒绝输入。

公式中的“A:A”，表示对A列整列的引用。“A2”是所选区域的活动单元格，设置数据有效性规则时以活动单元格为参照，设置的规则将自动应用到所选区域中的每个单元格。

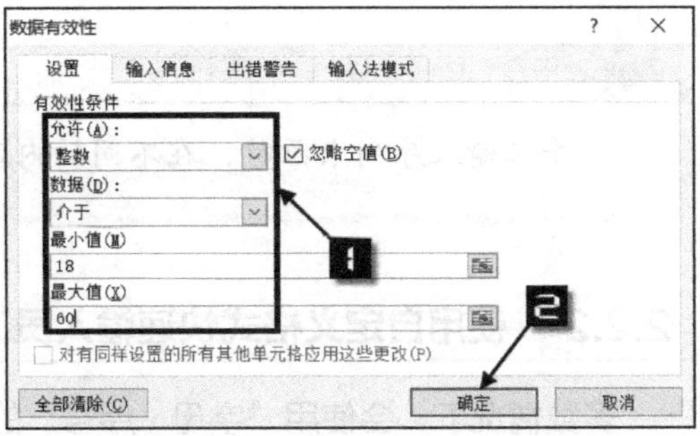

图2-31　设置数据输入的范围

扩展知识点

利用数据有效性制作下拉列表

素材所在位置：

光盘：\素材\第2章 员工信息基础表格制作\2.2 利用数据有效性制作下拉列表.xlsx

利用数据有效性的“序列”条件，可以限制在单元格区域中必须输入某一特定序列中的内容。假如需要输入性别信息，可以通过设置数据有效性，在下拉列表中选择输入内容。

首先选中要设置条件格式的单元格区域，依次单击【数据】→【数据有效性】，弹出【数据有效性】对话框。

在【设置】选项卡下的【允许】下拉列表中选择“序列”，在【来源】编辑框中输入序列内容“男,女”，单击【确定】按钮，如图2-32所示。

设置完成后，单击设置了数据有效性的单元格，即可在右侧出现下拉按钮。单击下拉按钮，在下拉列表中选择要输入的内容即可，如图2-33所示。

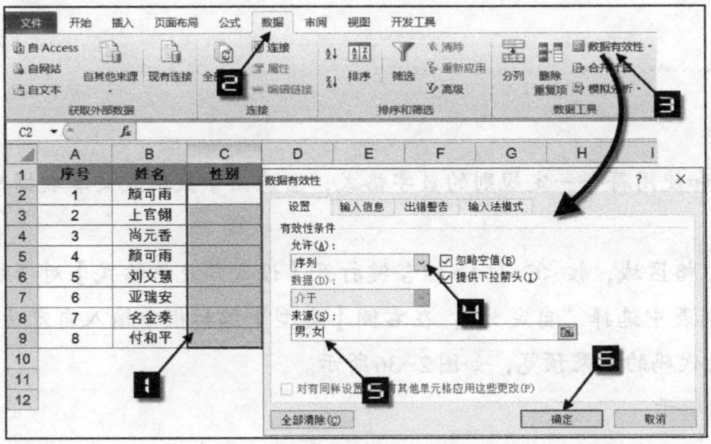

图2-32　设置数据有效性序列来源

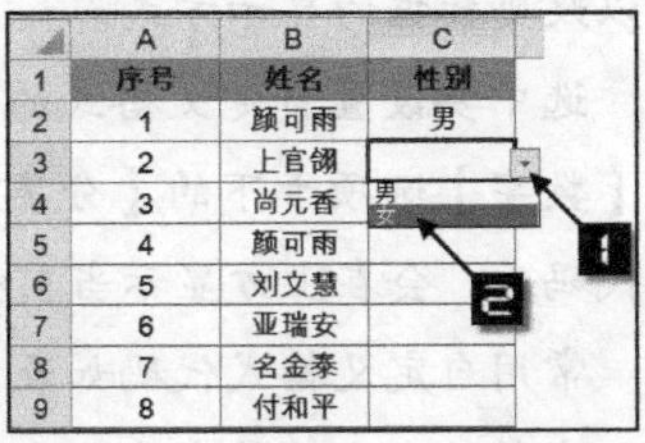

图2-33　从下拉列表中选择输入

注意

手工输入序列来源时，在不同的内容项之间需要用半角逗号隔开。

2.2.2 使用自定义格式快速输入员工工号

多数情况下，会使用“字母+序号”的形式来设定工号，如“GS0001”。

如果每次输入字母加序号的内容，不仅输入步骤多，而且容易出错。用户可以通过设置自定义单元格的方法，快速输入有规律性的内容。

选中需要输入工号的A2:A15单元格区域，按<Ctrl+1>组合键打开【设置单元格格式】对话框，在【数字】选项卡下的【分类】列表中选择“自定义”，在【类型】编辑框中输入格式代码“"GS"0000”，单击【确定】按钮关闭对话框，如图2-34所示。

设置完成后，在单元格内依次输入数字1，2，…，即可显示为以“GS”开头的字符串，如图2-35所示。

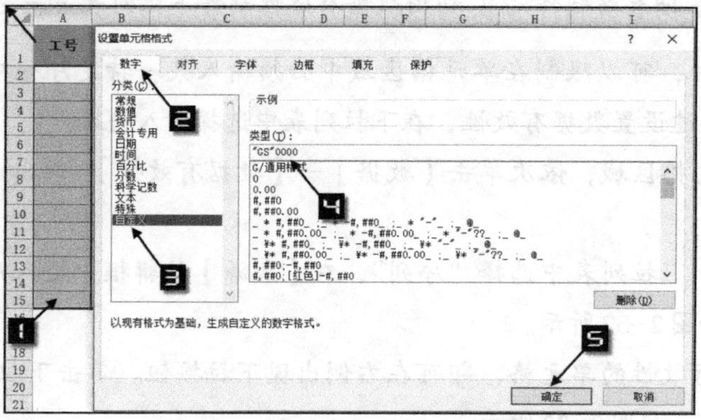

图2-34　设置自定义单元格格式

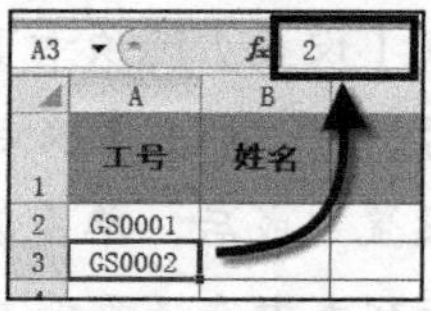

图2-35　自定义格式显示效果

知识点讲解

1. 自定义格式

“自定义”类型允许用户创建和使用符合一定规则的数字格式，当应用于数值或文本数据时，可以改变数据的显示方式。

选中要设置自定义格式的单元格区域，按<Ctrl+1>组合键打开【设置单元格格式】对话框，在【数字】选项卡下的【分类】列表中选择“自定义”，在右侧【类型】编辑框中输入自定义格式代码后，会在上方显示当前格式代码的效果预览，如图2-36所示。

常用自定义格式代码如表2-2所示。

完整的自定义格式代码分为以下4个区段，并且以半角分号“;”间隔，每个区段中的代码可以对相应类型的数值产生作用。

大于0;小于0;等于0;文本

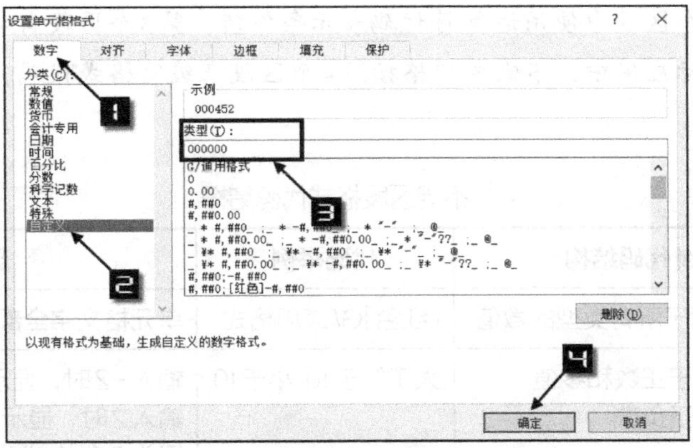

图2-36　设置自定义格式

表2-2　　常用自定义格式代码

格式代码	作用说明	代码举例	单元格输入	显示为
0	数字占位符，如果数值内容长度大于占位符，则显示实际值。如果小于占位符的长度，则用无意义的0补足，一个0占一位 占位符0作用于小数时，小数位数多于0的部分，自动四舍五入至0的数位。小数位数不足的部分，以0占位	00000	123456	123456
			123	00123
		0.00	12.4532	12.45
			12.4	12.40
		0天	12	12天
#	数字占位符，只显示有意义的零	#	12.1515	12
			0	
	占位符#作用于小数时，小数位数多于#的部分，自动四舍五入至#的数位	##.#	12.15	12.2
@	文本占位符，引用原始文本	华宇集团@	生产部	华宇集团生产部
		@@	你好	你好你好
*	重复显示下一次字符，直到充满列宽	**	123	**********
aaaa	日期显示为星期	aaaa	2017-2-16	星期四
e	日期显示为年份	“e年”或“yyyy年”	2017-2-16	2017年
y		yy年	2017-2-16	17年
m	日期显示为月份	m月	2017-2-16	2月
		mm月	2017-2-16	02月
h	时间显示为小时	h	8:16:26	8
s	时间显示为秒	s	8:16:26	26
m	与代码h或s一起使用时，时间显示为分	h时m分s秒	2017/2/16 8:16:26	8时16分26秒

用户可以在前两个区段中使用运算符代码表示条件值，第3个区段自动以“除此以外”的情况作为其条件值。实际应用中，不需要严格按照4个区段来编写格式代码，不同区段格式代码的结构如表2-3所示。

表2-3　　不同区段格式代码结构

区段数	Excel代码结构	代码举例	显示说明
1	格式代码作用于所有类型的数值	[红色]G/通用格式	单元格文字全部显示为红色
2	第1区段作用于正数和零值 第2区段作用于负数	大于等于!0;小于!0	输入-2时，显示“小于0”。 输入2时，显示“大于等于0”。 因为0在格式代码中有占位的特殊作用。加上感叹号的作用是显示0本身
3	第1区段作用于正数 第2区段作用于负数 第3区段作用于零值	正;负;零	输入2时，显示“正”。 输入0时，显示“零”。 输入-2时，显示“负”

提示

应用自定义格式的单元格并不会改变其本身的内容，只改变显示方式。

2. 使用剪贴板，将自定义格式转换为实际值

Office剪贴板是用来临时存放交换信息的存储区域，可以看作信息的中转站，它能够在不同单元格或是不同工作表之间进行数据的移动或复制。利用剪贴板功能，可以将自定义格式转换为单元格中的实际值。

操作步骤如下。

步骤1 选中A2:A15单元格区域，在【开始】选项卡下单击【复制】按钮，或是按<Ctrl+C>组合键。

步骤2 单击【开始】选项卡【剪贴板】命令组右下角的对话框启动器，打开剪贴板任务窗格，如图2-37所示。

步骤3 单击剪贴板中已复制的项目，将剪贴板中的内容粘贴到A2:A15单元格区域，此时可以看到自定义格式数据已转换为单元格中的实际值，如图2-38所示。

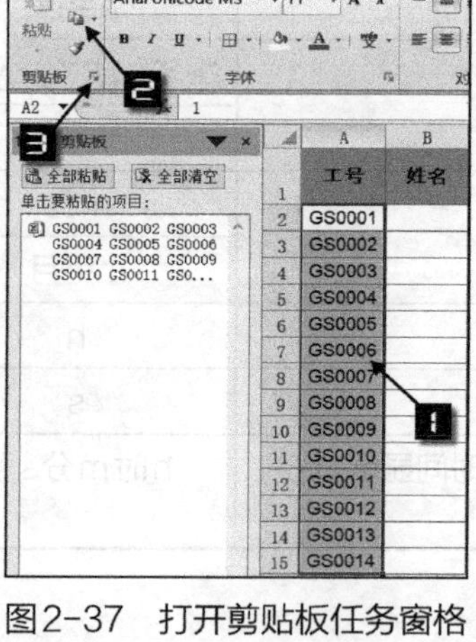

图2-37　打开剪贴板任务窗格

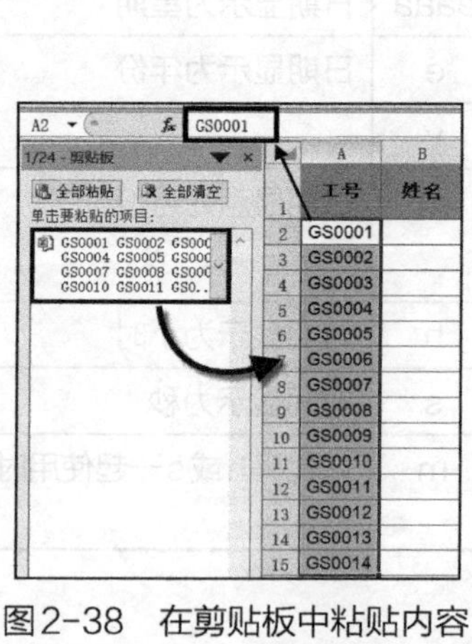

图2-38　在剪贴板中粘贴内容

2.2.3 输入身份证号码

身份证号码是一类比较特殊的数据，如果在单元格中直接输入身份证号码时，Excel会默认作为数值型数据处理，由于超过Excel的最大数据处理精度，15位之后的部分将全部变为0。如需在单元格中输入身份证号码，可以使用以下两种方法。

方法1 如图2-39所示，先选中要输入身份证号码的单元格区域，单击【开始】选项卡下的【数字格式】下拉按钮，在格式列表中选择“文本”。设置完毕，再输入身份证号码即可正常显示。

方法2 在单元格内先输入一个半角撇号“'”，再输入身份证号码即可正常显示，如图2-40所示。

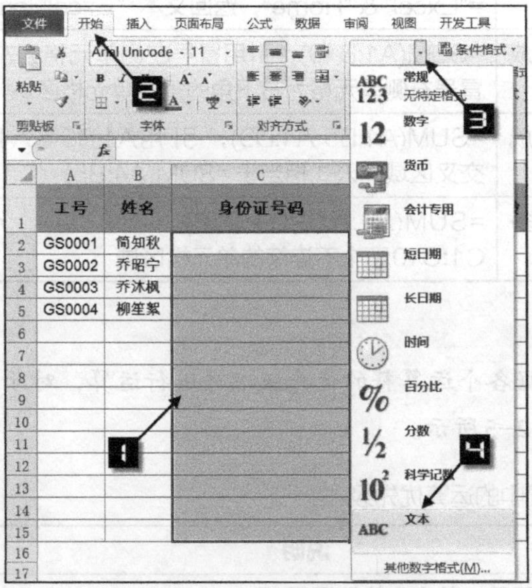

图2-39 设置单元格格式

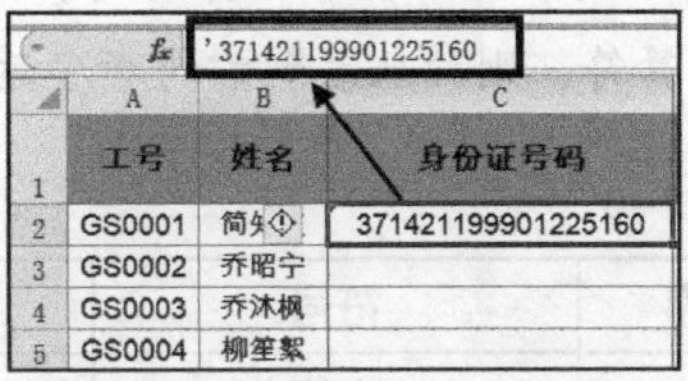

图2-40 输入身份证号码

扩展知识点

1. 认识Excel运算符

Excel包含4种类型的运算符：算术运算符、比较运算符、文本运算符和引用运算符。

（1）算术运算符：主要包括加、减、乘、除、百分比以及乘幂等各种常规的算术运算。

（2）比较运算符：用于比较数据的大小，包括对文本或数值的比较。

（3）文本运算符：主要用于将字符或字符串进行连接与合并。

（4）引用运算符：这是Excel特有的运算符，主要用于产生单元格引用。

Excel中的运算符如表2-4所示。

表2-4　　Excel中的运算符

符号	说明	实例
-	算术运算符：负号	=8*-5
%	算术运算符：百分号	=60*5%
^	算术运算符：乘幂	=3^2
*和/	算术运算符：乘和除	=3*2/4
+和-	算术运算符：加和减	=3+2-5
=、<>、>、<、>=、<=	比较运算符：等于、不等于、大于、小于、大于等于和小于等于	=(A1=A2)，判断A1和A2相等 =(B1<>"ABC")，判断B1不等于“ABC” =C1>=5，判断C1大于等于5
&	文本运算符：连接文本	="Excel" & "Home"，返回文本“ExcelHome”
:（冒号）	区域运算符，引用运算符的一种，生成对两个引用之间的所有单元格的引用	=SUM(A1:B10)，引用冒号左侧单元格为左上角，冒号右侧单元格为右下角的矩形单元格区域
（空格）	交叉运算符，引用运算符的一种，生成对两个引用的共同部分的单元格引用	=SUM(A1:B5 A4:D9)，引用A1:B5与A4:D9的交叉区域，公式相当于=SUM(A4:B5)
,（逗号）	联合运算符，引用运算符的一种，将多个引用合并为一个引用	=SUM(A1:A10,C1:C10)，引用A1:A10和C1:C10两个不连续的单元格区域

2. 运算符的优先顺序

当公式中使用多个运算符时，Excel将根据各个运算符的优先级顺序进行运算，对于同一级次的运算符，则按从左到右的顺序运算，如表2-5所示。

表2-5　　Excel公式中的运算优先级

顺序	符号	说明
1	:（空格）,	引用运算符：冒号、单个空格和逗号
2	-	算术运算符：负号（取得与原值正负号相反的值）
3	%	算术运算符：百分比
4	^	算术运算符：乘幂
5	*和/	算术运算符：乘和除（注意区别数学计算中的×、÷）
6	+和-	算术运算符：加和减
7	&	文本运算符：连接文本
8	=,<,>,<=,>=,<>	比较运算符：比较两个值（注意区别数学计算中的≠、≤、≥）

3. 不同数据比较大小的原则

Excel中的数据可以分为文本、数值、日期和时间、逻辑值、错误值等几种类型。除了错误值外，文本、数值与逻辑值比较时按照以下顺序排列。

…，-2，-1，0，1，2，…、A~Z，FALSE，TRUE

即数值小于文本，文本小于逻辑值FALSE，逻辑值TRUE最大，错误值不参与排序。

文本值之间比较时，是按照字符串从左至右每个字符依次比较，如a1，a2，…，a10这10个字符串，先比较首位的字符“a”，再比较第二位的数字，因此升序排列为a1，a10，a2，…，a9。

4. 逻辑值

逻辑值通常表示对一个条件的判定结果，包括TRUE和FALSE两种类型，如在单元格中输入公式“=1>2”，会返回逻辑值FALSE，表示否。

如果在逻辑值之间进行四则运算或是使用逻辑值与数值进行计算时，TRUE相当于1，FALSE相当于0。例如，公式=TRUE+FALSE，结果等于1。公式=TRUE+1，结果等于2。

虽然逻辑值与数值之间允许互相转换，但是逻辑值与数值有本质的区别，它们之间没有绝对等同的关系。例如，单元格中输入公式“=TRUE>100”，则返回逻辑值TRUE，这是因为在Excel中逻辑值TRUE最大。

5. IF函数

素材所在位置：

光盘：\素材\第2章 员工信息基础表格制作\2.2 IF函数.xlsx

使用IF函数完成判断

IF函数用于执行真假值的判断，根据逻辑计算的真假值返回不同的结果。如果指定条件的计算结果为TRUE，IF函数将返回某个值；如果该条件的计算结果为FALSE，则返回另一个值。

IF函数的第一个参数是结果可能为TRUE或FALSE的任意值或表达式，第二个参数是判断结果为TRUE时所要返回的结果，第三个参数是判断结果为FALSE时所要返回的结果。

如图2-41所示，要根据员工的应知应会得分判断是否合格。判断标准为“大于9分为合格，否则为不合格”。

在C2单元格输入以下公式，向下复制到C9单元格。

```
=IF(B2>9,"合格","不合格")
```

公式先判断B2单元格的得分是否大于9，返回逻辑值TRUE或是FALSE。如果判断结果为逻辑值TRUE，IF函数返回第二参数“合格”，否则返回第三参数“不合格”。

	A	B	C
1	姓名	应知应会得分	是否合格
2	千川雪	9.3	合格
3	郑依南	8.3	不合格
4	林晓汐	9.2	合格
5	柳如絮	8.0	不合格
6	庄宁鸿	9.9	合格
7	申司宜	9.0	不合格
8	丘慕莹	9.4	合格
9	江烈征	9.3	合格

图2-41 判断是否合格

函数参数中使用文本字符串时，文本字符串外侧要加上一对半角引号，如本例公式中的“合格”和“不合格”，否则公式无法正常运算。

6. 嵌套公式

嵌套公式是指一个函数公式的运算结果用作另一个函数公式的参数。实际应用中，使用嵌套公式可以完成比较复杂的运算处理。

仍以图2-41的数据为例，如果判断条件为“大于9.5分为优秀，大于9分为合格，否则为不合格”，使用IF函数的嵌套能够完成多个区间的判断。

如图2-42所示，在C2单元格输入以下公式，向下复制到C9单元格。

```
=IF(B2>9.5,"优秀",IF(B2>9,"合格","不合格"))
```

fx =IF(B2>9.5,"优秀",IF(B2>9,"合格","不合格"))

	A	B	C	D
1	姓名	应知应会得分	是否合格	
2	千川雪	9.3	合格	
3	郑依南	8.3	不合格	
4	林晓汐	9.2	合格	
5	柳如絮	8.0	不合格	
6	庄宁鸿	9.9	优秀	
7	申司宜	9.0	不合格	
8	丘慕莹	9.4	合格	
9	江烈征	9.3	合格	

图2-42 嵌套公式

在本公式中，IF（B2>9,"合格","不合格"）部分可以看作第一个IF函数的第三参数。

第一个IF函数首先判断B2单元格是否大于9.5，条件成立返回指定的内容“优秀”，如果B2单元格的数值不大于9.5，则继续执行下一个IF函数判断B2是否大于9，符合条件返回“合格”，其余为小于等于9的部分，返回“不合格”。

使用IF函数的嵌套时，需要注意区段划分的完整性和唯一性，可以理解为从一个极端开始，向另一个极端递进式判断。例如，可以先判断是否小于条件中的最小标准值，然后逐层判断，最后判断是否小于条件中的最大标准值。也可以先判断是否大于条件中的最大标准值，然后逐层判断，最后判断是否大于条件中的最小标准值。

使用以下公式，能够完成同样的计算要求。

```
=IF(B2<=9,"不合格",IF(B2<=9.5,"合格","优秀"))
```

公式从最低部分开始判断，首先判断B2单元格是否小于等于9，条件成立返回指定的内容“不合格”，如果B2单元格中的数值大于9，则继续执行下一个IF函数判断B2是否小于等于9.5，符合条件返回“合格”，其余为大于9.5的部分，返回“优秀”。

7. 检查重复身份证号码

素材所在位置：

光盘：\素材\第2章 员工信息基础表格制作\2.2.3 检查重复身份证号码.xlsx

如图2-43所示，需要核对B列的身份证号码是否存在重复。

C2单元格输入以下公式，向下复制到C9单元格。

```
=IF(COUNTIF($B$2:$B$9,B2&"*")>1,"是","")
```

身份证号码是18位，而Excel的最大数字精度是15位，因此会对身份证号码中15位以后的数字都视为0处理。这种情况下，只要身份证号码的前15位相同，COUNTIF函数就会识别为相同内容，而无法判断最后3位是否一致。

	A	B	C
1	姓名	身份证号码	是否重复
2	柳如烟	422827198207180011	是
3	孟子茹	330824199007267026	
4	肖嘉欣	422827198207180255	
5	柳千佑	341221197812083172	
6	尹素苑	340828198807144816	
7	秦问言	422827198207180011	是
8	乔沐枫	350322199102084363	
9	易默昀	530381197311133530	

图2-43 检查重复身份证号码

对COUNTIF函数的查找条件添加通配符&"*"，表示查找以B2单元格内容开始的文本，最终返回$B$2:$B$9单元格区域中该身份证号码的实际数目。

最后使用IF函数进行判断，如果COUNTF函数的结果大于1，则表示该身份证号码重复。“COUNTIF($B$2:$B$9,B2&"*")>1”部分返回逻辑值TURE，并以此作为IF函数的第一参数，IF函数在第一参数为TRUE的情况下，返回第二参数指定的内容“是”，否则返回空文本""，在单元格内显示为空白。

2.2.4 从身份证号码中提取性别信息

在员工信息表中依次输入工号、姓名以及身份证号码之后，接下来要根据身份证号码提取出性别信息。

我国现行居民身份证号码由18位数字组成，其中第7~14位数字表示出生年月日：7~10位是年，11~12位是月，13~14位是日。第17位是性别标识码，奇数为男，偶数为女。第18位数字是校检码。

因此，只要提取出身份证号码中的第17位数字，再判断该数字的奇偶性，就可以根据身份证号码判断出性别。

从身份证号码中提取信息

如图2-44所示，在D2单元格输入以下公式，向下复制到D15单元格，就可以快速提取出性别信息。

```
=IF(MOD(MID(C2,17,1),2),"男","女")
```

	A	B	C	D
1	工号	姓名	身份证号码	性别
2	GS0001	简知秋	371421199901225160	女
3	GS0002	乔昭宁	370882198503194715	男
4	GS0003	乔沐枫	37082619820330511x	男
5	GS0004	柳笙絮	370826198305157427	女
6	GS0005	楚羡冰	370882198408121681	女
7	GS0006	连敏原	370811198501130552	男
8	GS0007	辛涵若	370829198407186641	女
9	GS0008	李紫婷	372926198504106963	女
10	GS0009	尤沙秀	370881198410181185	女
11	GS0010	明与雁	370831198408230014	男
12	GS0011	白如雪	370881198308230745	女
13	GS0012	杜郎清	370828198211270327	女
14	GS0013	柳千佑	370826198402285713	男
15	GS0014	庄秋言	370882198403113236	男

图2-44　提取性别信息

小技巧

保护和隐藏工作表中的公式

为了避免他人误修改工作表中的公式，或是不希望其他人看到单元格中的公式，可以将公式进行保护和隐藏。

操作步骤如下。

步骤1 单击工作表左上角的全选按钮选定整个工作表，按<Ctrl+1>组合键打开【设置单元格格式】对话框。切换到【保护】选项卡下，去掉【锁定】复选框的勾选，单击【确定】按钮，如图2-45所示。

步骤2 按<F5>键调出【定位】对话框，单击【定位条件】按钮，打开【定位条件】对话框。在对话框中选择【公式】单选按钮，最后单击【确定】按钮，如图2-46所示。

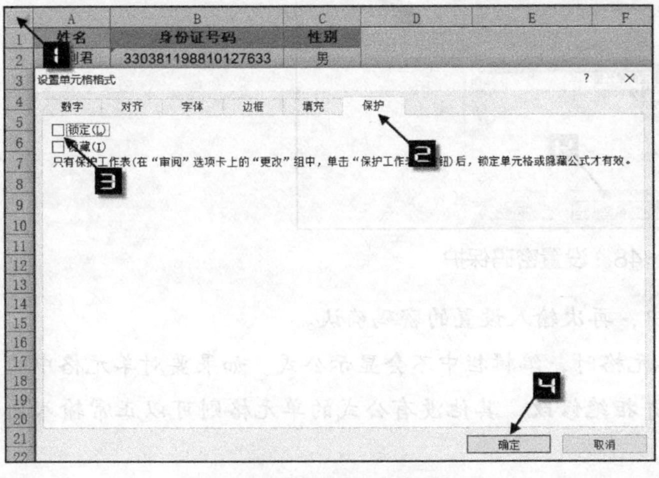

图2-45　设置单元格格式

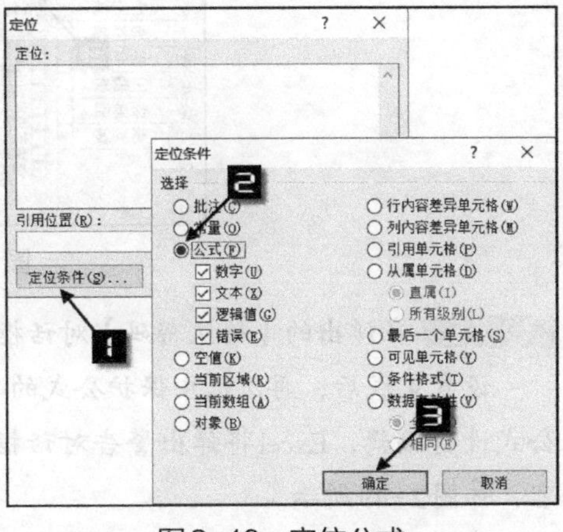

图2-46　定位公式

步骤3 此时将选中包含公式的所有单元格区域。按<Ctrl+1>组合键，弹出【设置单元格格式】对话框，在【保护】选项卡下分别勾选【锁定】和【隐藏】复选框，单击【确定】按钮，如图2-47所示。

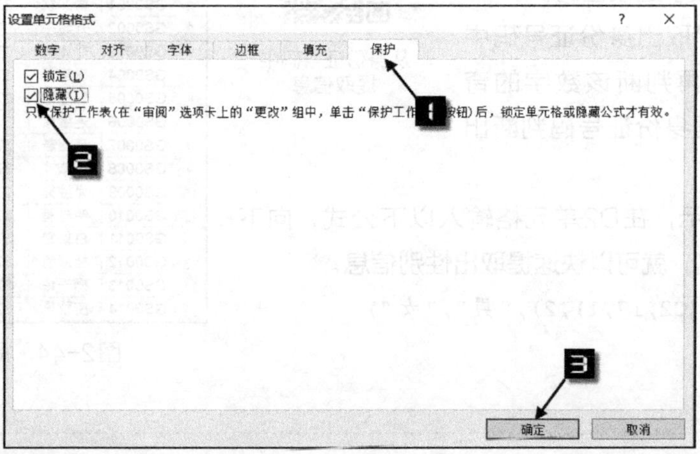

图2-47　设置单元格保护

步骤4　切换到【审阅】选项卡，单击【保护工作表】按钮，在弹出的【保护工作表】对话框中勾选【选定锁定单元格】和【选定未锁定的单元格】复选框，在【取消工作表保护时使用的密码】编辑框中设置密码，单击【确定】按钮，如图2-48所示。

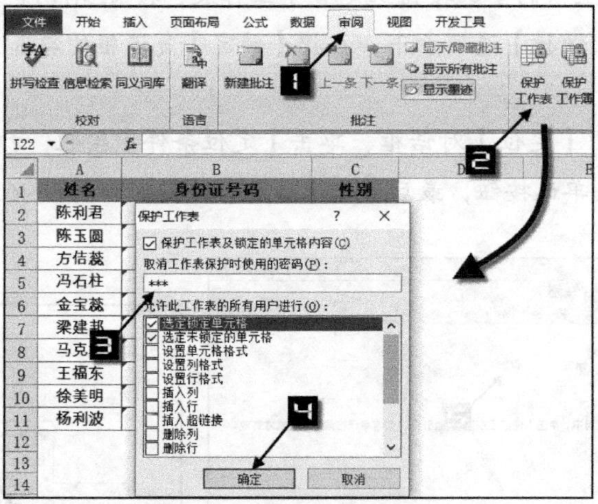

图2-48　设置密码保护

步骤5　在弹出的【确认密码】对话框中，再次输入设置的密码确认。

设置完成后，再次选中保护公式的单元格时，编辑栏中不会显示公式。如果要对单元格中的公式进行编辑，Excel将弹出警告对话框并拒绝修改，其他没有公式的单元格则可以正常输入内容，如图2-49所示。

如果要撤销工作表保护，可以在【审阅】选项卡下，单击【撤销工作表保护】按钮，然后在弹出的【撤销工作表保护】对话框中输入之前设置的密码，单击【确定】按钮即可，如图2-50所示。

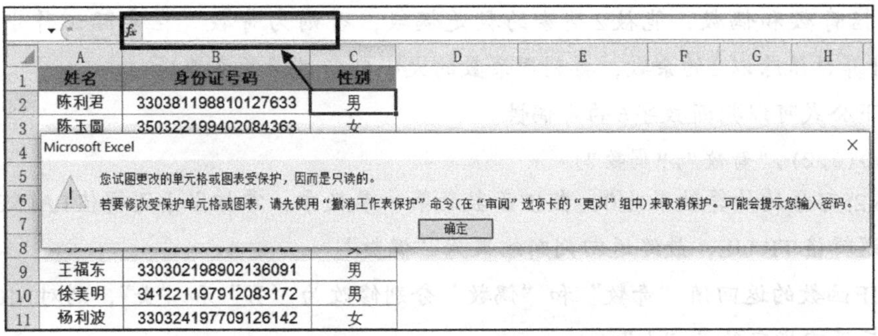

图2-49　受保护的单元格不允许修改

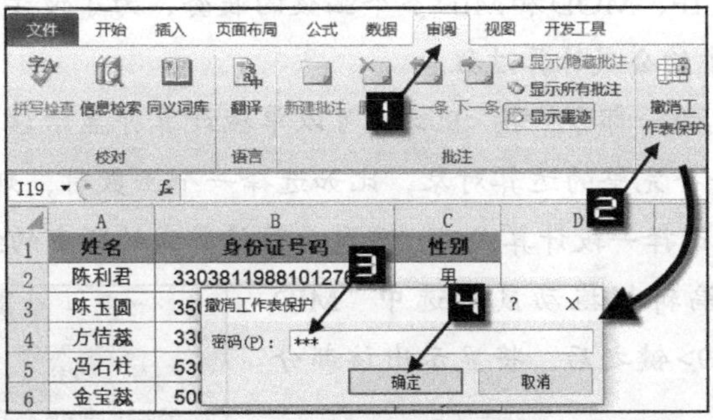

图2-50　撤销工作表保护

知识点讲解

1. MID函数

MID函数用于在字符串任意位置上返回指定数量的字符，函数语法为

```
MID(text,start_num,num_chars)
```

第一参数是包含要提取字符的文本字符串，第二参数用于指定文本中要提取的第一个字符的位置，第三参数指定从文本中返回字符的个数。

本小节中的“MID(C2,17,1)”部分，就是从C2单元格中的第17位开始，提取1个字符长度的字符串，结果为“6”。

使用MID函数、LEFT函数以及RIGHT函数在数值字符串中提取字符时，提取结果全部为文本型数字，通常情况下，会使用原公式乘1的方法，将公式结果转换为数值。

2. MOD函数

在数学概念中，余数是被除数与除数进行整除运算后剩余的数值，余数的绝对值必定小于除数的绝对值。例如，13除以5，余数为3。MOD函数用来返回两数相除后的余数，其结果的正负号与除数相同。MOD函数的语法结构为

```
MOD(number,divisor)
```

第一参数是被除数，第二参数是除数。

整数包括奇数和偶数，能被2整除的数是偶数，否则为奇数。在实际工作中，可以使用MOD函数计算数值除以2的余数，再利用余数的大小判断数值的奇偶性。

使用以下公式可以判断数字6的奇偶性。

```
=IF(MOD(6,2),"奇数","偶数")
```

MOD(6,2)部分的计算结果为0，在IF函数的第一参数中，零相当于逻辑值FALSE，所有非零数值相当于逻辑值TRUE，最终返回判断结果为“偶数”。

如果把IF函数的返回值“奇数”和“偶数”分别修改为“男”和“女”，则对MOD(6,2)的结果进行判断后返回指定结果“女”。

3. <F9>键的妙用

在本小节中，使用了IF、MOD和MID多个函数的嵌套，为了便于理解公式计算过程，使用<F9>键，可以查看每一步的公式计算过程。

在编辑栏内选中公式的一部分，按<F9>键可以单独计算并显示该部分公式的运算结果。选择公式段时，必须包含一个完整的运算对象，比如选择一个函数时，则必须选定整个函数名称、左括号、参数和右括号，选择一段计算式时，要包含该计算式的所有的组成元素。

如图2-51所示，在编辑栏拖动鼠标选中“MID(C2,17,1)”部分，按下<F9>键之后，将显示出该部分的运算结果”6”。

如果选中的公式部分是对单元格区域的引用，按<F9>键时，对空单元格的引用将识别为数值0。查看完毕，可以按<Esc>键恢复原状，也可以单击编辑栏左侧的【取消】按钮。

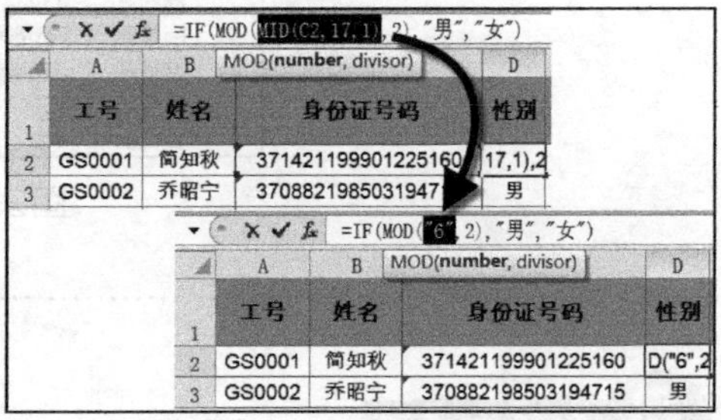

图2-51　按<F9>键查看部分运算结果

2.2.5 根据身份证号码提取出生日期

身份证号码中的第7~14位数字表示出生年月日，从身份证号码中提取第7~14位数字后，再进行必要的处理，即可得到出生日期信息。

先选中员工信息表的E2:E15单元格区域，设置为短日期格式，然后在E2单元格输入以下公式，向下复制到E15单元格，如图2-52所示。

```
=TEXT(MID(C2,7,8),"0-00-00")*1
```

公式中的“MID(C2,7,8)”部分，表示使用MID函数从C2单元格的第7个字符开始，截取8个字符长度的字符串，结果为“19990122”。

再使用TEXT函数，利用格式代码“0-00-00”，将结果转换为具有日期样式外观的文本型字

E2 =TEXT(MID(C2, 7, 8), "0-00-00")*1

	A	B	C	D	E
1	工号	姓名	身份证号码	性别	出生年月
2	GS0001	简知秋	371421199901225160	女	1999/1/22
3	GS0002	乔昭宁	370882198503194715	男	1985/3/19
4	GS0003	乔沐枫	37082619820330511x	男	1982/3/30
5	GS0004	柳笙絮	370826198305157427	女	1983/5/15
6	GS0005	楚羡冰	370882198408121681	女	1984/8/12
7	GS0006	连敏原	370811198501130552	男	1985/1/13
8	GS0007	辛涵若	370829198407186641	女	1984/7/18
9	GS0008	李紫婷	372926198504106963	女	1985/4/10
10	GS0009	尤沙秀	370881198410181185	女	1984/10/18
11	GS0010	明与雁	370831198408230014	男	1984/8/23
12	GS0011	白如雪	370881198308230745	女	1983/8/23
13	GS0012	杜郎清	370828198211270327	女	1982/11/27
14	GS0013	柳千佑	370826198402285713	男	1984/2/28
15	GS0014	庄秋言	370882198403113236	男	1984/3/11

图2-52　提取出生日期

符串“1999-01-22”。

最后通过乘1的运算，转换为真正的日期序列值。

知识点讲解

TEXT函数

Excel的自定义数字格式功能可以将单元格中的数值显示为自定义的格式，而TEXT函数也具有类似的功能，可以使用指定的格式代码，将数值转换为特定格式的文本。

TEXT函数的语法为

```
TEXT(value,format_text)
```

第一参数可以是数值，也可以是文本型数字，第二参数用于指定格式代码，与单元格数字格式中的大部分代码都基本相同。有少部分代码仅适用于自定义格式，不能在TEXT函数中使用。

设置单元格格式与TEXT函数有以下区别。

（1）设置单元格的格式，仅仅是数字显示外观的改变，其实质仍然是数值本身，不影响进一步的汇总计算。

（2）使用TEXT函数可以将数值转换为带格式的文本，其实质已经是文本，不再具有数值的特性。

扩展知识点

可选参数与必需参数

一些函数可以仅使用其部分参数，如SUM函数可支持255个参数，其中第1个参数为必需参数不能省略，而第2~255个参数都可以省略。

在函数语法中，可选参数一般用一对方括号“[ ]”包含起来，当函数有多个可选参数时，可从右向左依次省略参数，如图2-53所示。

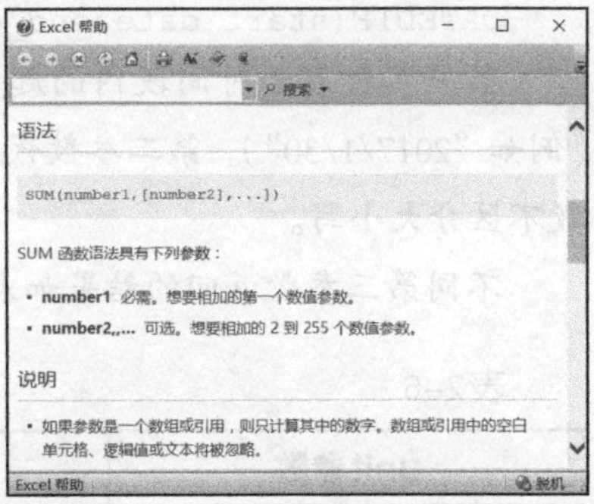

图2-53 SUM函数的帮助文件

此外，在公式中有些参数可以省略参数值，在前一参数后仅跟一个逗号，用以保留参数的位置，这种方式称为“省略参数的值”或“简写”，常用于代替逻辑值FALSE、数值0或空文本等参数值。

2.2.6 用DATEDIF函数计算员工年龄

在知道了员工的出生年月信息后，即可以快速获得该职工的年龄。

如图2-54所示，在员工信息表的F2单元格输入以下公式，向下复制到F15单元格，能够计算出员工的周岁年龄。

```
=DATEDIF(E2,"2017-1-1","y")
```

F2 =DATEDIF(E2,"2017-1-1","y")

	B	C	D	E	F
1	姓名	身份证号码	性别	出生年月	年龄
2	简知秋	371421199901225160	女	1999/1/22	17
3	乔昭宁	370882198503194715	男	1985/3/19	31
4	乔沐枫	37082619820330511x	男	1982/3/30	34
5	柳维絮	370826198305157427	女	1983/5/15	33
6	楚羡冰	370882198408121681	女	1984/8/12	32
7	连敏原	370811198501130552	男	1985/1/13	31
8	辛涵若	370829198407186641	女	1984/7/18	32
9	李紫婷	372926198504106963	女	1985/4/10	31
10	尤沙秀	370881198410181185	女	1984/10/18	32
11	明与雁	370831198408230014	男	1984/8/23	32
12	白如雪	370881198308230745	女	1983/8/23	33
13	杜郎清	370828198211270327	女	1982/11/27	34
14	柳千佑	370826198402285713	男	1984/2/28	32
15	庄秋言	370882198403113236	男	1984/3/11	32

图2-54 计算员工年龄

用 DATEDIF 函数计算日期间隔

知识点讲解

DATEDIF函数

DATEDIF函数用于计算两个日期之间的天数、月数或年数。该函数是一个隐藏的日期函数，在Excel的函数列表中没有显示此函数，帮助文件中也没有相关说明。

其基本语法为

```
DATEDIF(start_date,end_date,unit)
```

第一参数表示时间段内的起始日期，日期可以是单元格引用，也可以写成带引号的字符串（例如“2017/1/30”）。第二参数代表时间段内的结束日期。第三参数为所需信息的返回类型，该参数不区分大小写。

不同第三参数返回的结果如表2-6所示。

表2-6 DATEDIF函数不同第三参数的作用

unit参数	函数返回结果
“Y”	时间段中的整年数
“M”	时间段中的整月数
“D”	时间段中的天数
“MD”	日期中天数的差。忽略日期中的月和年
“YM”	日期中月数的差。忽略日期中的日和年
“YD”	日期中天数的差。忽略日期中的年

DATEDIF函数在使用MD、YM、YD 3个参数时，会存在一些BUG，导致计算结果不准确。而在计算两个日期的间隔天数时，用结束日期直接减去开始日期的方法会更加简便，因此该函数第三参数使用M计算间隔月份和使用Y计算间隔年份最为常用。

2.2.7 计算转正时间

在员工信息表中输入学历和入职日期后，接下来需要根据入职日期计算转正时间。以试用期为3个月为例，在I2单元格输入以下公式，向下复制到I15单元格区域，如图2-55所示。

```
=EDATE(H2,3)
```

	F	G	H	I	J
1	年龄	学历	入职时间	转正时间	第一次 劳动合同到期日
2	17	大专	2016/12/23	2017/3/23	
3	31	研究生	2015/9/19	2015/12/19	
4	34	高中	2014/2/28	2014/5/28	
5	33	高中	2014/10/15	2015/1/15	
6	32	高中	2012/2/12	2012/5/12	
7	31	本科	2008/7/13	2008/10/13	
8	32	高中	2015/9/18	2015/12/18	
9	31	本科	2008/11/10	2009/2/10	
10	32	高中	2013/2/18	2013/5/18	
11	32	大专	2016/11/23	2017/2/23	
12	33	大专	2016/1/23	2016/4/23	
13	34	本科	2016/11/27	2017/2/27	
14	32	大专	2014/9/28	2014/12/28	
15	32	研究生	2016/2/11	2016/5/11	

图2-55　计算转正时间

知识点讲解

EDATE函数

EDATE函数用于返回指定日期之前或之后指定月份数的日期。公式中的H2表示起始日期，3表示月份数。如果EDATE函数第二参数为正值，将生成未来日期；为负值将生成过去日期。

2.2.8 美化员工信息表

基础信息及公式设置完成后，对单元格列宽和对齐方式进行检查，并进行适当调整。在【视图】选项卡下，去掉【网格线】复选框的勾选，然后单击【冻结窗格】下拉按钮，在下拉列表中选择【冻结首行】，如图2-56所示。

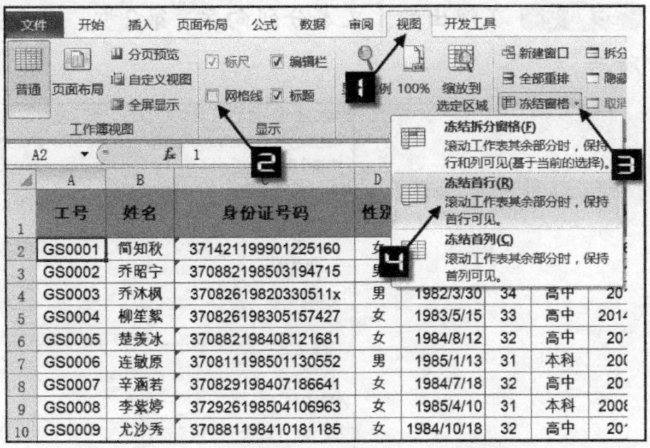

图2-56　去掉网格线显示，冻结首行

小技巧

使用分列功能快速处理不规范日期

在日常工作中，往往收到一些由他人录入的不规范数据，给后续的数据汇总带来麻烦。在图2-57所示的信息表中，C列是直接使用8位数值表示的出生日期。

这种不规范的日期形式在实际工作中较为常见，但是在Excel中，只能将其识别为8位数值，而无法作为日期处理。使用分列功能，能够将8位的数值快速转换为日期。

操作步骤如下。

	A	B	C	D
1	姓名	性别	出生年月	籍贯
2	燕如生	男	19960213	北京大兴
3	夏沁雨	女	19950816	河北廊坊
4	乔昭宁	男	19971002	山东济南
5	汪诗敏	女	19930804	广东中山
6	纪若烟	女	19900615	辽宁鞍山
7	秦问言	男	19960303	山西大同
8	伊守蓝	男	20001012	河南洛阳
9	叶叔颖	女	19850824	甘肃兰州
10	俞心庭	女	19920609	江苏苏州
11	欧千洛	男	19971230	浙江温州

图2-57　人员信息表

步骤1 单击C列列标，选中C列整列，在【数据】选项卡中单击【分列】按钮，在弹出的【文本分列向导-第1步，共3步】对话框中单击【下一步】按钮，如图2-58所示。

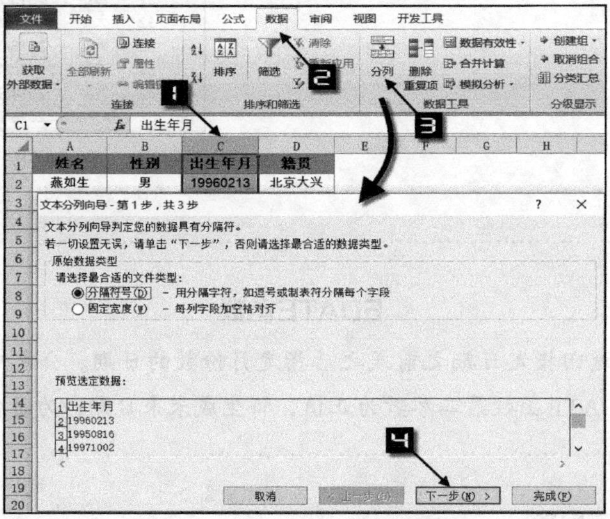

图2-58　文本分列向导1

步骤2 在弹出的【文本分列向导-第2步，共3步】对话框中，单击【下一步】按钮，如图2-59所示。

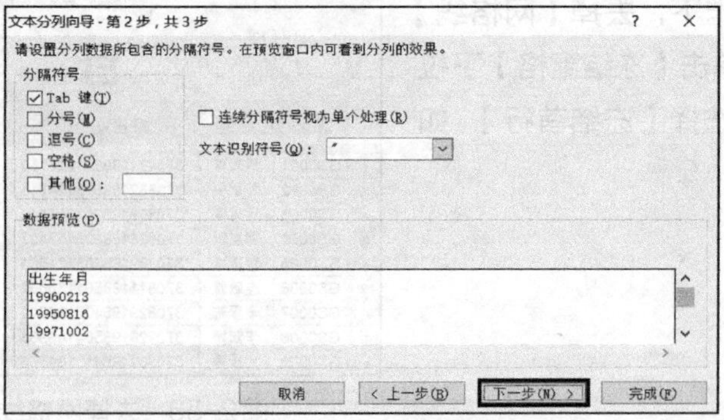

图2-59　文本分列向导2

步骤 3 在弹出的【文本分列向导-第3步，共3步】对话框中，选中【列数据格式】区域的【日期】单选按钮，在右侧的下拉列表中选择“YMD”，即“年月日”，单击【完成】按钮，如图2-60所示。

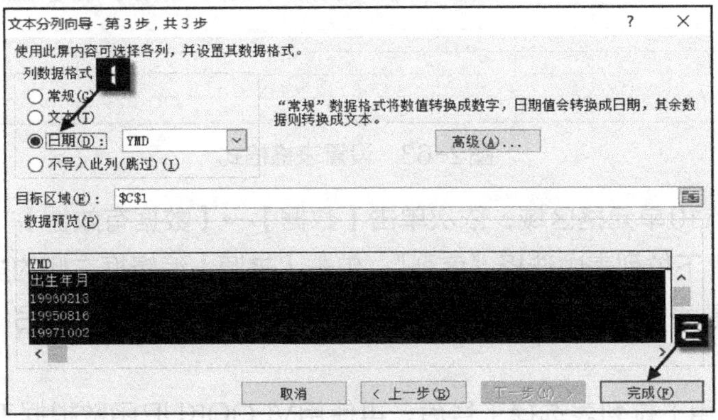

图2-60 文本分列向导3

此时，C列的8位数值即可快速转换为真正的日期格式，完成后的效果如图2-61所示。

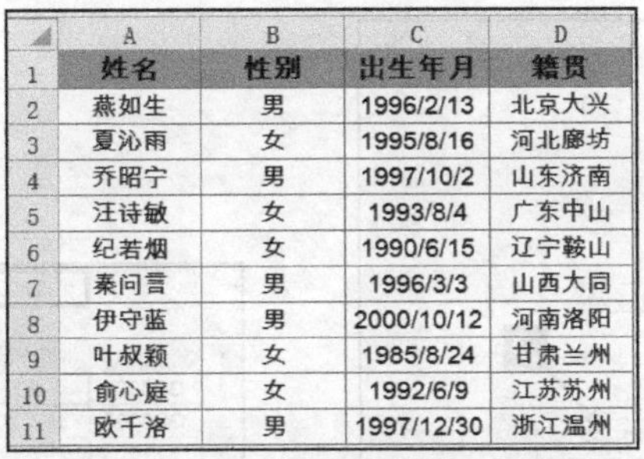

	A	B	C	D
1	姓名	性别	出生年月	籍贯
2	燕如生	男	1996/2/13	北京大兴
3	夏沁雨	女	1995/8/16	河北廊坊
4	乔昭宁	男	1997/10/2	山东济南
5	汪诗敏	女	1993/8/4	广东中山
6	纪若烟	女	1990/6/15	辽宁鞍山
7	秦问言	男	1996/3/3	山西大同
8	伊守蓝	男	2000/10/12	河南洛阳
9	叶叔颖	女	1985/8/24	甘肃兰州
10	俞心庭	女	1992/6/9	江苏苏州
11	欧千洛	男	1997/12/30	浙江温州

图2-61 数值转换为日期

2.3 制作岗位变动表

岗位变动表的内容主要包括跨部门岗位变动、本部门岗位变动等，用于对员工岗位变动和人力资源配置情况进行记录，能够反映员工在公司内的发展轨迹。

操作步骤如下。

步骤 1 在员工信息表工作簿内，双击Sheet2工作表标签，重命名为“岗位变动表”，依次输入基础信息，如图2-62所示。

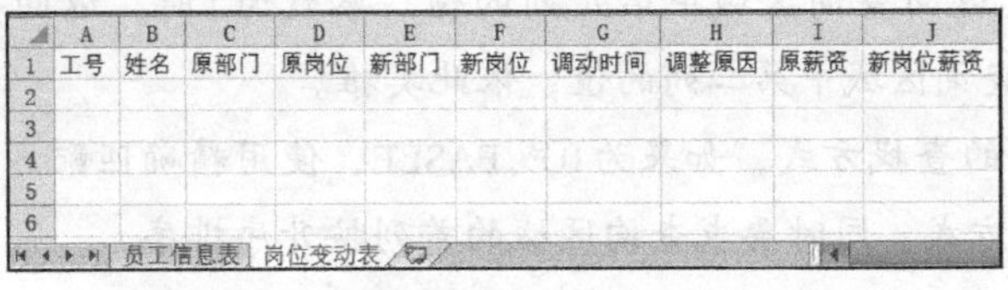

	A	B	C	D	E	F	G	H	I	J
1	工号	姓名	原部门	原岗位	新部门	新岗位	调动时间	调整原因	原薪资	新岗位薪资
2										
3										
4										
5										
6										

图2-62 在岗位变动表中输入基础信息

步骤 2 调整表格列宽，添加单元格边框，设置字体字号，设置完成后的表格效果如图2-63所示。

工号	姓名	原部门	原岗位	新部门	新岗位	调动时间	调整原因	原薪资	新岗位薪资

图2-63　设置表格格式

步骤 3 选中A2:A10单元格区域，依次单击【数据】→【数据有效性】，打开【数据有效性】对话框，在【允许】下拉列表中选择“序列”，单击【来源】编辑框右侧的折叠按钮，选择工号所在区域“员工信息表A2:A15”作为序列来源，Excel会默认使用绝对引用方式，如图2-64所示。

步骤 4 在A列使用下拉列表选择工号后，再使用VLOOKUP函数根据工号查询出对应的姓名。如图2-65所示，在B2单元格输入以下公式，向下复制到B10单元格。

```
=IFERROR(VLOOKUP(A2,员工信息表!A:B,2,0),"")
```

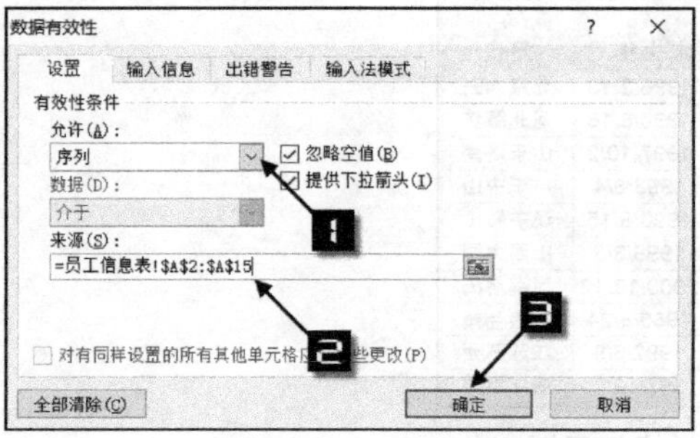

图2-64　设置数据有效性序列来源

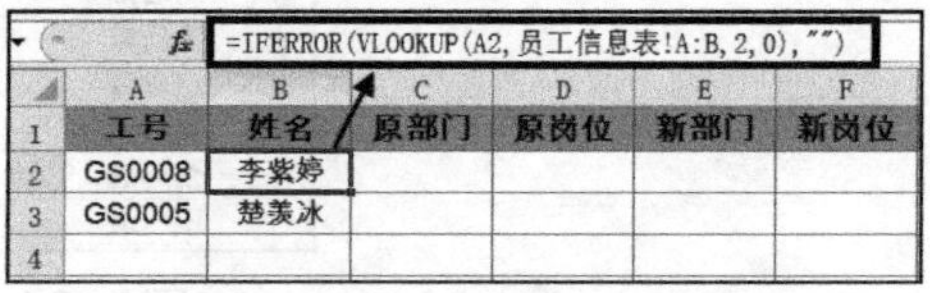

图2-65　根据工号查找姓名

知识点讲解

1. VLOOKUP函数

VLOOKUP函数是使用频率非常高的查询函数之一，函数的语法为

```
VLOOKUP(lookup_value,table_array,col_index_num,[range_lookup])
```

第一参数是要查询的值。

第二参数是需要查询的单元格区域，这个区域中的首列必须要包含查询值，否则公式将返回错误值。

第三参数用于指定返回查询区域中第几列的值。参数为1时，返回查询区域中第一列中的值；参数为2时，返回查询区域中第二列的值，依此类推。

第四参数决定函数的查找方式，如果为0或FASLE，使用精确匹配方式；如果为TRUE或被省略，则使用近似匹配方式，同时要求查询区域的首列按升序排序。

该函数的语法可以理解为

VLOOKUP(要查找的内容,要查找的区域,返回查找区域第几列的内容,[精确匹配还是近似匹配])

注意

VLOOKUP函数第三参数中的列号，不能理解为工作表中实际的列号，而是指定要返回查询区域中第几列的值。

(1)使用动态的第三参数

素材所在位置：

光盘：\素材\第2章 员工信息基础表格制作\2.3 VLOOKUP函数.xlsx

通过使用动态的第三参数，VLOOKUP函数可以根据查询内容返回多条信息。如图2-66所示，需要根据H5单元格中指定的工号，依次查询员工的姓名、部门和职务等信息。

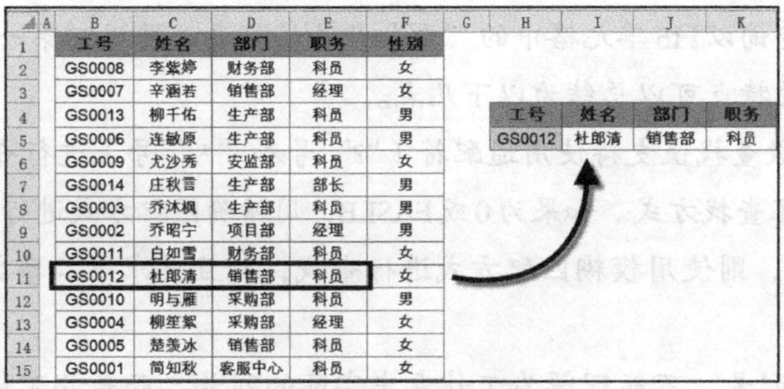

工号	姓名	部门	职务	性别
GS0008	李紫婷	财务部	科员	女
GS0007	辛涵若	销售部	经理	女
GS0013	柳千佑	生产部	科员	男
GS0006	连敏原	生产部	科员	男
GS0009	尤沙秀	安监部	科员	女
GS0014	庄秋言	生产部	部长	男
GS0003	乔沐枫	生产部	科员	男
GS0002	乔昭宁	项目部	经理	男
GS0011	白如雪	财务部	科员	女
GS0012	杜郎清	销售部	科员	女
GS0010	明与雁	采购部	科员	男
GS0004	柳笙絮	采购部	经理	女
GS0005	楚羡冰	销售部	科员	女
GS0001	简知秋	客服中心	科员	女

工号	姓名	部门	职务
GS0012	杜郎清	销售部	科员

图2-66 员工信息表

用户可以在I5单元格中输入以下公式，然后拖动I5单元格右下角的填充柄，向右填充到K5单元格。

```
=VLOOKUP($H5,$B:$F,COLUMN(B1),0)
```

COLUMN函数用于返回参数单元格的列号。例如，公式=COLUMN(D10)结果会返回4，是因为D列位于工作表中的第四列。

本例中借助COLUMN函数的计算结果，为VLOOKUP函数指定返回查询区域中哪一列的内容，COLUMN(B1)得到的结果为B1单元格的列号2，表示返回查询区域中第二列的内容。

COLUMN函数的参数使用了相对引用，向右复制的时候，就会依次变成COLUMN(C1)，COLUMN(D1),…，计算结果依次变成3,4,…，相当于给了VLOOKUP函数一个动态的第三参数。

公式中的查询值$H5和查询区域$B:$F都使用了列方向的绝对引用，在公式向右复制时，查询值和查询区域的范围不会发生变化，只有第三参数的数值会依次增加，因此可以很容易地查找到该员工的全部资料。

(2)使用通配符的查询

通配符是一种具有特殊意义的字符，用来模糊搜索文件。通配符有星号(*)和问号(?)两种，星号(*)可以代替任意多个字符，问号(?)可以代替任意一个字符，但是通配符只能在文本内容中使用，数值型的内容不支持使用通配符。

VLOOKUP函数的第一参数可以使用通配符，如图2-67所示，H5单元格中给出了姓氏，在I5单元格输入以下公式，向右复制到K5单元格，即可根据指定姓氏，依次返回数据表中的姓名、部门、职务等信息。

```
=VLOOKUP($H5& "*",$C:$F,COLUMN(A1),0)
```

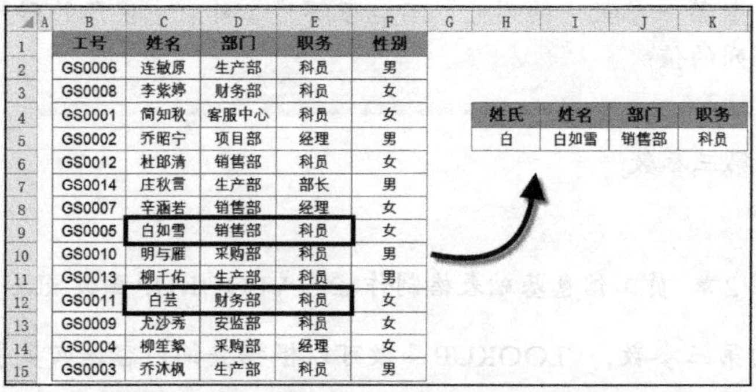

工号	姓名	部门	职务	性别
GS0006	连敏原	生产部	科员	男
GS0008	李紫婷	财务部	科员	女
GS0001	简知秋	客服中心	科员	女
GS0002	乔昭宁	项目部	经理	男
GS0012	杜郎清	销售部	科员	女
GS0014	庄秋言	生产部	部长	男
GS0007	辛涵若	销售部	经理	女
GS0005	白如雪	销售部	科员	女
GS0010	明与雁	采购部	科员	男
GS0013	柳千佑	生产部	科员	男
GS0011	白芸	财务部	科员	女
GS0009	尤沙秀	安监部	科员	女
GS0004	柳笙絮	采购部	经理	女
GS0003	乔沐枫	生产部	科员	男

姓氏	姓名	部门	职务
白	白如雪	销售部	科员

图2-67　根据姓氏查询第一条符合条件的记录

VLOOKUP函数查询以H5单元格中的“白”开头的信息，并返回第一条符合条件的记录。

VLOOKUP函数的特点可以总结为以下几点。

① VLOOKUP函数查找值支持使用通配符（“?”号和“*”号）进行查询。

② 第四参数决定了查找方式。如果为0或FASLE，用精确匹配方式进行查找，而且支持无序查找；如果为1或TRUE，则使用模糊匹配方式进行查找，并且要求第二参数的首列或首行按升序排列。

③ 第三参数中的列号，不能理解为工作表中实际的列号，而是指定返回值在查找范围中的第几列。

④ 如果查找值与数据区域关键字的数据类型不一致，也会返回错误值#N/A。

⑤ 如果有多条满足条件的记录时，只能返回第一个满足条件的记录。

⑥ 查询区域中的首列必须要包含查询值，否则无法正常查询。

2. IFERROR函数

在函数公式的应用中，经常会由于多种原因而返回错误值，为了表格更加美观，往往需要屏蔽这些错误值的显示。Excel提供了用于屏蔽错误值的IFERROR函数，该函数的作用是：如果公式的计算结果错误，则返回指定的值，否则返回公式的结果。

IFERROR函数有两个参数，第一参数是用于检查错误值的公式，第二参数是公式计算结果为错误值时要返回的值。

扩展知识点

认识Excel文件类型

通常情况下，Excel文件是指Excel的工作簿文件，即扩展名为xlsx的文件。除此之外，Excel程序还可以根据用户需要创建、保存为不同类型的文件，常用Excel文件类型还包括以下几种。

（1）启用宏的工作簿（.xlsm）。该文件格式是用于存储包含VBA宏代码或是Excel 4.0宏表的工作簿。

（2）模板文件（.xltx或是.xltm）。模板是用来创建具有相同特征的工作簿或者工作表的模型。通过模板文件，能够使用户创建的工作簿或工作表具有自定义的颜色、文字样式、表格样式以及显示设置等。模板文件的扩展名为“.xltx”，如果用户需要将VBA宏代码或是Excel 4.0宏表存储在模板中，则需要保存为启用宏的模板文件类型，扩展名为“.xltm”。

（3）加载宏文件（.xlam）。加载宏是一些包含了Excel扩展功能的程序，可以包含Excel自带的分析工具库、规划求解等加载宏，也可以包含用户创建的自定义函数等加载宏程序。加载宏文件就是包含了这些程序的文件，通过移植加载宏文件，用户可以在不同计算机上使用加载宏程序。

（4）工作区文件（.xlw）。在处理较为复杂的Excel工作时，往往会同时打开多个工作簿文件。如果希望下一次继续该工作时，还需要再次打开之前的这些工作簿，可以通过保存工作区的功能来实现。能够保存用户当前打开工作簿状态的文件就是工作区文件（.xlw）。

（5）网页文件（.mht或是.htm）。Excel可以从网页获取数据，也可以将包含数据的表格保存为网页格式发布。Excel保存的网页文件分为单个文件的网页（.mht）和普通的网页（.htm），这些由Excel创建的网页与普通的网页并不完全相同，其中包含了很多与Excel格式相关的信息。

除了能通过扩展名识别这些不同类型的文件之外，用户还可以根据文件图标进行区别，如图2-68所示。

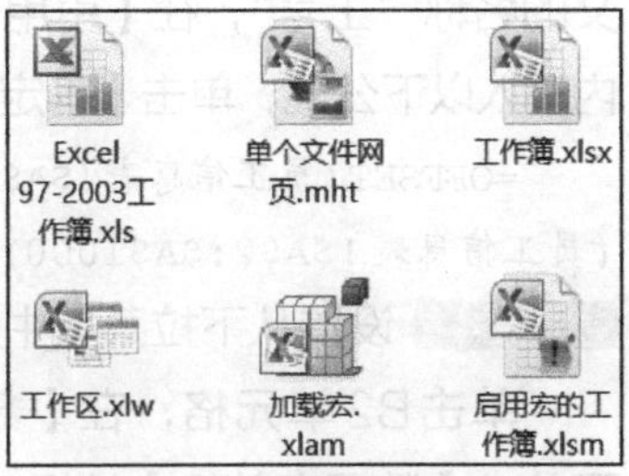

图2-68 不同类型Excel文件的图标

2.4 制作员工人事信息数据查询表

在员工信息表的基础上制作人事信息数据查询表，能够实现每人一张信息卡片，并可自定义相关信息，方便员工查询信息。

制作人事信息数据查询表

操作步骤如下。

步骤1 在员工信息表工作簿内，双击Sheet3工作表标签，重命名为“人事信息查询表”，依次输入基础信息，如图2-69所示。

	A	B	C	D	E
1	人事信息查询表				
2	工号				
3	姓名		性别		身份证号码
4	年龄		学历		入职时间
5	转正时间		第一次劳动合同到期日		第二次劳动合同到期日

图2-69 输入基础信息

步骤2 调整表格列宽，设置字体字号，添加单元格边框，设置完成后的表格效果如图2-70所示。

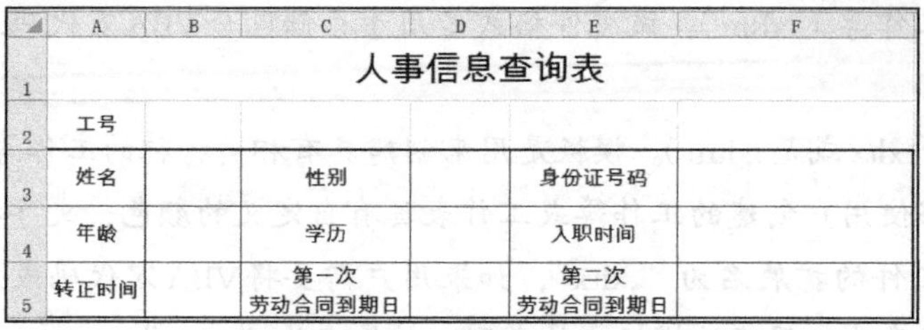

图2-70　设置表格格式

步骤 3 接下来定义一个名称，以此作为数据有效性的序列来源，以便于动态引用员工信息表中的工号信息。

如图2-71所示，在【公式】选项卡下，单击【定义名称】按钮，打开【新建名称】对话框，在【名称】编辑框内输入自定义的名称“工号”，在【引用位置】编辑框内输入以下公式，单击【确定】按钮。

=OFFSET(员工信息表!$A$2,0,0,COUNTA(员工信息表!$A$2:$A$1000))

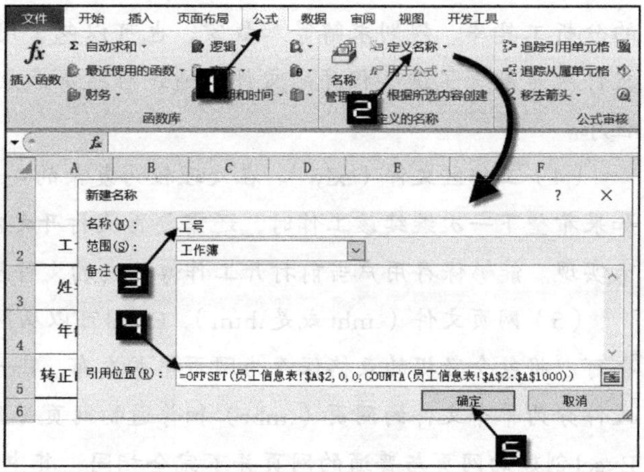

图2-71　定义名称

步骤 4 设置从下拉菜单中选择工号。

单击B2单元格，在【数据】选项卡下单击【数据有效性】按钮，打开【数据有效性】对话框，在【设置】选项卡下的【允许】下拉列表中选择“序列”，在【来源】编辑框内输入公式“=工号”，单击【确定】按钮，如图2-72所示。

设置完成后，如果在员工信息表中添加或是删除工号，下拉列表中的选项会自动更新，如图2-73所示。

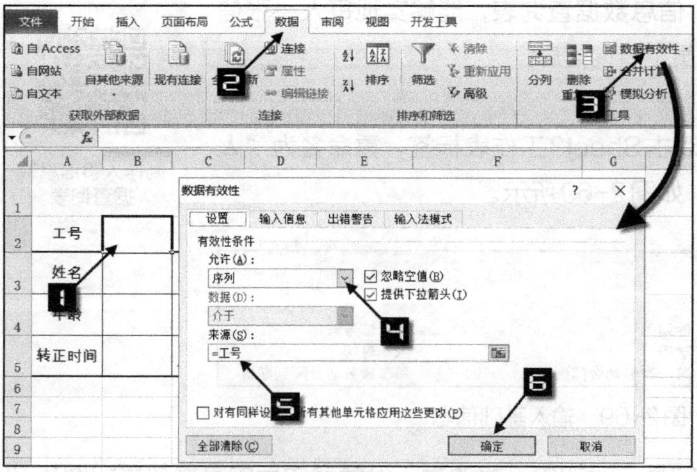

图2-72　设置数据有效性

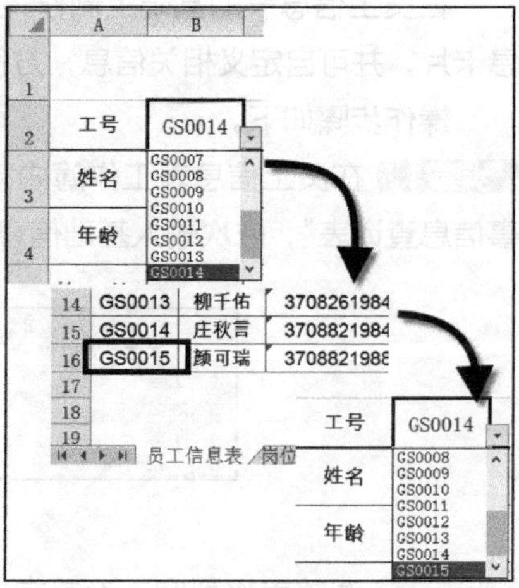

图2-73　自动更新的下拉列表

步骤5 在B3单元格输入以下公式，根据B2单元格的工号查询对应的姓名。

```
=VLOOKUP($B$2,员工信息表!$A:$N,MATCH(A3,员工信息表!$1:$1,0),0)
```

步骤6 选中B3单元格，按<Ctrl+C>组合键复制。然后按下<Ctrl>键不放，拖动鼠标依次选中B4:B5、D3:D5和F3:F5单元格区域，单击鼠标右键，在弹出的快捷菜单中单击粘贴选项中的公式按钮，如图2-74所示。

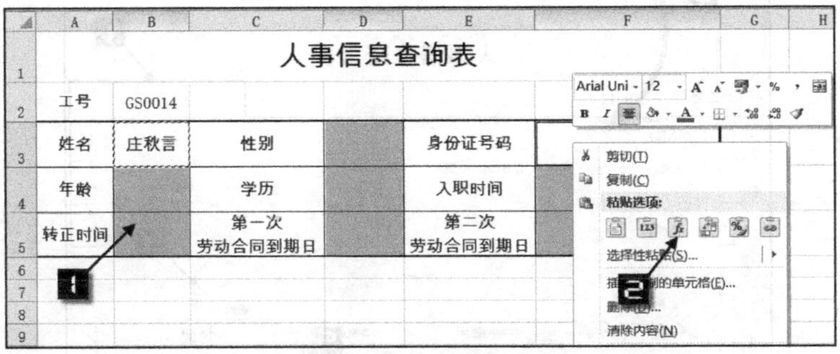

图2-74 复制粘贴公式

步骤7 按住<Ctrl>键不放，拖动鼠标依次选中B5、D5和F4:F5单元格区域，设置单元格格式为日期，如图2-75所示。

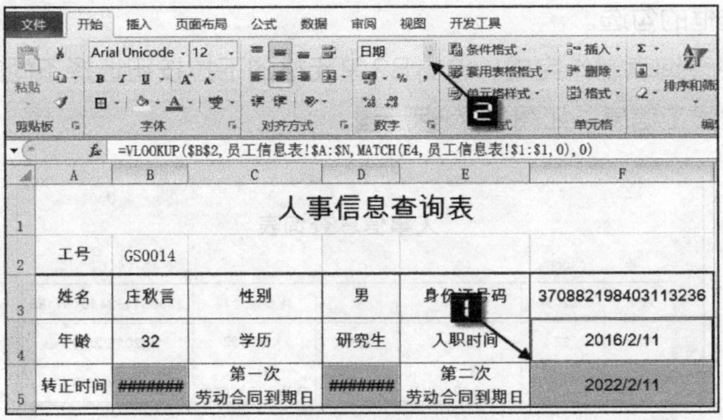

图2-75 为不连续区域设置单元格格式

步骤8 此时的B5和D5单元格显示为“#######”，说明列宽度不够，无法完全显示。处理方法是光标靠近B列和C列之间，待光标变成黑色十字箭头形时，双击鼠标，自动调整为最适合的列宽。同样的方法调整D列列宽，如图2-76所示。

图2-76 调整最适合的列宽

步骤 9 选中F2单元格，在【插入】选项卡下单击【图片】按钮，打开【插入图片】对话框，选择logo图片，单击【插入】按钮，如图2-77所示。

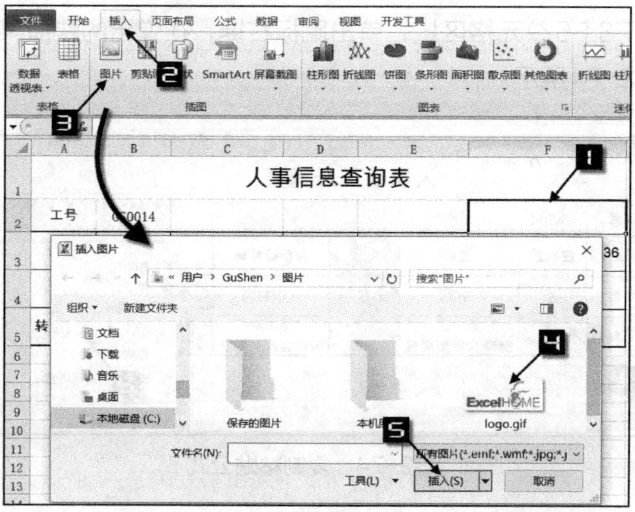

图2-77 插入图片

步骤 10 单击插入的图片，按住鼠标左键不放拖动，适当调整图片位置。在【视图】选项卡下去掉【网格线】复选框的勾选。

至此，人事信息查询表制作完成。单击B2单元格的下拉按钮选择不同的工号，即可快速显示出与该工号对应的员工信息，如图2-78所示。

人事信息查询表

工号	GS0009				
姓名	尤沙秀	性别	女	身份证号码	370881198410181185
年龄	32	学历	高中	入职时间	2013/2/18
转正时间	2013/5/18	第一次劳动合同到期日	2016/2/18	第二次劳动合同到期日	2019/2/18

图2-78 人事信息查询表

知识点讲解

1. 定义名称

名称是一类较为特殊的公式，多数名称是由用户预先自行定义，但不存储在单元格中的公式。也有部分名称可以在创建表格、设置打印区域等操作时自动产生。

名称是被特殊命名的公式，也是以等号“=”开头，组成元素可以是常量数据、常量数组、单元格引用或函数公式等，已定义的名称可以在其他名称或公式中调用。

创建名称可以使公式变得更加简洁，另外创建名称可以生成动态的数据源，是动态图表制作的必要的手段之一。

以下4种方式都可以创建名称。

（1）使用【定义名称】命令创建名称。单击【公式】选项卡中的【定义名称】按钮，弹出【新建名称】对话框，在【新建名称】对话框中对名称命名。

单击【范围】右侧的下拉按钮，能够将定义名称指定为工作簿范围或是某个工作表范围。在【备注】文本框内可以添加注释，以便于使用者理解名称的用途。

在【引用位置】编辑框中可以直接输入公式，也可以单击右侧的折叠按钮选择单元格区域作为引用位置。最后单击【确定】按钮，完成设置，如图2-79所示。

（2）使用名称管理器新建名称。单击【公式】选项卡下的【名称管理器】按钮，在弹出的【名称管理器】对话框中，单击【新建】按钮，弹出【新建名称】对话框。之后的设置步骤与第一种方法相同，如图2-80所示。

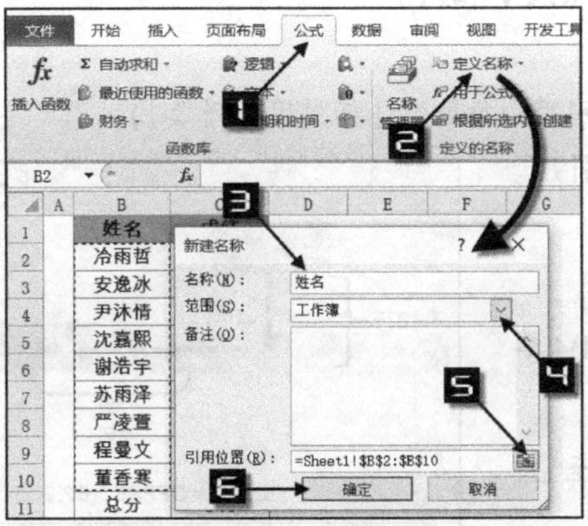

图2-79　定义名称

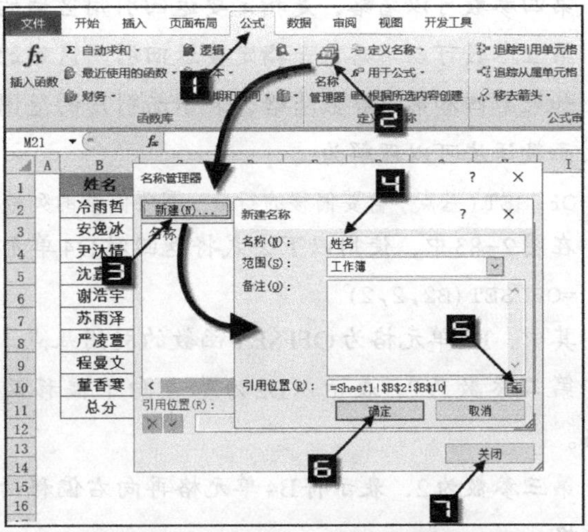

图2-80　使用名称管理器新建名称

（3）使用名称框定义名称。如图2-81所示，选中B2:B10单元格区域，光标定位到【名称框】内，输入自定义名称“姓名”后按<Enter>键，即可将B2:B10单元格区域定义名称为“姓名”。

（4）根据所选内容创建名称。如图2-82所示，选中B1:B10单元格区域，依次单击【公式】→【根据所选内容创建】命令，在弹出的【以选定区域创建名称】对话框中包括“首行”“最左列”“末行”“最右列”4个选项，用户可以根据实际情况指定要以哪个区域的值来命名自定义名称。

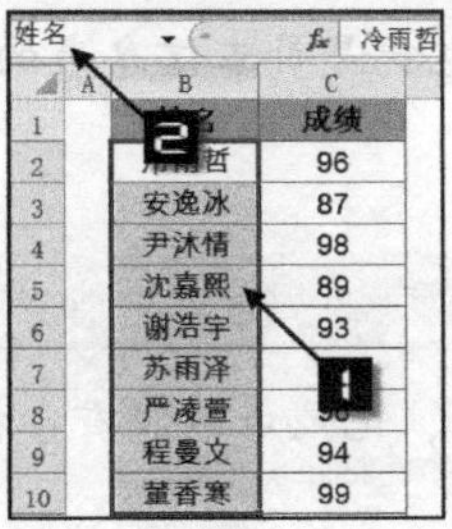

图2-81　使用名称框创建名称

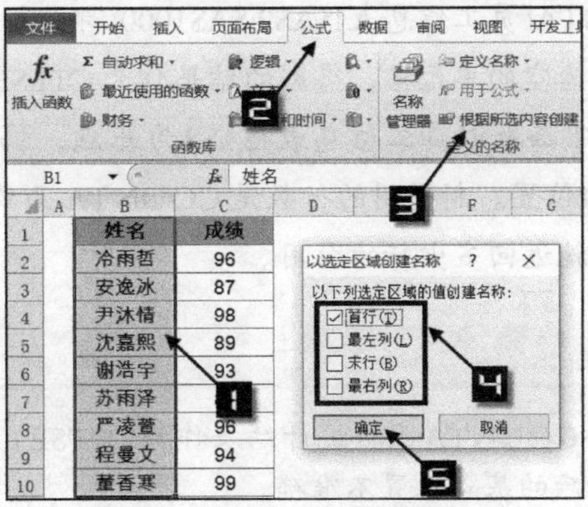

图2-82　根据所选内容创建名称

在本例中，首行数据是每一列的列标题，因此可保持“首行”的勾选，单击【确定】按钮，可将B2:B10单元格区域定义名称为“姓名”。

2. OFFSET函数

OFFSET函数功能十分强大，在数据动态引用以及高级图表等很多应用实例中都会用到。

该函数以指定的引用为参照，通过给定偏移量得到新的引用，返回的引用可以为一个单元格或单元格区域，也可以指定返回的行数或列数。函数基本语法为

```
OFFSET(reference,rows,cols,[height],[width])
```

第一参数是作为偏移量参照的起始引用区域。

第二参数是要偏移的行数，第三参数是要偏移的列数。

第四参数可以省略，是指定要返回引用区域的行数。

第五参数可以省略，是指定要返回引用区域的列数。

如果第四和第五参数省略，表示新引用的范围和基点大小相同。

函数语法可以理解为

```
OFFSET(基点,需要偏移的行数,需要偏移的列数,[新引用的行数],[新引用的列数])
```

在图2-83中，使用以下公式将返回对D4单元格的引用。

```
=OFFSET(B2,2,2)
```

其中，B2单元格为OFFSET函数的引用基点。

第二参数为2，表示以B2为基点向下偏移两行至B4单元格。

第三参数为2，表示将B4单元格再向右偏移两列，至D4单元格。

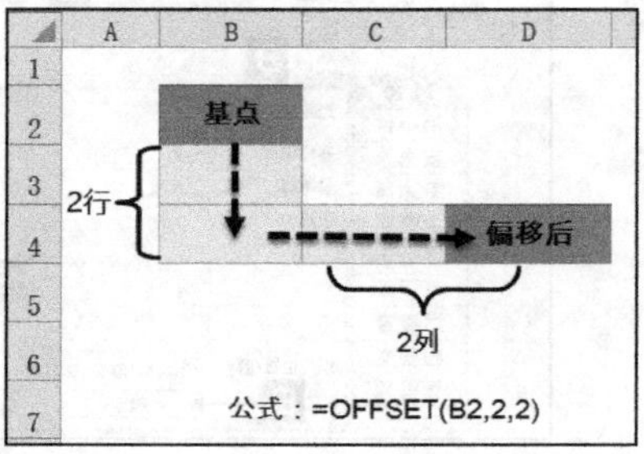

图2-83　图解OFFSET函数

OFFSET函数与其他函数结合应用，可以实现对符合特定条件的区域进行汇总统计。

3. COUNTA函数

COUNTA函数是常用的计数统计函数，作用是计算指定范围中不为空的单元格的个数。

在本小节步骤3定义名称时使用的公式为

```
=OFFSET(员工信息表!$A$2,0,0,COUNTA(员工信息表!$A$2:$A$1000))
```

COUNTA(员工信息表!$A$2:$A$1000)部分，用来计算员工信息表的A2:A1000单元格区域中有多少个不为空的单元格，得到的结果作为OFFSET函数的实际引用行数。

OFFSET函数以员工信息表!$A$2为基点，偏移的行数和列数都是0，也就是仍然在原基点A2单元格的位置。新引用的行数是COUNTA函数的计算结果，也就是员工信息表的A列输入多少个工号，就返回多少行的引用。

注意

使用COUNTA函数统计结果作为OFFSET函数的偏移量时，记录中不能有空行，否则会使偏移后的基点位置不准确。

4. MATCH函数

MATCH函数可以在单元格区域中搜索指定项，然后返回该项在单元格区域中的相对位置。该函数的语法为

```
MATCH(lookup_value,lookup_array,[match_type])
```

其中，第一参数为指定的查找对象，第二参数为可能包含查找对象的单元格区域或数组，第三参数为查找的匹配方式。

第三参数可以使用0、1或省略、-1，分别对应不同的查找模式，一般情况下使用0，即精确查找模式。

该函数语法可以理解为

```
MATCH(要查找的内容,在哪个区域查找,[查找的方式])
```

本小节步骤5查询员工信息用到的公式为

```
=VLOOKUP($B$2,员工信息表!$A:$N,MATCH(A3,员工信息表!$1:$1,0),0)
```

MATCH(A3,员工信息表!$1:$1,0)部分，以精确查找模式来查询A3单元格的字符“姓名”在员工信息表第一行中所处的位置。其中的$1:$1，表示对第一行整行的引用。

MATCH函数得到的结果用作VLOOKUP函数的第三参数，也就是为VLOOKUP函数指定需要返回查询区域中哪一列的内容。

VLOOKUP函数以B2单元格中的工号作为查询值，以员工信息表A~N列为查询区域，具体返回哪一列的内容由MATCH函数的计算结果指定。

2.5 制作员工生日信息表

很多公司为了体现对员工的关怀，会在员工生日时送上小礼物。在员工信息表的基础上，可以提取下个月（如八月）过生日的员工名单。

操作步骤如下。

步骤1 右键单击员工信息表工作表标签，在弹出的快捷菜单中单击【移动或复制】，弹出【移动或复制工作表】对话框。

在【下列选定工作表之前】列表框内，单击“(移至最后)”。勾选【建立副本】复选框，则建立一个与原工作表内容、格式、页面设置等完全一致的工作表，并自动重命名为“员工信息表（2）”，最后单击【确定】按钮，完成复制工作表操作，如图2-84所示。

步骤2 双击“员工信息表（2）”工作表标签，重命名为“员工生日信息表”。

步骤3 单击数据区域任意单元格，如E1，在【数据】选项卡下单击【筛选】按钮，在数据表首行的每个单元格右下角都会自动添加一个筛选按钮，如图2-85所示。

步骤4 接下来使用筛选功能，在出生年月中筛选出下个月的日期。如图2-86所示，单击E1单元格的筛选按钮，在筛选列表中依次单击【日期筛选】→【期间所有日期】→【八月】。

筛选后的结果如图2-87所示。

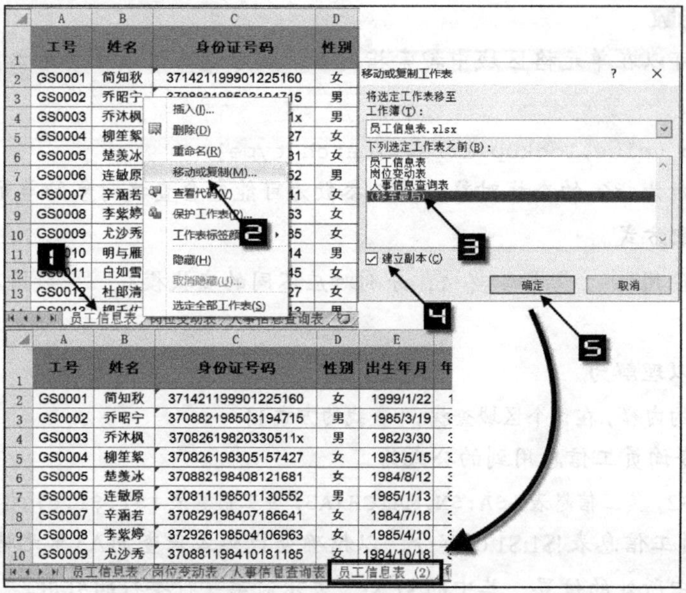

图2-84　建立工作表副本

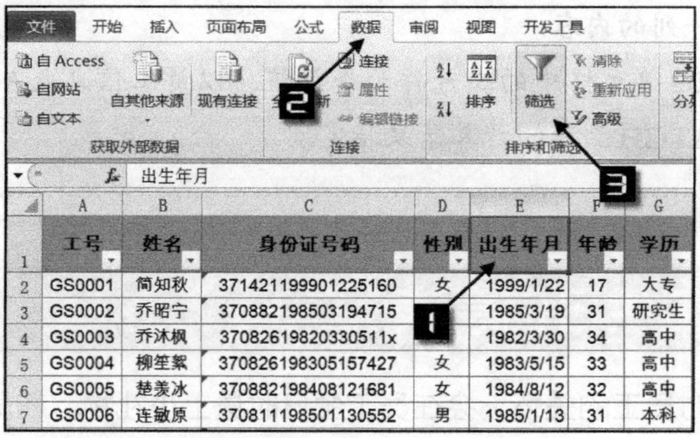

图2-85　使用筛选功能

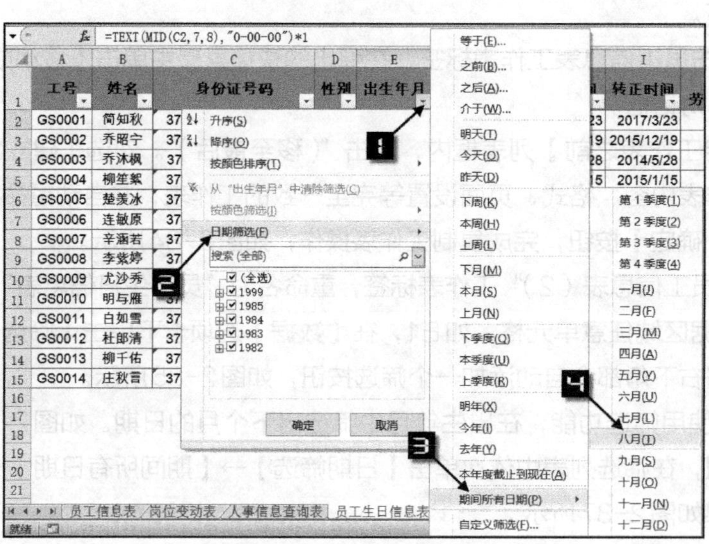

图2-86　筛选八月的数据

	A	B	C	D	E	F	G	H	I	J	K	L	M	N
1	工号	姓名	身份证号码	性别	出生年月	年龄	学历	入职时间	转正时间	第一次劳动合同到期日	第二次劳动合同到期日	离职时间	离职原因	备注
6	GS0005	楚羡冰	370882198408121681	女	1984/8/12	32	高中	2012/2/12	2012/5/12	2015/2/12	2018/2/12	2016/12/22	岗位不适合	
11	GS0010	明与雁	370831198408230014	男	1984/8/23	32	大专	2016/11/23	2017/2/23	2019/11/23	2022/11/23			
12	GS0011	白如雪	370881198308230745	女	1983/8/23	33	大专	2016/1/23	2016/4/23	2019/1/23	2022/1/23			

图2-87　筛选结果

步骤5 在筛选出的结果中，还需要去除已经离职人员。单击M1单元格的筛选按钮，在筛选列表中先去掉【(全选)】复选框前的勾选，然后选中【(空白)】复选框，单击【确定】按钮，如图2-88所示。

至此，即可筛选出八月过生日的全部员工信息。

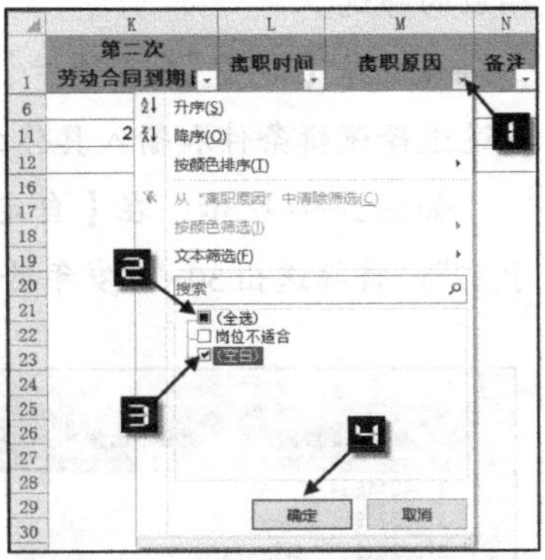

图2-88　筛选"离职原因"字段

知识点讲解

1. 数据筛选

筛选数据列表的作用是只显示符合用户指定条件的行，隐藏不符合条件的其他行。Excel中有两种筛选数据列表的命令：一是筛选，适用于简单的条件筛选；二是高级筛选，适用于复杂的条件筛选。

Excel中的数据筛选

除了本例中使用的日期型数据筛选，还能够对文本型数据和数值型数据进行筛选。

（1）文本型数据的筛选。对于文本型数据字段，下拉菜单中会显示【文本筛选】的更多选项，选择其中的任意一项，将打开【自定义自动筛选方式】对话框。通过选择逻辑条件和指定具体的条件值，最终完成自定义的筛选条件，如图2-89所示，在【姓名】列表中选择"开头是"，在右侧编辑框中输入"白"，单击【确定】按钮，可以筛选出所有姓白的员工。

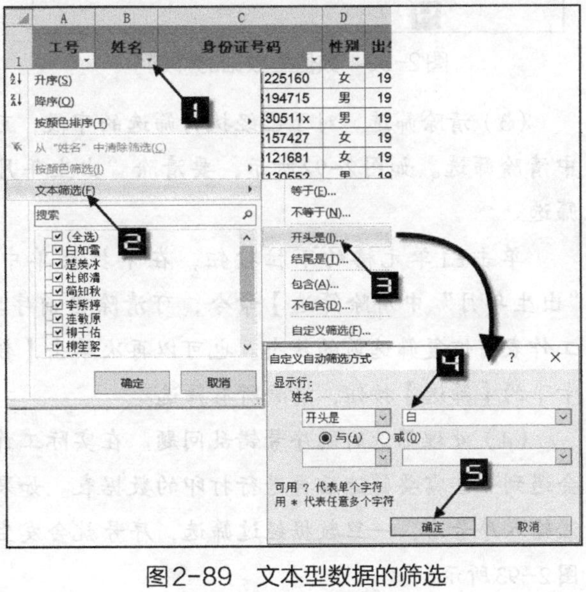

图2-89　文本型数据的筛选

（2）数值型数据的筛选。对于数值型的数据字段，筛选下拉菜单中会显示【数字筛选】的更多选项。当选择【10个最大的值】选项时，会打开【自动筛选前10个】对话框，用于筛选最大或最小的N个项或N个百分比。

如图2–90所示，在【自动筛选前10个】对话框中，设置“最大5项”，将筛选出年龄段中前5个最大的年龄，如果有同龄员工，将显示符合条件的多个记录。

当选择【高于平均值】或【低于平均值】选项时，则根据当前字段中的所有数据的值来进行相应的筛选。

当选择【等于】【不等于】【大于】等选项时，则打开【自定义自动筛选方式】对话框。需要通过选择逻辑条件和输入具体的条件值，完成自定义的筛选条件。

如图2–91所示，在【自定义自动筛选方式】对话框中设置“大于或等于30”与“小于或等于32”，将筛选出30~32岁年龄段的所有员工。

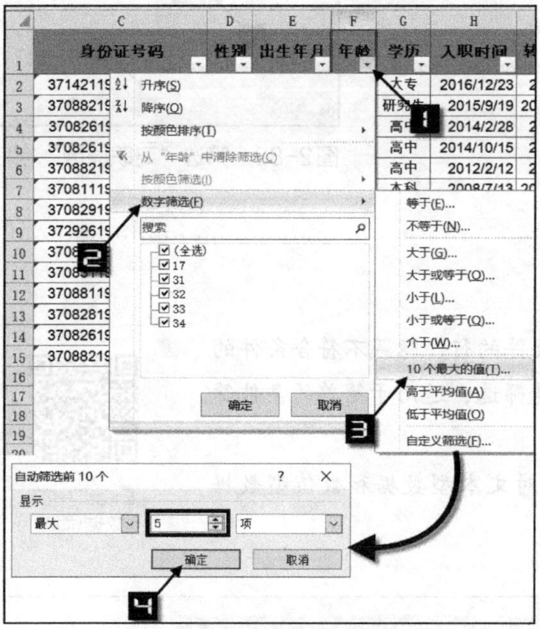

图2–90　数值型数据的筛选1

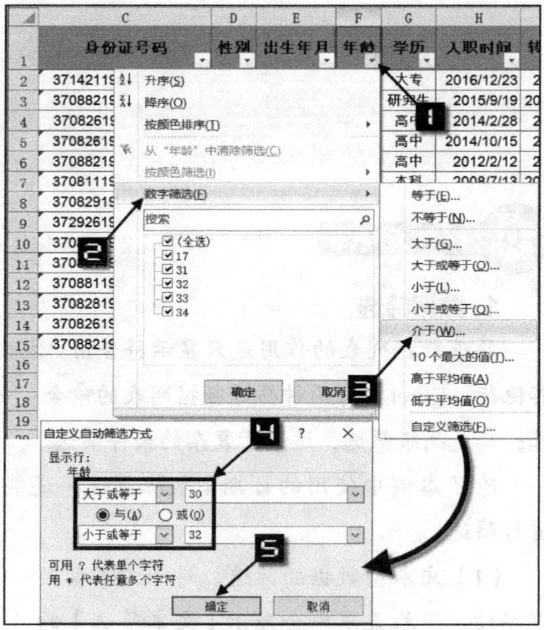

图2–91　数值型数据的筛选2

（3）清除筛选。对于已经执行筛选的字段，可以从字段中清除筛选。如图2–92所示，要清除“出生年月”字段的筛选。

单击E1单元格的下拉按钮，在下拉菜单中单击【从“出生年月”中清除筛选】命令，可清除当前字段的筛选，工作表将恢复筛选前的状态。也可以再次单击【数据】选项卡下的【筛选】按钮，清除所有筛选。

（4）处理筛选时的序号错乱问题。在实际工作中，经常会遇到一些需要筛选后再进行打印的数据表。如果按常规方法输入序号后，一旦数据经过筛选，序号就会发生错乱，如图2–93所示。

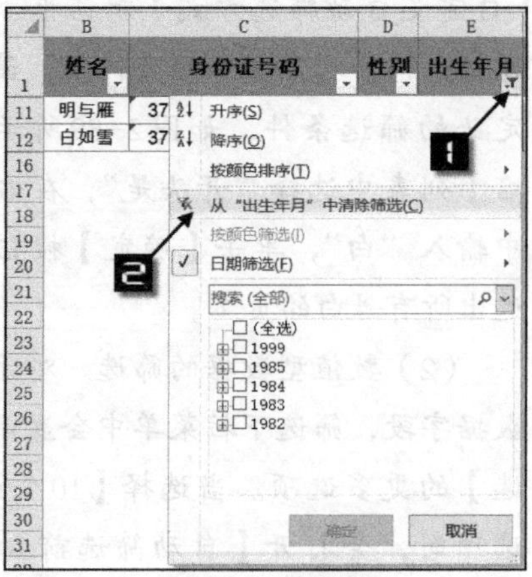

图2–92　清除筛选

首先清除B列原有手工输入的序号，然后在B2单元格输入以下公式，向下复制到B15单元格。

```
=SUBTOTAL(3,C$1:C1)*1
```

此时，再对E列的职务或是对F列的性别进行筛选，序号即可始终保持连续，如图2–94所示。

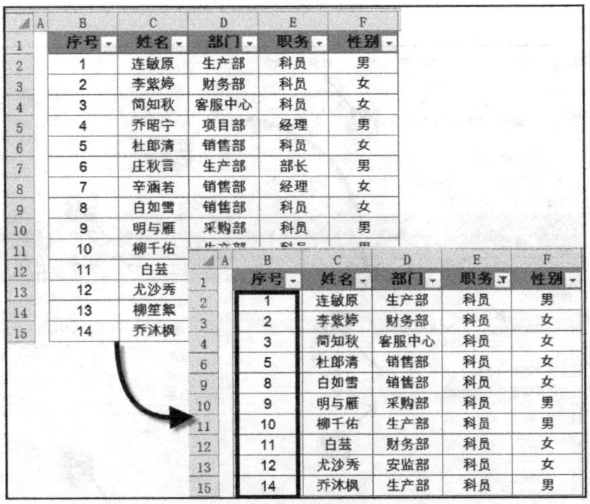

图2-93　筛选时序号发生错乱

图2-94　筛选后的序号保存连续

SUBTOTAL函数只统计可见单元格的内容，通过指定不同的第一参数，可以完成计数、求和、平均值、乘积等多种汇总方式。

本例中的第一参数为3，表示执行的汇总方式是COUNTA函数。COUNTA函数用于计算区域中非空单元格的个数，用SUBTOTAL(3,区域)，即表示统计指定区域中可见的、非空单元格个数。

第二参数C$1:C1的C$1使用了行绝对引用，当公式向下复制时会变成C$1:C2,C$1:C3,C$1:C4,…，形成一个从C1单元格开始，到公式所在行的C列这样一个动态扩展的单元格区域，SUBTOTAL函数统计其中的可见并且不为空的单元格个数，统计结果作为工作表的模拟序号。

在工作表中直接使用SUBTOTAL函数统计数据时，Excel会将数据区域的最后一行作为汇总行，因此在筛选时，无论使用何种筛选条件最后一行都会始终显示，影响筛选结果的准确性。在公式的最后使用 *1 计算，即可避免此问题。

2. 数据排序

未经排序的数据列表往往会显得比较杂乱，不便于查找分析数据。Excel提供了多种方法对数据列表进行排序，用户可以根据需要，按行或列，进行升序、降序或是自定义排序操作。Excel 2010能够支持64个排序条件，而且可以根据单元格内的背景色以及字体颜色等条件进行排序。

（1）按单列条件排序。如图2–95所示，选中员工信息表中年龄所在列的任意有数据的单元格，再单击【数据】选项卡下的【升序】按钮，即可将数据按照年龄从小到大的顺序排列。

（2）按多列条件排序。在排序时可以设置多个条件，实现对员工信息表中的“年龄”和“入职时间”两个字段的综合排序。

操作步骤如下。

步骤1 选中数据区域中的任意单元格，如F2，在【数据】选项卡中单击【排序】按钮，弹出

【排序】对话框。

步骤 2 单击【主要关键字】下拉按钮，选择“年龄”。然后单击【添加条件】按钮，单击【次要关键字】下拉按钮，设置次要关键字为“入职时间”，最后单击【确定】按钮完成排序操作，如图2-96所示。

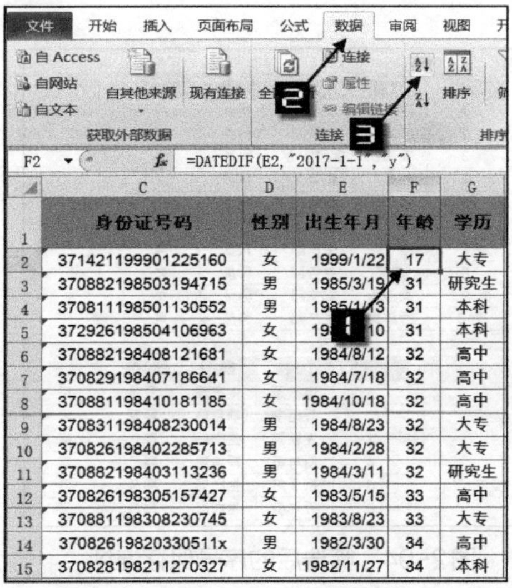

	C	D	E	F	G
1	身份证号码	性别	出生年月	年龄	学历
2	371421199901225160	女	1999/1/22	17	大专
3	370882198503194715	男	1985/3/19	31	研究生
4	370811198501130552	男	1985/1/13	31	本科
5	372926198504106963	女	[illegible]	31	本科
6	370882198408121681	女	1984/8/12	32	高中
7	370829198407186641	女	1984/7/18	32	高中
8	370881198410181185	女	1984/10/18	32	高中
9	370831198408230014	男	1984/8/23	32	大专
10	370826198402285713	男	1984/2/28	32	大专
11	370882198403113236	男	1984/3/11	32	研究生
12	370826198305157427	女	1983/5/15	33	高中
13	370881198308230745	女	1983/8/23	33	大专
14	370826198203305 11x	男	1982/3/30	34	高中
15	370828198211270327	女	1982/11/27	34	本科

图2-95　对员工年龄升序排序

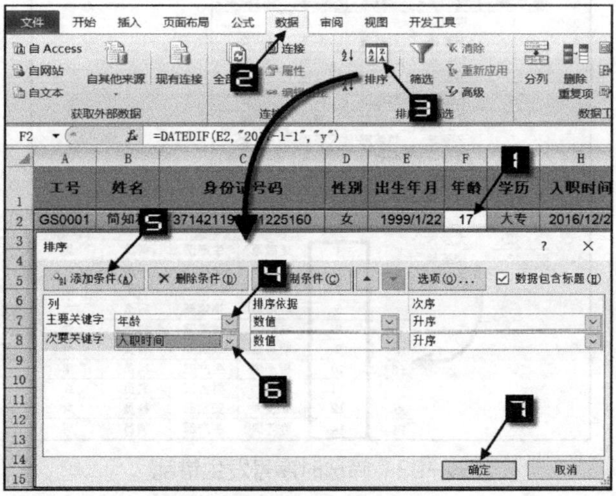

图2-96　多列条件排序

排序完成后的局部效果如图2-97所示，Excel先按年龄从小到大对数据排序，对于同龄员工，再按入职时间的先后排序。

	C	D	E	F	G	H
1	身份证号码	性别	出生年月	年龄	学历	入职时间
2	371421199901225160	女	1999/1/22	17	大专	2016/12/23
3	370811198501130552	男	1985/1/13	31	本科	2008/7/13
4	372926198504106963	女	1985/4/10	31	本科	2008/11/10
5	370882198503194715	男	1985/3/19	31	研究生	2015/9/19
6	370882198408121681	女	1984/8/12	32	高中	2012/2/12
7	370881198410181185	女	1984/10/18	32	高中	2013/2/18
8	370826198402285713	男	1984/2/28	32	大专	2014/9/28
9	370829198407186641	女	1984/7/18	32	高中	2015/9/18
10	370882198403113236	男	1984/3/11	32	研究生	2016/2/11
11	370831198408230014	男	1984/8/23	32	大专	2016/11/23
12	370826198305157427	女	1983/5/15	33	高中	2014/10/15
13	370881198308230745	女	1983/8/23	33	大专	2016/1/23
14	37082619820330511x	男	1982/3/30	34	高中	2014/2/28
15	370828198211270327	女	1982/11/27	34	本科	2016/11/27

图2-97　同龄员工按入职时间排序

（3）自定义排序规则。在实际排序应用中，往往需要使用特殊的次序，实现自定义规则的排序，如按照职务排序、按照职能部门排序等。在员工信息表中指定自定义的规则后，能根据学历从高到低排序。

按公司内部职务排序

操作步骤如下。

步骤 1 在P2:P5单元格中依次输入自定义排序规则“研究生”“本科”“大专”“高中”，然后选中该区域，如图2-98所示。

步骤2 依次单击【文件】→【选项】，在弹出的【Excel选项】对话框中，切换到【高级】选项卡，拖动右侧滚动条到底部。

单击【编辑自定义列表】按钮，打开【自定义序列】对话框，此时在序列编辑框中会自动添加已提前选中的P2:P5单元格区域，单击【导入】按钮，将选中区域的内容添加到自定义序列列表。最后依次单击【确定】按钮关闭对话框，如图2-99所示。

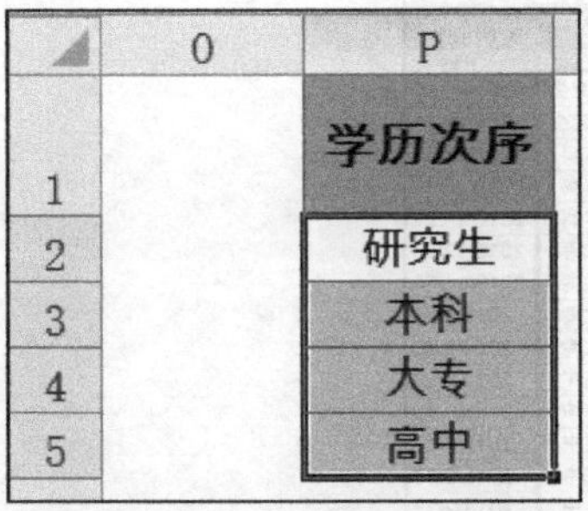

图2-98 自定义排序规则

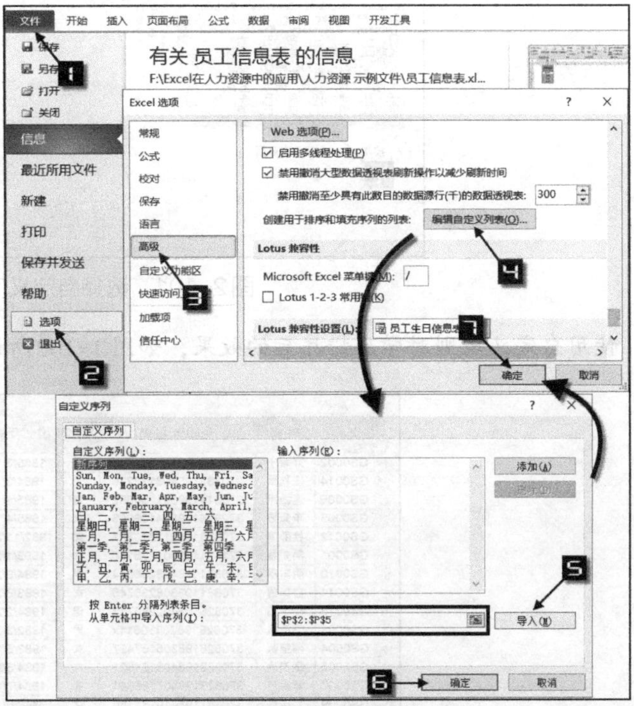

图2-99 编辑自定义列表

步骤3 单击数据区域任意单元格，如A3，在【数据】选项卡下单击【排序】按钮，弹出【排序】对话框。在【主要关键字】下拉列表中选择“学历”，在【次序】下拉列表中选择【自定义序列】，弹出【自定义序列】对话框，如图2-100所示。

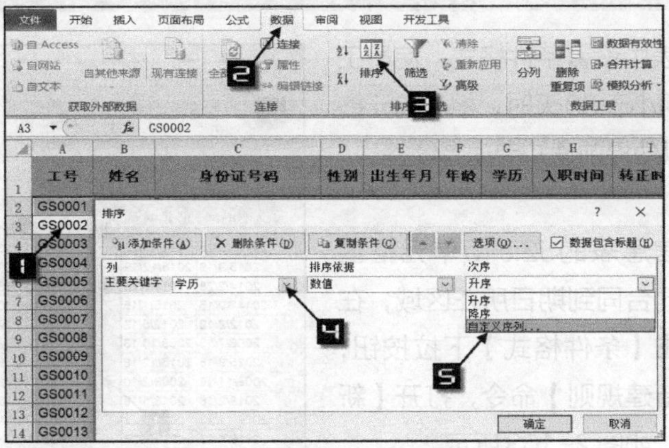

图2-100 使用自定义序列排序

步骤4 如图2-101所示，在【自定义序列】对话框左侧的【自定义序列】列表中，选择刚刚导入的自定义序列"研究生，本科，大专，高中"，单击【确定】按钮返回【排序】对话框，再单击【排序】对话框中的【确定】按钮，完成自定义排序。

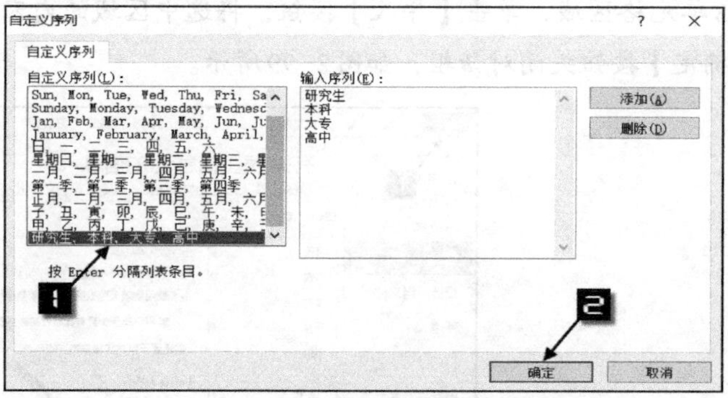

图2-101　选择自定义序列

使用自定义规则对学历排序后的效果，如图2-102所示。

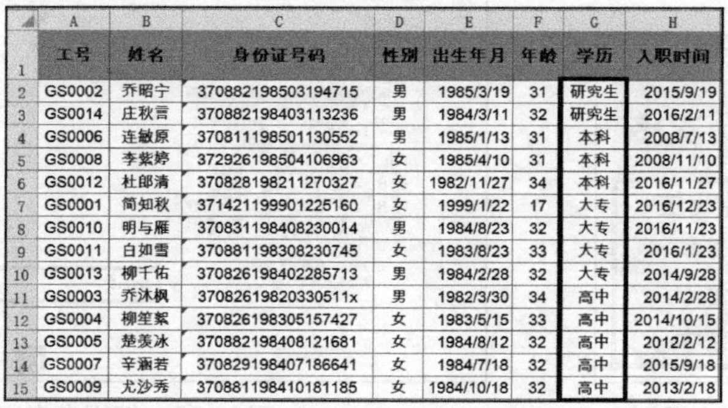

工号	姓名	身份证号码	性别	出生年月	年龄	学历	入职时间
GS0002	乔昭宁	370882198503194715	男	1985/3/19	31	研究生	2015/9/19
GS0014	庄秋言	370882198403113236	男	1984/3/11	32	研究生	2016/2/11
GS0006	连敏原	370811198501130552	男	1985/1/13	31	本科	2008/7/13
GS0008	李紫婷	372926198504106963	女	1985/4/10	31	本科	2008/11/10
GS0012	杜郎清	370828198211270327	女	1982/11/27	34	本科	2016/11/27
GS0001	简知秋	371421199901225160	女	1999/1/22	17	大专	2016/12/23
GS0010	明与雁	370831198408230014	男	1984/8/23	32	大专	2016/11/23
GS0011	白如雪	370881198308230745	女	1983/8/23	33	大专	2016/1/23
GS0013	柳千佑	370826198402285713	男	1984/2/28	32	大专	2014/9/28
GS0003	乔沐枫	37082619820330511x	男	1982/3/30	34	高中	2014/2/28
GS0004	柳笙絮	370826198305157427	女	1983/5/15	33	高中	2014/10/15
GS0005	楚羡冰	370882198408121681	女	1984/8/12	32	高中	2012/2/12
GS0007	辛涵若	370829198407186641	女	1984/7/18	32	高中	2015/9/18
GS0009	尤沙秀	370881198410181185	女	1984/10/18	32	高中	2013/2/18

图2-102　自定义排序的效果

2.6 劳动合同到期前提醒

通过在员工信息表中设置条件格式，使员工劳动合同距离到期日期小于30天时，相应单元格能够自动高亮显示，以便提前通知劳动者续签。

操作步骤如下。

步骤1 选中员工信息表的J2:J15单元格区域，也就是第一次劳动合同到期日所在区域，在【开始】选项卡中单击【条件格式】下拉按钮，在下拉菜单中单击【新建规则】命令，打开【新建格式规则】对话框，如图2-103所示。

图2-103　设置条件格式

步骤2 如图2-104所示，在弹出的【新建格式规则】对话框中，单击【使用公式确定要设置格式的单元格】，在【编辑规则说明】下的【为符合此公式的值设置格式】编辑框中输入以下公式。

```
=AND(J2>=TODAY(),J2-TODAY()<=30)
```

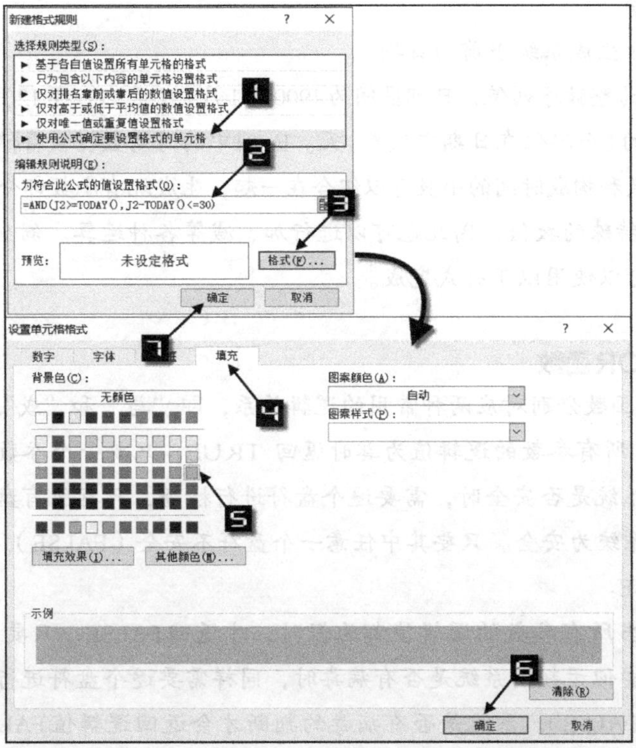

图2-104 使用公式作为条件格式的规则

单击【新建格式规则】对话框中的【格式】按钮，弹出【设置单元格格式】对话框，切换到【填充】选项卡，选择一种背景颜色，如橙色，单击【确定】按钮返回【新建格式规则】对话框。再次单击【确定】按钮，完成设置。

假定当前系统时间为2017年1月29日。设置完成后，J4单元格中的劳动合同到期日为2017年2月28日，距当前系统时间不足30天，因此该单元格以设置的颜色突出显示，提醒HR做好提前通知，如图2-105所示。

	B	C	D	E	F	G	H	I	J
1	姓名	身份证号码	性别	出生年月	年龄	学历	入职时间	转正时间	第一次 劳动合同到期日
2	简知秋	371421199901225160	女	1999/1/22	17	大专	2016/12/23	2017/3/23	2019/12/23
3	乔昭宁	370882198503194715	男	1985/3/19	31	研究生	2015/9/19	2015/12/19	2018/9/19
4	乔沐枫	37082619820330511x	男	1982/3/30	34	高中	2014/2/28	2014/5/28	2017/2/28
5	柳笙絮	370826198305157427	女	1983/5/15	33	高中	2014/10/15	2015/1/15	2017/10/15
6	楚羡冰	370882198408121681	女	1984/8/12	32	高中	2012/2/12	2012/5/12	2015/2/12
7	连敏原	370811198501130552	男	1985/1/13	31	本科	2008/7/13	2008/10/13	2011/7/13
8	辛涵若	370829198407186641	女	1984/7/18	32	高中	2015/9/18	2015/12/18	2018/9/18
9	李紫婷	372926198504106963	女	1985/4/10	31	本科	2008/11/10	2009/2/10	2011/11/10
10	尤沙秀	370881198410181185	女	1984/10/18	32	高中	2013/2/18	2013/5/18	2016/2/18
11	明与雁	370831198408230014	男	1984/8/23	32	大专	2016/11/23	2017/2/23	2019/11/23
12	白如雪	370881198308230745	女	1983/8/23	33	大专	2016/1/23	2016/4/23	2019/1/23
13	杜郎清	370828198211270327	女	1982/11/27	34	本科	2016/11/27	2017/2/27	2019/11/27
14	柳千佑	370826198402285713	男	1984/2/28	32	大专	2014/9/28	2014/12/28	2017/9/28
15	庄秋言	370882198403113236	男	1984/3/11	32	研究生	2016/2/11	2016/5/11	2019/2/11

图2-105 单元格突出显示

在实际应用时，可以在表格中添加一个辅助列，用于标记是否已经通知劳动者续签合同。

知识点讲解

1. TODAY函数

TODAY函数用于生成系统当前的日期。

Excel将日期存储为整数序列值，日期区间为1900年1月1日至9999年12月31日。一个日期对应一个数字，常规数值的1个单位在日期中代表1天。Excel中的时间数据被存储为0.0 ~ 0.99999999的小数。构成日期的整数和构成时间的小数可以组合在一起，生成既有小数部分又有整数部分的数字。

日期和时间都是特殊的数值，因此也可以进行加、减等各种运算。例如，计算系统当前的日期8天之后的日期，可以使用以下公式完成。

```
=TODAY()+8
```

2. AND函数和OR函数

AND函数和OR函数分别对应两种常用的逻辑关系，即“与”和“或”。

对于AND函数，所有参数的逻辑值为真时返回TRUE，只要一个参数的逻辑值为假即返回FALSE。类似于判断系统是否安全时，需要逐个盘符进行检查，只有所有盘符的检查都是安全的（TRUE），才会判定系统为安全。只要其中任意一个盘符不安全（FALSE），系统是否安全的判断就会返回逻辑值FALSE。

对于OR函数，当所有参数的逻辑值都为假时，才返回FALSE，只要一个参数的逻辑值为真，即返回TRUE。类似于判断系统是否有病毒时，同样需要逐个盘符进行检查，只有所有盘符的检查都没有病毒（FALSE），系统是否有病毒的判断才会返回逻辑值FALSE。只要其中任意一个盘符有病毒（TRUE），系统是否有病毒的判断就会返回逻辑值TRUE。

本小节中，为条件格式设置的公式为

```
=AND(J2>=TODAY(),J2-TODAY()<=30)
```

公式中使用了两个判断条件，第一个条件是J2单元格的日期大于等于系统当前日期，另一个条件是J2单元格的日期减去当前日期后的结果小于等于30。

使用AND函数对两个条件的结果进行再次判断，如果两个条件的结果都返回TRUE，AND函数的结果也会返回TRUE，应用到条件格式中，则执行预先设置的格式。

3. 条件格式

使用Excel的条件格式功能，能够快速对特定条件的单元格进行突出标识，使数据更加直观易读。用户可以预置一种单元格格式或是单元格内的图形效果，在符合指定的条件时，自动应用于目标单元格。

认识 Excel 中的条件格式 1

认识 Excel 中的条件格式 2

可预置的单元格格式包括单元格边框、底纹、字体颜色等，单元格图形效果包括数据条、色阶和图标集3种类型。

Excel内置了多种基于特征值设置的条件格式，如可以按大于、小于、日期、重复值等特征突出显示单元格，也可以按大于、小于前10项或10%、高于或低于平均值等项目要求突出显示单元格。

（1）突出显示重复值。在图2-106所示的员工名单中，包含部分重复的姓名，设置条件格式后可以将重复姓名以指定的格式突出显示。

选中B2:B12单元格区域，依次单击【开始】→【条件格式】下拉按钮，在下拉菜单中依次单击【突出显示单元格规则】→【重复值】，弹出【重复值】对话框。单击【设置为】右侧的下拉按钮，选择一种格式，单击【确定】按钮，如图2-107所示。

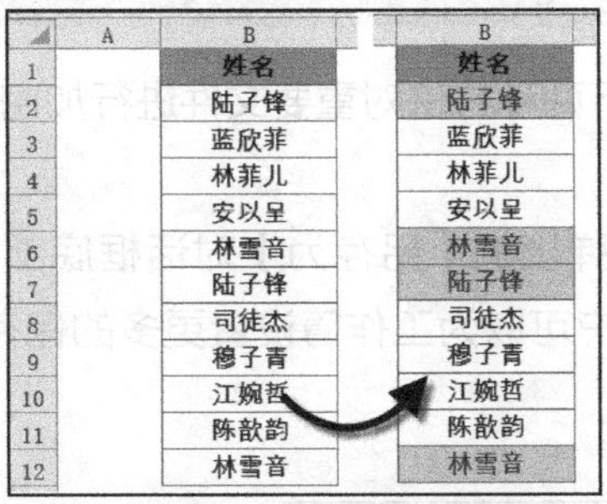

图2-106　突出显示重复姓名

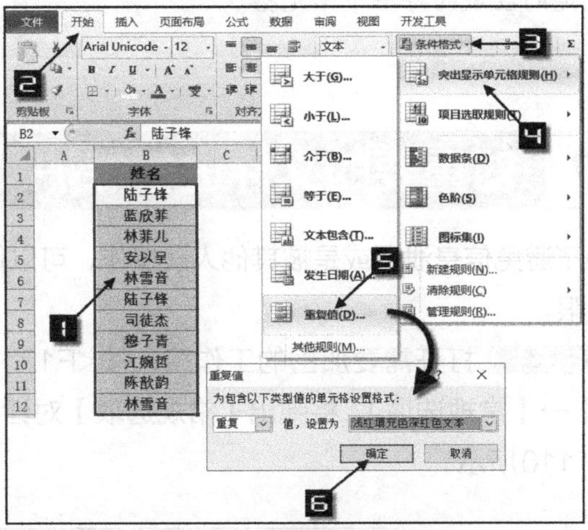

图2-107　设置条件格式

（2）调整条件格式优先级。Excel允许对同一个单元格区域设置多个条件格式，当设置两个或更多条件格式规则应用于同一个单元格区域时，可以依次单击【开始】→【条件格式】→【管理规则】，打开【条件格式规则管理器】对话框，查看优先级顺序。

在列表中越是位于上方的规则，其优先级越高。默认情况下，新规则总是添加到列表的顶部，因此最后添加的规则具有最高的优先级。用户可以使用对话框中的【上移】和【下移】按钮调整优先级顺序，如图2-108所示。

（3）删除已有条件格式。如果需要删除已经设置的条件格式，可以依次单击【开始】→【条件格式】下拉按钮，然后选择【清除规则】命令，在展开的子菜单中，选择【清除所选单元格的规则】命令，则清除所选单元格的条件格式；如果选择【清除整个工作表的规则】命令，则清除当前工作表所有的条件格式，如图2-109所示。

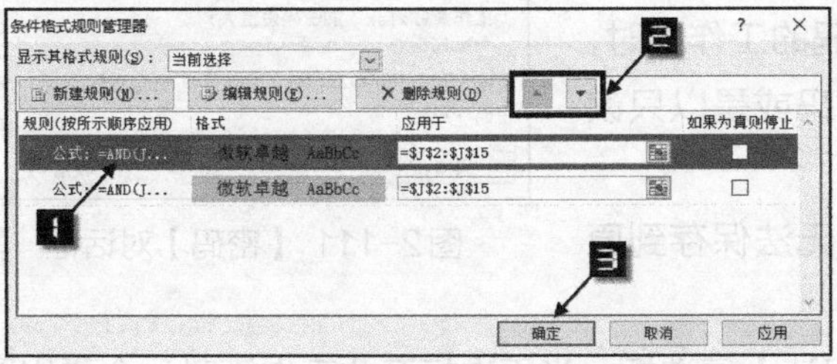

图2-108　调整条件格式的优先级顺序

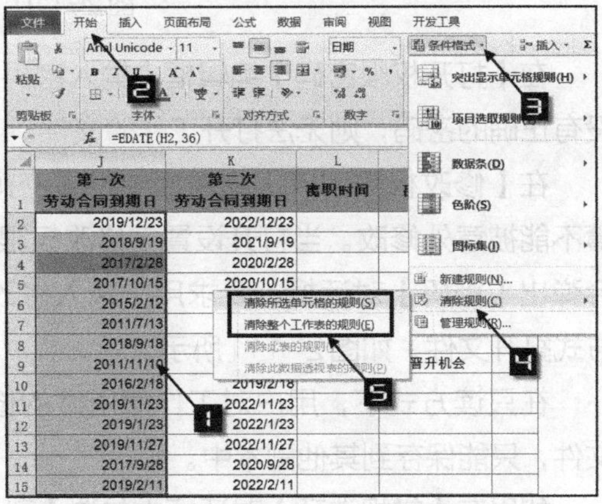

图2-109　清除已有条件格式

提示

在条件格式中使用公式时，要针对活动单元格进行设置，设置后的规则将自动应用于所选定的区域的每一个单元格。

2.7 对重要的文件进行保护

为了避免信息泄露或是被其他人误操作，可以使用以下两种方法对重要文件进行加密，限制访问权限。

方法 1 打开需要加密的工作簿，按<F12>键，在弹出的【另存为】对话框底部，单击【工具】→【常规选项】，将弹出【常规选项】对话框，用户可以为工作簿设置更多的保存选项，如图2-110所示。

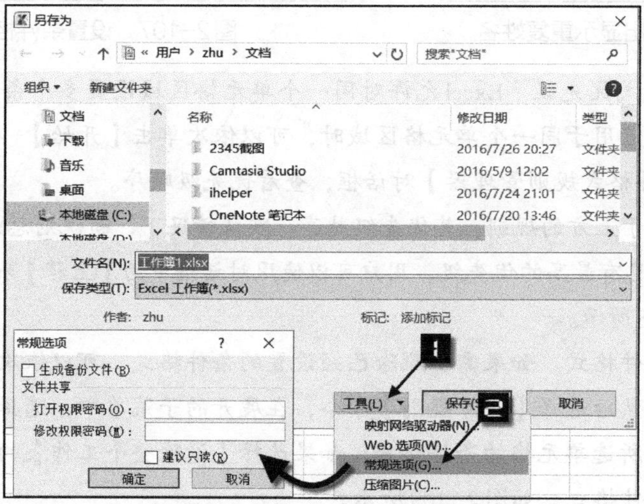

图2-110 【常规选项】对话框

在【打开权限密码】编辑框中输入密码，可以为当前工作簿设置打开文件的密码保护，如果没有正确的密码，则无法打开工作簿文件。

在【修改权限密码】编辑框中设置密码，可以保护工作簿不能被意外修改。当打开设置了修改权限密码的工作簿时，会弹出【密码】对话框，要求用户输入修改密码或是以只读方式打开文件，如图2-111所示。

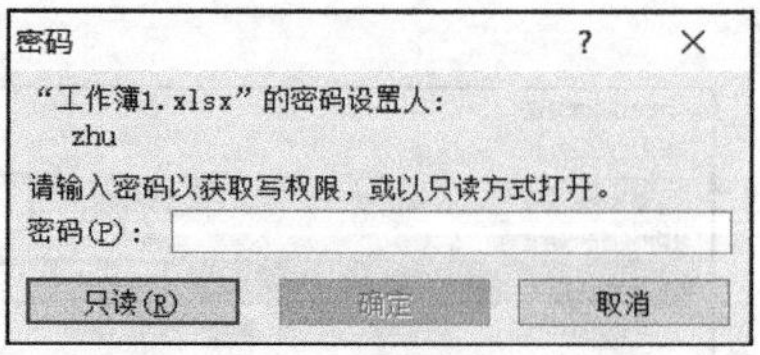

图2-111 【密码】对话框

在只读方式下，用户对工作簿所做的修改无法保存到原文件，只能保存到其他副本中。

如果在【常规选项】对话框中勾选【建议只读】复选框，当再次打开此工作簿时，会弹出图2-112所示的对话框，建议用户以只读方式打开工作簿。

图2-112　建议只读

方法 2 单击【文件】选项卡，再依次单击【保护工作簿】→【用密码进行加密】，在弹出的【加密文档】对话框中输入密码，单击【确定】按钮，Excel会要求再次输入密码进行确认，如图2-113所示。

设置密码后，此工作簿下次被打开时将提示输入密码，如果不能提供正确的密码，将无法打开此工作簿。如需解除工作簿的打开密码，可以按上述步骤再次打开【加密文档】对话框，删除现有密码即可。

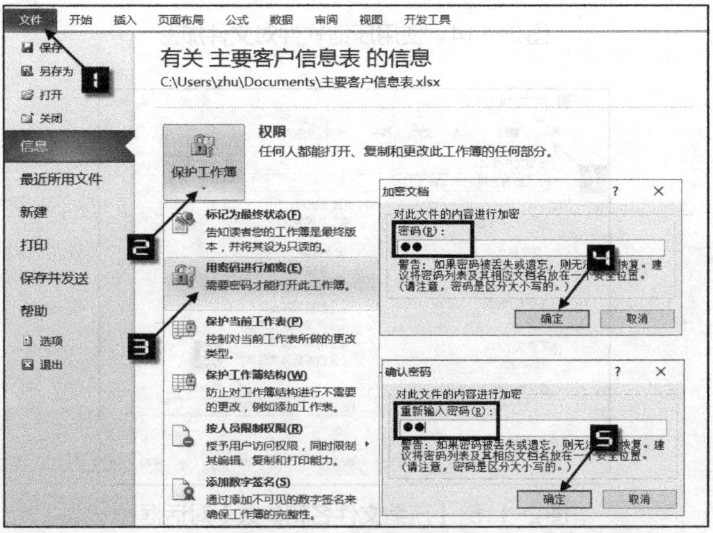

图2-113　用密码加密文档

小技巧

应用WinRAR软件对文件加密

除了利用Excel自带的加密功能外，用户还可以借助WinRAR软件对重要文件进行加密处理。WinRAR是一款常用的压缩工具，如果计算机中安装了该软件，右键单击某个文件时，在快捷菜单中就会出现与之有关的选项。

步骤 1 如图2-114所示，在需要加密的文件"个人所得税税率表.xlsx"上单击鼠标右键，在快捷菜单中选择"添加到压缩文件"。

步骤 2 在弹出的【压缩文件名和参数】对话框中，单击【常规】选项卡下的【设置密码】按钮如图2-115所示。

步骤 3 在弹出的【输入密码】对话框中输入密码并进行确认，如图2-116所示。单击【确定】按钮打开【带密码压缩】对话框，然后单击【确定】按钮，就可以创建一份加密的压缩文件。

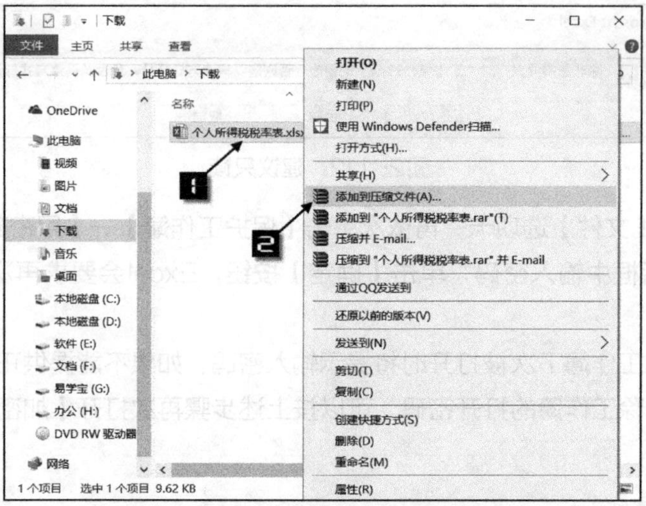

图2-114 使用压缩软件对文件加密

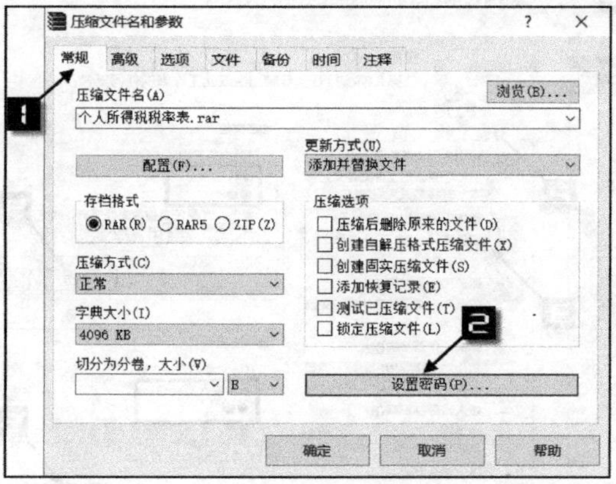

图2-115 【压缩文件名和参数】对话框

当需要打开加密的压缩文件时，会弹出【输入密码】对话框，只有输入正确的密码才能打开该压缩文件，如图2-117所示。

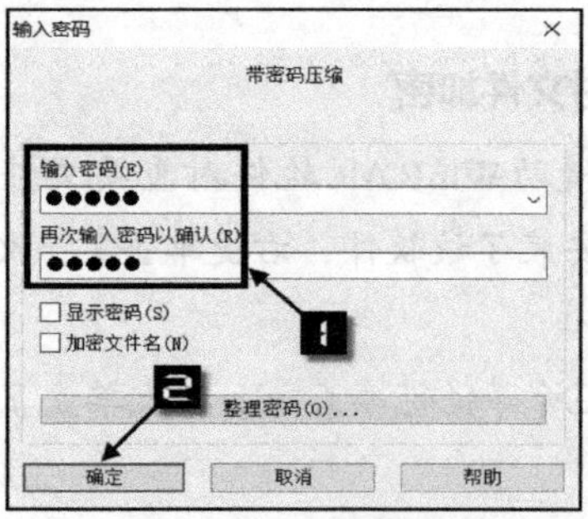

图2-116 设置密码

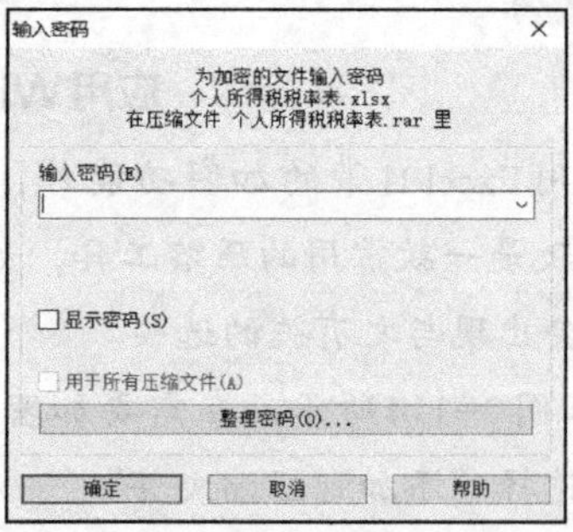

图2-117 输入密码

实际工作中，密码设置得越复杂，对于不知道密码的人而言，试图打开该加密文件的可能性就越小。

2.8 制作能够自动跳转的工作表目录

当工作簿中的人事数据不断完善增加，工作表的数量也会越来越多。在这种情况下，制作一个工作表目录，能够方便地管理工作表，并在不同工作表之间快速切换查看数据。

操作步骤如下。

步骤1 打开需要建立目录的员工信息表工作簿，切换到最左侧工作表，按<Shift+F11>组合键，插入一个新工作表，将工作表重命名为“目录”。

步骤2 如图2-118所示，在“目录”工作表内，选中B1单元格，切换到【公式】选项卡，单击【定义名称】按钮，弹出【新建名称】对话框，在【名称】文本框中输入“目录”，在【引用位置】文本框输入以下公式。

```
=INDEX(GET.WORKBOOK(1),ROW(A1))&T(NOW())
```

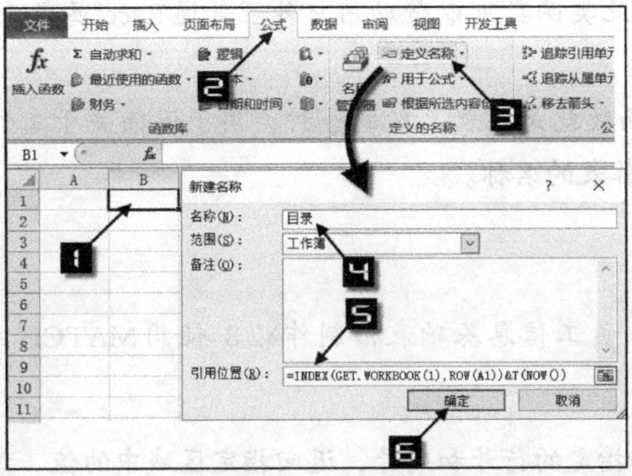

图2-118 定义名称

步骤3 在B1单元格输入以下公式并向下复制，到出现空白单元格为止。

```
=IFERROR(HYPERLINK(目录&"!A1",MID(目录,FIND("]",目录)+1,99)),"")
```

设置完成后，光标指针靠近公式所在单元格时，会自动变成手形，单击超链接即跳转到相应工作表的A1单元格，如图2-119所示。

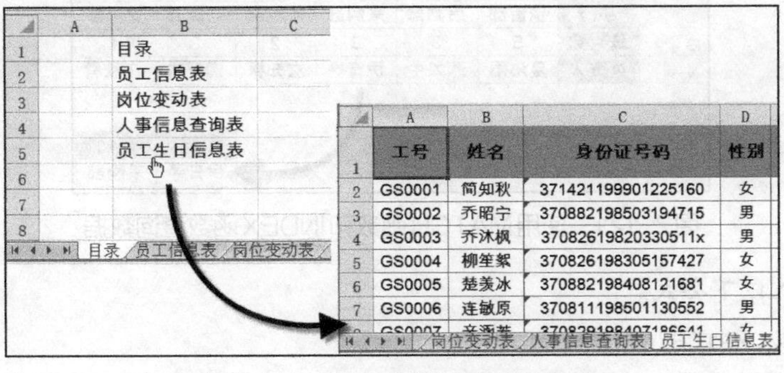

图2-119 自动跳转到目标工作表

步骤 4 如图2-120所示，在员工生日信息表的空白单元格Q1中输入以下公式，用于生成跳转到目录工作表的超链接。再复制该单元格，粘贴到其他工作表中的合适位置。

```
=HYPERLINK("#目录!A1","返回目录")
```

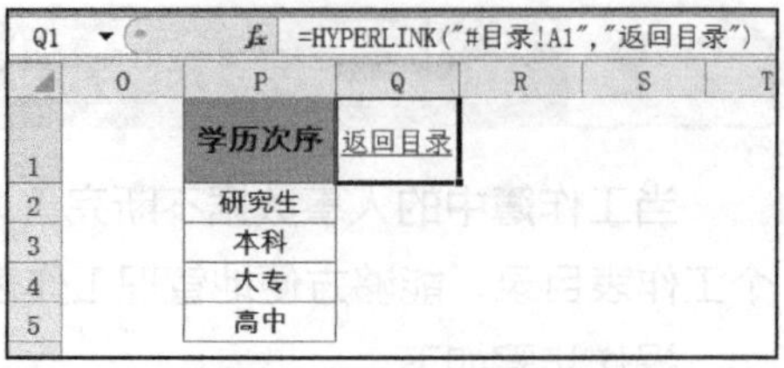

图2-120　返回目录超链接

步骤 5 按<F12键>，将工作簿另存为启用宏的工作簿，即.xlsm格式。

知识点讲解

1. 宏表函数

宏表函数是Excel中一类特殊的函数，它无法在工作表中直接使用，需要先定义名称，再从公式中调用定义的名称。此类函数可以帮助用户处理普通Excel函数无法解决的问题，用于实现一些特殊功能。

GET.WORKBOOK函数就是宏表函数的一种，用于返回关于工作簿的信息。当参数使用1时，返回工作簿中所有工作表的名称。

2. INDEX函数

素材所在位置：

光盘：\素材\第2章 员工信息基础表格制作\2.8 使用MATCH函数和INDEX函数查询数据.xlsx

INDEX函数能够根据指定的行号和列号，返回指定区域中的值。该函数的常用语法如下。

```
INDEX(array,row_num,[column_num])
```

第一参数通常表示一个单元格区域。第二、三参数用于指定要返回的元素位置，INDEX函数最终返回该位置的内容。

如图2-121所示，需要在部门负责人信息表中，根据G8单元格的姓名查询出对应的部门。

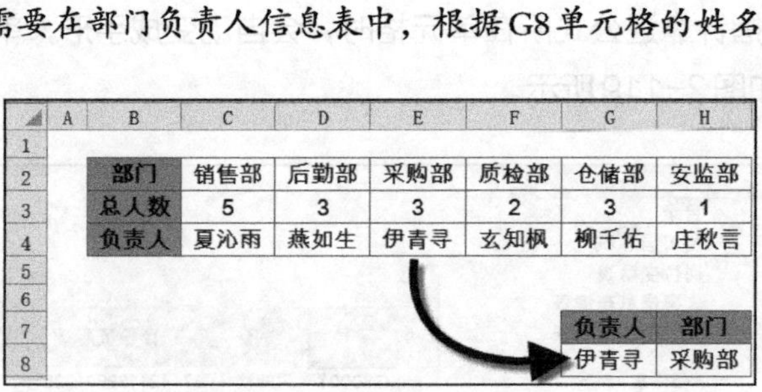

图2-121　使用MATCH函数和INDEX函数查询数据

H8单元格输入以下公式。

```
=INDEX(C2:H2,MATCH(G8,C4:H4,0))
```

公式中的“MATCH(G8,C4:H4,0)”部分，用MATCH函数查询G8单元格中的姓名在C4:H4这个区域中的位置，第三参数使用0，表示精确匹配，查询结果为3。

INDEX函数第一参数为C2:H2，第二参数是MATCH函数的计算结果3，表示在C2:H2单元格区域中，返回第3个元素的内容“采购部”。

使用INDEX函数和MATCH函数的组合来查询数据，公式看似相对复杂，但在实际应用中更加灵活。

3. NOW函数和T函数

NOW函数用于生成系统日期时间格式的当前日期和时间，该函数会随着用户在工作表中的其他操作而自动更新结果。T函数在此处的作用是将数值返回为空。本小节中，定义名称公式最后用“&T(NOW( ))”的目的，就是让GET.WORKBOOK函数提取的工作表名称能够实时更新，如果修改了工作表名称，GET.WORKBOOK函数总是能提取到最新的结果。

4. FIND函数

FIND函数用于定位某一个字符（串）在指定字符串中的起始位置，结果以数字表示。如果在同一字符串中存在多个被查找的子字符串，函数返回从左至右方向第一次出现的位置。如果查找字符（串）在源字符串中不存在，则返回错误值#VALUE!。

FIND函数的语法为

```
FIND(find_text,within_text,[start_num])
```

第一参数是查找的文本。第二参数是包含要查找文本的源文本。第三参数表示从指定字符位置开始进行查找，如果该参数省略，默认为1。

该函数的语法可以理解为

```
FIND(要找什么,在哪里找,从第几个字符开始找)
```

本小节中，先使用定义名称“目录”依次提取出带有工作簿名的工作表名称。

选中B2单元格，在编辑栏中选中“目录”按<F9>键，可以查看该部分的结果为

```
[员工信息表.xlsm]员工信息表"
```

用FIND函数查找字符“]”在以上字符串中的起始位置，返回的结果作为MID函数要提取的第一个字符的位置。加1的目的是为了让MID函数能够从字符“]”所在位置的右侧开始提取。

公式中的“MID(目录,FIND("]",目录)+1,99)”部分，使用MID函数从字符“]”所在位置的右侧开始，提取字符长度为99的字符串。此处的99可以写成一个较大的任意数值。如果MID函数第二参数加上第三参数超过了文本的长度，则只返回至多到文本末尾的字符，计算结果为工作表名“员工信息表”。

5. HYPERLINK函数

HYPERLINK函数是Excel中唯一能够生成超链接的特殊函数。

HYPERLINK函数语法如下。

```
HYPERLINK(link_location,friendly_name)
```

第一参数是要打开的文档的路径和文件名，可以指向Excel工作表或工作簿中特定的单元格或命名区域。对于当前工作簿中的链接地址，也可以使用前缀“#”号来代替当前工作簿名称。

第二参数表示单元格中显示的内容。如果省略第二参数，HYPERLINK函数在建立超链接后将在单元格内显示第一参数的内容。

本小节中，使用“目录&"!A1"”连接成带有工作簿和工作表名的字符串“[员工信息表.xlsm]员工信息表!A1”，以此作为要打开的文档文件名和跳转的具体位置。

HYPERLINK函数第二参数使用MID函数的提取结果“员工信息表”，作为单元格中的显示内容。

小技巧

录入数据时自动换行

如需在工作表的某个区域中输入数据时，可以先选中需要输入内容的单元格区域，如A2:D12，输入数据后按<Tab>键，活动单元格跳转到下一列，当输入到最后一列时按<Tab>键自动跳转到下一行。

如果需要先列后行的次序输入，可以先选中需要输入内容的单元格区域，比如A2:D12，输入内容后按<Enter>键，活动单元格跳转到下一行，当输入记录至最后一行时，按<Enter>键自动转到下一列的第一行。

扩展知识点

设置文件自动保存的间隔时间

Excel具有自动保存功能，当新建工作簿并进行首次保存之后，Excel默认每隔10分钟对所做的编辑修改进行自动保存，可以降低因为程序意外崩溃或是断电等原因造成的数据损失。

用户可以对自动保存间隔时间进行调整设置。在Excel功能区中依次单击【文件】→【选项】，打开【Excel选项】对话框，切换到【保存】选项卡，调整【保存自动恢复信息时间间隔】右侧的微调按钮，可设置的时间区间为1~120min，单击【确定】按钮保存设置，如图2-122所示。

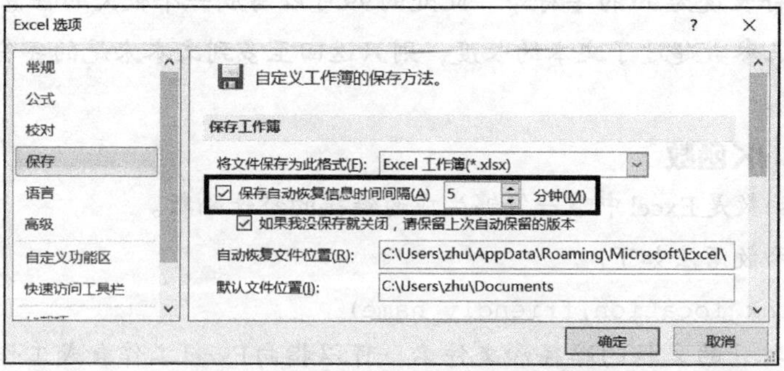

图2-122 自动保存选项设置

在工作簿文档的编辑修改过程中，Excel会根据保存间隔时间的设定自动生成备份副本。单击【文件】选项卡，可以查看到通过自动保存产生的副本版本信息，如图2-123所示。

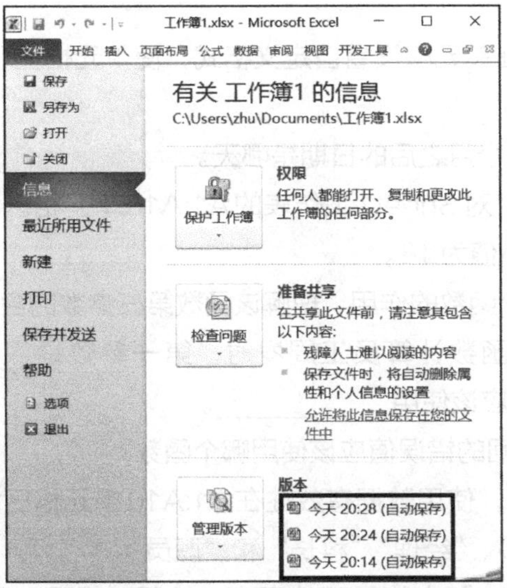

图2-123 自动生成的备份副本

本章小结

在学习Excel之初，就需要养成良好的数据录入和管理习惯。设计结构合理的员工信息表格，是以后汇总、统计等工作的基础。通过员工信息表的制作流程，了解自定义格式、条件格式、数据有效性、筛选、排序等常用数据处理工具和自定义名称、保护工作表以及多个常用函数的使用方法。

练习题

1. 在制作基础数据表时，要注意避免使用合并单元格、__________、__________、__________等。

2. 在单元格中输入日期时，以下哪种说法是错误的?

A. 使用“-”进行间隔　　B. 使用“\”进行间隔　　C. 使用“.”进行间隔

3. 在Excel中输入分数“5/6”的步骤是先输入__________，再输入__________，最后依次输入__________。

4. 请在Excel中输入你的身份证号码。

5. 请根据刚刚录入的身份证号码提取出性别信息。

6. 请根据刚刚录入的身份证号码提取出出生日期。

7. 为身份证号码所在单元格设置自定义格式，使单元格显示为“我的身份证号码是：xxxxxxxx xxxxxxxxxx”。

8. 使用函数计算出6个月之后的日期是哪天。

9. 新建一个工作簿，对Sheet1工作表的A1:A10单元格区域设置数据有效性，允许输入的最大值为60，最小值为18。

10. 简述VLOOKUP函数的作用，理解该函数第三参数的含义。

11. 使用DATEDIF函数计算员工周岁时，第一参数是__________，第二参数是__________，第三参数应该使用__________。

12. 用于屏蔽公式返回的错误值应该使用哪个函数?

13. 新建一个工作簿，使用数据有效性在A1:A10单元格区域制作下拉菜单，单击下拉菜单中的选项，可以输入“经理”“科长”和“职员”。

14. 对“练习2-1.xlsx”中的员工信息表，按照“经理、科长、职员”的职务顺序排序。

15. 对“练习2-2.xlsx”中的数据，筛选出职务为“经理”，年龄小于40的记录。

第 3 章

人事信息数据统计分析

本章导读

人事信息各种数据的统计分析是人力资源部门的基础工作。统计分析结果能为企业各种相关决策提供重要依据，实时、准确、快速地统计分析在实际工作中显得尤为重要。本章通过对人力资源管理中常见的统计分析项进行举例学习，用以提高人力资源信息数据统计分析工作的效率。

3.1 制作员工结构统计分析表

素材所在位置：

光盘：\素材\第3章 人事信息数据统计分析\3 人事信息数据统计分析.xlsx

当员工信息表中的数据达到一定量级后，通过对员工信息表中已经录入的信息进行深入分析，可以统计出更加直观的信息。

3.1.1 整理基础数据

首先打开员工信息表工作簿，右键单击“员工信息表”工作表标签，在弹出的快捷菜单中单击【移动或复制】命令，弹出【移动或复制工作表】对话框。单击【工作簿】列表框右侧的下拉按钮，选择“(新工作簿)”。勾选【建立副本】复选框，则自动在新建工作簿内创建一个工作表的副本。最后单击【确定】按钮，完成复制工作表操作，如图3-1所示。

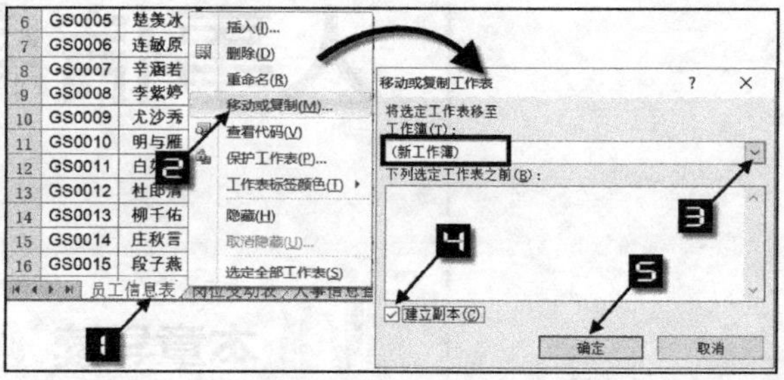

图3-1 复制工作表

按<Ctrl+S>组合键，将新建工作簿保存为“人事信息数据统计分析.xlsx”。因为要统计在职人员的数据，所以要先对数据进行整理，删除表格中的离职人员。

步骤1 如图3-2所示，对“离职时间”字段进行筛选，筛选出有离职时间的数据。

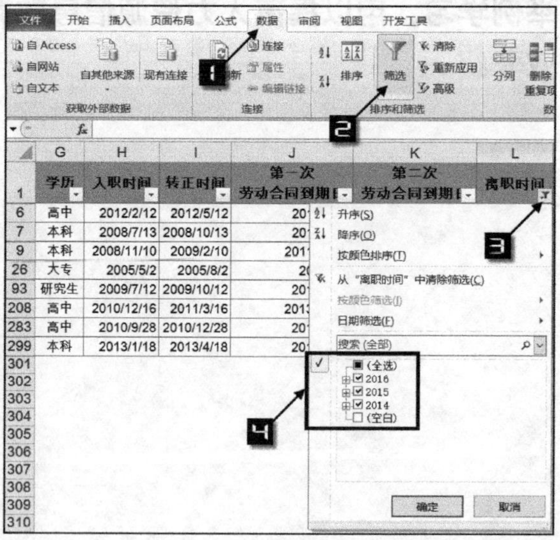

图3-2 筛选出离职人员

步骤2 按<F5>键，打开【定位】对话框，单击【定位条件】按钮，在弹出的【定位条件】对话框中，选中【可见单元格】单选按钮，最后单击【确定】按钮，即可选中所有处于显示状态的单元格，如图3-3所示。

步骤3 在选中区域内单击鼠标右键，在快捷菜单中选择【删除行】命令，删除所有离职人员的信息，如图3-4所示。

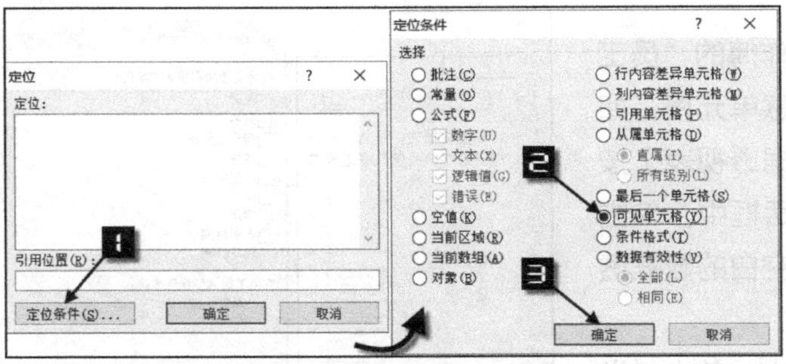

图3-3 定位可见单元格

图3-4 删除不连续的行

知识点讲解

定位功能

Excel中的定位功能是一种选定单元格的特殊方式，可以快速选定符合指定条件规则的单元格或区域，提高数据处理准确性。

单击【开始】→【查找和选择】下拉按钮，在下拉菜单中单击【定位条件】按钮，在弹出的【定位条件】对话框中，可以勾选批注、常量、公式、空值、对象、可见单元格等选项，最后单击【确定】按钮，即可选定工作表中所有符合规则的单元格或区域，如图3-5所示。

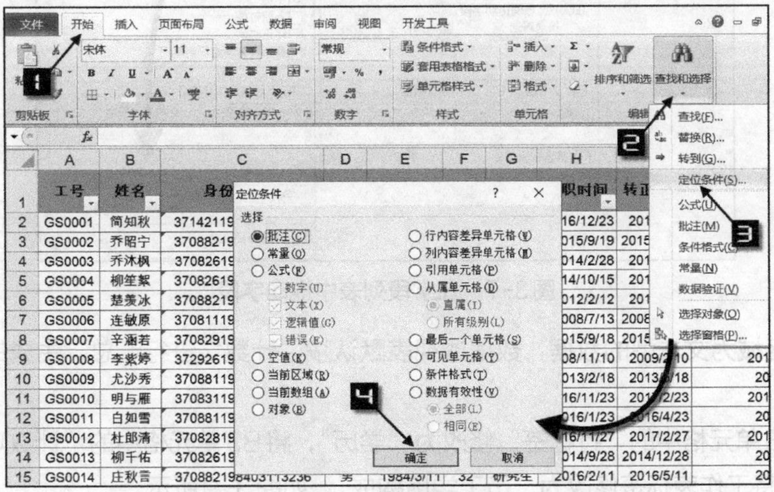

图3-5 选择定位条件

除了在选项卡中打开【定位条件】对话框，也可以按<Ctrl+G>组合键或按<F5>键，在打开的【定位】对话框中，单击【定位条件】按钮，即可打开【定位条件】对话框。

3.1.2 统计员工学历构成

员工学历的构成，能够直观反映出员工受教育的状况。

操作步骤如下。

步骤 1 在人事信息数据统计分析工作簿的“员工信息表”工作表内，单击数据区域任意单元格，如B5，在【插入】选项卡下，单击【数据透视表】按钮，在弹出的【创建数据透视表】对话框中，单击【确定】按钮，在新工作表内生成一个空白的数据透视表，如图3-6所示。

图3-6 生成空白数据透视表

步骤 2 在【数据透视表字段列表】中，单击“学历”字段前的复选框，该字段将自动添加到【行标签】区域。单击“姓名”字段，按住鼠标左键不放，拖动到【数值】区域后释放鼠标，如图3-7所示。

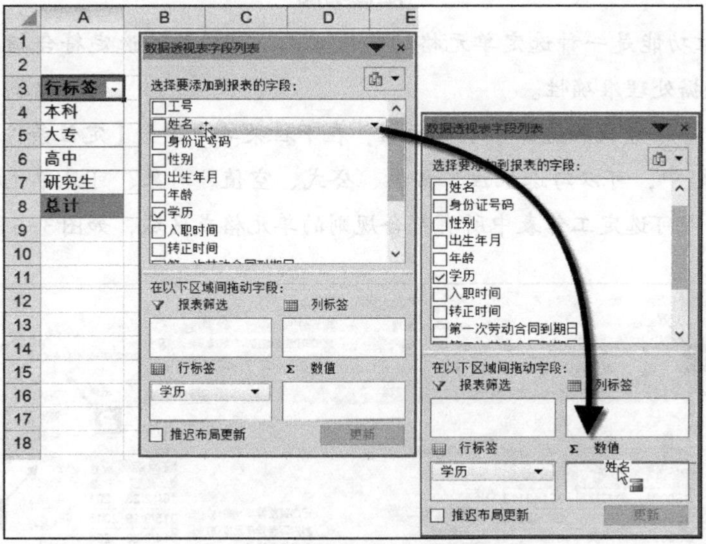

图3-7 在字段列表中拖动字段

对于数值区域为文本型的数据，数据透视表默认按“计数”进行汇总，生成的数据透视表如图3-8所示。

步骤 3 将A3单元格中的“行标签”修改为“学历”，将B3单元格中的“计数项：姓名”修改为“人数”，再将工作表标签修改为“员工学历构成”，如图3-9所示。

从以上分析结果中可以看出，员工学历以本科、大专和高中为主，研究生人数最少。但是，此时数据透视表中只显示出不同学历的人数，无法查看不同学历人数所占百分比。

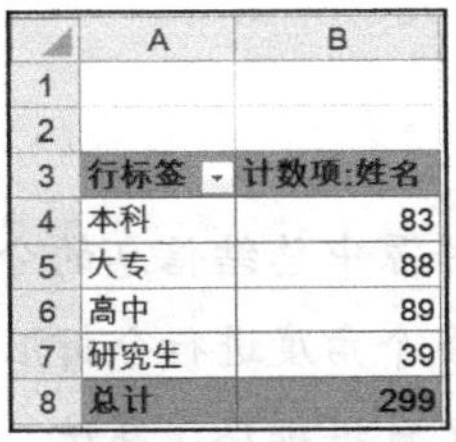
A B
行标签 计数项:姓名
本科 83
大专 88
高中 89
研究生 39
总计 299

图3-8 统计不同学历人数

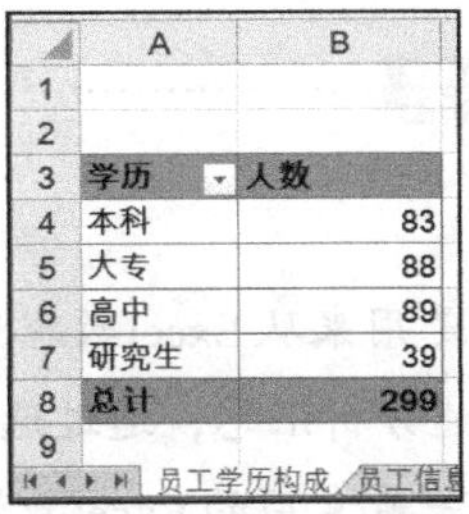

图3-9 修改字段标题

用户可以继续对透视表添加字段并设置值显示方式。

步骤 4 在【数据透视表字段列表】中再次将“姓名”字段拖动到【数值】区域，数据透视表中会增加一个“计数项:姓名”的字段，如图3-10所示。

步骤 5 选中“计数项:姓名”字段任意单元格，如C4，单击鼠标右键，在快捷菜单中依次选择【值显示方式】→【总计的百分比】，如图3-11所示。

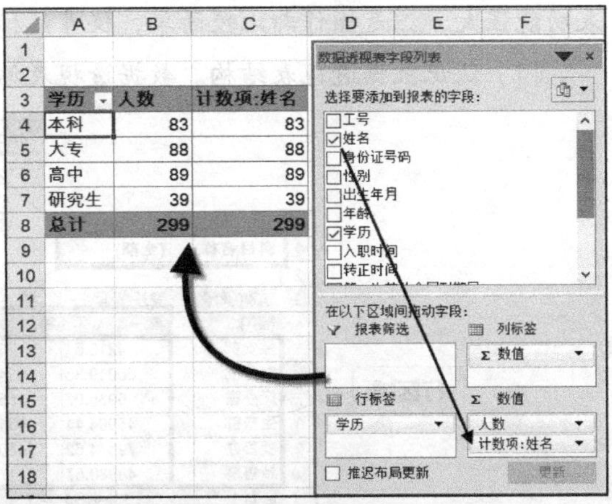

图3-10 在数值区域添加字段

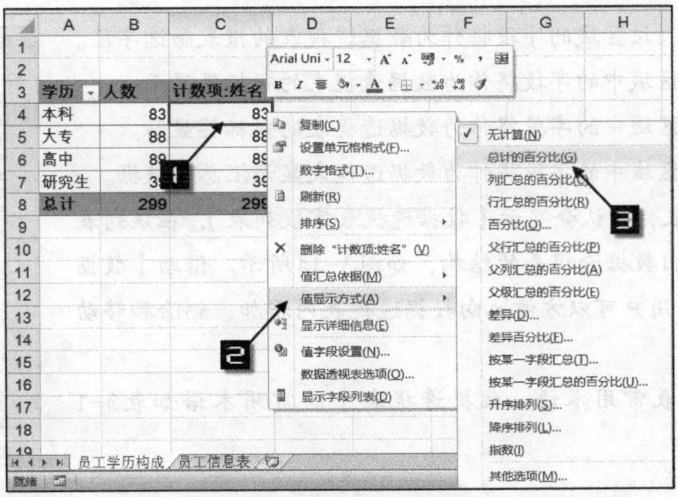

图3-11 设置值显示方式

此时，“计数项:姓名”字段将全部以百分比的形式显示，展示出不同学历人数占总数的百分比。最后修改字段标题，调整列宽，设置单元格居中对齐，在【视图】选项卡下去掉【网格线】的勾选，效果如图3-12所示。

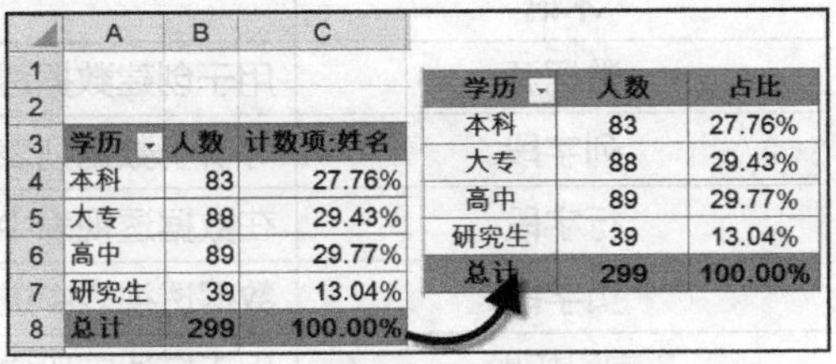

图3-12 不同学历员工的人数和占比

知识点讲解

数据透视表

数据透视表是用来从Excel数据列表或者从其他外部数据源中总结信息的分析工具，它可以从基础数据中快速分析汇总，通过选择其中的不同元素，从多个角度进行分析汇总。

数据透视表是最常用的Excel数据分析工具之一，综合了数据排序、筛选、分类汇总等数据分析工具的功能，能够方便地调整分类汇总的方式，以多种不同方式展示数据的特征。数据透视表功能强大，但是操作却比较简单，仅靠鼠标拖动字段位置，即可变换出各种不同类型的报表。

（1）认识数据透视表结构。数据透视表结构分为4个部分，如图3-13所示。

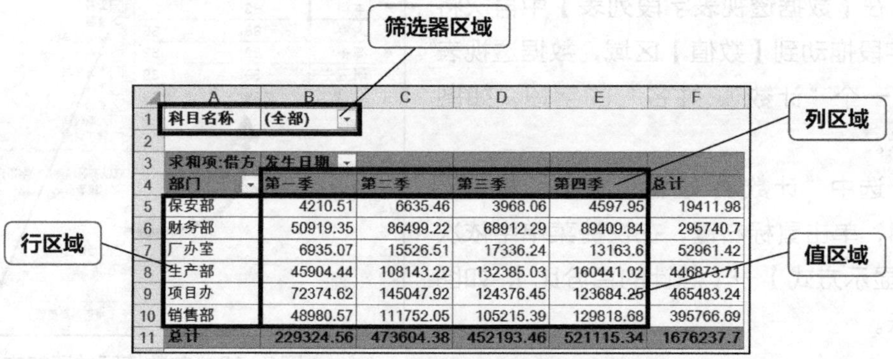

图3-13　数据透视表结构

① 筛选器区域，该区域的字段将作为数据透视表的报表筛选字段。

② 行区域，该区域中的字段将作为数据透视表的行标签显示。

③ 列区域，该区域中的字段将作为数据透视表的列标签显示。

④ 值区域，该区域中的字段将作为数据透视表显示汇总的数据。

单击数据透视表，默认会显示【数据透视表字段列表】，在该列表中可以清晰地反映出数据透视表的结构，如图3-14所示。借助【数据透视表字段列表】，用户可以方便地向数据透视表内添加、删除和移动字段。

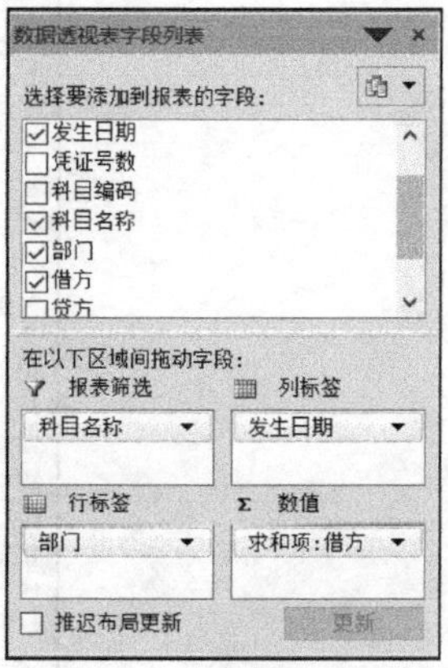

图3-14　数据透视表字段列表

（2）数据透视表常用术语。数据透视表中的常用术语如表3-1所示。

表3-1　数据透视表常用术语

术语	含义
数据源	用于创建数据透视表的数据列表
列字段	等价于数据列表中的列
行字段	在数据透视表中具有行方向的字段
页字段	数据透视表中进行分页的字段
字段标题	用于描述字段内容

续表

术语	含义
项	组成字段的成员
组	一组项目的组合
分类汇总	数据透视表中对一行或一列单元格的分类汇总
刷新	重新计算数据透视表，反映目前数据源的状态

（3）数据透视表的刷新。如果数据透视表的数据源内容发生变化，数据透视表中的汇总结果不会实时自动更新，需要用户手动刷新才能得到最新的结果。刷新方法是选中数据透视表区域的任意单元格，单击鼠标右键，在快捷菜单中单击【刷新】命令，如图3-15所示。或是选中数据透视表任意单元格，在【选项】选项卡下单击【刷新】按钮。

（4）值显示方式。在数据透视表的值区域单击鼠标右键，在快捷菜单中单击【值汇总依据】命令，可以根据需要选择求和、计数、平均值、最大值、最小值、乘积等多种值汇总依据，如图3-16所示。

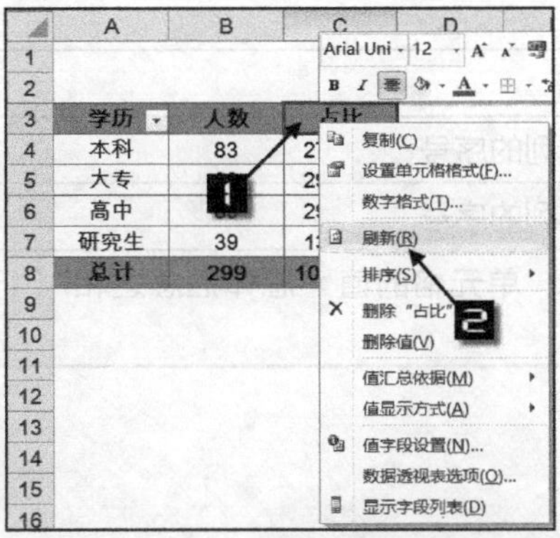

图3-15　刷新数据透视表

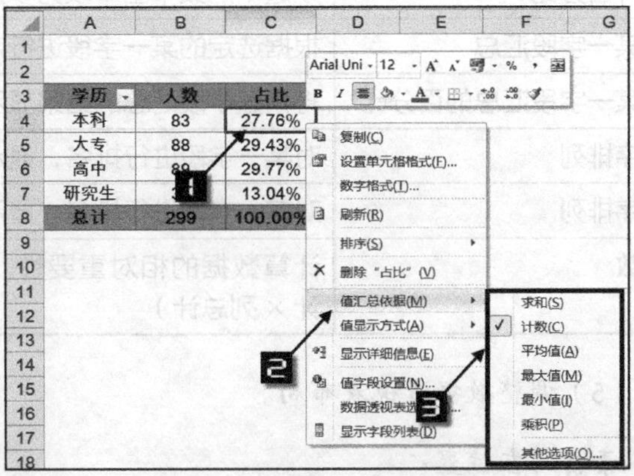

图3-16　多种值汇总依据

除此之外，用户还可以在右键快捷菜单中选择【值显示方式】命令。在该命令组中提供了丰富的显示方式选项，可以对数据按照不同字段做相对比较，如图3-17所示。

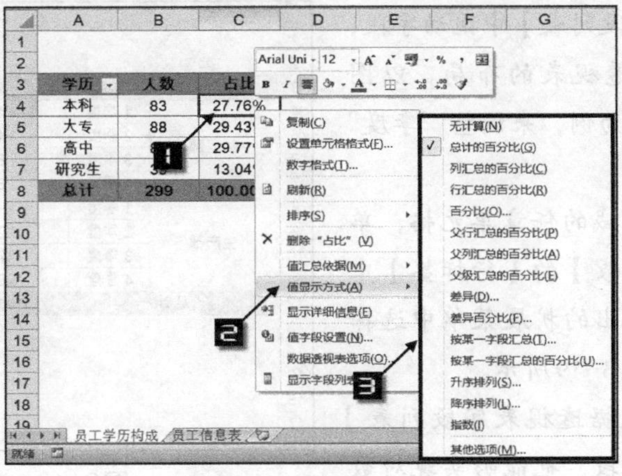

图3-17　值显示方式

有关数据透视表值显示方式功能的简要说明，如表3-2所示。

表3-2　　数据透视表值显示方式

选项	数值区域字段显示为
无计算	数据透视表中的原始数据
总计的百分比	每个数值项占所有汇总的百分比值
列汇总的百分比	每个数值项占列汇总的百分比值
行汇总的百分比	每个数值项占行汇总的百分比值
百分比	以选定的参照项为100%，其余项基于该项的百分比
父行汇总的百分比	在多个行字段的情况下，以父行汇总为100%，计算每个数值项的百分比
父列汇总的百分比	在多个列字段的情况下，以父列汇总为100%，计算每个数值项的百分比
父级汇总的百分比	某一项数据占父级总和的百分比
差异	以选中的某个基本项为参照，显示其余项与该项的差异值
差异百分比	以选中的某个基本项为参照，显示其余项与该项的差异值百分比
按某一字段汇总	根据选定的某一字段进行汇总
按某一字段汇总的百分比	将根据字段汇总的结果显示为百分比
升序排列	对某一字段进行排名，显示按升序排列的序号
降序排列	对某一字段进行排名，显示按降序排列的序号
指数	计算数据的相对重要性。使用公式：单元格的值 × 总体汇总之和/（行总计 × 列总计）

（5）调整数据透视表布局。

素材所在位置：

光盘：\素材\第3章 人事信息数据统计分析\调整数据透视表布局.xlsx

数据透视表创建完成后，通过对数据透视表布局的调整，用户可以得到新的报表，实现不同角度的数据分析需求。

在【数据透视表字段列表】中拖动字段，就可以重新安排数据透视表的布局。以图3-18所示的数据透视表为例，来调整“季度”和“部门”的结构次序。

选中数据透视表区域的任意单元格，单击【数据透视表字段列表】的【行标签】中的“季度”字段，在弹出的扩展菜单中选择【上移】命令，结果如图3-19所示。

除此之外，在【数据透视表字段列表】中的各个区域间拖动字段，也能够实现对数

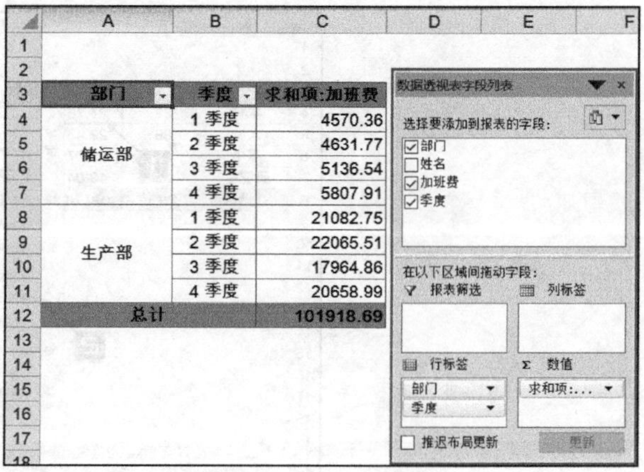

图3-18　数据透视表

据透视表的重新布局。如图3–20所示，在【行标签】区域中选中“部门”字段，按住鼠标左键不放，将其拖动到【列标签】区域后释放鼠标即可。

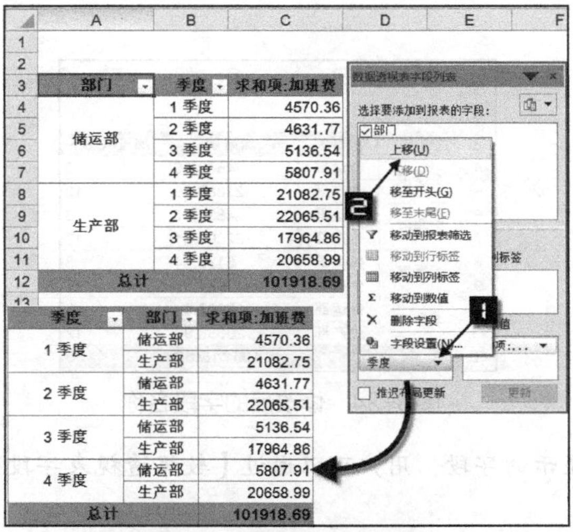

图3–19 调整数据透视表布局1

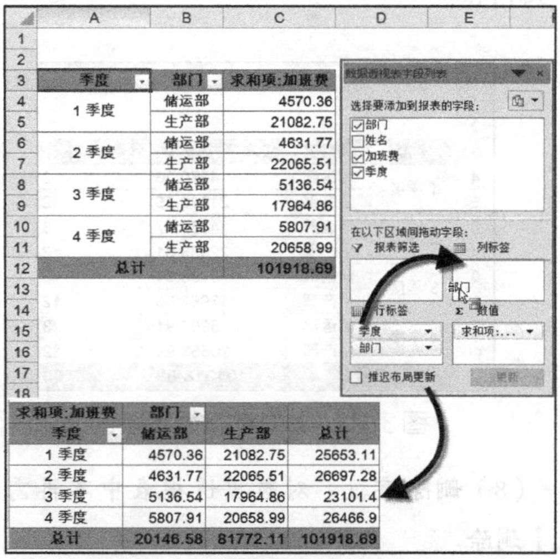

图3–20 调整数据透视表布局2

（6）报表筛选器的使用。当字段显示在列区域或行区域时，能够显示字段中的所有项。当字段位于报表筛选区域中时，字段中的所有项都会成为数据透视表的筛选条件。

单击筛选字段右侧的下拉按钮，在下拉列表中会显示该字段的所有项目，选中一项单击【确定】按钮，数据透视表将以此项进行筛选，如图3–21所示。

如果希望对报表筛选字段中的多个项进行筛选，可以单击该字段右侧的下拉按钮，在弹出的下拉列表中勾选【选择多项】复选框，依次去掉“3季度”和“4季度”项目的勾选，单击【确定】按钮，报表筛选字段“季度”的内容由“(全部)”变为“(多项)”，数据透视表的内容也发生相应变化，只显示1季度和2季度的汇总数据，如图3–22所示。

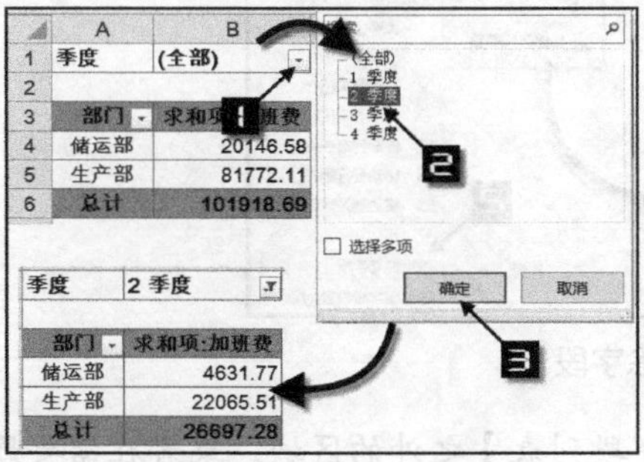

图3–21 二季度加班费

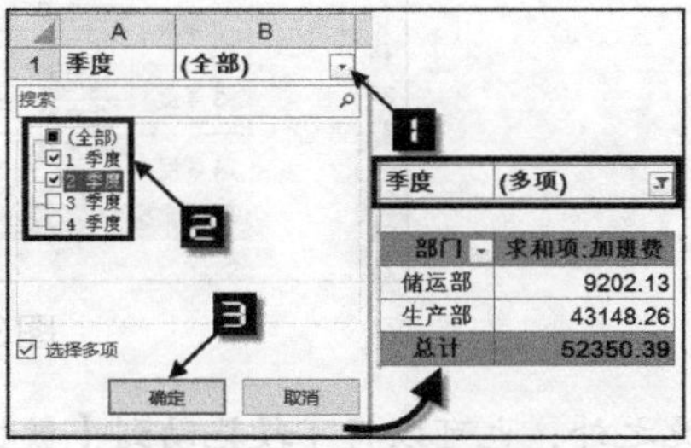

图3–22 两个季度的加班费

（7）整理数据透视表字段。向数据透视表中添加汇总字段后，Excel会自动对其重命名，即在数据源字段标题基础上加上“求和项：”“计数项：”的汇总方式说明，如图3–23所示。

修改数据透视表的字段名称，能够使标题更加简洁，但是数据透视表字段名称与数据源的标题行名称不能相同。

单击数据透视表的列标题单元格“求和项：加班费”，在编辑栏内选中“求和项：”部分，输入一个空格，使其变成“加班费”，也可以直接输入其他内容作为字段标题，完成后的效果如图3-24所示。

	A	B	C	D
1				
2				
3	季度	部门	求和项:加班费	计数项:姓名
4	1 季度	储运部	4570.36	3
5		生产部	21082.75	12
6	2 季度	储运部	4631.77	3
7		生产部	22065.51	12
8	3 季度	储运部	5136.54	3
9		生产部	17964.86	12
10	4 季度	储运部	5807.91	3
11		生产部	20658.99	12
12	总计		101918.69	60

图3-23　默认的数据字段名

	A	B	C	D
1				
2				
3	季度	部门	加班费	加班人数
4	1 季度	储运部	4570.36	3
5		生产部	21082.75	12
6	2 季度	储运部	4631.77	3
7		生产部	22065.51	12
8	3 季度	储运部	5136.54	3
9		生产部	17964.86	12
10	4 季度	储运部	5807.91	3
11		生产部	20658.99	12
12	总计		101918.69	60

图3-24　修改后的字段名称

（8）删除字段。对数据透视表中不再需要显示的字段，用户可以通过【数据透视表字段列表】删除。

在【数据透视表字段列表】底端区域中单击需要删除的字段，在弹出的快捷菜单中选择【删除字段】即可，如图3-25所示。

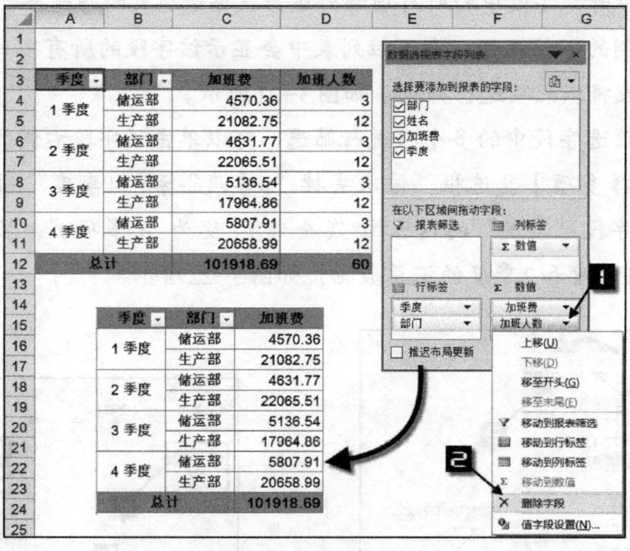

图3-25　删除字段

除此之外，也可以将字段拖动到【数据透视表字段列表】之外的区域，或者在需要删除的数据透视表字段上单击鼠标右键，在快捷菜单中单击【删除“字段名”】命令。

（9）改变数据透视表的报告格式。数据透视表报表布局分为“以压缩形式显示”“以大纲形式显示”和“以表格形式显示”3种显示形式。选中数据透视表任意单元格，然后依次单击【设计】→【报表布局】下拉按钮，在下拉菜单中能够选择不同的显示形式，如图3-26所示。

新创建的数据透视表显示方式默认为“以压缩形式显示”，所有行字段都压缩在一列内，不便于数据的观察，可以选择【以表格形式显示】命令，使数据透视表以表格的形式显示。以表格形式显示的数据透视表会更加直观，并且便于阅读，多数情况下数据透视表都会以此形式显示。

如果在【报表布局】下拉列表选择【重复所有项目标签】命令，能够将数据透视表中的空白字段填充相应的数值，使数据透视表的显示方式更接近于常规表格形式。

（10）分类汇总的显示方式。以表格形式显示的数据透视表中，会自动添加分类汇总，如果不需要使用分类汇总，可以将分类汇总删除。

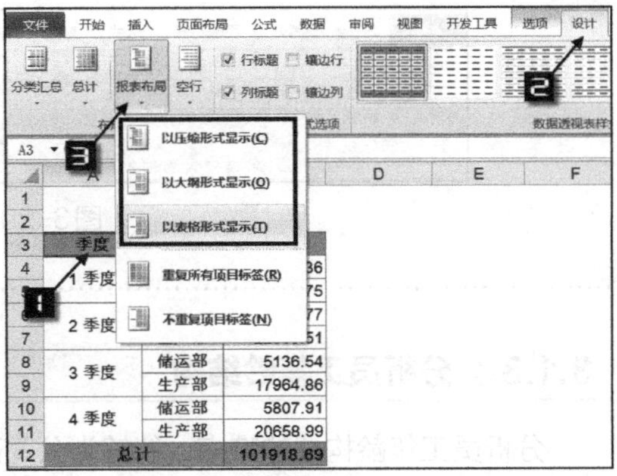

图3-26　选择不同的报表布局

选中数据透视表任意单元格，在【设计】选项卡下单击【分类汇总】下拉按钮，在弹出的下拉菜单中选择【不显示分类汇总】命令，如图3-27所示。

除此之外，也可以在数据透视表的相应字段单击鼠标右键，在弹出的快捷菜单中选择【分类汇总“字段名”】，实现显示或隐藏分类汇总的切换，如图3-28所示。

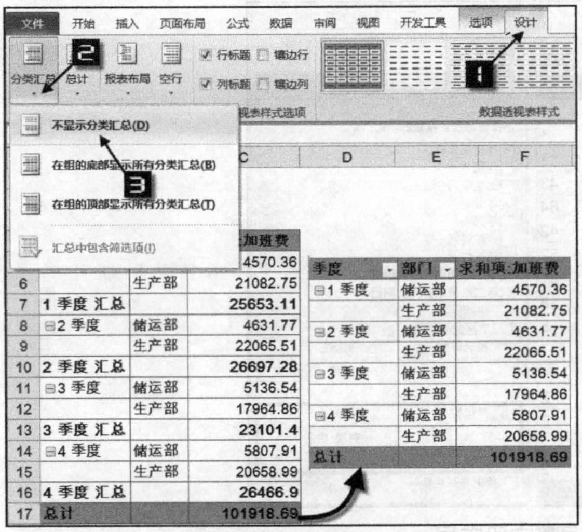

图3-27　不显示分类汇总

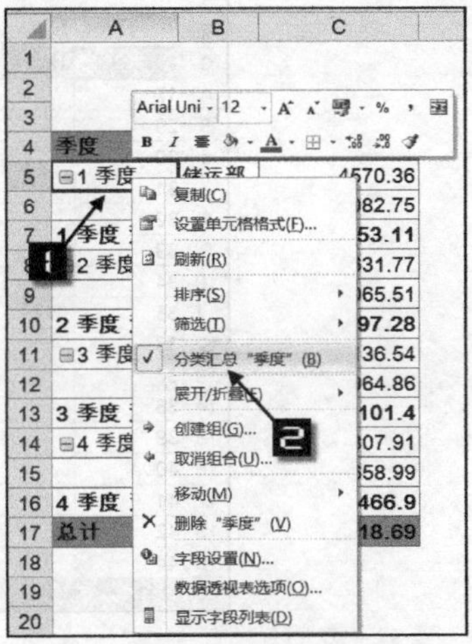

图3-28　在右键菜单中选择显示或隐藏分类汇总

（11）套用数据透视表样式。创建完成后的数据透视表，可以对其进一步修饰美化。除了常规的单元格格式设置，Excel还内置了数十种数据透视表样式，并允许用户自定义修改设置。

单击数据透视表，在【设计】选项卡下的【数据透视表样式】命令组中，单击某种内置样式，数据透视表便会自动套用该样式，如图3-29所示。

在【数据透视表样式选项】命令组中，还提供了【行标题】【列标题】【镶边行】【镶边列】的选项。勾选【行标题】或【列标题】复选框时，将对数据透视表的行标题和列标题应用特殊格式。勾选【镶边行】或【镶边列】复选框时，将对数据透视表的奇数行（列）和偶数行（列）分别应用不同的格式。

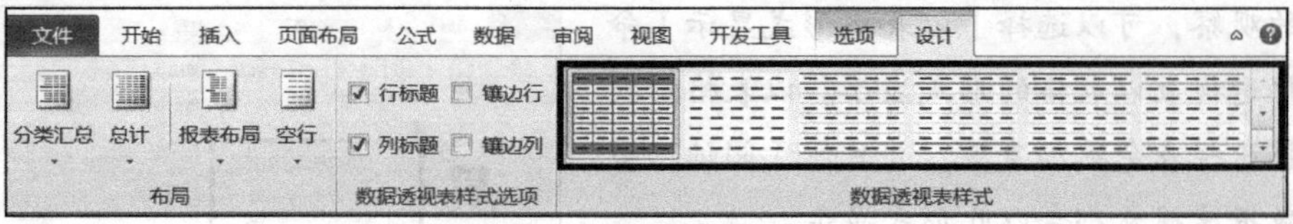

图3-29　数据透视表样式

3.1.3　分析员工年龄结构

分析员工年龄构成的特点，能够为公司改善员工年龄结构提供理论参考。

操作步骤如下。

分析员工年龄结构

步骤 1 在“员工信息表”工作表内，单击数据区域任意单元格，依次单击【插入】→【数据透视表】，在弹出的【创建数据透视表】对话框中，单击【确定】按钮插入空白数据透视表。

步骤 2 在【数据透视表字段列表】中，单击“年龄”字段前的复选框，将该字段添加到【行标签】区域，将“姓名”字段拖动到【数值】区域两次，如图3-30所示。

行标签	计数项:姓名	计数项:姓名2
17	1	1
29	1	1
30	11	11
31	43	43
32	64	64
33	42	42
34	52	52
35	31	31
36	18	18
37	5	5
38	7	7
39	11	11
40	2	2
41	6	6
42	3	3
44	2	2
总计	299	299

图3-30　调整字段布局

步骤 3 右键单击数据透视表行标签的任意单元格，如A4，在快捷菜单中选择【创建组】命令，弹出【组合】对话框。在【起始于】编辑框输入20，在【终止于】编辑框输入40，【步长】编辑框设置为5，单击【确定】按钮，如图3-31所示。

步骤 4 右键单击“计数项:姓名2”字段任意单元格，如C4，在快捷菜单中依次选择【值显示方式】→【总计的百分比】。

步骤 5 依次修改数据透视表字段标题为“年龄段”“人数”和“占比”，将工作表标签重命名为“员工年龄结构”，如图3-32所示。

从分析结果看，员工年龄段集中在30~34岁之间，占总数的70%以上。而25~29岁年龄段和20岁以下年龄段的人才后备力量严重不足，员工队伍没有形成梯度，如果不加以重视，人才断层将影响公司未来发展。

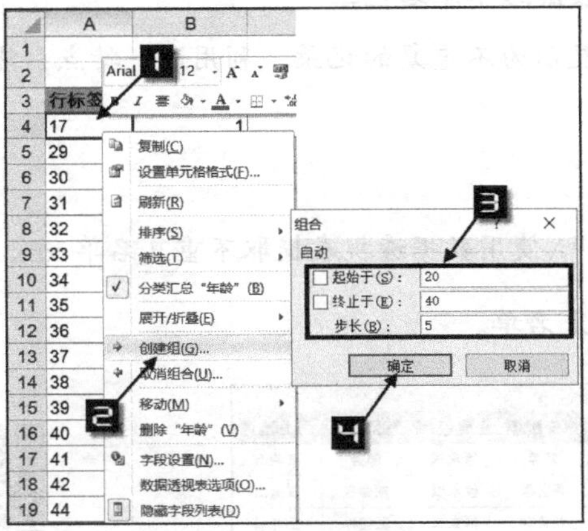

图3-31　为年龄字段创建组

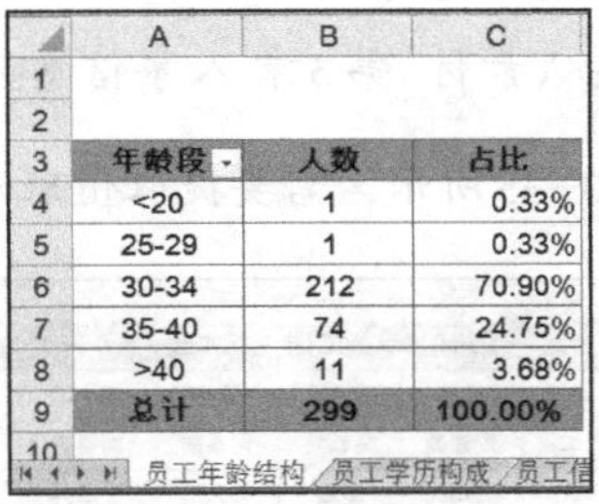

年龄段	人数	占比
<20	1	0.33%
25-29	1	0.33%
30-34	212	70.90%
35-40	74	24.75%
>40	11	3.68%
总计	299	100.00%

图3-32　统计员工年龄结构

3.1.4 统计每年入职人数

接下来统计每一年的入职人数，操作步骤如下。

步骤 1 在“员工信息表”工作表内，单击数据区域任意单元格，依次单击【插入】→【数据透视表】，在弹出的【创建数据透视表】对话框中，单击【确定】按钮插入空白数据透视表。

步骤 2 在【数据透视表字段列表】中，将“入职时间”字段添加到【行标签】区域，将“姓名”字段拖动到【数值】区域。

步骤 3 右键单击数据透视表行标签中的任意单元格，如A7，在快捷菜单中单击【创建组】命令，在弹出的【分组】对话框中选择步长为“年”，单击【确定】按钮，如图3-33所示。

步骤 4 对分组后的数据透视表修改字段标题，即可快速统计出每一年的入职人数，如图3-34所示。

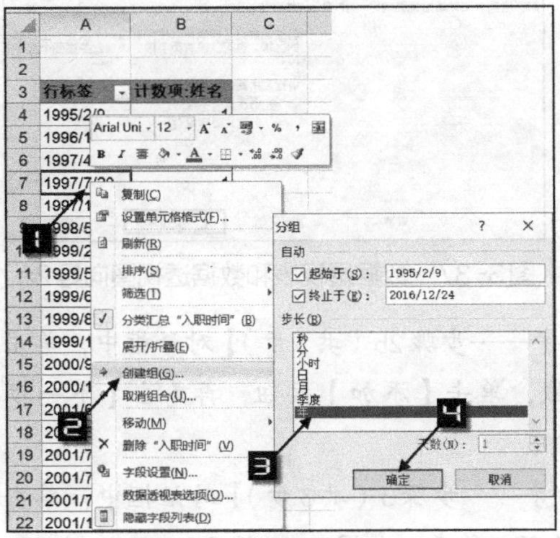

图3-33　日期项目组合

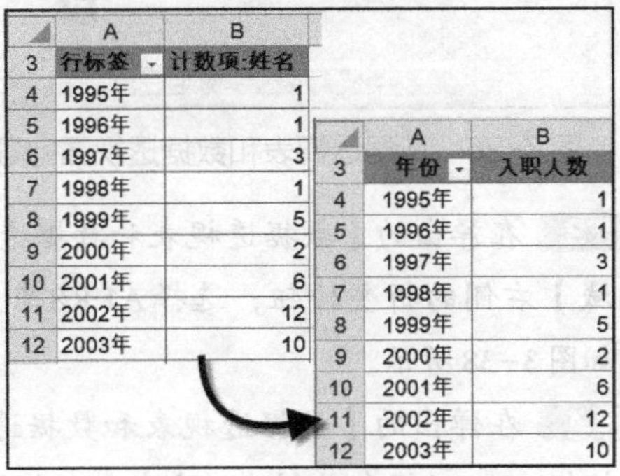

年份	入职人数
1995年	1
1996年	1
1997年	3
1998年	1
1999年	5
2000年	2
2001年	6
2002年	12
2003年	10

图3-34　统计每一年的入职人数

小技巧

使用数据透视表提取不重复名单

数据透视表行标签区域中的内容，会自动显示为不重复的记录。利用这一特点，能够从一组数据中提取出不重复的项目。

素材所在位置：
光盘：\素材\第3章 人事信息数据统计分析\使用数据透视表提取不重复名单.xlsx

如图3-35所示，需要提取值班表中的不重复名单。

	A	B	C	D	E	F	G	H	I	J	K
1	星期	集团	A区工地	B区工地	地产开发	原料仓储	生产车间	机修配电	企管经理	质检化验	门卫巡逻
2	一	齐高	陈本军	陈坤	郑小琴	徐永忠	肖永平	邹萍	徐永斌	邹萍	高映宏
3	二	周建勋	马云海	何多福	刘春容	徐永忠	彭海英	蒋区蓉	徐永斌	刘春容	寊运山
4	三	唐旭光	邹宣	蒋光旭	彭海英	何志海	龙亚琴	刘春容	鲜光宗	区国栋	王先华
5	四	陈坤	高映宏	莫玉明	龙亚琴	彭海英	唐朝霞	马玉枝	鲜光宗	李小平	欧韵雷
6	五	徐永斌	何多福	唐旭光	唐朝霞	王永珍	刘春容	龙亚琴	马丽蓉	陈本军	杨栋笃
7	六	莫玉明	谭瑶	谯琴	刘春容	邹宣	周丽霞	李平	徐秀英	齐晓霞	周建勋
8	日	马永红	谭瑶	谯琴	唐朝霞	鲜光宗	周丽霞	赵晓岚	徐秀英	刘春容	蒋区蓉

图3-35 值班表

用数据透视表提取不重复名单

操作步骤如下。

步骤1 选中数据区域任意单元格，如A3，依次按<Alt><D><P>键，调出【数据透视表和数据透视图向导——步骤1（共3步）】对话框，选择【多重合并计算数据区域】单选按钮，然后单击【下一步】按钮，如图3-36所示。

步骤2 在弹出的【数据透视表和数据透视图向导——步骤2a（共3步）】对话框中，单击【下一步】按钮，如图3-37所示。

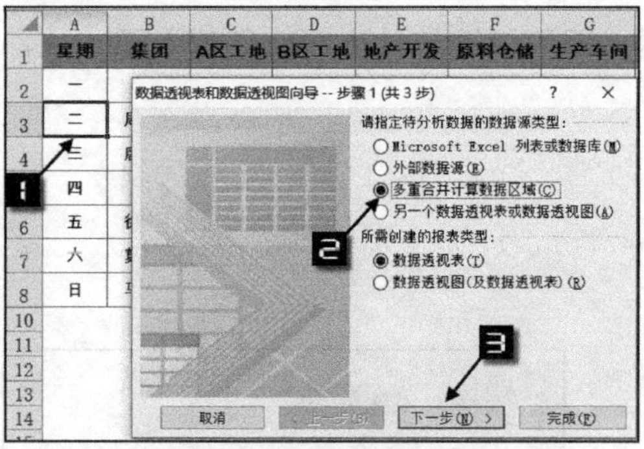

图3-36 数据透视表和数据透视图向导1

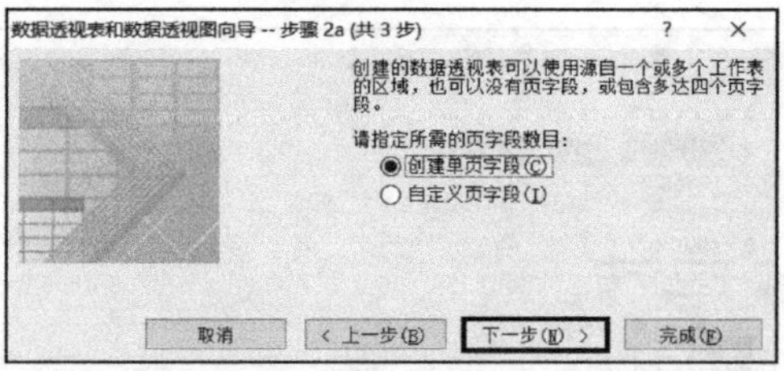

图3-37 数据透视表和数据透视图向导2a

步骤3 在弹出的【数据透视表和数据透视图向导——步骤2b（共3步）】对话框中，单击【选定区域】右侧的折叠按钮，选择A1:K8单元格区域，单击【添加】按钮，再单击【下一步】按钮，如图3-38所示。

步骤4 在弹出的【数据透视表和数据透视图向导——步骤3（共3步）】对话框中，单击【完成】按钮，Excel将自动创建一个包含数据透视表的新工作表，如图3-39所示。

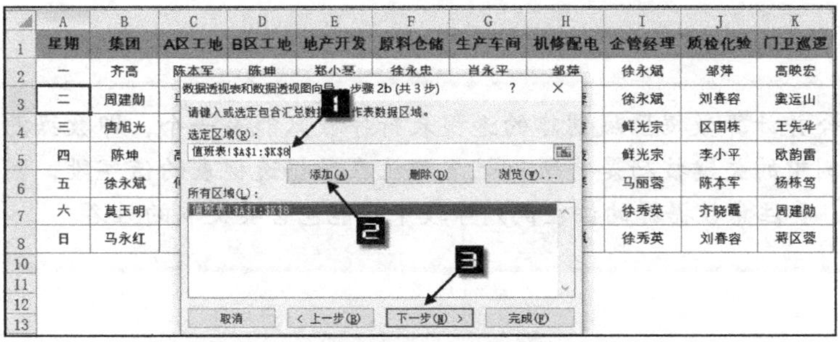

图3-38　数据透视表和数据透视图向导2b

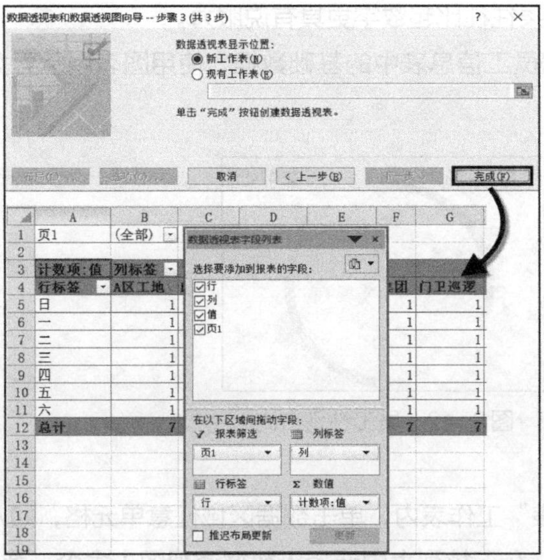

图3-39　数据透视表和数据透视图向导3

步骤 5 在【数据透视表字段列表】中，依次删除“页1”“列”“行”字段，将“值”字段拖动到【行标签】区域，如图3-40所示。

此时的数据透视表显示效果如图3-41所示。复制其中的姓名部分，粘贴到其他位置，即可提取出不重复的名单。

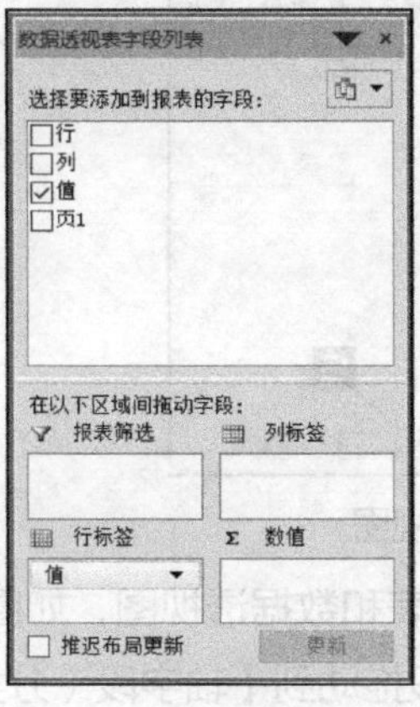

图3-40　调整数据透视表布局

图3-41　数据透视表效果

提示

使用多重合并计算数据区域创建的透视表行字段只能有一个，即数据源区域中的最左侧列字段。本例中的关键技巧是将所有姓名都放在数据透视表的值字段，因此在选择数据透视表区域时，要注意数据源的最左侧列字段中不能包含要提取的姓名。

3.1.5 用数据透视图分析员工性别占比

以图表显示的统计效果往往比起数字更具有说服力。

本小节介绍如何根据员工信息表中的基础数据，使用图表展示男女员工的比例，如图3-42所示。

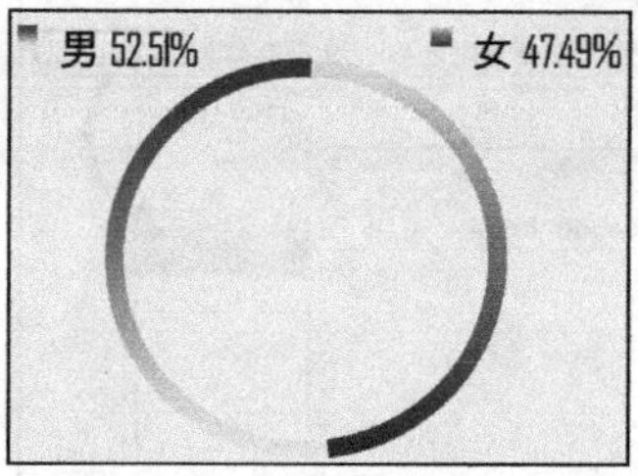

图3-42　员工性别占比

用数据透视图分析员工性别占比

操作步骤如下。

步骤 1 在“员工信息表”工作表内，单击数据区域任意单元格，如A5，依次单击【插入】→【数据透视表】下拉按钮，在下拉列表中选择【数据透视图】命令，弹出【创建数据透视表及数据透视图】对话框，如图3-43所示。

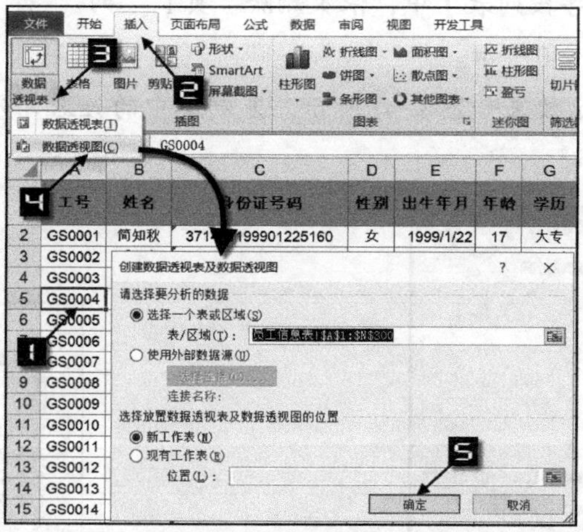

图3-43　插入数据透视图

步骤 2 单击【确定】按钮，插入一个空白的数据透视表和数据透视图，如图3-44所示。

步骤 3 在【数据透视表字段列表】中，将“性别”字段拖动到【轴字段（分类）】区域，将“姓名”字段拖动到【数值】区域。此时，数据透视图的图表类型为默认的柱形图，如图3-45所示。

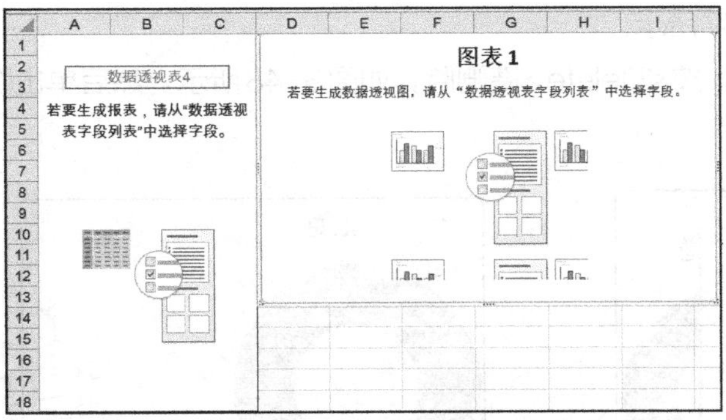

图3-44　空白数据透视表和数据透视图

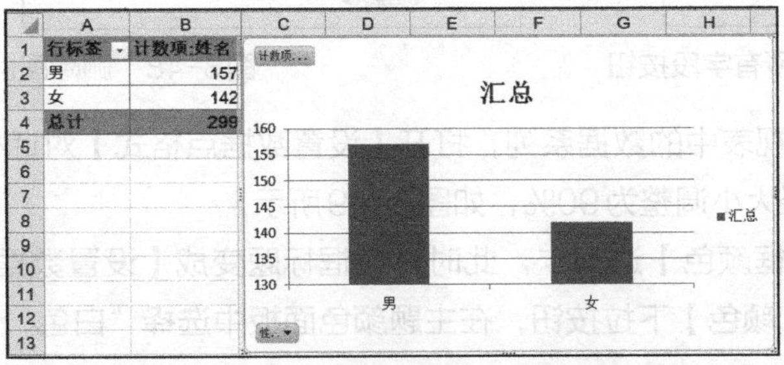

图3-45　数据透视图默认的图表类型

步骤4 右键单击"计数项:姓名"字段任意单元格，在快捷菜单中依次选择【值显示方式】→【总计的百分比】。

步骤5 单击数据透视图，在【设计】选项卡中单击【更改图表类型】按钮，在弹出的【更改图表类型】对话框中选择圆环图，单击【确定】按钮，如图3-46所示。

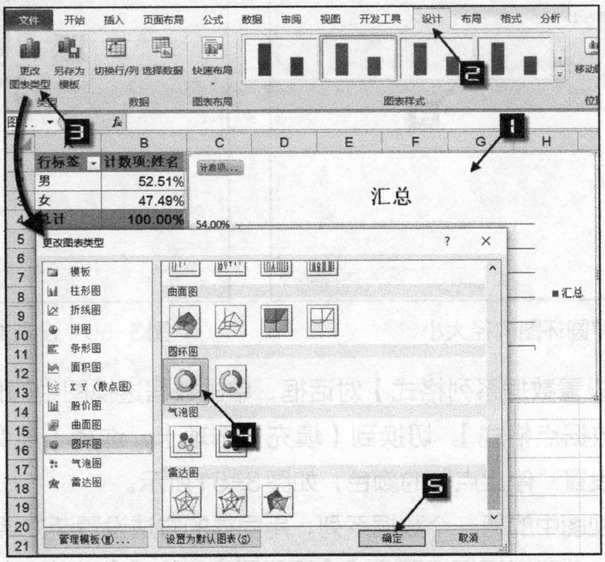

图3-46　更改图表类型

步骤6 在【计数项】字段按钮上单击鼠标右键，在快捷菜单中选择【隐藏图表上的所有字段按钮】命令，如图3-47所示。

步骤 7 单击图例项，按<Delete>键删除，如图3-48所示。然后单击图表标题，按<Delete>键删除。

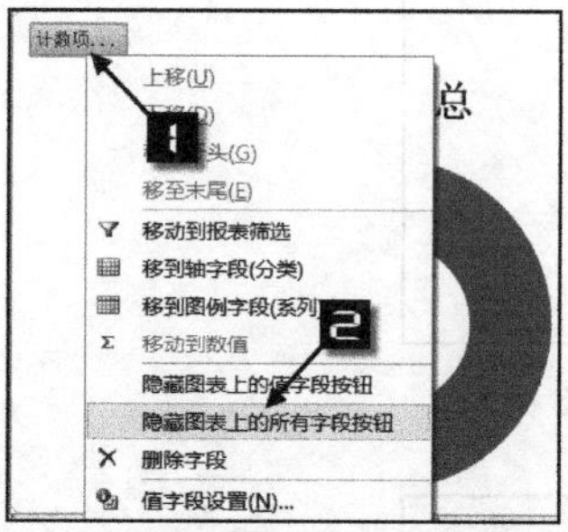

图3-47 隐藏图表上的所有字段按钮

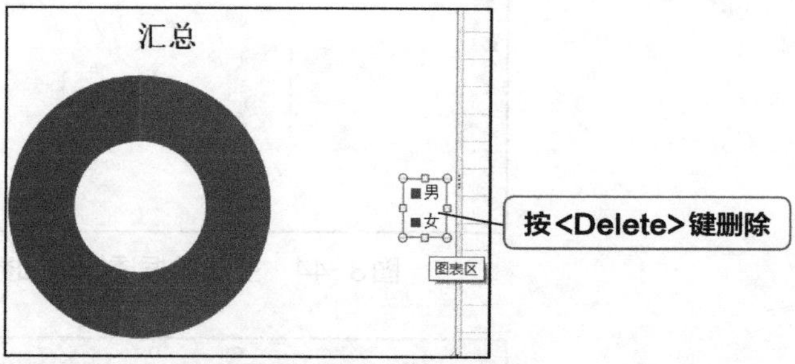

图3-48 删除图例项

步骤 8 双击数据透视表中的数据系列，打开【设置数据点格式】对话框，在【系列选项】选项卡下，将圆环图内径大小调整为90%，如图3-49所示。

步骤 9 切换到【边框颜色】选项卡，此时对话框标题变成【设置数据系列格式】，选择【实线】单选按钮，单击【颜色】下拉按钮，在主题颜色面板中选择"白色，背景1，深色5%"，如图3-50所示。

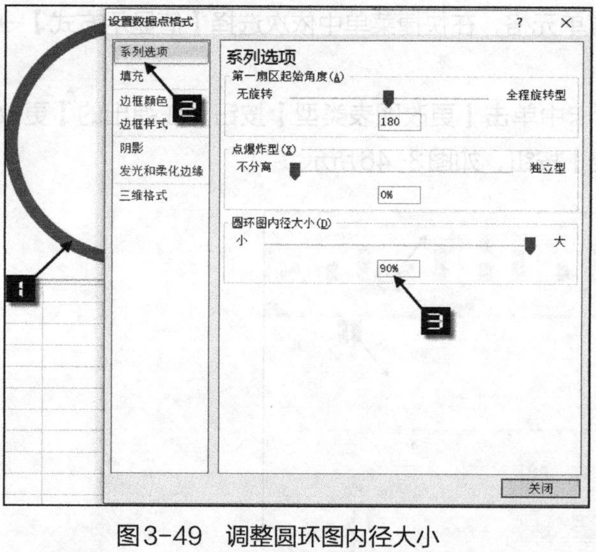

图3-49 调整圆环图内径大小

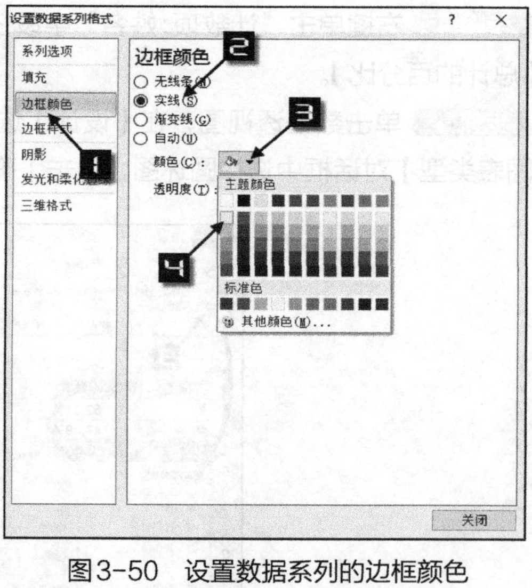

图3-50 设置数据系列的边框颜色

步骤 10 不要关闭【设置数据系列格式】对话框，单击数据透视图中的任意一个数据系列，对话框标题变成【设置数据点格式】。切换到【填充】选项卡，选择【渐变填充】单选按钮，在【渐变光圈】区域依次设置"停止点"的颜色，如图3-51所示。

步骤 11 单击数据透视图中的另一个数据系列，用同样的方法设置渐变填充，如图3-52所示。

步骤 12 单击图表区，此时对话框标题变成【设置图表区格式】。切换到【填充】选项卡，选择【纯色填充】单选按钮，单击【颜色】下拉按钮，在主题颜色面板中选择"白色，背景1，深色5%"，如图3-53所示。

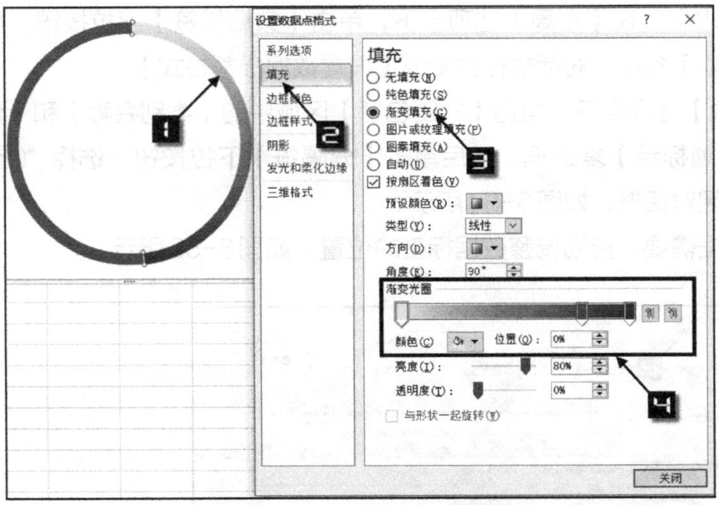

图3-51　设置渐变填充1

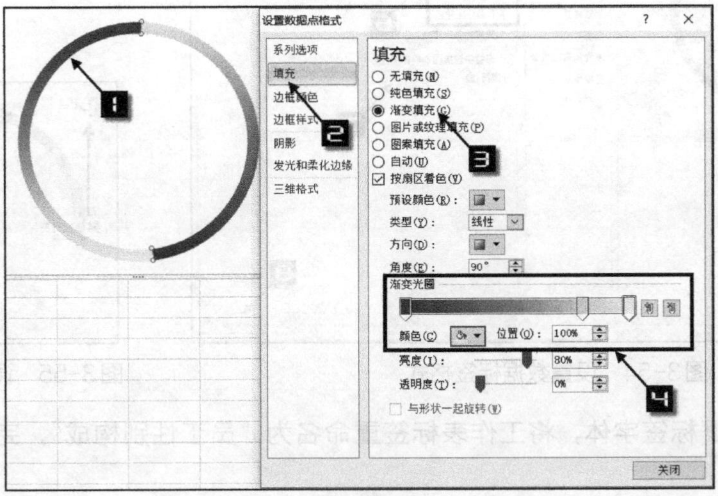

图3-52　设置渐变填充2

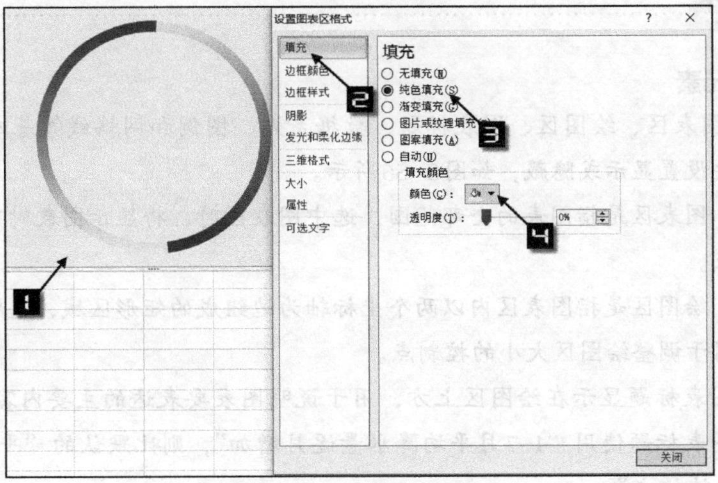

图3-53　设置图表区格式

步骤 13 单击图表区，在【布局】选项卡下，单击【数据标签】下拉按钮，在下拉菜单中选择【其他数据标签选项】命令，对话框标题变成【设置数据标签格式】。

在【标签选项】选项卡下，勾选【标签包括】区域中的【类别名称】和【值】复选框，勾选【标签中包括图例项标示】复选框。然后单击【分隔符】下拉按钮，选择“(空格)”。最后单击【关闭】按钮，关闭对话框，如图3-54所示。

步骤 14 可以根据需要，拖动调整数据标签的位置，如图3-55所示。

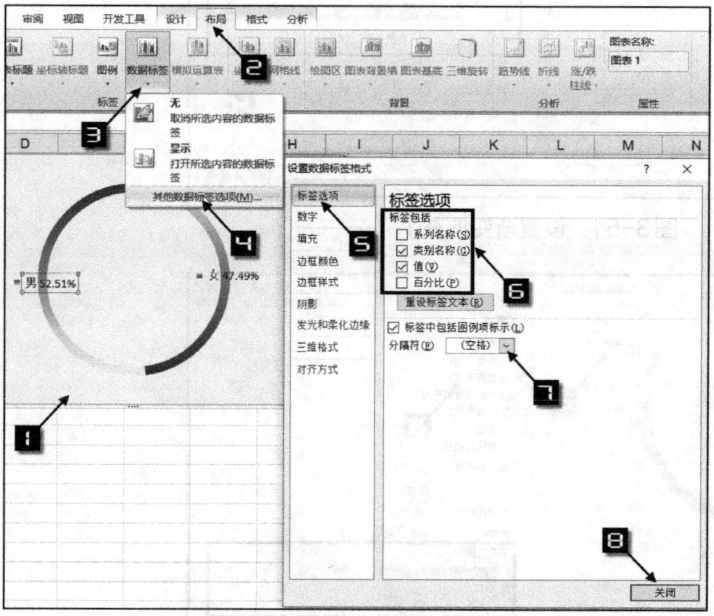

图3-54　设置数据标签格式

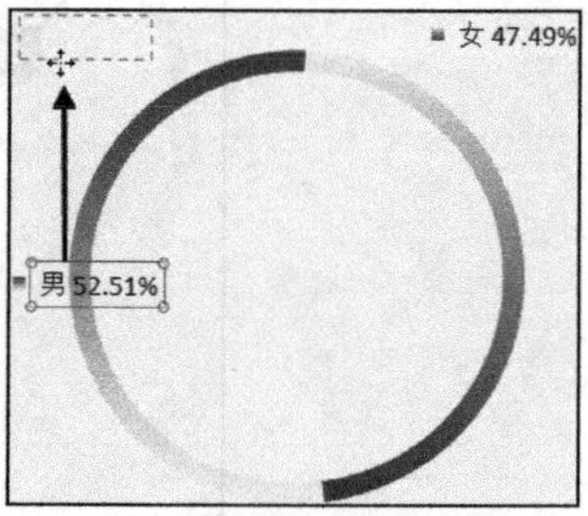

图3-55　调整数据标签位置

最后设置数据标签字体，将工作表标签重命名为“员工性别构成”，完成数据透视图的制作。

知识点讲解

1. 认识图表元素

Excel图表由图表区、绘图区、图表标题、数据系列、图例和网格线等基本元素构成，各个元素可以根据需要设置显示或隐藏，如图3-56所示。

（1）图表区。图表区是指图表的全部范围，选中图表区时，将显示图表对象边框和用于调整图表大小的控制点。

（2）绘图区。绘图区是指图表区内以两个坐标轴为边组成的矩形区域，选中绘图区时，将显示绘图区边框和用于调整绘图区大小的控制点。

（3）标题。图表标题显示在绘图区上方，用于说明图表要表达的主要内容。在图3-56所示的图表中，如果图表标题使用“1~7月平均降水量逐月增加”，则比默认的“平均降水量（mm）”更能体现图表要表达的主题。

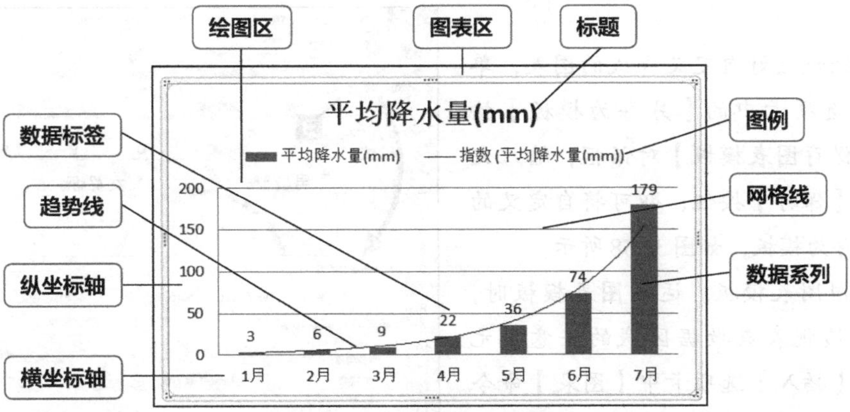

图3-56　图表的构成元素

（4）数据系列和数据点。一个或多个数据点构成数据系列，每个数据点对应工作表中某个单元格的数据。

（5）坐标轴。坐标轴按位置不同分为主坐标轴和次坐标轴，默认显示左侧主要纵坐标轴和底部主要横坐标轴。

（6）图例。图例是一个无边框的矩形区域，用于对图表中的不同数据系列进行标注说明，默认显示在绘图区右侧。

2. 数据透视图

数据透视图是建立在数据透视表基础上的图表，利用数据透视图中的筛选按钮，能够从不同角度展示数据。

数据透视图不仅具备普通图表的数据系列、分类、坐标轴等元素，还包括报表筛选字段、图例字段、分类轴字段等一些特有的元素，如图3-57所示。

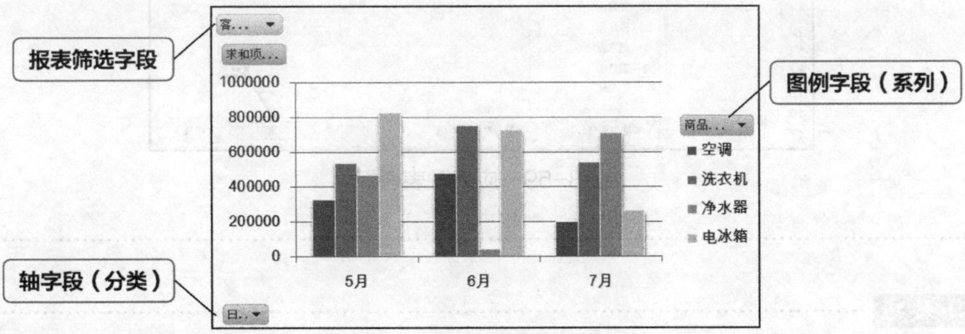

图3-57　数据透视图中的元素

用户可以像处理普通Excel图表一样处理数据透视图，包括改变图表类型、设置图表格式等。如果在数据透视图中改变字段布局，与之关联的数据透视表也会同时发生改变。

和普通图表相比，数据透视图存在部分限制，包括不能使用散点图、股价图和气泡图等图表类型，另外也无法直接调整数据标签、图表标题和坐标轴标题的大小等。

3. 使用模板创建统一样式的图表

（1）保存图表模板。将设置完成的自定义图表类型保存为模板后，可以快速创建样式统一的图表。

选中已经设置好自定义样式的图表，单击【设计】选项卡中的【另存为模板】按钮，打开【保存图表模板】对话框，输入文件名后单击【保存】按钮，即可将自定义的图表类型保存为模板，如图3-58所示。

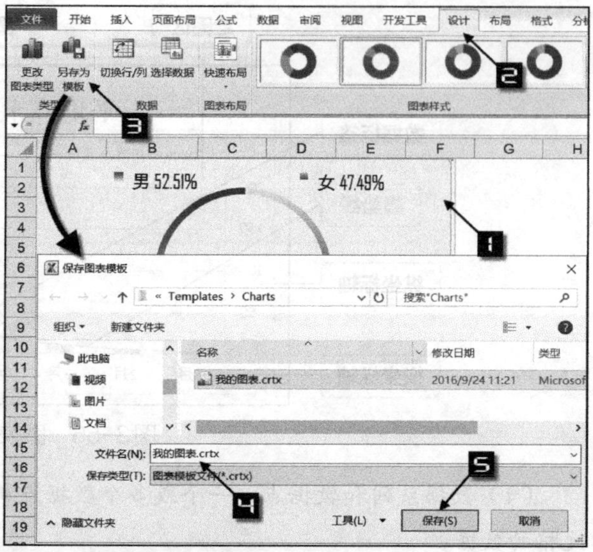

图3-58　保存图表模板

（2）应用图表模板。运用图表模板时，先选中数据透视表或数据区域的任意单元格，再单击【插入】选项卡中【图表】命令组右下角的对话框启动器，打开【插入图表】对话框。选择【模板】组中的自定义模板，单击【确定】按钮，即可生成一个自定义样式的图表，如图3-59所示。

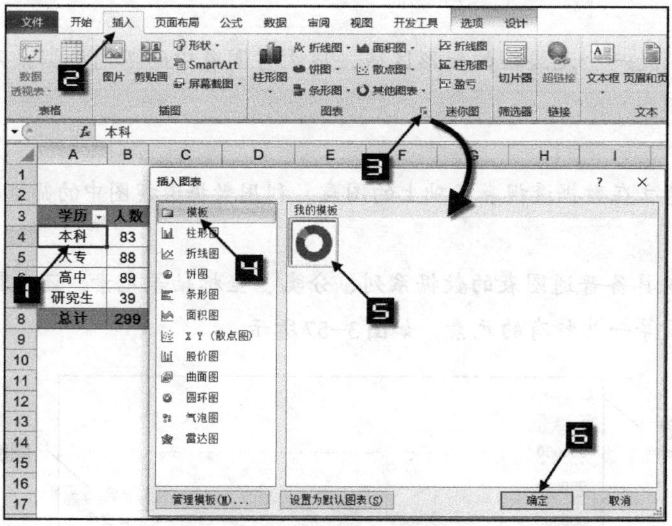

图3-59　应用图表模板

小技巧

创建数据透视图的几种方法

创建数据透视图，除了在【插入】选项卡中单击【数据透视表】下拉按钮，在下拉列表中选择【数据透视图】命令以外，还有以下3种方法。

（1）插入数据透视表后，在【插入】选项卡下单击【柱形图】下拉按钮，在下拉菜单中选择【簇状柱形图】命令，也可根据需要选择其他图表类型。

（2）插入数据透视表后，选中数据透视表，在【选项】选项卡下单击【工具】命令组中的【数据透视图】按钮。

（3）单击数据透视表中任意单元格，按<F11>快捷键。

3.1.6 制作各部门性别构成动态图表

如果信息表中包含有部门信息，则可以使用数据透视图制作出动态的图表，以方便查看不同部门的员工性别构成情况。

操作步骤如下。

步骤 1 单击数据区域任意单元格，再单击【插入】选项卡下的【表格】按钮，弹出【创建表】对话框，此时Excel会自动选中当前连续的数据区域作为表数据的来源，单击【确定】按钮即可创建表，如图3-60所示。

Excel中的表具有自动扩展功能，创建表之后再插入数据透视表或是数据透视图，当数据源中的记录增加后，数据透视表或数据透视图的数据源范围也会自动扩展。

步骤 2 在“员工信息表”工作表内，单击数据区域任意单元格，依次单击【插入】→【数据透视表】→【数据透视图】，插入一个空白的数据透视表和数据透视图。

步骤 3 在【数据透视表字段列表】中，将“所在部门”字段拖动到【报表筛选】区域，将“性别”字段拖动到【轴字段（分类）】区域，将“姓名”字段拖动到【数值】区域，如图3-61所示。

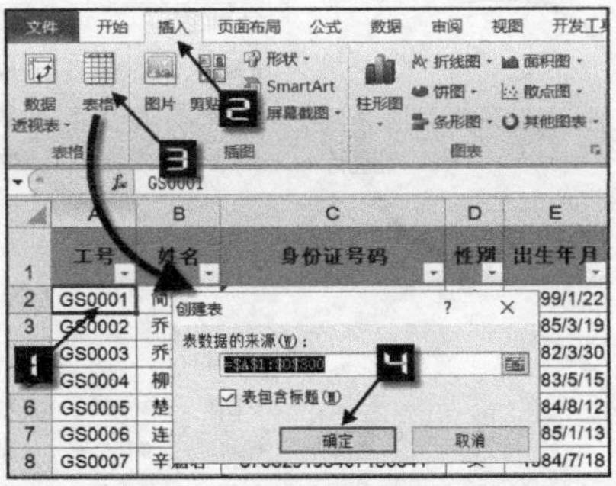

图3-60 创建表

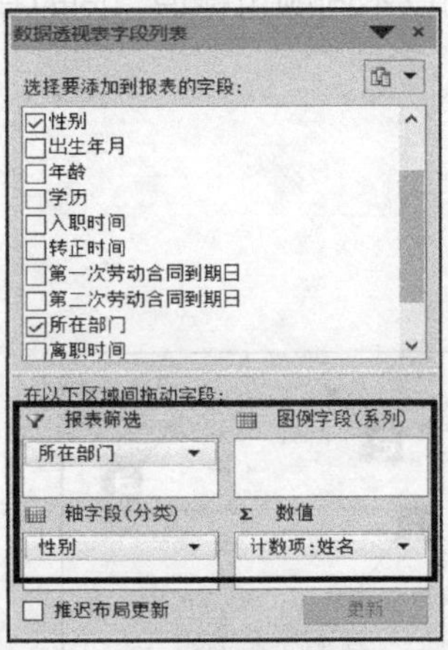

图3-61 调整数据透视表字段布局

步骤 4 右键单击“计数项:姓名”字段任意单元格，在快捷菜单中依次选择【值显示方式】→【总计的百分比】命令。

步骤 5 单击数据透视图，依次单击【设计】→【更改图表类型】，在弹出的【更改图表类型】对话框中，选择【模板】组中的自定义模板，单击【确定】按钮。

此时的数据透视图就会以模板中的自定义样式显示。

如果数据透视图中的图例项显示不正常，可以先删除图例项后，再参考3.1.5小节中的步骤13重新设置图例项格式，处理后的数据透视图效果如图3-62所示。

步骤 6 单击选中数据透视图，在【分析】选项卡下单击【插入切片器】下拉按钮，在下拉列表中选择【插入切片器】命令。在弹出的【插入切片器】对话框中，勾选“所在部门”字段前的复选框，单击【确定】按钮，如图3-63所示。

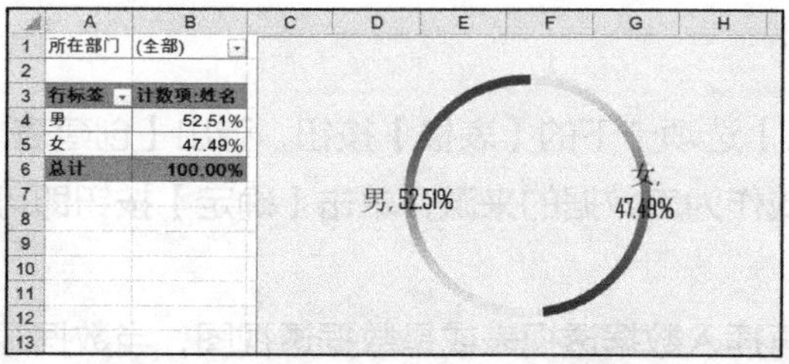

图3-62　使用模板样式的数据透视图

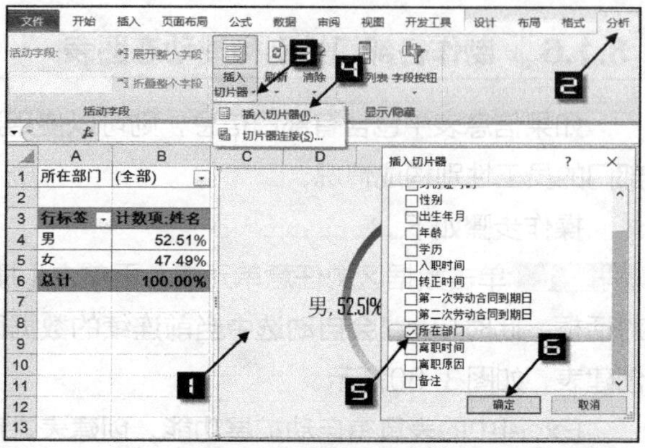

图3-63　插入切片器

步骤 7 单击切片器空白位置，在【选项】选项卡下，单击【列】右侧的微调按钮，调整为3列显示。然后单击切片器边框，光标变成双向箭头时，按下鼠标左键拖动鼠标调整切片器大小，如图3-64所示。

步骤 8 单击切片器，按住鼠标左键拖动到合适位置，在切片器中单击部门名称，选中的部门名称会自动以不同颜色标识，同时在数据透视图中显示出该部门的员工性别占比情况，如图3-65所示。

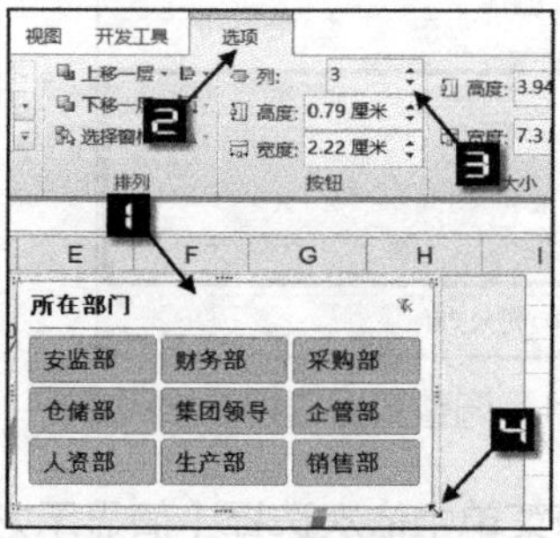

图3-64　调整切片器

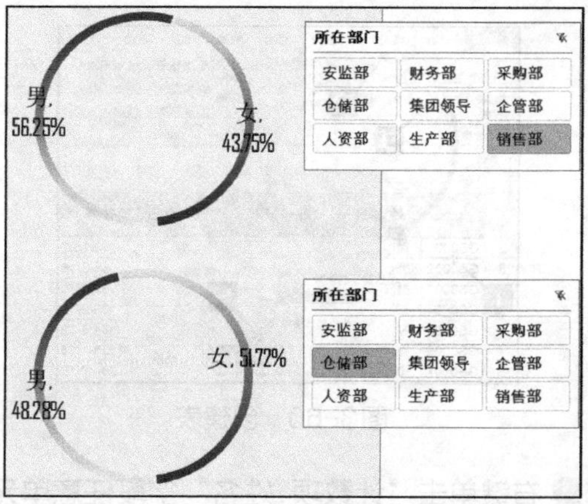

图3-65　使用切片器查看不同部门信息

最后，将当前工作表标签重命名为“各部门性别构成动态图表”，按<Ctrl+S>组合键保存。

知识点讲解

切片器

使用切片器功能，不仅能够对数据透视表字段进行筛选操作，而且能够直观地在切片器中查看该字段的所有数据项信息。

数据透视表的切片器，可以看作一种图形化的筛选方式，为数据透视表中的每个字段创建一个选取器，浮动于数据透视表之上。通过选取切片器中的字段项，比使用字段下拉列表筛选更加方便灵活。

（1）清除切片器的筛选。清除切片器的筛选有多种方法：一是单击切片器内右上角的【清除筛选器】按钮；二是单击切片器，按<ALT+C>组合键；三是在切片器内单击鼠标右键，从快捷菜单中选择【从“字段名”中清除筛选器】命令。

（2）删除切片器。如需删除切片器，可以在切片器内单击鼠标右键，在快捷菜单中选择【删除“字段名”】命令。

3.2 员工离职原因分析表

素材所在位置：

光盘：\素材\第3章 人事信息数据统计分析\3.2 员工离职分析表.xlsx

制作员工离职原因分析表

对员工离职原因的分析，能够及时掌握公司发展过程中员工队伍的流失状况，发现目前公司管理存在的问题。本节介绍如何使用数据透视表对员工离职原因从不同角度进行分析。

步骤 1 新建一个Excel工作簿，删除Sheet2和Sheet3工作表，再将工作簿保存为“员工离职分析表”。

步骤 2 在工作表中输入上一年度的离职人员基础信息，设置单元格格式，如图3-66所示。

由于工作表中信息条目较多，在拖动滚动条查看数据时，会无法查看到表格列标题，此时可以使用冻结窗格功能，使表格的列标题始终显示。

步骤 3 单击数据区域中的任意单元格，如A3，在【视图】选项卡下单击【冻结窗格】下拉按钮，在下拉列表中选择【冻结首行】命令，如图3-67所示。

日期	部门	离职人姓名	主要原因
2016/1/2	行政部	刑牧一	晋升机会
2016/1/4	生产部	纪烟若	福利待遇
2016/1/7	行政部	宋晓茶	工作环境
2016/1/7	生产部	彤圣杭	工作环境
2016/1/7	生产部	姚海约	工作环境
2016/1/11	生产部	菊悠箸	离家较远
2016/1/11	行政部	燕栩栩	福利待遇
2016/1/12	行政部	伊浅濠	工作环境
2016/1/13	工程部	伊索萦	福利待遇
2016/1/15	工程部	蓝晴嫣	晋升机会
2016/1/21	工程部	殷小室	工作环境
2016/1/24	保卫科	秦傲楼	工作环境
2016/1/24	生产部	宇凌司	工作环境

图3-66 基础信息

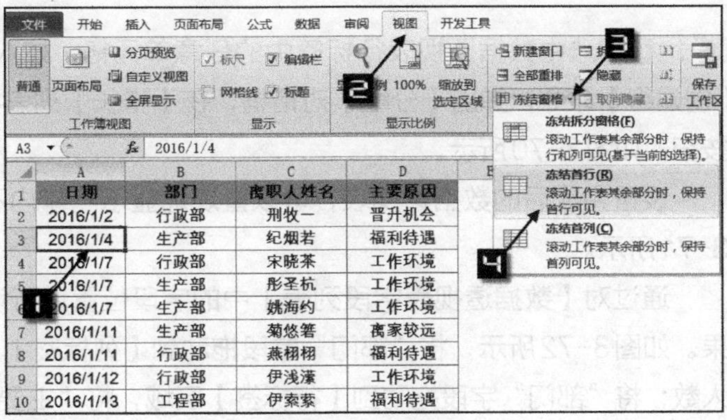

图3-67 冻结窗格

操作完成后，会在第一行下出现一条黑色的冻结线，再次拖动滚动条查看数据时，列标题即可始终显示，如图3-68所示。

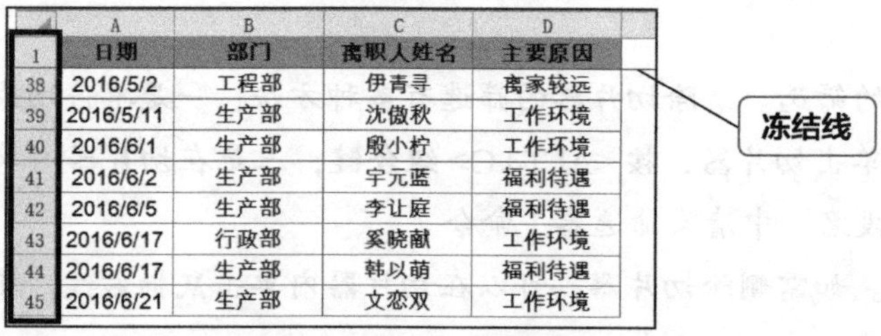

图3-68　冻结窗格后的工作表

步骤 4 单击数据区域任意单元格，依次单击【插入】→【数据透视表】，在弹出的【创建数据透视表】对话框中，单击【确定】按钮，在新工作表内生成一个空白的数据透视表。

步骤 5 在【数据透视表字段列表】中，将“日期”字段拖动到【行标签】区域，将“离职人姓名”字段拖动到【数值】区域，将“主要原因”字段拖动到【列标签】区域。对于数值区域为文本型的数据，数据透视表默认按“计数”进行汇总，如图3-69所示。

图3-69　调整数据透视表布局

步骤 6 选中数据透视表行标签中的任意单元格，如A5，单击鼠标右键，在快捷菜单中单击【创建组】命令，弹出【分组】对话框，在【步长】列表框中单击选中“月”，最后单击【确定】按钮，如图3-70所示。

设置完成后的数据透视表，可以直观地显示一年内不同月份、不同原因的离职人数，如图3-71所示。

通过对【数据透视表字段列表】中的字段位置进行调整，用户可以从不同角度查看分析结果。如图3-72所示，将“部门”字段拖动到【列标签】区域，即统计出不同月份各部门的离职人数；将“部门”字段拖动到【行标签】区域，将“主要原因”字段拖动到【列标签】区域，即可统计出各部门不同原因的离职人数。

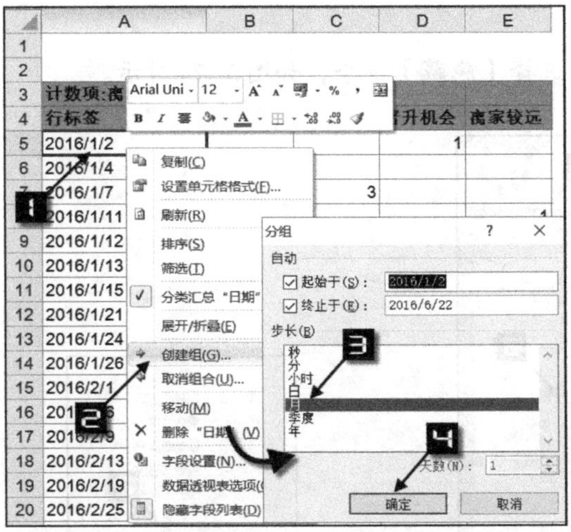

图3-70 创建组

图3-71 不同月份、不同原因的离职人数

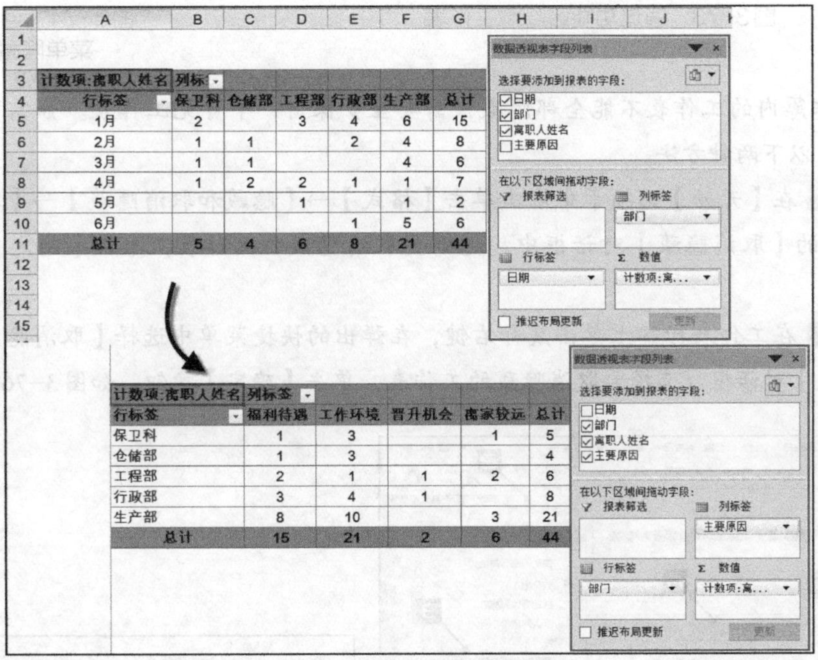

图3-72 从不同角度查看分析结果

扩展知识点

显示和隐藏工作表

对于一些比较重要的数据，用户可以使用工作表的隐藏功能，使工作表不可见。通常使用以下两种方法来隐藏工作表。

方法1 在【开始】选项卡中依次单击【格式】→【隐藏和取消隐藏】→【隐藏工作表】，

如图3-73所示。

方法2 右键单击工作表标签，在快捷菜单中选择【隐藏】命令，如图3-74所示。

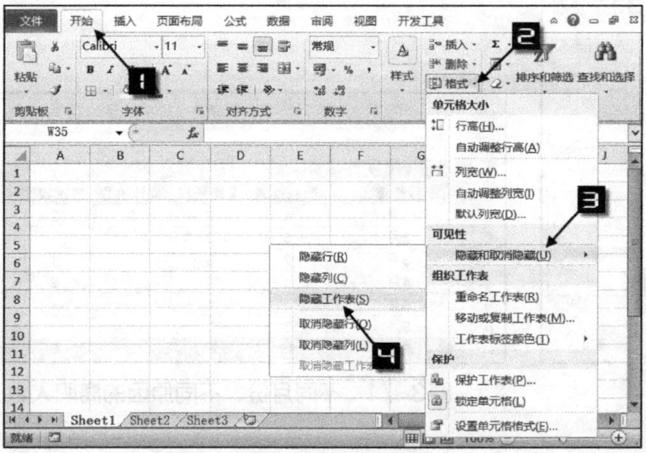

图3-73 通过功能区隐藏工作表

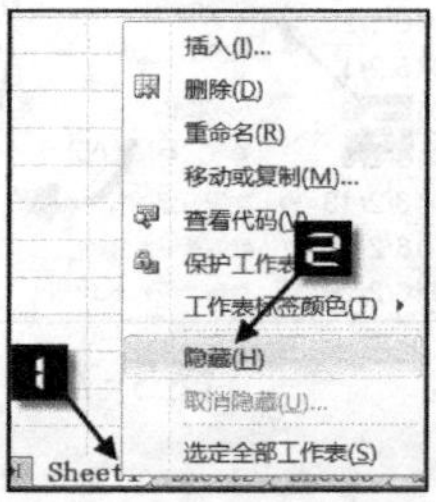

图3-74 通过右键快捷菜单隐藏工作表

一个工作簿内的工作表不能全部隐藏，需要至少保留一个可见工作表。如需取消工作表隐藏，可以使用以下两种方法。

方法1 在【开始】选项卡中依次单击【格式】→【隐藏和取消隐藏】→【取消隐藏工作表】，在弹出的【取消隐藏】对话框中，选择要取消隐藏的工作表，单击【确定】按钮，如图3-75所示。

方法2 在工作表标签上单击鼠标右键，在弹出的快捷菜单中选择【取消隐藏】命令，弹出【取消隐藏】对话框。选择要取消隐藏的工作表，单击【确定】按钮，如图3-76所示。

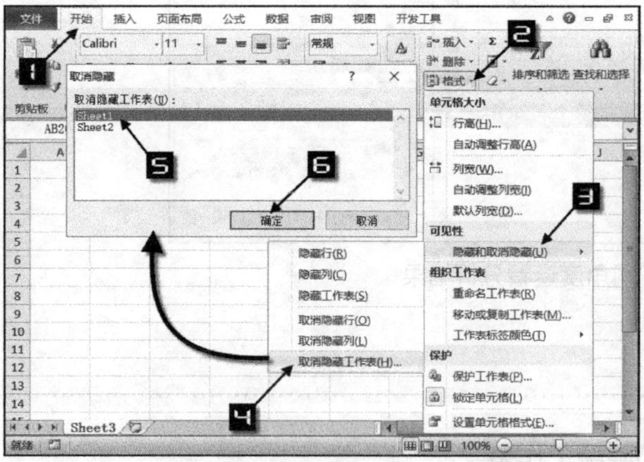

图3-75 通过功能区取消隐藏工作表

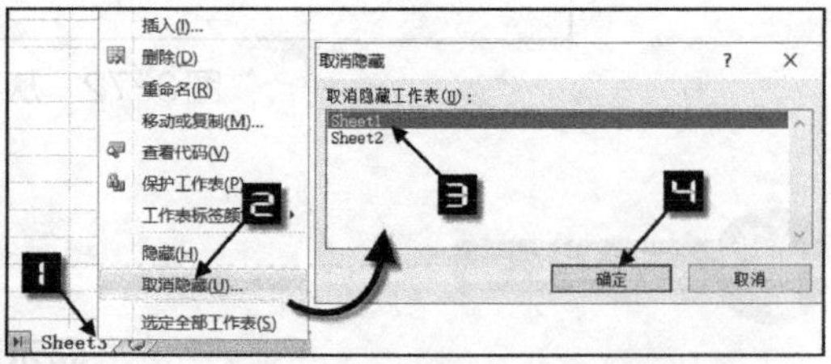

图3-76 通过右键快捷菜单取消隐藏工作表

3.3 用组合图表分析员工离职率

素材所在位置：

光盘：\素材\第3章 人事信息数据统计分析\3.3 用组合图表分析员工离职率.xlsx

用组合图表分析员工离职率

离职率是企业用以衡量内部人力资源流动状况的一个重要指标，通过对离职率的考察，可以了解企业对员工的吸引程度。一定范围内的员工流动，能够使企业利用优胜劣汰的人才竞争机制，保持企业的活力和创新能力。但是离职率过高，则会影响到企业的稳定发展，使人力资源成本增加、组织效率下降。本节学习用图表展示各年度员工离职率的方法。

操作步骤如下。

步骤 1 准备好员工离职的基础数据信息，如图3-77所示。

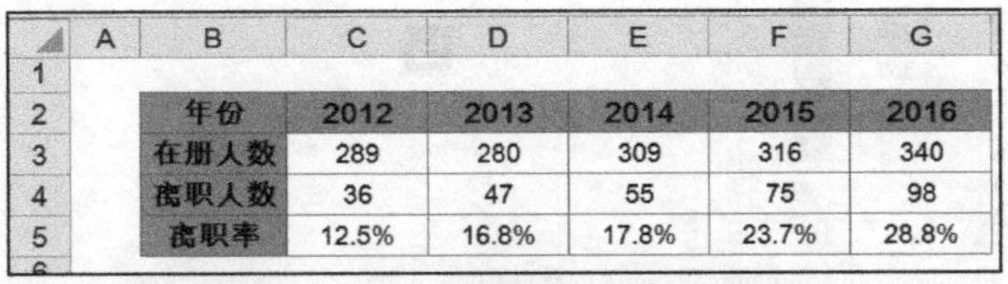

年份	2012	2013	2014	2015	2016
在册人数	289	280	309	316	340
离职人数	36	47	55	75	98
离职率	12.5%	16.8%	17.8%	23.7%	28.8%

图3-77 员工离职的基础数据信息

步骤 2 按住<Ctrl>键不放，依次选中B3:G3和B5:G5单元格区域，在【插入】选项卡下单击【柱形图】下拉按钮，在下拉菜单中选择簇状柱形图，如图3-78所示。

步骤 3 单击选中图例项，按<Delete>键删除。单击选中网格线，按<Delete>键删除，如图3-79所示。

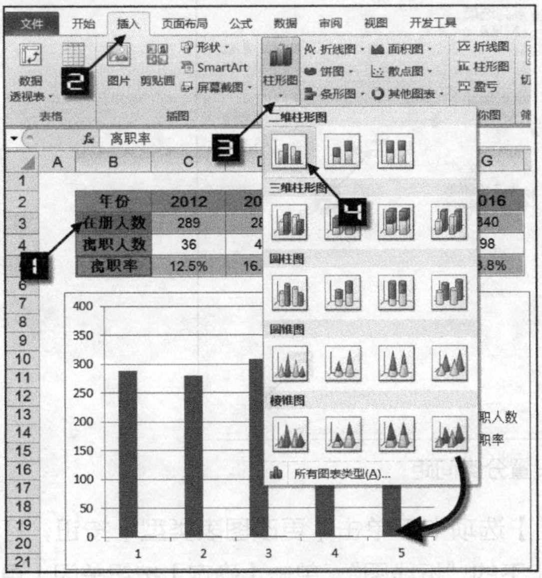

图3-78 插入默认图表类型

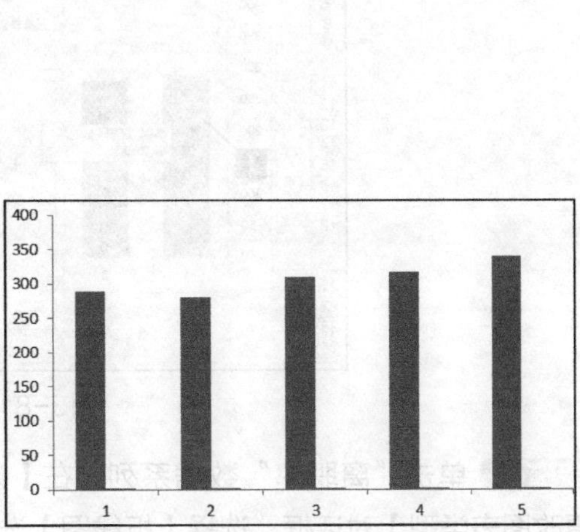

图3-79 删除部分图表元素

步骤 4 单击“离职率”数据系列，在【布局】选项卡下的【图表元素】下拉列表中选择“系列"离职率"”，单击【设置所选内容格式】按钮，打开【设置数据系列格式】对话框。在【系列绘制在】区域中选择【次坐标轴】单选按钮，先不要关闭【设置数据系列格式】对话框，如图3-80所示。

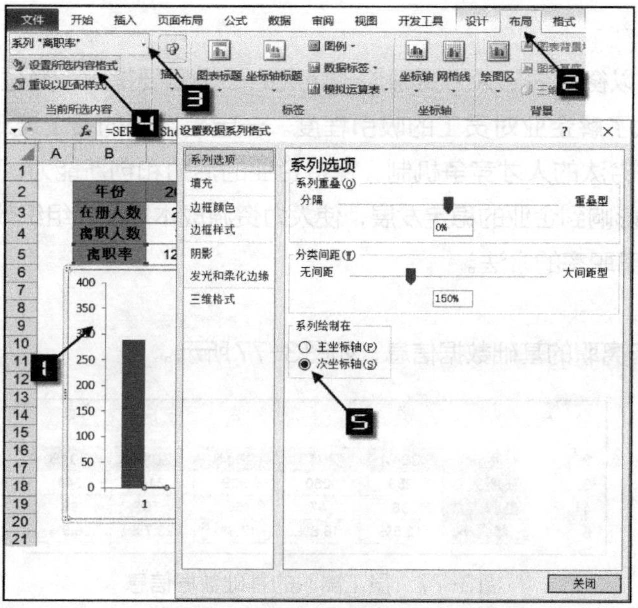

图3-80 设置数据系列格式

步骤 5 单击“在册人数”数据系列，在【设置数据系列格式】对话框中，将分类间距设置为80%，单击【关闭】按钮关闭对话框，如图3-81所示。

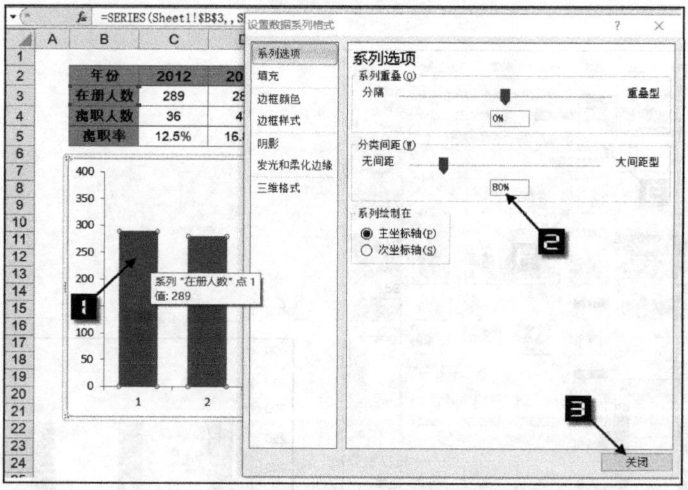

图3-81 设置分类间距

步骤 6 单击“离职率”数据系列，在【设计】选项卡下单击【更改图表类型】按钮，打开【更改图表类型】对话框。选择【折线图】选项卡下的“折线图”，单击【确定】按钮关闭【更改图表类型】对话框，如图3-82所示。

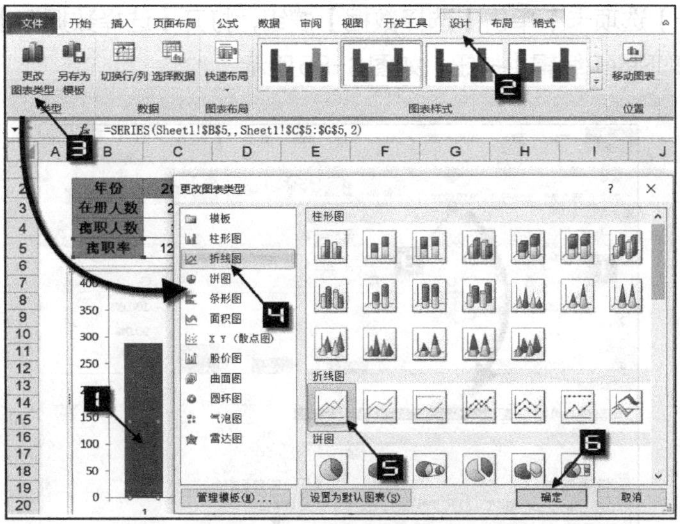

图3-82　更改图表类型

步骤 7 双击次坐标轴，打开【设置坐标轴格式】对话框，在【最大值】右侧选择【固定】单选按钮，编辑框中输入1，即100%，单击【关闭】按钮关闭对话框，如图3-83所示。

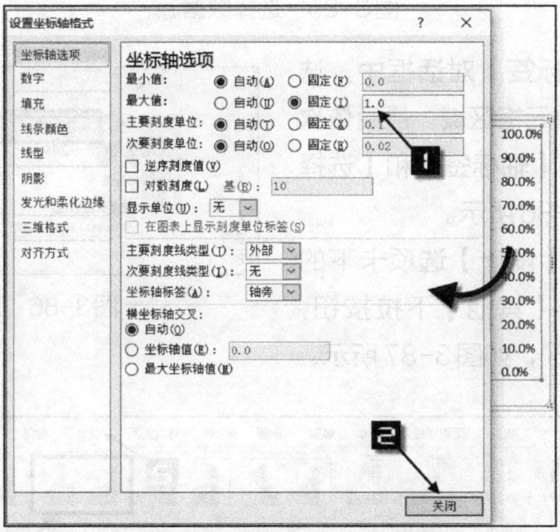

图3-83　设置次坐标轴格式

此时的图表效果如图3-84所示。

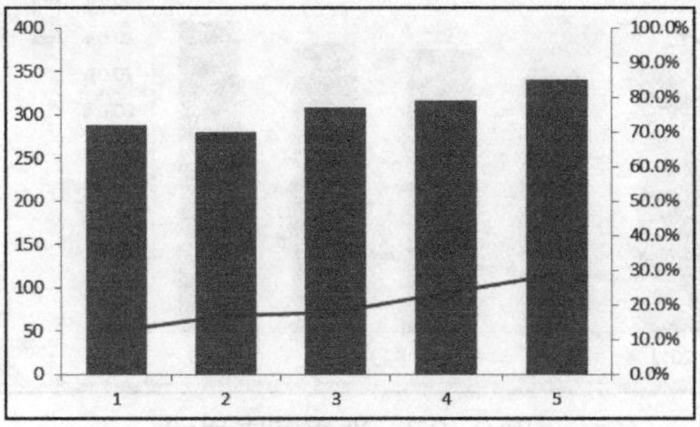

图3-84　图表初步效果

步骤 8 在【设计】选项卡下单击【选择数据】按钮，打开【选择数据源】对话框。单击【水平（分类）轴标签】下的【编辑】按钮，如图3-85所示。

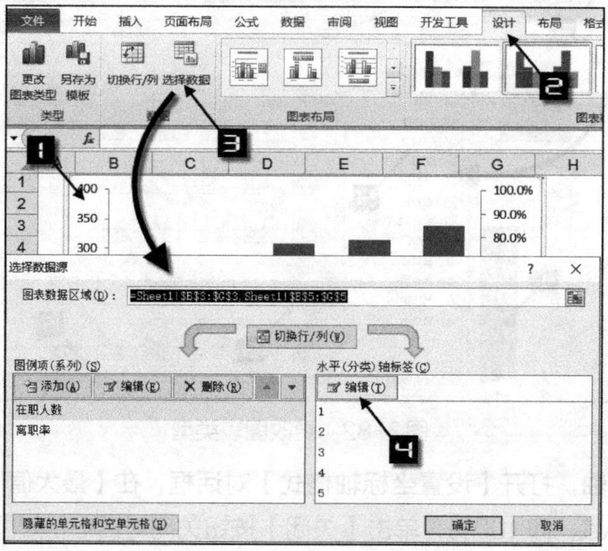

图3-85　选择数据源

步骤 9 在弹出的【轴标签】对话框中，选择轴标签区域为C2:G2单元格区域。最后依次单击【确定】按钮，关闭【轴标签】和【选择数据源】对话框，如图3-86所示。

步骤 10 单击图表，在【设计】选项卡下的【图表样式】组中，单击【其他】下拉按钮，在样式库中选择“样式15”，如图3-87所示。

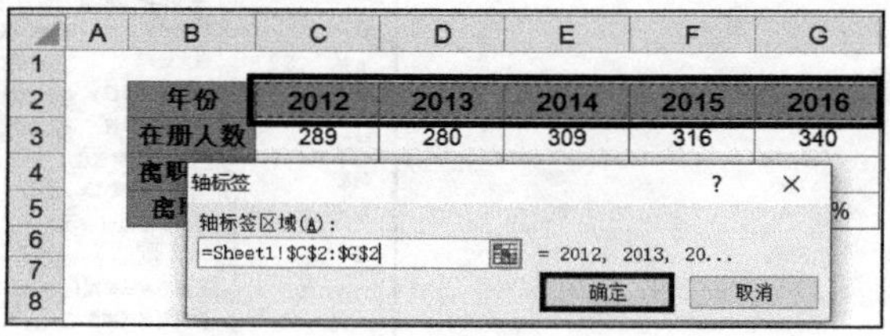

图3-86　选择轴标签区域

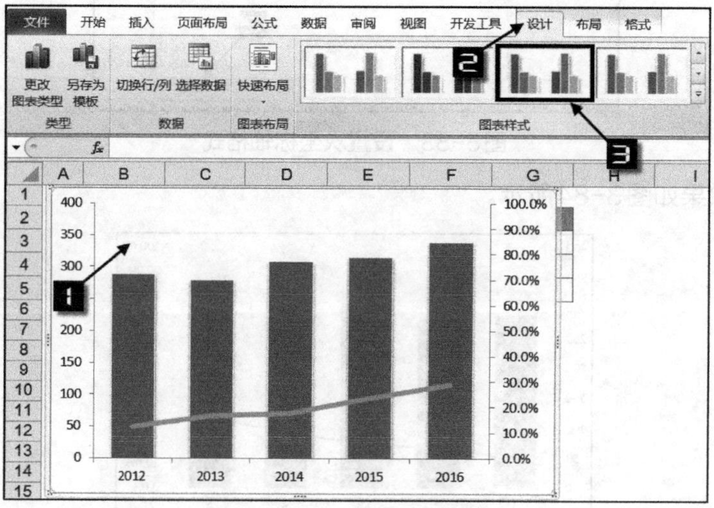

图3-87　选择图表样式

步骤 11 单击“在册人数”数据系列，在【布局】选项卡下单击【数据标签】下拉按钮，在下拉列表中选择【数据标签外】命令，如图3-88所示。

步骤 12 单击“离职率”数据系列，在【布局】选项卡下单击【数据标签】下拉按钮，在下拉列表中选择【上方】命令，如图3-89所示。

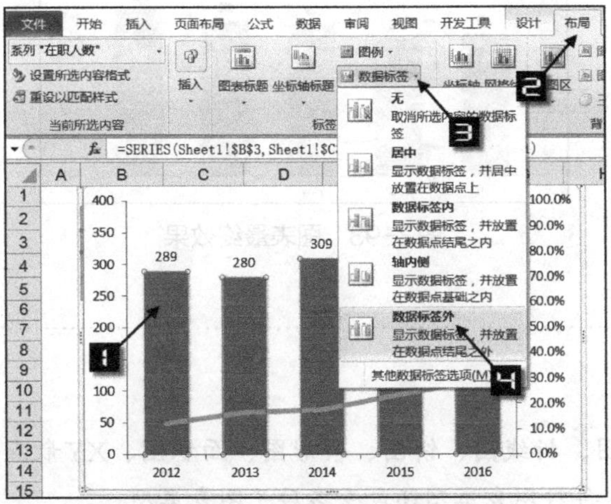

图3-88　添加数据标签1

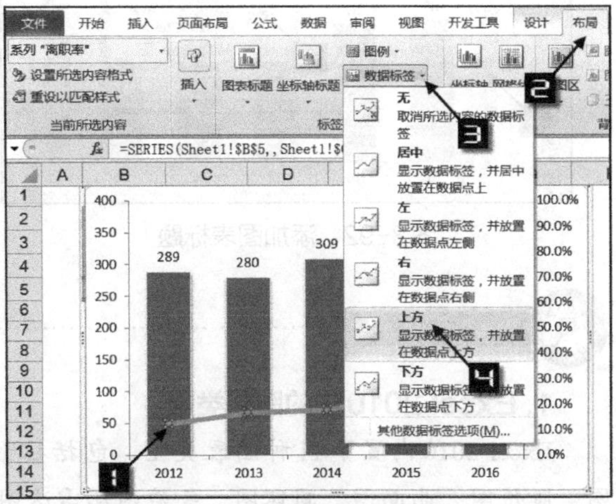

图3-89　添加数据标签2

步骤 13 如图3-90所示，单击图表区，在【开始】选项卡下的【字体】下拉列表中选择一种字体，如“Agency FB”。

步骤 14 单击“在册人数”数据标签，设置字体加粗显示。再单击“离职率”数据标签，设置字体加粗显示，字体颜色为白色，如图3-91所示。

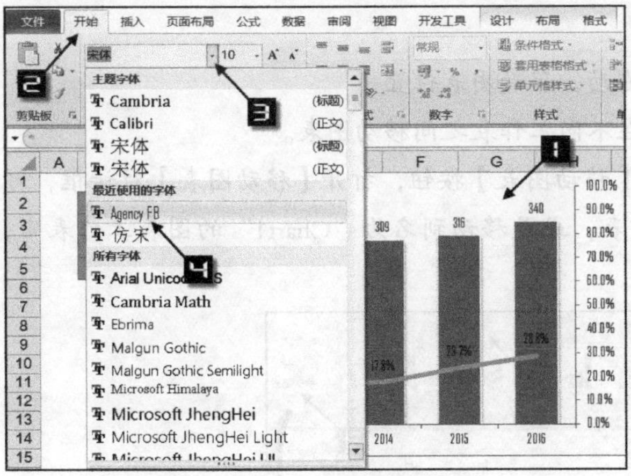

图3-90　设置图表字体

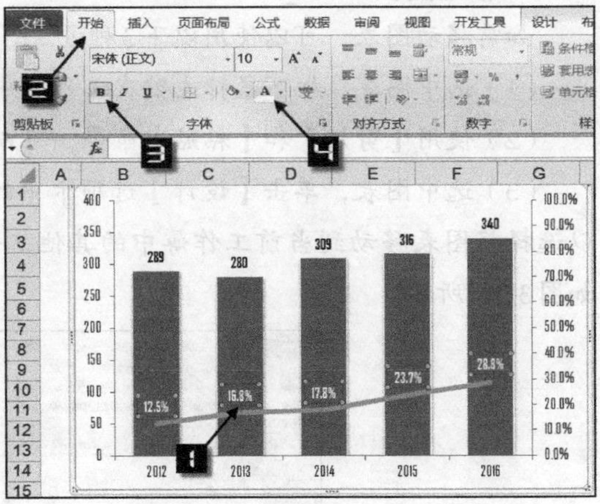

图3-91　设置数据标签字体格式

步骤 15 单击图表区，再依次单击【布局】→【图表标题】→【图表上方】命令，为图表添加标题，用于说明图表要表现的主题，如图3-92所示。

步骤 16 修改图表标题中的文字，设置字体和字号。用鼠标左键按住图表标题边框，拖动到图表左上角位置，最后适当调整图表大小，完成后的图表效果如图3-93所示。

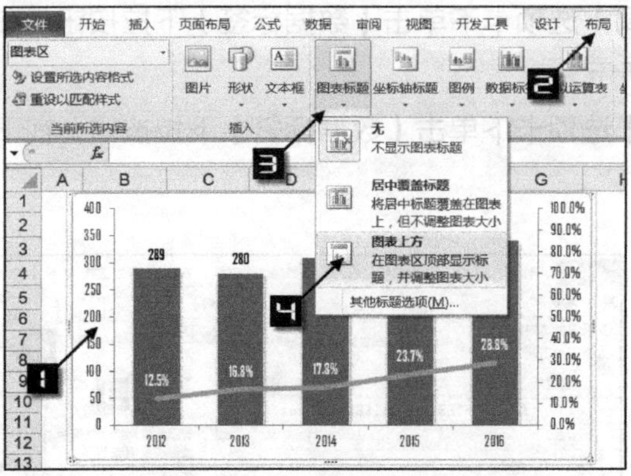

图3-92　添加图表标题

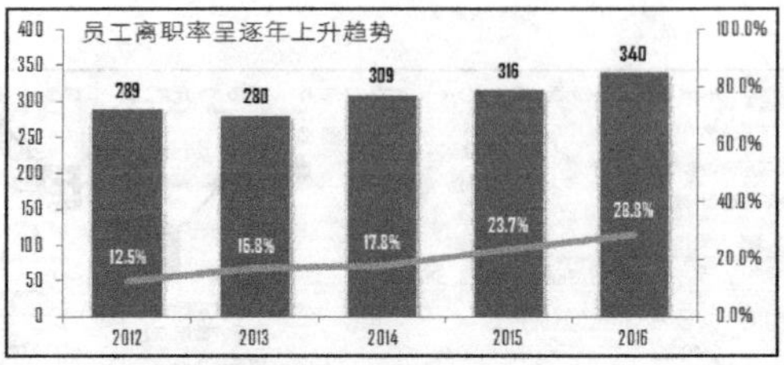

图3-93　图表最终效果

知识点讲解

1. Excel 2010中的图表类型

Excel 2010内置了11种图表类型，包括柱形图、折线图、饼图、条形图、面积图、XY散点图、股价图、曲面图、圆环图、气泡图和雷达图，每种图表类型还包含多种子图表类型。

数据是图表的基础，创建图表前首先要为图表准备数据。在Excel 2010中创建图表有两种方法。

方法1 选中数据区域任意单元格，单击【插入】选项卡【图表】命令组中的相应图表类型按钮，创建出所选图表类型的图表。

方法2 选中数据区域任意单元格，按<F11>键，Excel会自动在新工作表中生成默认样式的柱形图。

2. 移动图表

如需移动图表，可以使用以下3种方法。

（1）选中图表，按下鼠标左键在工作表中拖动，移动图表位置。

（2）使用【剪切】和【粘贴】命令，可以在不同工作表之间移动图表。

（3）选中图表，单击【设计】选项卡中的【移动图表】按钮，打开【移动图表】对话框，可以选择将图表移动到当前工作簿中的其他工作表，或是移动到名为“Chart1”的图表工作表中，如图3-94所示。

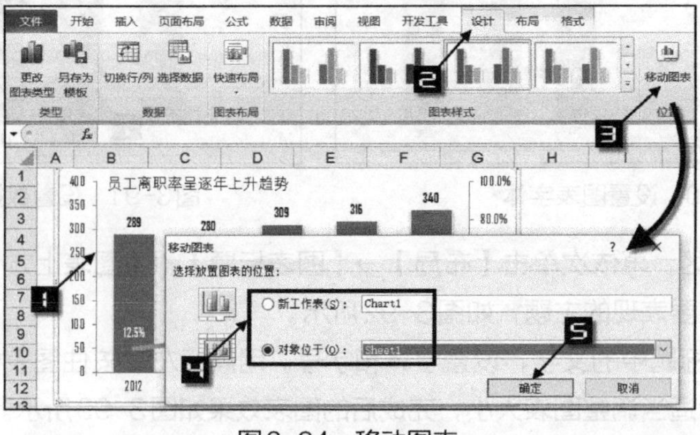

图3-94　移动图表

3. 调整图表大小

为了满足打印或显示需要，可以对图表大小进行调整，调整方法有以下几种。

（1）选中图表，在图表边框会显示8个控制点，光标移动到任意控制点，变成双向箭头形状时，拖动鼠标即可调整图表大小，如图3-95所示。

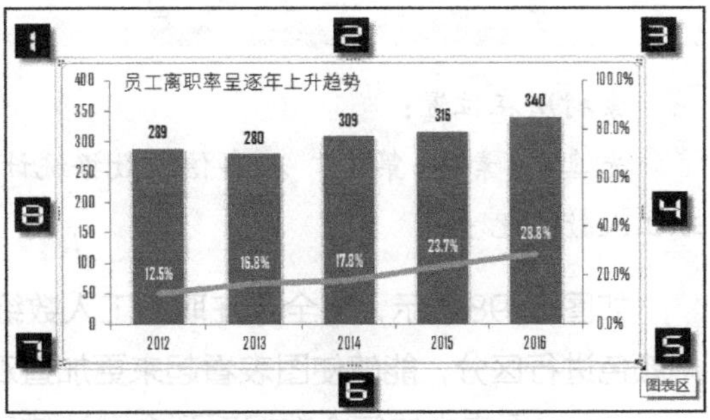

图3-95　拖动鼠标调整图表大小

（2）在【格式】选项卡下的【形状高度】和【形状宽度】文本框中输入图表尺寸，或按右侧的微调按钮，调整图表高度和宽度，如图3-96所示。

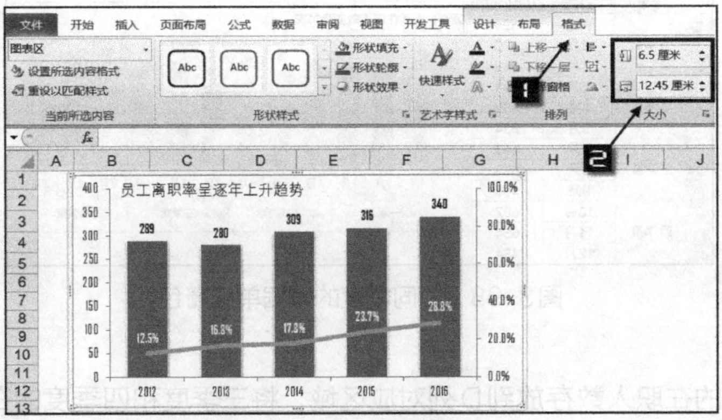

图3-96　精确设置图表尺寸

（3）在右键快捷菜单中单击【设置图表区格式】命令，打开【设置图表区格式】对话框，在【大小】选项卡下，可以调整宽度和高度或设置缩放比例，如图3-97所示。

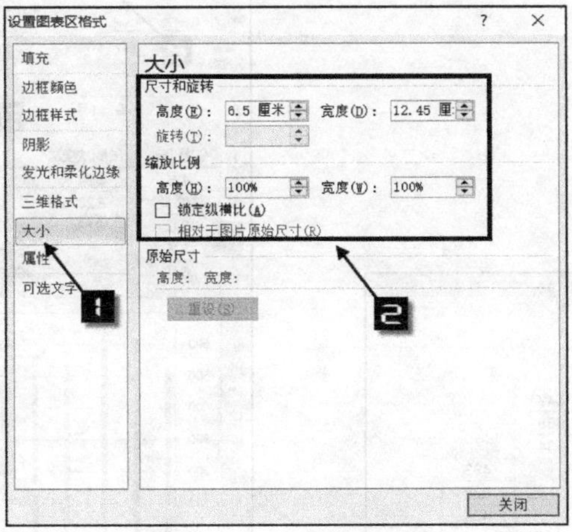

图3-97　设置图表区格式

3.4 使用图表展示全年在职职工人数变化

素材所在位置：

光盘：\素材\第3章 人事信息数据统计分析\3.4 使用图表展示全年在职职工人数变化.xlsx

使用图表展示全年职工人数变化

如图3-98所示，将全年在职职工人数绘制成柱形图，并且按不同季度使用颜色进行区分，能够使图表看起来更加直观。

Excel图表中的每个数据系列会默认使用同一种颜色，同时将不同列的数据视为不同的数据系列。因此，只要对数据源进行适当调整，将不同季度的数据单独存放到一列内，就可以在图表中作为不同的数据系列显示出不同的颜色。

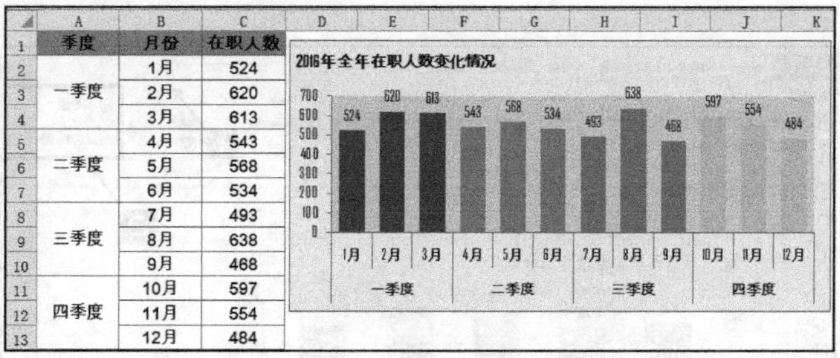

图3-98 不同季度的数据单独着色

操作步骤如下。

步骤1 将二季度的在职人数存放到D列对应区域，将三季度和四季度的在职人数分别存放到E列和F列对应区域内，如图3-99所示。

步骤2 选中A2:F13单元格区域，在【插入】选项卡下单击【柱形图】下拉按钮，在下拉列表中选择簇状柱形图，如图3-100所示。

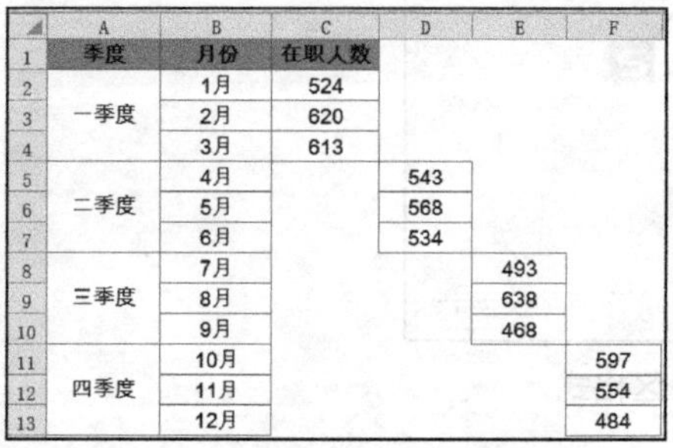

季度	月份	在职人数			
一季度	1月	524			
	2月	620			
	3月	613			
二季度	4月		543		
	5月		568		
	6月		534		
三季度	7月			493	
	8月			638	
	9月			468	
四季度	10月				597
	11月				554
	12月				484

图3-99 修改数据源存放位置

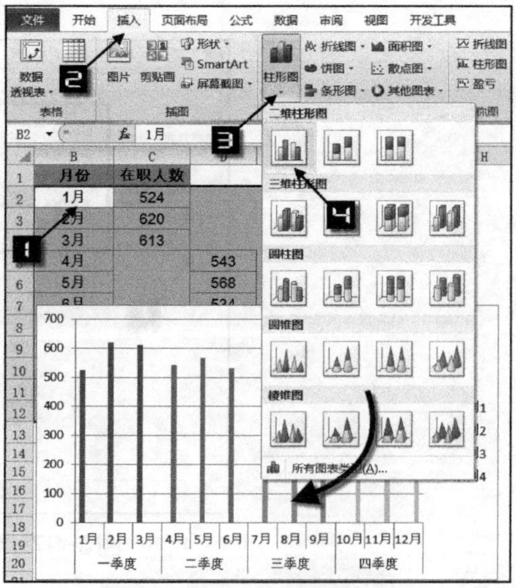

图3-100 插入簇状柱形图

步骤 3 单击选中图例项，按<Delete>键清除。同样的方法，清除图表网格线。

步骤 4 双击任意数据系列，打开【设置数据系列格式】对话框，在【系列选项】选项卡下，将“系列重叠”设置为100%，“分类间距”设置为60%，单击【关闭】按钮关闭对话框，如图3-101所示。

步骤 5 选中“一季度”数据系列，在【格式】选项卡下单击【形状填充】下拉按钮，在【主题颜色】面板中选择一种颜色，如图3-102所示。同样的方法设置其他数据系列填充颜色。

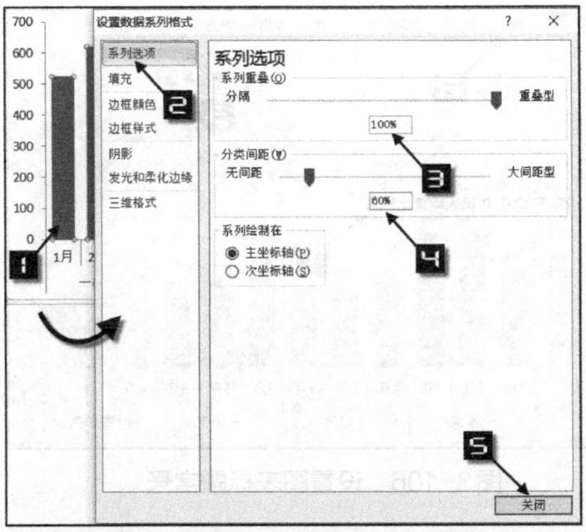

图3-101 设置数据系列格式

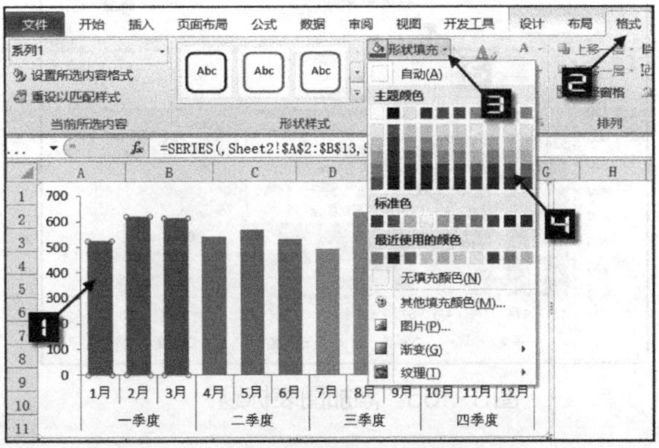

图3-102 设置数据系列填充颜色

步骤 6 单击选中图表区，在【格式】选项卡下单击【形状填充】下拉按钮，在【主题颜色】面板中选择一种颜色。单击选中绘图区，用同样的方法设置形状填充颜色。设置后的图表效果如图3-103所示。

步骤 7 单击选中图表区，在【布局】选项卡下单击【数据标签】下拉按钮，在下拉菜单中选择【数据标签外】命令，如图3-104所示。

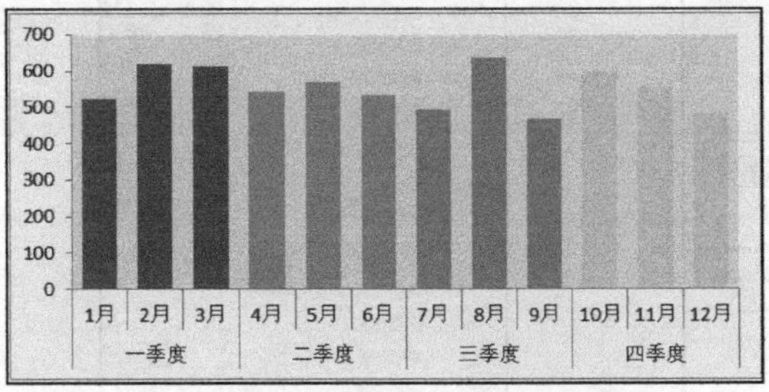

图3-103 设置图表区和绘图区填充颜色

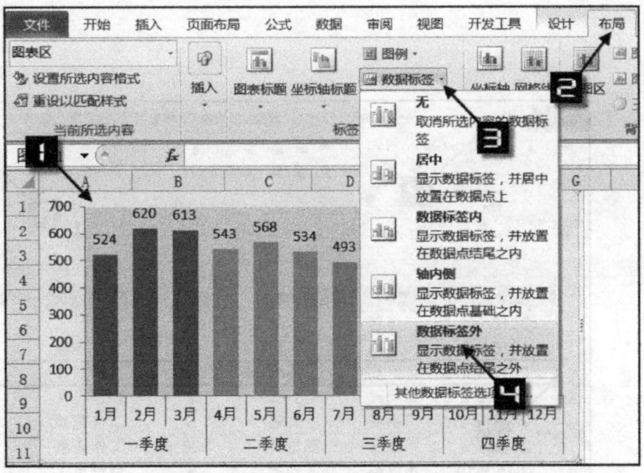

图3-104 添加数据标签

步骤 8 在【布局】选项卡下，单击【图表标题】下拉按钮，在下拉菜单中选择【图表上方】命令，如图3-105所示。

步骤 9 选中图表标题，输入“2016年全年在职人数变化情况”，然后拖动图表标题到图表左上角位置。

步骤 10 单击图表区，在【开始】选项卡下设置图表字体。再次选中图表标题，单击【减小字号】按钮，完成图表制作，如图3-106所示。

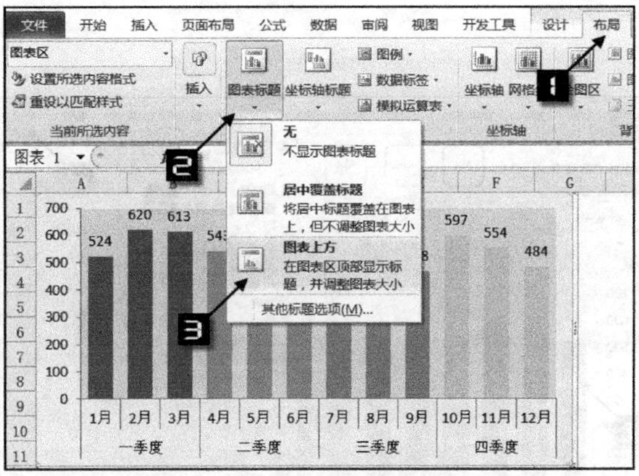

图3-105 添加图表标题

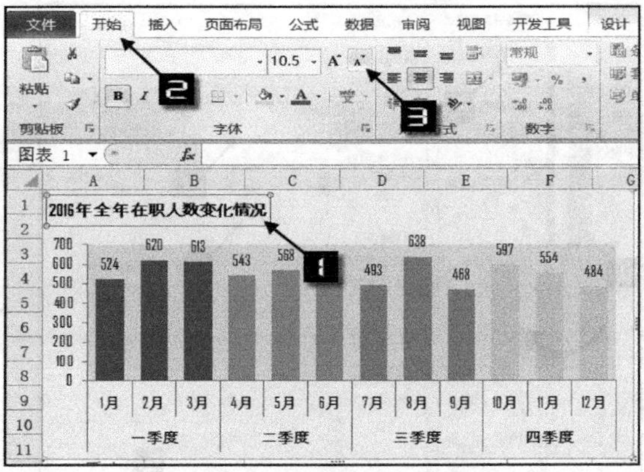

图3-106 设置图表标题字号

扩展知识点

插入和删除行、列

使用以下3种方法，都可以在选中行的上一行插入一个空白行。

方法 1 选中行标签，单击【开始】选项卡下的【插入】按钮，如图3-107所示。

方法 2 选中行标签后，单击鼠标右键，在快捷菜单中选择【插入】命令，如图3-108所示。

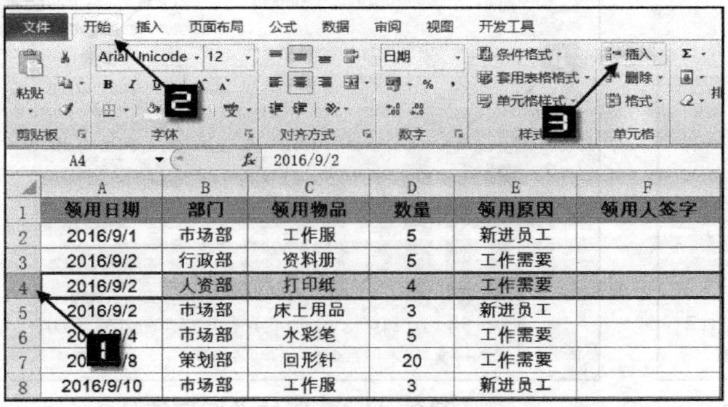

图3-107 通过功能区插入行

图3-108 使用右键快捷菜单插入行

方法 3 选中单元格，再依次单击【开始】→【插入】下拉按钮，在下拉菜单中选择【插入工作表行】，如图 3–109 所示。

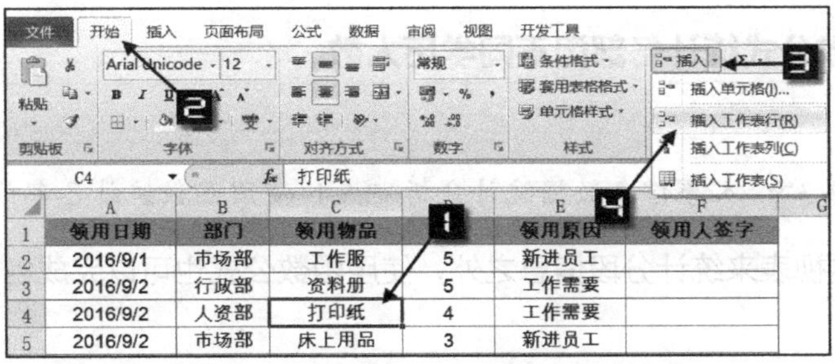

图 3–109　插入工作表行

插入列的方法与之类似。

如需删除现有工作表中的一行或多行，可以使用以下 3 种方法。

方法 1 选中行标签，再依次单击【开始】→【删除】按钮，如图 3–110 所示。

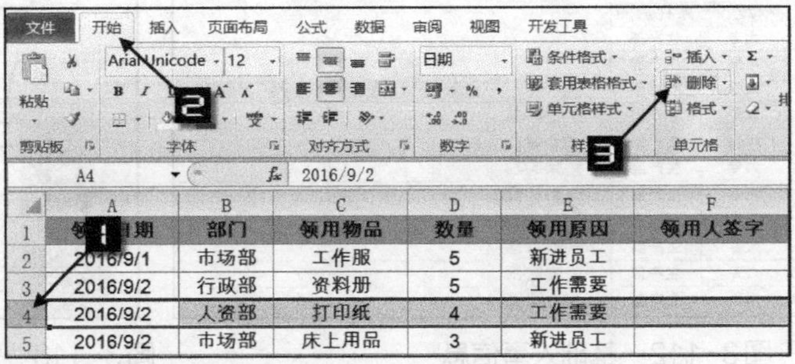

图 3–110　删除行

方法 2 选中行标签后，单击鼠标右键，在快捷菜单中选择【删除】命令。

方法 3 选中单元格，再依次单击【开始】→【删除】下拉按钮，在下拉菜单中选择【删除工作表行】后，将删除活动单元格所在行，如图 3–111 所示。

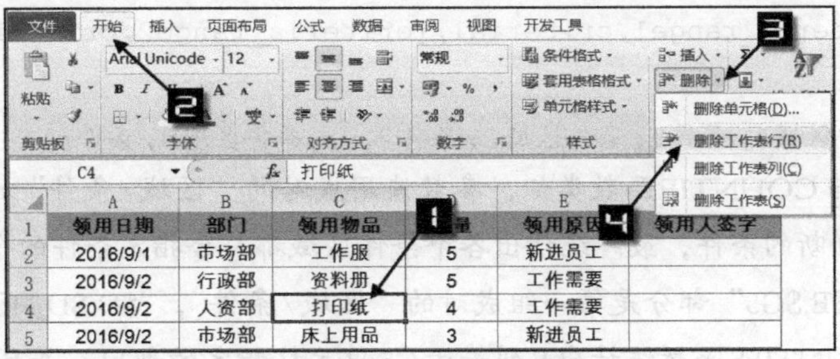

图 3–111　删除工作表行

删除列的方法与之类似。

3.5 使用函数公式统计分析人事信息

3.5.1 使用函数公式统计各部门不同学历人数

素材所在位置：

光盘：\素材\第3章 人事信息数据统计分析\3.5.1 使用函数统计各部门不同学历人数.xlsx

除了使用数据透视表来统计分段信息之外，使用函数公式也可以完成各部门不同学历人数的统计汇总。

首先新建一个工作簿，输入基础人事信息并设置格式，如图3-112所示。

如图3-113所示，在H5单元格输入以下公式，将公式复制到H5:K12单元格区域，即可统计出各部门不同学历的人数。

```
=COUNTIFS($E:$E,$G5,$D:$D,H$4)
```

	A	B	C	D	E	F	G	H	I	J	K
1	序号	姓名	年龄	学历	所在部门						
2	1	徐琰深	41	大专	生产部						
3	2	常凤笙	32	本科	生产部						
4	3	宋琼华	33	大专	仓储部			高中	大专	本科	研究生
5	4	尹天明	31	大专	生产部		生产部				
6	5	杨文娟	33	本科	生产部		仓储部				
7	6	王绍忠	34	大专	生产部		采购部				
8	7	刘智华	35	高中	生产部		销售部				
9	8	朱晓红	32	高中	采购部		企管部				
10	9	王羽裳	32	大专	生产部		财务部				
11	10	杨坤桦	33	大专	生产部		安监部				
12	11	张琦	31	本科	生产部		人资部				

图3-112 基础人事信息

=COUNTIFS($E:$E, $G5, $D:$D, H$4)

	G	H	I	J	K
1					
2					
3					
4		高中	大专	本科	研究生
5	生产部	66	53	61	22
6	仓储部	7	12	3	6
7	采购部	2	4	4	4
8	销售部	4	3	5	1
9	企管部	1	5	1	1
10	财务部	0	1	1	0
11	安监部	1	2	1	1
12	人资部	1	1	0	1

图3-113 各部门不同学历的人数

知识点讲解

COUNTIFS函数

COUNTIFS函数用于对某一区域内满足多重条件的单元格进行计数。该函数的语法为

COUNTIFS(criteria_range1,criteria1,[criteria_range2,criteria2],…)

可以理解为

COUNTIFS(条件区域1,条件1,条件区域2,条件2,…,条件区域*n*,条件*n*)

该函数的用法与COUNTIF函数类似，参数使用成对的“区域/条件”形式，每一个条件区域后跟随一个需要判断的条件，最终统计出各个条件区域都符合指定条件的个数。

本例中的“$E:$E,$G5”部分是第一组成对的“区域/条件”，“$D:D,H4”是第二组成对的“区域/条件”。COUNTIFS函数统计出E列等于G5单元格指定的部门、并且D列等于H4指定的学历的记录数。

公式中的$E:$E和$D:$D，表示对E列和D列的整列引用，并且使用绝对引用方式，公式在行列方向复制时，引用区域不会发生变化。

公式中的$G5使用列绝对引用、行相对引用方式，复制公式时，引用范围为公式所在行的G

列单元格内容。

公式中的H$4使用列相对引用、行绝对引用方式，复制公式时，引用范围为公式所在列的第4行单元格内容。

3.5.2 统计各部门人数和高学历职工占比

素材所在位置：

光盘：\素材\第3章 人事信息数据统计分析\3.5.2 统计各部门人数和高学历职工占比.xlsx

对于已经输入的基础人事信息，使用函数公式可以统计出各部门人数以及高学历职工的占比。操作步骤如下。

步骤1 在基础人事信息表中，设计一个存放统计信息的表格框架，如图3-114所示。

步骤2 单击E列列标，按<Ctrl+C>组合键复制，然后单击K列列标，按<Ctrl+V>组合键，将所有部门信息粘贴到K列，如图3-115所示。

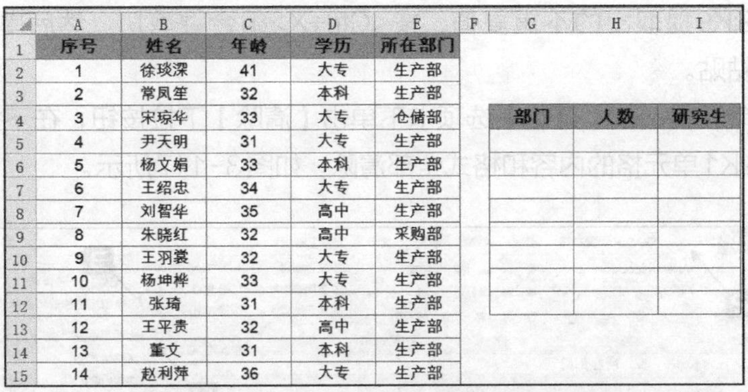

序号	姓名	年龄	学历	所在部门
1	徐琰琛	41	大专	生产部
2	常凤笙	32	本科	生产部
3	宋琮华	33	大专	仓储部
4	尹天明	31	大专	生产部
5	杨文娟	33	本科	生产部
6	王绍忠	34	大专	生产部
7	刘智华	35	高中	生产部
8	朱晓红	32	高中	采购部
9	王羽裳	32	大专	生产部
10	杨坤桦	33	大专	生产部
11	张琦	31	本科	生产部
12	王平贵	32	高中	生产部
13	董文	31	本科	生产部
14	赵利萍	36	大专	生产部

部门	人数	研究生

图3-114 设计用于存放统计信息的表格框架

图3-115 复制部门信息

步骤3 保存K列选中状态，单击【数据】选项卡下的【删除重复项】按钮，在弹出的【删除重复项】对话框中单击【确定】按钮，会再次弹出对话框，提示已删除重复项的信息，单击【确定】按钮，完成不重复值的提取，如图3-116所示。

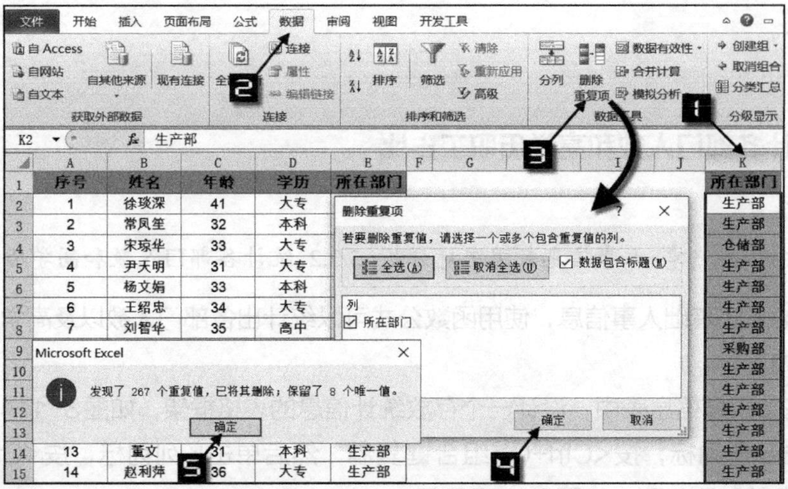

图3-116　删除重复项

步骤 4 选中K2:K9提取出的不重复值，按<Ctrl+X>组合键剪切。然后单击G5单元格，按<Ctrl+ V>组合键粘贴。

最后单击K1单元格，在【开始】选项卡下单击【清除】下拉按钮，在下拉列表中选择【全部清除】命令，将K1单元格的内容和格式全部清除，如图3-117所示。

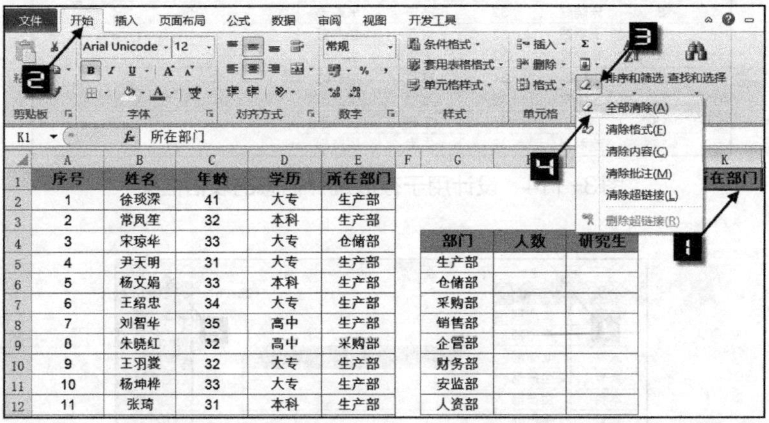

图3-117　将K1单元格的内容和格式全部清除

步骤 5 如图3-118所示，在H5单元格输入以下公式，计算G5单元格指定部门的人数。

```
=COUNTIF(E:E,G5)
```

在I5单元格输入以下公式，计算G5单元格指定部门的研究生学历人数占比。

```
=COUNTIFS(D:D,"研究生",E:E,G5)/H5
```

公式首先使用COUNTIFS函数计算出符合“D列等于研究生、并且E列等于G5单元格指定部门”的个数，也就是统计出指定部门的研究生学历人数。再用该数值除以H5单元格的部门所有人数，计算出各部门研究生学历人数占比。

序号	姓名	年龄	学历	所在部门
1	徐琰深	41	大专	生产部
2	常凤笙	32	本科	生产部
3	宋琼华	33	大专	仓储部
4	尹天明	31	大专	生产部
5	杨文娟	33	本科	生产部
6	王绍忠	34	大专	生产部
7	刘智华	35	高中	生产部
8	朱晓红	32	高中	采购部
9	王羽裳	32	大专	生产部
10	杨坤桦	33	大专	生产部
11	张琦	31	本科	生产部
12	王平贵	32	高中	生产部
13	董文	31	本科	生产部

部门	人数	研究生
生产部	202	10.89%
仓储部	28	21.43%
采购部	14	28.57%
销售部	13	7.69%
企管部	8	12.50%
财务部	2	0.00%
安监部	5	20.00%
人资部	3	33.33%

图3-118　计算各部门人数及研究生学历人数占比

小技巧

更改新建工作簿时包含的工作表数

Excel 2010新建工作簿时，默认包含3个工作表，用户可以根据需要设置新建工作簿时包含的工作表数。单击【文件】选项卡中的【选项】命令，打开【Excel选项】对话框。切换到【常规】选项卡，在【新建工作簿时】区域下方单击【包含的工作表数】右侧的调节旋钮，可以更改新建工作簿时包含的工作表数，最后单击【确定】按钮关闭对话框，如图3-119所示。

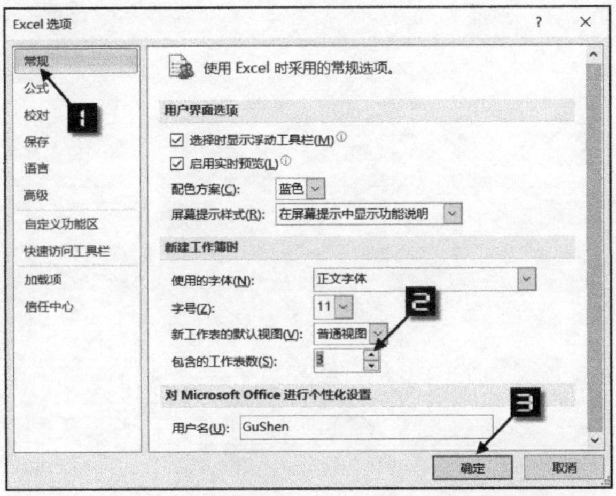

图3-119　更改新建工作簿时包含的工作表数

本章小结

本章主要介绍对人事数据的常用统计分析，包括员工的学历构成、年龄构成、性别占比、各部门员工的性别构成等。同时，介绍了员工离职原因分析表的制作，以及如何使用组合图表展示员工的离职率，最后讲解了使用简单的函数来统计分析人事信息。

练习题

1. 数据透视表按结构分为哪几个部分?

2. 数据透视表的刷新有哪几种方式?

3. 数据透视表的报表布局有哪几种?

4. Excel图表由哪些基本元素构成?

5. 移动图表的方法有哪几种?

6. 调整图表大小的方法有哪几种?

7. 利用“光盘：\素材\第3章 人事信息数据统计分析\练习3-1.xlsx”中的数据生成图表，并进行美化。

8. 将上面美化后的图表另存为模板。

9. COUNTIFS函数的作用是什么?

第 4 章

人员招聘与录用常用表格制作

本章导读

规范化的招聘流程管理，离不开招聘管理表格和数据的支持，它们可以使招聘管理工作效率不断提升。本章主要介绍招聘常用表格的制作，同时介绍面试通知单和招聘进度图等案例，为人力资源管理者提供实用简便的解决方案。

4.1 制作人员增补申请表

素材所在位置：

光盘：\素材\第4章 人员招聘与录用常用表格制作\4.1 人员增补申请表.xlsx

人员增补申请表能方便人力资源管理部门统计企业的招聘人数，帮助人事部门招聘到更加适合岗位需求的人员，是人事管理的必备资料之一。

人员增补申请表的制作比较简单，只要确定好总体的轮廓规划，输入基础信息后，再设置单元格格式即可。

操作步骤如下。

步骤 1 新建一个工作簿，删除Sheet2和Sheet3工作表，按<Ctrl+S>组合键，另存为“人员增补申请表.xlsx”。

步骤 2 在工作表中输入基础信息，如图4-1所示。

	A	B	C	D	E	F	G	H	I	J
1	人员增补申请表									
2							申请日期:	年	月 日	
3	申请部门		申请岗位				申请名额	人		
4	申请事由	□增加	□补充				期望到职日期			
5	任职要求	性别	□男□女	年龄		学历		婚姻	□未婚□已婚	
6		其他要求								
7	工作内容									
8	部门主管			分管经理			总经理			

图4-1 输入基础信息

步骤 3 设置单元格格式，效果如图4-2所示。

	A	B	C	D	E	F	G	H	I
1	人员增补申请表								
2							申请日期:	年 月 日	
3	申请部门		申请岗位				申请名额	人	
4	申请事由	□增加 □补充					期望到职日期		
5	任职要求	性别	□男□女	年龄		学历		婚姻	□未婚□已婚
6		其他要求							
7	工作内容								
8	部门主管			分管经理			总经理		

图4-2 设置表格和边框后的表格效果

步骤 4 拖动鼠标选中第1行到第8行的行号，按<Ctrl+C>组合键复制，然后按住<Ctrl>键不放，依次单击第12行和第23行的行号，按<Enter>键粘贴，粘贴后的效果如图4-3所示。

步骤 5 在【页面布局】选项卡中，单击【页面设置】命令组右下角的对话框启动器，打开【页面设置】对话框，适当调整页边距。

步骤 6 单击快速访问工具栏的【打印预览】按钮来预览打印效果，如果预览效果正常即可进行打印，如图4-4所示。

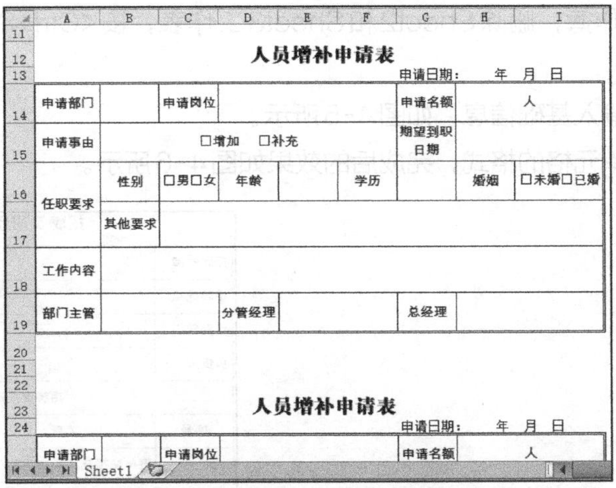

图4-3 复制粘贴后的表格效果

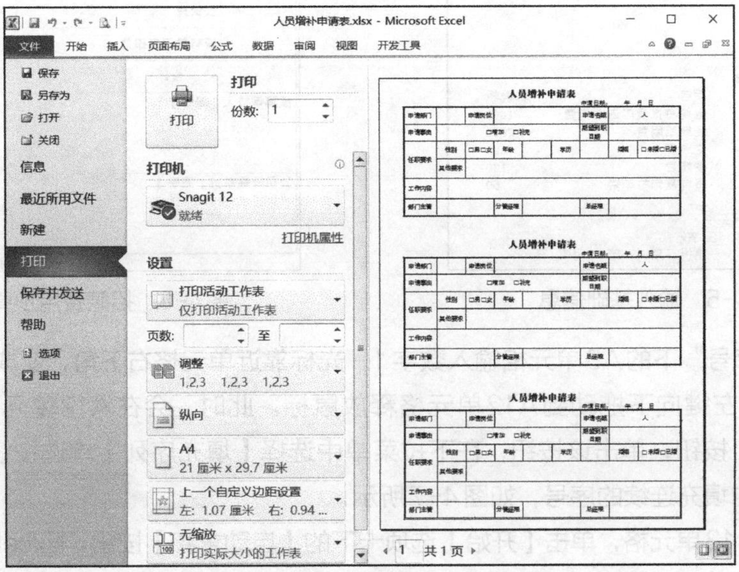

图4-4 打印预览

4.2 制作招聘费用预算表

素材所在位置：

光盘：\素材\第 4 章 人员招聘与录用常用表格制作\4.2 招聘费用预算表.xlsx

人力资源部门对各用工部门申请进行审核后，需要按照用工量和岗位需求制订招聘计划，并对招聘费用进行预算。常规的招聘费用包括广告宣传费、海报制作费用、场地租用费用、表格资料的打印/复印费用、招聘人员的餐饮费和交通费用等。本节介绍招聘费用预算表的制作。

招聘费用预算表的制作也比较简单，首先需要确定好表格的轮廓规划，然后输入基础信息并设置格式即可。

操作步骤如下。

步骤 1 新建一个工作簿，删除Sheet2和Sheet3工作表，按<Ctrl+S>组合键，另存为“招聘费用预算表.xlsx”。

步骤 2 在工作表中输入基础信息，如图4-5所示。

步骤 3 依次设置各单元格的格式，完成后的效果如图4-6所示。

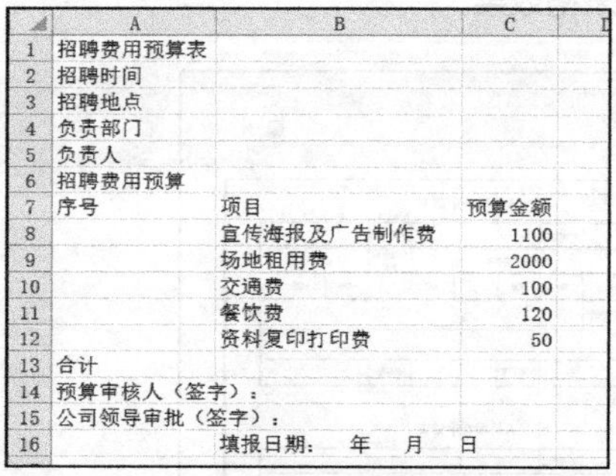

图4-5 输入基础信息

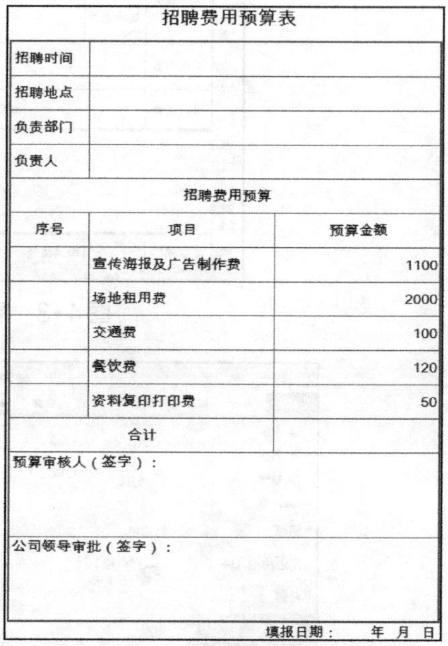

图4-6 招聘费用预算表

步骤 4 在“序号”下的A8单元格输入数字1，光标靠近单元格右下角，变成黑色十字形的填充柄时，按鼠标左键向下拖动到A12单元格释放鼠标。此时，会在A12单元格的右下角出现【自动填充选项】按钮，单击该按钮，在下拉菜单中选择【填充序列】单选按钮，Excel自动在A9:A12单元格内填充连续的序号，如图4-7所示。

步骤 5 选中C13单元格，单击【开始】选项卡下的【自动求和】按钮，Excel会自动在C13单元格内输入求和函数，并智能选定要求和的数据区域，按<Enter>键确认，C13单元格使用公式“=SUM(C8:C12)”，计算出费用的总和，如图4-8所示。

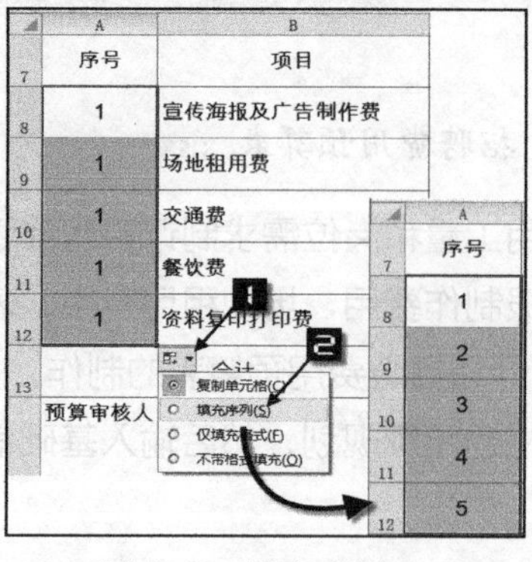

图4-7 填充序列

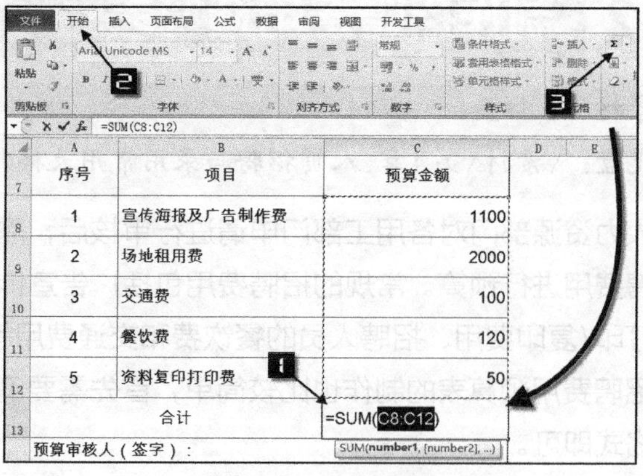

图4-8 自动求和

步骤 6 最后设置纸张大小，调整页边距，完成招聘费用预算表的制作。

知识点讲解

1. 自动填充

Excel中的自动填充功能非常强大，使用该功能可以快速复制数据，而且能够根据数据类型自动匹配不同的序列形式进行填充，可以帮助用户提高基础数据录入的效率。

如图4-9所示，在A1单元格输入字符“出门证”后，光标靠近A1单元格右下角，拖动十字形填充柄，到目标单元格释放鼠标，即可将A1单元格的内容复制到其他单元格。

自动填充完成后，填充区域的右下角会显示【填充选项】按钮，单击该按钮，在下拉菜单中可显示更多的填充选项，不同数据类型的填充选项也不一样。以日期数据为例，如果在A1单元格中输入字符“1月1日”，自动填充完成后，单击【填充选项】按钮，可以在下拉菜单中选择以工作日填充、以月填充、以年填充等选项，如图4-10所示。

使用自动填充功能，能够生成按固定间隔排列的数值序列。例如需要得到奇数序列，可以先在A1单元格输入数字1，在A2单元格输入数字3，然后同时选中A1和A2单元格，光标靠近A2单元格右下角，拖动黑色的十字形填充柄到目标单元格释放鼠标，即可得到一组连续的奇数序列，如图4-11所示。

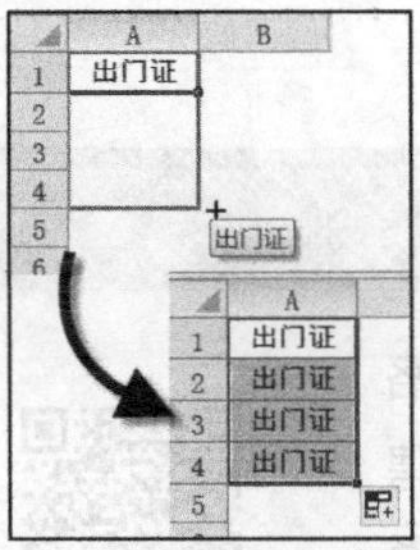

图4-9 使用填充柄

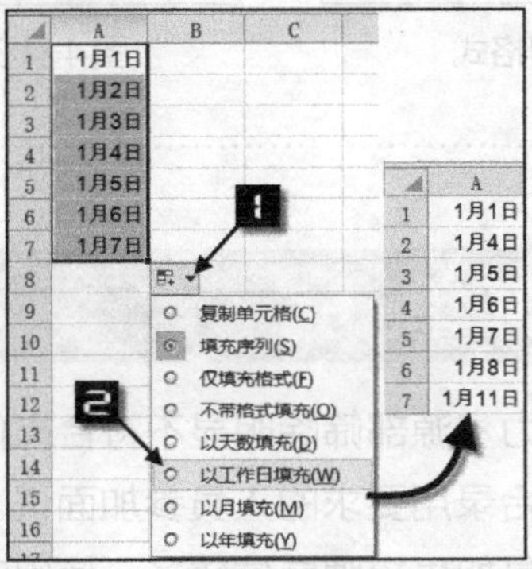

图4-10 日期数据的自动填充

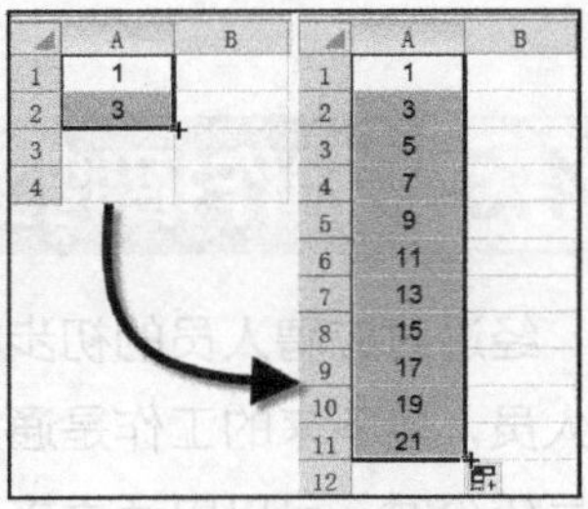

图4-11 填充奇数序列

2. SUM函数

SUM函数用于返回某一单元格区域中所有数字之和。例如公式“=SUM(3,2)”，表示将3和2相加。公式“=SUM(A2:A4)”，就是将A2:A4单元格区域中的数值相加。

扩展知识点

复制格式

素材所在位置：

光盘：\素材\第4章 人员招聘与录用常用表格制作\复制格式.xlsx

如果需要将现有的单元格格式复制到其他单元格区域，常用的方法有以下两种。

方法1 复制带有特定格式的单元格或单元格区域，然后选择目标单元格或单元格区域，依次单击【开始】→【粘贴】下拉按钮，在下拉选项中选择【格式】，如图4-12所示。

方法2 使用【格式刷】命令，可以更方便快捷地复制单元格格式。首先选中带有特定格式的单元格或单元格区域，单击【开始】选项卡中的【格式刷】按钮。光标移动到目标单元格区域，此时光标变为✚，单击鼠标左键，将格式复制到新的单元格区域，如图4-13所示。

双击【格式刷】按钮，可以将现有格式复制到多个不连续的单元格区域，操作完成后，再次单击【格式刷】按钮或按<Ctrl+S>组合键保存即可。

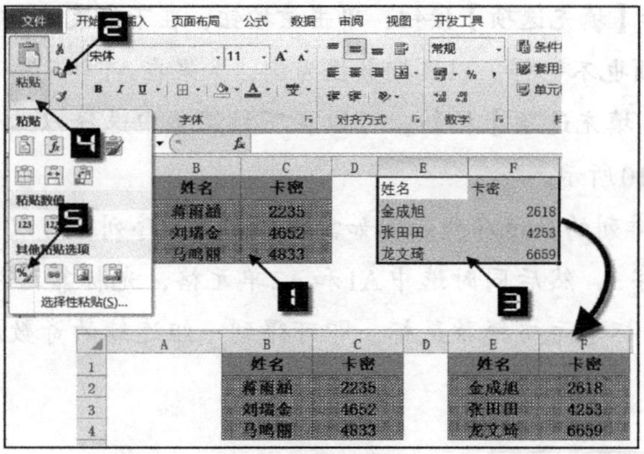

图4-12　通过选择粘贴选项复制格式

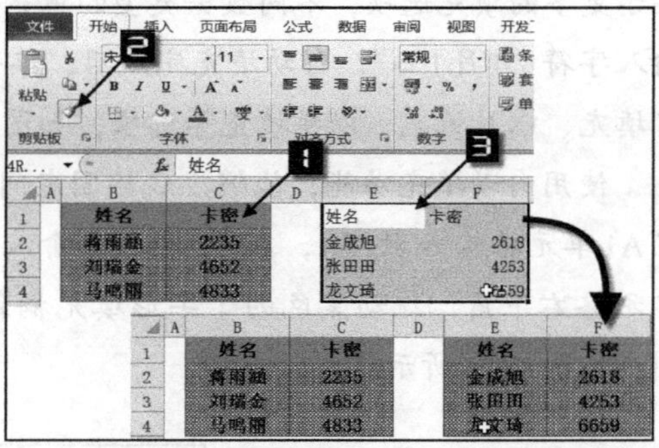

图4-13　使用格式刷复制格式

4.3 制作招聘面试通知单

经过对应聘人员的初步筛选，人力资源部筛除明显不符合岗位任职资格的人员，接下来的工作是通知基本符合录用要求的人员参加面试。如果招聘人员较少时，可以电话直接通知，但是如果招聘岗位较多，使用电子邮件通知的方式会更方便快捷。

制作招聘面试通知单

4.3.1 制作应聘人员信息表

素材所在位置：

光盘：\素材\第4章 人员招聘与录用常用表格制作\4.3.1 应聘人员信息表.xlsx

首先需要制作应聘人员信息表，内容应包括姓名、学历、应聘岗位、性别、出生年月、联系电话、邮箱、面试日期以及面试时间等与招聘有关的信息。

操作步骤如下。

步骤1 新建一个工作簿，删除Sheet2和Sheet3工作表，按<Ctrl+S>组合键，另存为“应聘人员信息表.xlsx”。

步骤 2 在工作表中输入基础信息。由于该表格不需要打印，仅作为后续使用邮件合并功能群发邮件时的数据源，因此在表格中不能使用合并单元格，并且同一应聘者的所有信息要放在同一行的不同单元格内，如图4-14所示。

	A	B	C	D	E	F	G	H	I	J
1	序号	姓名	学历	应聘岗位	性别	出生年月	联系电话	邮箱	面试日期	面试时间
2	1	毕学智	大专	销售	男	1992/6/15	13812345678	12345672@163.com	2017/4/16	上午9时
3	2	孙兰清	高中	销售	女	1989/3/2	13812345679	12345673@163.com	2017/4/16	上午9时
4	3	汤志宁	高中	销售	男	1997/5/11	13812345680	12345674@163.com	2017/4/16	上午9时
5	4	张云生	研究生	生产主管	女	1975/12/1	13812345681	12345675@163.com	2017/4/16	上午9时
6	5	李开义	高中	操作工	男	1996/5/12	13812345682	12345676@163.com	2017/4/16	上午9时
7	6	罗萌萌	本科	操作工	女	1991/12/1	13812345683	12345677@163.com	2017/4/16	上午9时
8	7	付文秀	高中	操作工	女	1993/6/8	13812345684	12345678@163.com	2017/4/16	上午9时
9	8	李素兰	本科	操作工	女	1989/12/1	13812345685	12345679@163.com	2017/4/16	下午14时
10	9	杨绍荣	本科	操作工	男	1991/2/15	13812345686	12345610@163.com	2017/4/16	下午14时
11	10	李子军	大专	操作工	男	1988/6/12	13812345687	12345611@163.com	2017/4/16	下午14时
12	11	杜云梅	高中	财务	女	1987/10/2	13812345688	12345612@163.com	2017/4/16	下午14时
13	12	周赵荣	初中	保洁	女	1970/2/12	13812345689	12345613@163.com	2017/4/16	下午14时
14	13	马驰原	初中	安保	男	1968/5/20	13812345690	12345614@163.com	2017/4/16	下午14时
15	14	代兆筠	高中	操作工	女	1991/5/16	13812345691	12345615@163.com	2017/4/16	下午14时

图4-14 输入应聘人员的基础信息

步骤 3 单击数据区域任意单元格，按<Ctrl+T>组合键，弹出【创建表】对话框，保留默认设置，单击【确定】按钮，将当前数据表转换为“表格”，并且自动应用内置的表格样式，如图4-15所示。

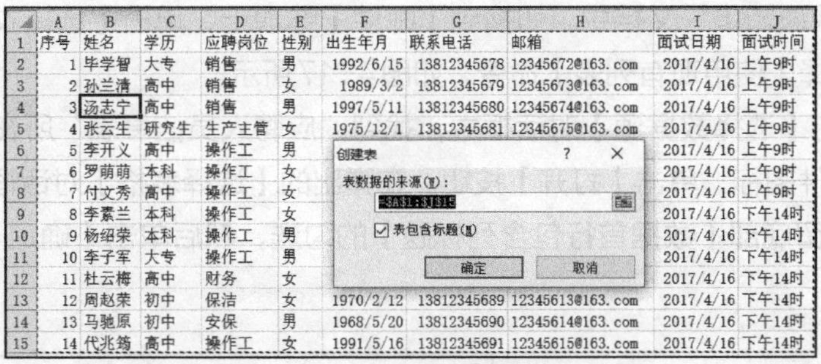

图4-15 使用组合键创建表

步骤 4 按<Ctrl+S>组合键保存文件，关闭工作簿备用。

4.3.2 创建“面试通知单”Word文档

素材所在位置：

光盘：\素材\第4章 人员招聘与录用常用表格制作\4.3.2 面试通知单.docx

接下来需要在Word里创建“面试通知单”基础文档，为使用邮件合并功能发送面试通知单做准备。

操作步骤如下。

步骤 1 新建一个Word文档，按<Ctrl+S>组合键另存为“面试通知单.docx”。

步骤 2 在Word里输入文字，在姓名、岗位、面试日期和面试时间等处留出空位，如图4-16所示。

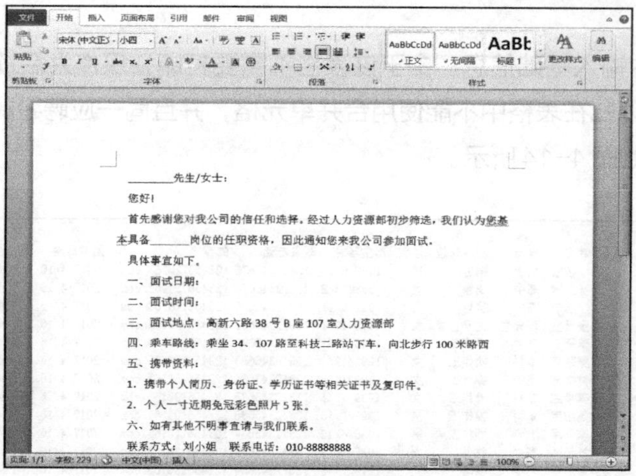

图4-16　面试通知单

4.3.3　利用邮件合并发送面试通知单

应聘者信息表和面试通知单创建完成之后，接下来利用两者进行邮件合并操作。

操作步骤如下。

步骤1 在“面试通知单”文档中，切换到【邮件】选项卡，单击【选择收件人】按钮，在弹出的下拉菜单中选择【使用现有列表】命令，如图4-17所示。

步骤2 在弹出的【选择数据源】对话框中，找到“应聘人员信息表”所在的路径，选中“应聘人员信息表”文件图标，单击【打开】按钮。在弹出的【选择表格】对话框中，选中存放数据的工作表名称，保留底部【数据首行包含列标题】的勾选，然后单击【确定】按钮，如图4-18所示。

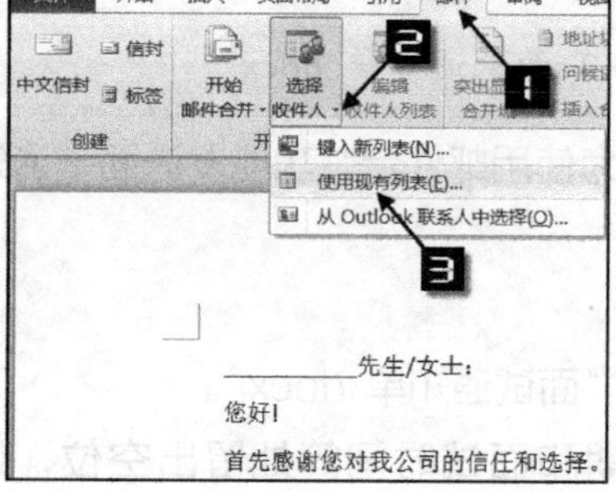

图4-17　选择邮件合并收件人

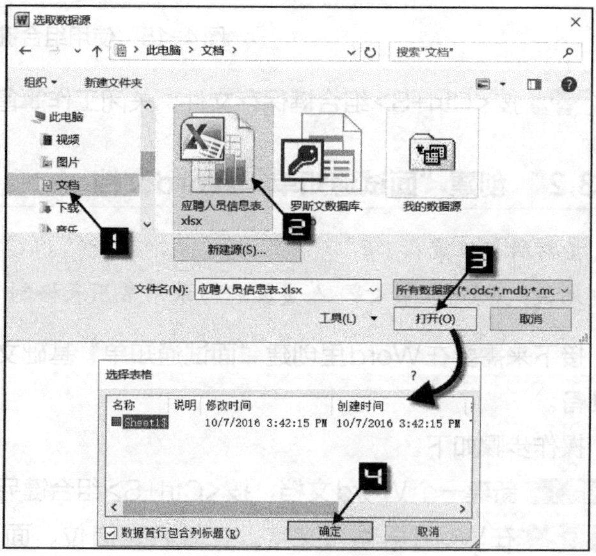

图4-18　选择数据源

步骤3 经过前两步的操作，此时的Word文档中还没有什么变化，接下来插入合并域。将鼠标指针置于文字“先生/女士”前，单击【插入合并域】下拉按钮，在下拉列表中选择“姓名”，此时在文字“先生/女士”前面自动添加了“《姓名》”字样的域，如图4-19所示。

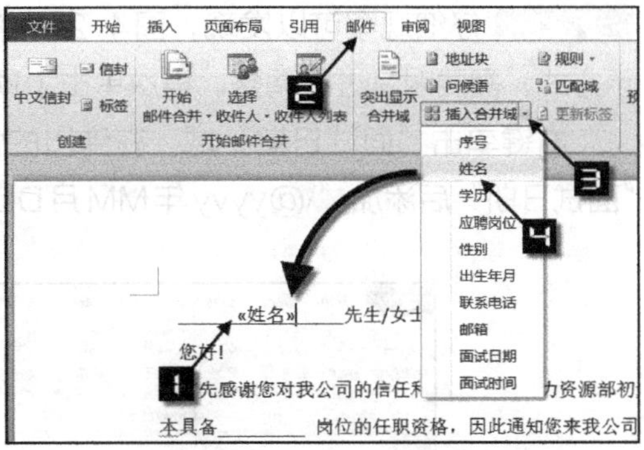

图4-19　插入合并域

步骤4 类似的操作方法，将“应聘岗位”“面试日期”以及“面试时间”域插入相应的位置。如图4-20所示，分别选中“面试日期”和“面试时间”域，在【开始】选项卡下单击【下划线】按钮，为合并域添加下划线，在执行邮件合并操作后，Word能够根据合并域的内容自动调整下划线的长度。

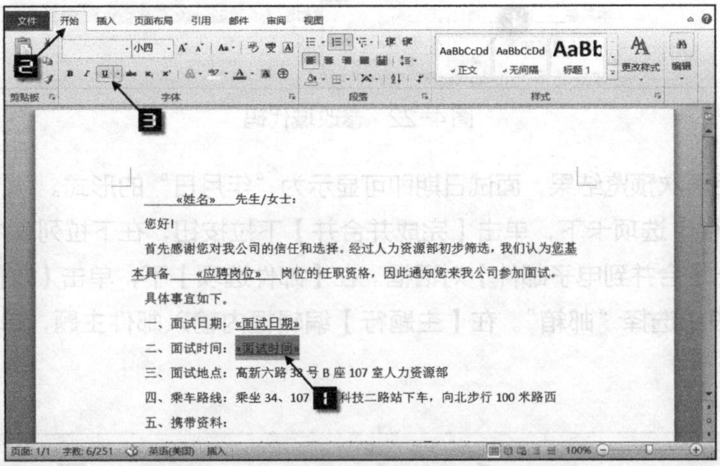

图4-20　依次插入合并域并添加下划线

步骤5 单击【邮件】选项卡下的【预览结果】按钮，可以预览插入域之后的实际效果，便于对预览中可能出现的问题进行调整，如图4-21所示。

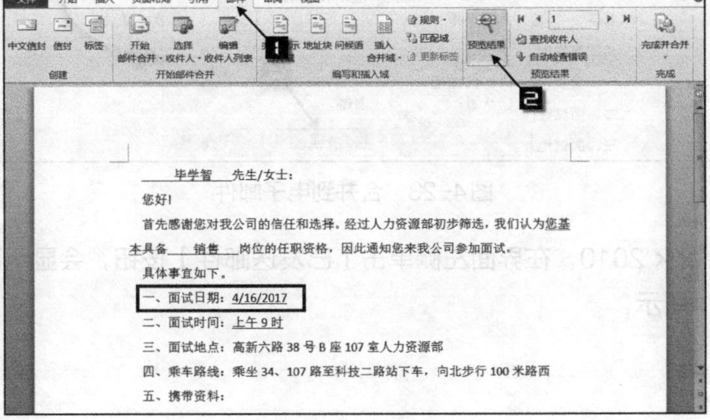

图4-21　预览结果

步骤 6 仔细观察可以发现，图4-21中的面试日期显示为“4/16/2017”，即“月日年”的显示方式，需要对其进行调整。再次单击【预览结果】按钮，取消预览状态。

右键单击“面试日期”域，在弹出的快捷菜单中，选择【切换域代码】命令。在域代码的“面试日期”后添加“\@yyyy年MM月DD日”，如图4-22所示。

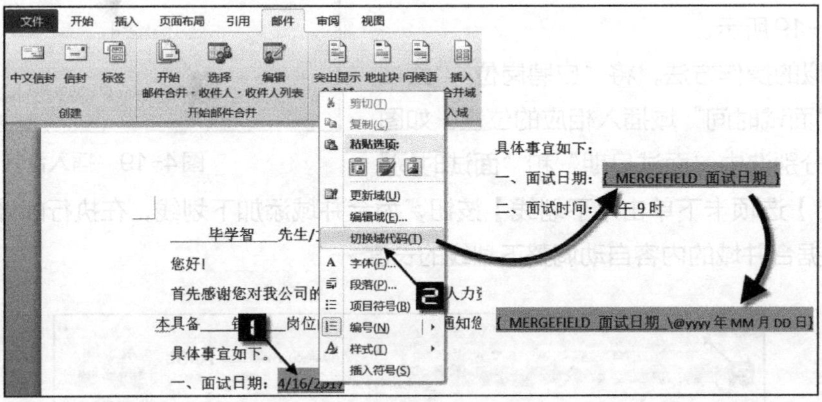

图4-22 修改域代码

修改域代码后再次预览结果，面试日期即可显示为“年月日”的形式。

步骤 7 在【邮件】选项卡下，单击【完成并合并】下拉按钮，在下拉列表中选择【发送电子邮件】命令，弹出【合并到电子邮件】对话框。在【邮件选项】下，单击【收件人】右侧的下拉按钮，在下拉列表中选择“邮箱”。在【主题行】编辑框内输入邮件主题，单击【确定】按钮，如图4-23所示。

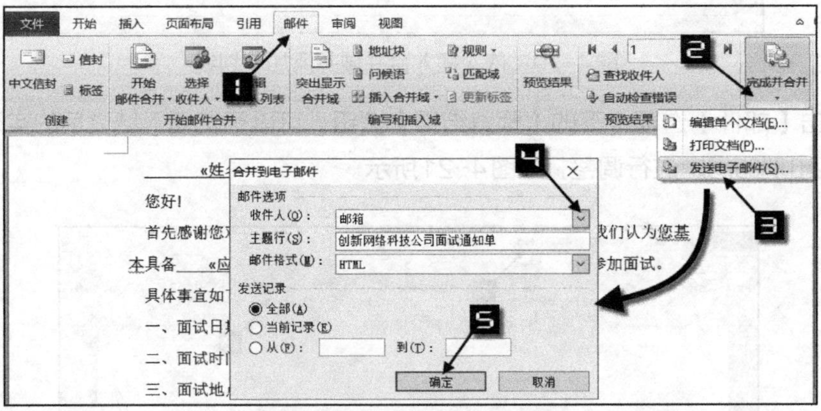

图4-23 合并到电子邮件

此时启动Outlook 2010，在界面左侧单击【已发送邮件】按钮，会显示已发送的全部面试通知单，如图4-24所示。

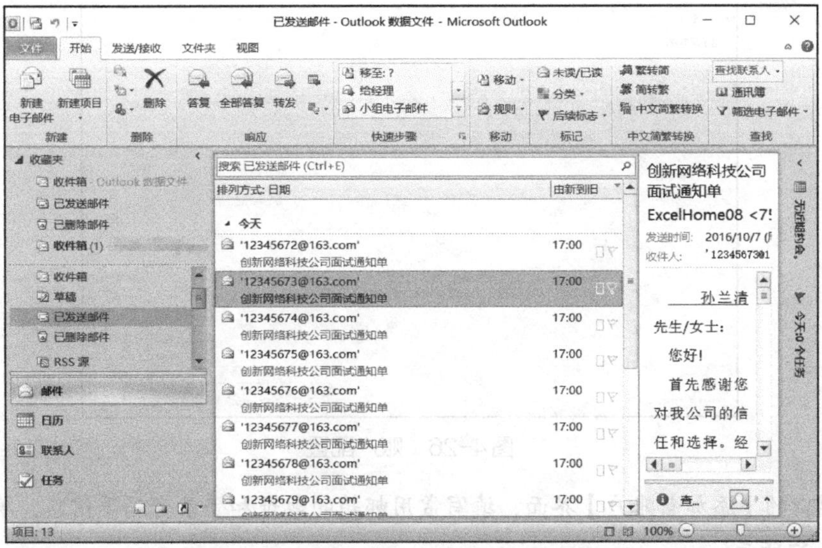

图4-24　在Outlook中查看已发送邮件

知识点讲解

1. 关于Outlook 2010

Outlook 2010是Microsoft Office 2010套装软件的组件之一，具有收发电子邮件、管理联系人信息、日记、安排日程、分配任务等多种功能。

2. 配置Outlook 2010

（1）如果从未配置过Outlook 2010，在本小节步骤7操作完成后，将会弹出【Microsoft Outlook 2010启动】的页面，单击【下一步】按钮，如图4-25所示。

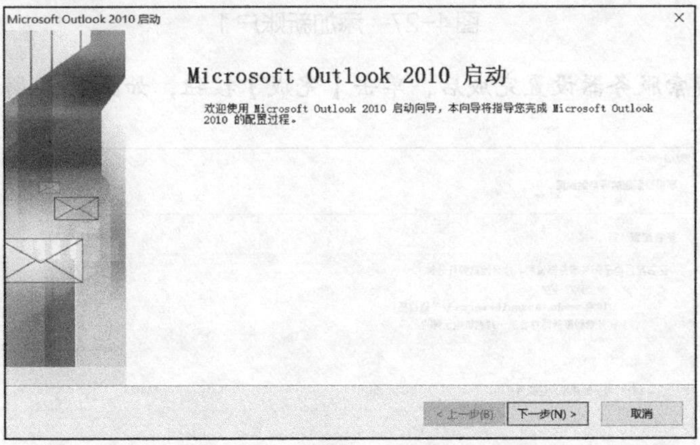

图4-25　配置Outlook 2010

（2）在弹出的【账户配置】界面中，保留默认的【是】单选按钮选中状态，单击【下一步】按钮，如图4-26所示。

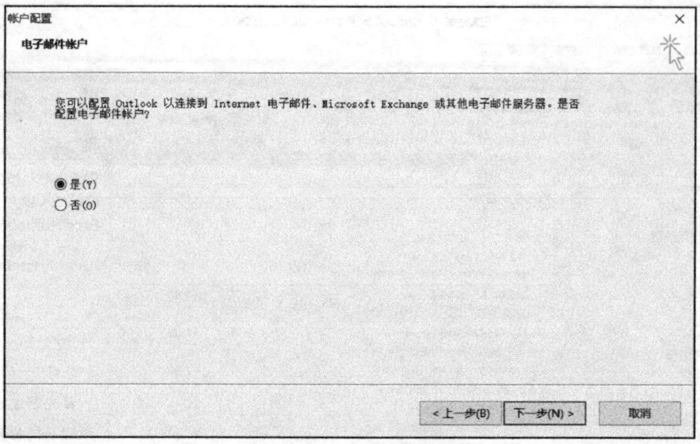

图4-26　账户配置

（3）在弹出的【添加新账户】界面，填写常用邮箱的地址和登录密码等信息，单击【下一步】按钮，如图4-27所示。

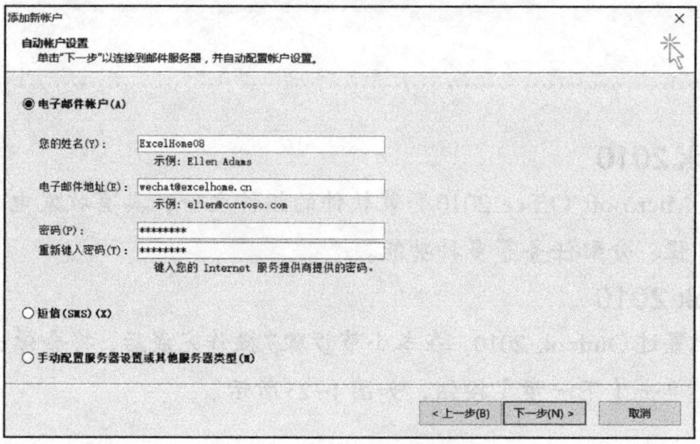

图4-27　添加新账户1

（4）耐心等待搜索服务器设置完成后，单击【完成】按钮，如图4-28所示。

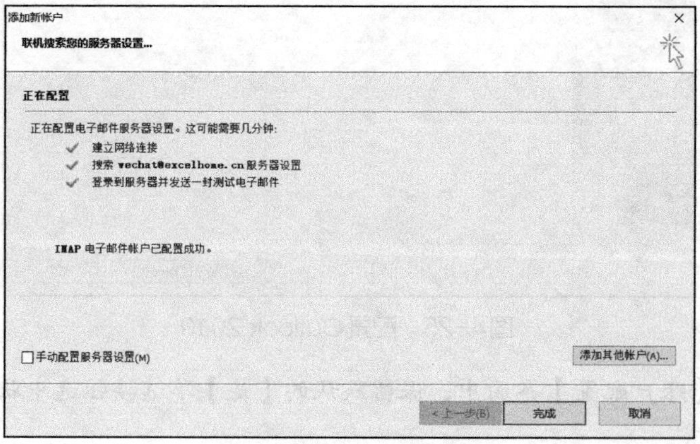

图4-28　添加新账户2

4.4 用甘特图展示招聘进度情况

素材所在位置：

光盘：\素材\第4章 人员招聘与录用常用表格制作\4.4 用甘特图展示招聘进度情况.xlsx

用甘特图展示
招聘进度

甘特图又称为项目进度图，以图示的方式展示活动列表和时间刻度，形象地表示出项目的活动顺序与持续时间。甘特图的横轴表示时间，纵轴表示项目，线条表示在整个期间的计划和实际活动完成情况，能够直观地表明任务计划在什么时候进行，及实际进展与计划要求的对比。由此可发现，某项任务还剩下哪些工作要做，并可评估工作进度。

图4-29所示是用甘特图展示的人员招聘进度情况。图中的横条表示各个项目的开始日期和结束日期计划，颜色加深部分的背景表示在项目期间已经过去的日期，白色背景表示在项目期间剩余的日期，随着系统日期的变化，图表背景色会自动向右推进。

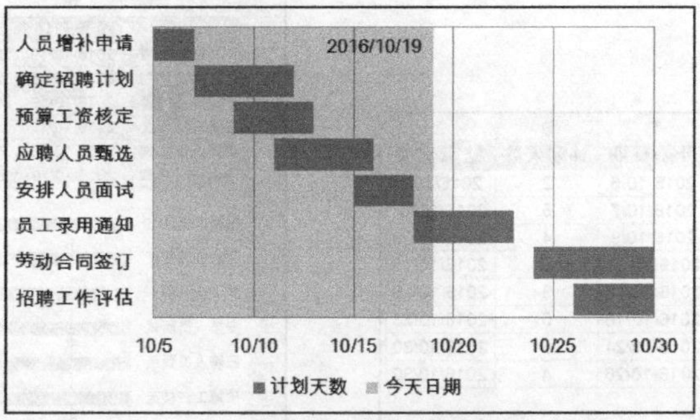

图4-29 用甘特图展示招聘进度情况

本节学习用甘特图展示招聘项目进度，操作步骤如下。

步骤1 新建一个工作簿，删除Sheet2和Sheet3工作表，将工作簿保存为“用甘特图展示招聘进度情况.xlsx”。

步骤2 在工作表内输入项目内容、开始日期、计划天数、结束日期等基础数据，并调整格式，效果如图4-30所示。

步骤3 如图4-31所示，在B2单元格输入以下公式，计算出今天的日期，并将公式向下复制到B9单元格。

```
=TODAY()
```

步骤4 如图4-32所示，在B11单元格输入以下公式，计算C2:C9单元格区域中的最小值，也就是最早的项目开始日期。

```
=MIN(C2:C9)
```

	A	B	C	D	E
1		今天日期	开始日期	计划天数	结束日期
2	人员增补申请		2016/10/5	2	2016/10/7
3	确定招聘计划		2016/10/7	5	2016/10/12
4	预算工资核定		2016/10/9	4	2016/10/13
5	应聘人员甄选		2016/10/11	5	2016/10/16
6	安排人员面试		2016/10/15	3	2016/10/18
7	员工录用通知		2016/10/18	5	2016/10/23
8	劳动合同签订		2016/10/24	6	2016/10/30
9	招聘工作评估		2016/10/26	4	2016/10/30

图4-30　输入基础数据

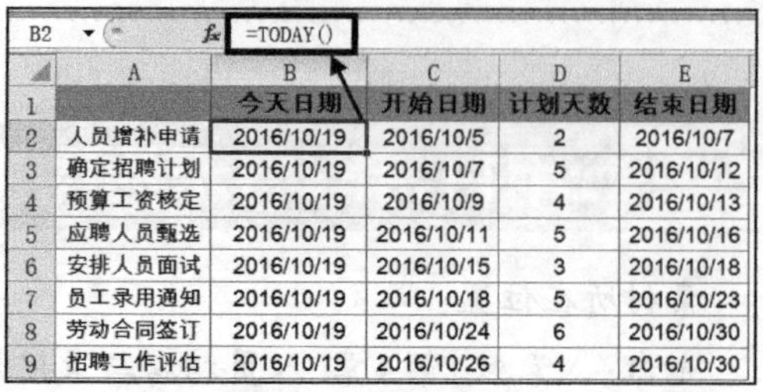

B2　=TODAY()

	A	B	C	D	E
1		今天日期	开始日期	计划天数	结束日期
2	人员增补申请	2016/10/19	2016/10/5	2	2016/10/7
3	确定招聘计划	2016/10/19	2016/10/7	5	2016/10/12
4	预算工资核定	2016/10/19	2016/10/9	4	2016/10/13
5	应聘人员甄选	2016/10/19	2016/10/11	5	2016/10/16
6	安排人员面试	2016/10/19	2016/10/15	3	2016/10/18
7	员工录用通知	2016/10/19	2016/10/18	5	2016/10/23
8	劳动合同签订	2016/10/19	2016/10/24	6	2016/10/30
9	招聘工作评估	2016/10/19	2016/10/26	4	2016/10/30

图4-31　计算今天日期

在B12单元格输入以下公式，计算E2:E9单元格区域中的最大值，也就是最晚的项目结束日期。计算出的结果用于设置条形图的水平轴刻度。

```
=MAX(E2:E9)
```

步骤 5 选中A1:D9单元格区域，在【插入】选项卡下单击【条形图】下拉按钮，在下拉菜单中选择“堆积条形图”，插入一个默认样式的堆积条形图，如图4-33所示。

	A	B	C	D	E
1		今天日期	开始日期	计划天数	结束日期
2	人员增补申请	2016/10/19	2016/10/5	2	2016/10/7
3	确定招聘计划	2016/10/19	2016/10/7	5	2016/10/12
4	预算工资核定	2016/10/19	2016/10/9	4	2016/10/13
5	应聘人员甄选	2016/10/19	2016/10/11	5	2016/10/16
6	安排人员面试	2016/10/19	2016/10/15	3	2016/10/18
7	员工录用通知	2016/10/19	2016/10/18	5	2016/10/23
8	劳动合同签订	2016/10/19	2016/10/24	6	2016/10/30
9	招聘工作评估	2016/10/19	2016/10/26	4	2016/10/30
10					
11	最小刻度	2016/10/5			
12	最大刻度	2016/10/30			

图4-32　计算出最大和最小刻度

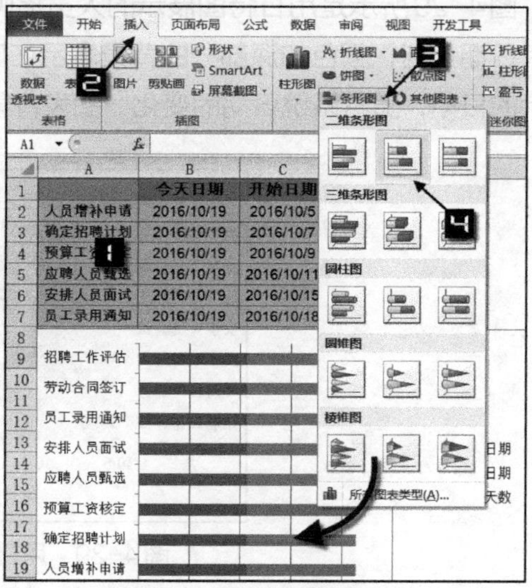

图4-33　插入堆积条形图

步骤 6 双击“今天日期”数据系列，在弹出的【设置数据系列格式】对话框中设置“分类间距”为0%，“系列绘制在”选择次坐标轴，如图4-34所示。

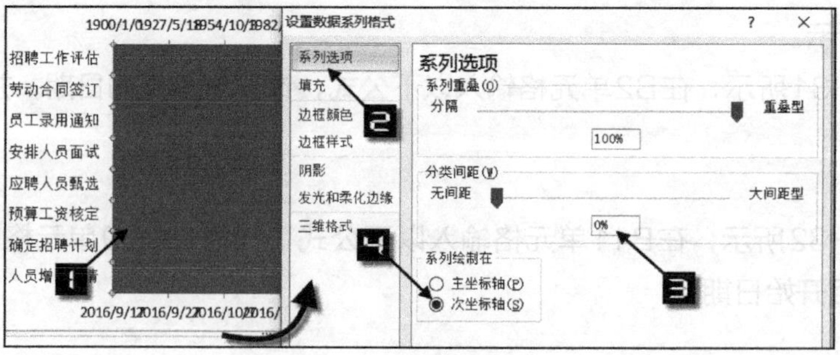

图4-34　设置数据系列格式

步骤 7 在【设置数据系列格式】对话框中，切换到【填充】选项卡，勾选【纯色填充】单选按钮，单击【颜色】右侧的下拉按钮，在颜色面板中选择一种颜色，如“水绿色，强调文字颜色5，深度25%”，设置透明度为70%，如图4-35所示。

此时的图表效果如图4-36所示。

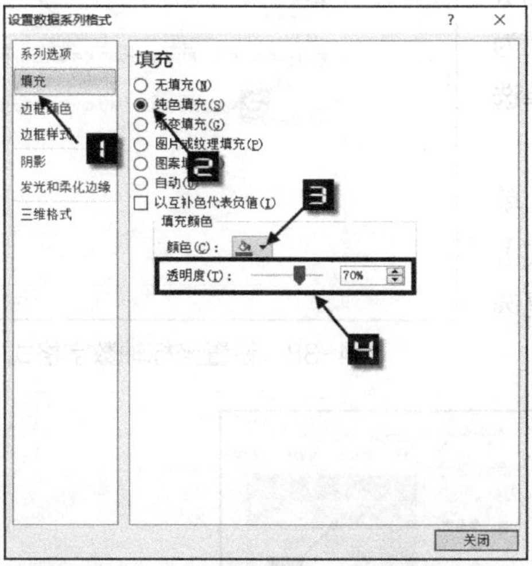

图4-35　设置数据系列填充

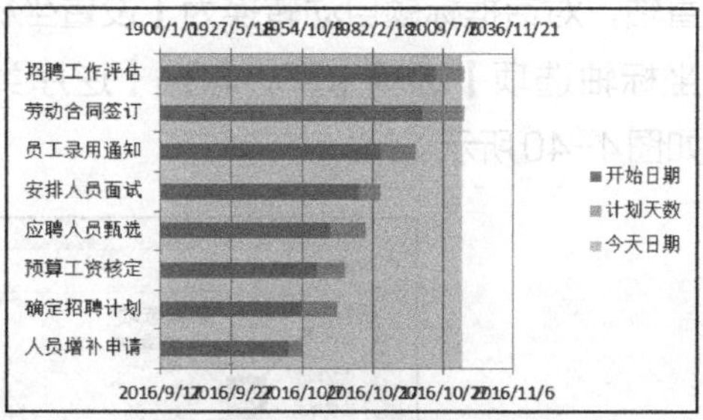

图4-36　图表效果

步骤 8 不要关闭【设置数据系列格式】对话框，单击选中图表主要水平轴，对话框标题自动转换为【设置坐标轴格式】。在【坐标轴选项】选项卡下，单击【最小值】右侧的【固定】单选按钮，在编辑框中输入B11单元格中的日期“2016/10/5”。单击【最大值】右侧的【固定】单选按钮，在编辑框中输入B12单元格中的日期“2016/10/30”，如图4-37所示。

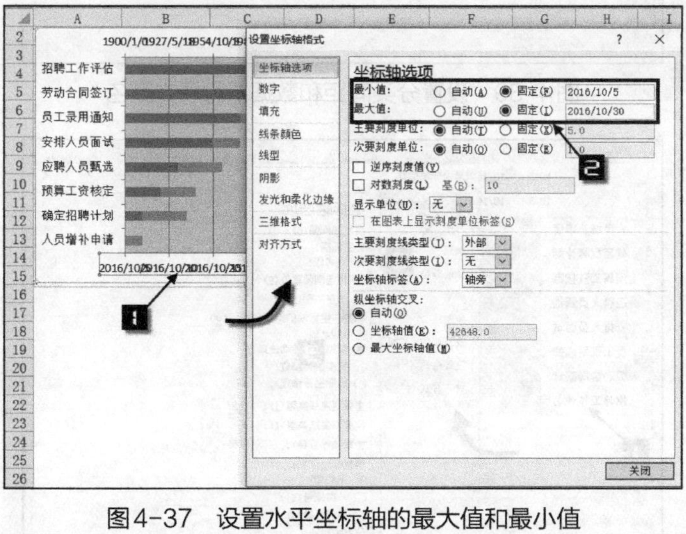

图4-37　设置水平坐标轴的最大值和最小值

步骤 9 切换到【数字】选项卡，将【格式代码】区域中默认的格式代码“yyyy/m/d”，修改为“m/d”，单击右侧的【添加】按钮，如图4-38所示。

使用同样的方法，设置次要水平坐标轴的最小值和最大值以及数字格式，以保持图表中水平轴日期的一致。

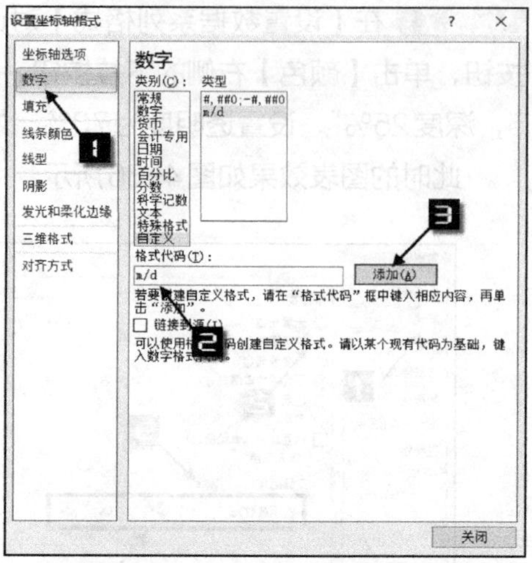

图4-38　设置坐标轴数字格式

步骤 10 单击“开始日期”数据系列，【设置坐标轴格式】对话框的标题会自动切换为【设置数据系列格式】，在【系列选项】选项卡下，将“分类间距”设置为14%。切换到【填充】选项卡下，选中【无填充】单选按钮，如图4-39所示。

步骤 11 不要关闭【设置数据系列格式】对话框，单击垂直轴，对话框标题自动转换为【设置坐标轴格式】，在【坐标轴选项】选项卡下，勾选【逆序类别】复选框，如图4-40所示。

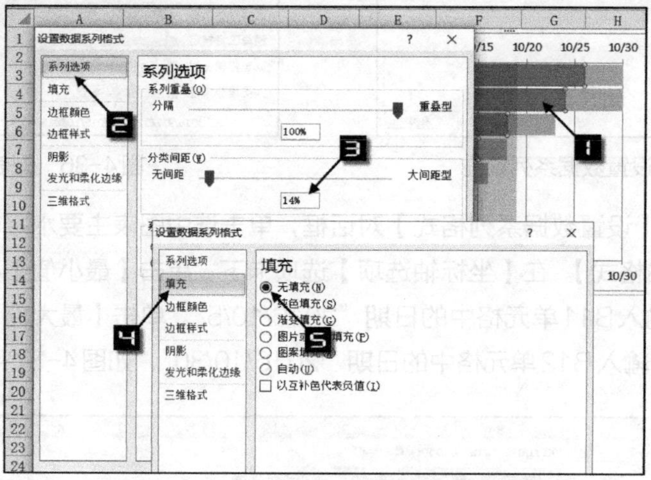

图4-39　设置分类间距和数据系列填充颜色

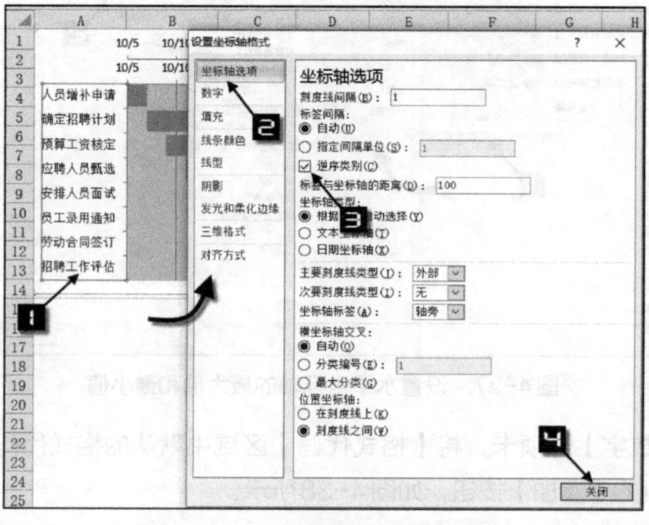

图4-40　设置垂直轴为逆序类别

步骤12 单击选中主要水平坐标轴，在【设置坐标轴格式】对话框的【坐标轴选项】选项卡下，主要刻度线类型选择为“无”，次要刻度线类型选择为“无”，坐标轴标签选择为“高”，如图4-41所示。

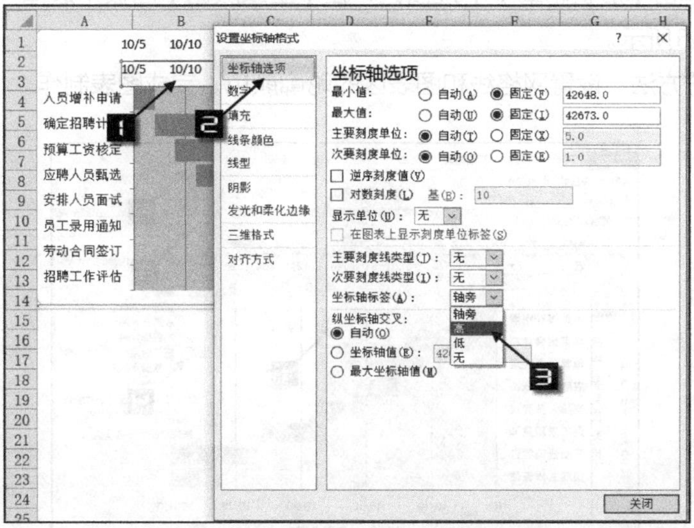

图4-41　设置主要水平坐标轴标签位置

步骤13 在【设置坐标轴格式】对话框中，切换到【线条颜色】选项卡，选中【无线条】单选按钮，如图4-42所示。

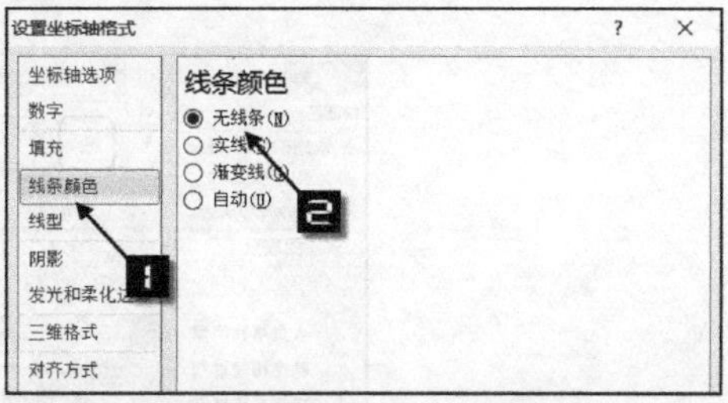

图4-42　设置主要水平坐标轴线条颜色

步骤14 单击选中次要水平坐标轴，在【设置坐标轴格式】对话框的【坐标轴选项】选项卡下，主要刻度线类型选择为“无”，次要刻度线类型选择为“无”，坐标轴标签选择为“无”。不要关闭对话框。

步骤15 单击图例项，再单击选中其中的“开始日期”图例项，按<Delete>键删除。

在【设置图例格式】对话框中，在【图例位置】下，选择【底部】单选按钮，最后单击右上角的关闭按钮，关闭对话框，如图4-43所示。

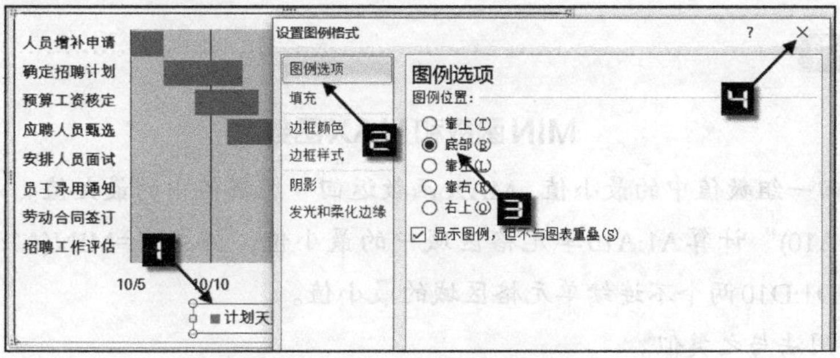

图4-43　设置图例位置

步骤 16 单击“今天日期”数据系列，再单击选中最顶部的数据点，在【布局】选项卡下单击【数据标签】下拉按钮，在下拉菜单中选择【数据标签内】命令，如图4-44所示。

步骤 17 至此，甘特图已经基本制作完成，接下来进行必要的美化。单击选中图表绘图区，在【格式】选项卡下单击【形状轮廓】下拉按钮，在【主题颜色】面板中选择“水绿色，强调文字颜色5”，如图4-45所示。

步骤 18 用同样的方法，设置网格线和图表区的轮廓颜色，完成图表制作。

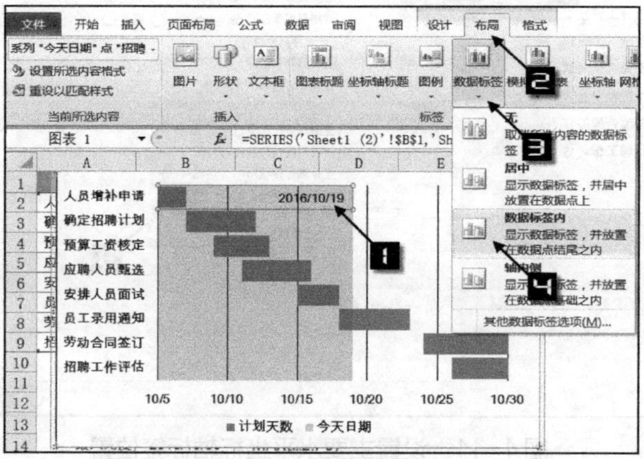

图4-44　添加数据标签

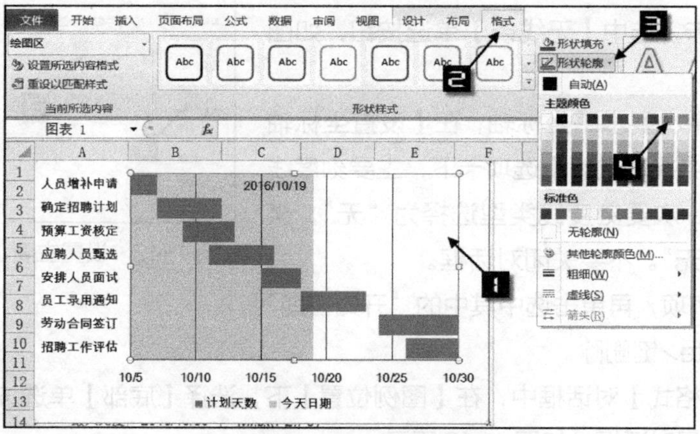

图4-45　设置绘图区轮廓颜色

知识点讲解

MIN函数和MAX函数

MIN函数返回一组数值中的最小值，MAX函数返回一组数值中的最大值。以MIN函数为例，公式“=MIN(A1:A10)”计算A1:A10单元格区域中的最小值，公式“=MIN(A1:A10,D1:D10)”则是计算A1:A10和D1:D10两个不连续单元格区域的最小值。

MAX函数的用法与之类似。

小技巧

使用条件格式突出显示员工考核成绩最高最低分

素材所在位置：

光盘：\素材\第4章 人员招聘与录用常用表格制作\使用条件格式突出显示员工考核成绩最高最低分.xlsx

在图4-46所示的员工应知应会考核表中，使用条件格式能够突出显示最高分和最低分的记录。

操作步骤如下。

步骤1 选中A2:D10单元格区域，在【开始】选项卡下单击【条件格式】下拉按钮，在下拉菜单中选择【新建规则】命令，打开【新建格式规则】对话框。

	A	B	C	D
1	工号	姓名	部门	考核成绩
2	GS004	林枫瑞	财务部	9.244
3	GS006	刘志轩	生产部	9.316
4	GS007	钱云飞	安监部	9.018
5	GS008	邱之雨	仓储部	9.305
6	GS009	金如玉	采购部	9.288
7	GS003	谭汝霖	销售部	9.385
8	GS002	肖云峰	总经办	9.251
9	GS005	肖美凤	企管部	9.362
10	GS001	乔菲菲	人资部	9.253

图4-46 员工考核表

步骤2 在【新建格式规则】对话框的【选择规则类型】区域内单击“使用公式确定要设置格式的单元格”选项，在【为符合此公式的值设置格式】编辑框中输入以下公式，如图4-47所示。

```
=$D2=MAX($D$2:$D$10)
```

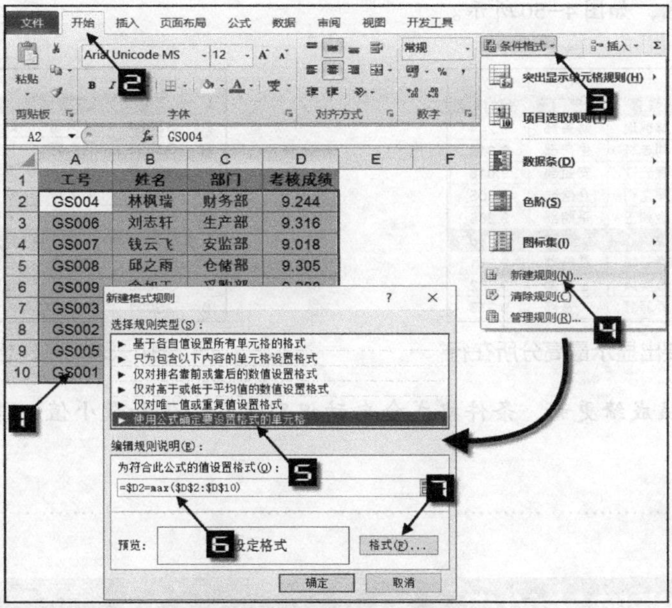

图4-47 设置条件格式

步骤3 单击【格式】按钮打开【设置单元格格式】对话框。切换到【填充】选项卡，选择一种背景色，如图4-48所示。单击【确定】按钮返回【新建格式规则】对话框，再次单击【确定】按钮，关闭对话框。

设置完成后，工作表中最高分的所在行会自动突出显示刚刚设置的颜色，效果如图4-49所示。

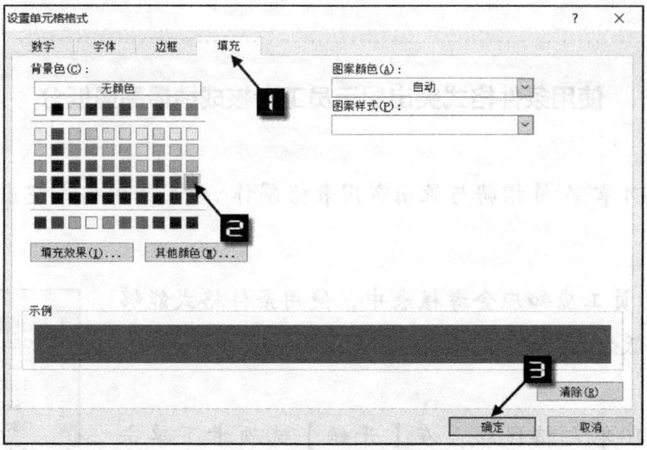

图4-48 设置单元格格式

步骤 4 再次选中A2:D10单元格区域，重复 **步骤 1** 和 **步骤 2** 的操作，在【新建格式规则】对话框的【为符合此公式的值设置格式】编辑框中输入以下公式。

```
=$D2=MIN($D$2:$D$10)
```

步骤 5 重复 **步骤 3** 的操作，在【设置单元格格式】对话框中选择另外一种颜色，依次单击【确定】按钮关闭对话框。设置完成后，工作表中的最高分所在行和最低分所在行都会自动突出显示预先设置的颜色，如图4-50所示。

	A	B	C	D
1	工号	姓名	部门	考核成绩
2	GS004	林枫瑞	财务部	9.244
3	GS006	刘志轩	生产部	9.316
4	GS007	钱云飞	安监部	9.018
5	GS008	邱之雨	仓储部	9.305
6	GS009	金如玉	采购部	9.288
7	GS003	谭汝霖	销售部	9.385
8	GS002	肖云峰	总经办	9.251
9	GS005	肖美凤	企管部	9.362
10	GS001	乔菲菲	人资部	9.253

图4-49 突出显示最高分所在行

	A	B	C	D
1	工号	姓名	部门	考核成绩
2	GS004	林枫瑞	财务部	9.244
3	GS006	刘志轩	生产部	9.316
4	GS007	钱云飞	安监部	9.018
5	GS008	邱之雨	仓储部	9.305
6	GS009	金如玉	采购部	9.288
7	GS003	谭汝霖	销售部	9.385
8	GS002	肖云峰	总经办	9.251
9	GS005	肖美凤	企管部	9.362
10	GS001	乔菲菲	人资部	9.253

图4-50 条件格式效果

如果D列的考核成绩更新，条件格式会自动识别出最大值和最小值，并对数据所在行突出显示。

4.5 制作带照片的员工胸卡

很多公司的人力资源部门需要为新入职员工制作胸卡。利用Excel人事表格中的数据和制作带照片的员工胸卡Word的邮件合并功能相结合的方法批量制作员工胸卡，能够节约时间和成本。

除了胸卡以外，实际工作中相同需求还有很多，如会员证、员工就餐卡和学生准考证的制作也可用此方法。

制作带照片的员工胸卡

4.5.1 创建人事数据表

素材所在位置：

光盘：\素材\第 4 章 人员招聘与录用常用表格制作\4.5.1 人事数据表.xlsx

在制作胸卡之前，首先需要创建需要制作胸卡人员的人事数据表，其中包含姓名、工号、所在部门、现任职务等信息。

操作步骤如下。

步骤 1 新建一个工作簿，删除Sheet2和Sheet3工作表，按<Ctrl+S>组合键，将工作簿保存为“人事数据表.xlsx”。

步骤 2 输入需制作胸卡人员的基础信息，并进行美化，如图4-51所示。

步骤 3 如图4-52所示，在F2单元格输入以下公式，得到“姓名+扩展名”的照片名称，将公式向下复制到F11单元格。

```
=B2&".jpg"
```

	A	B	C	D	E	F
1	序号	姓名	工号	所在部门	现任职务	照片名
2	1	吴廷学	GS1032	生产部	部长	
3	2	许丽萌	GS1033	生产部	科员	
4	3	陈蓉	GS1034	仓储部	部长	
5	4	李岗	GS1035	生产部	科员	
6	5	陈夏冰	GS1036	生产部	副部长	
7	6	宋祖发	GS1037	生产部	科员	
8	7	汪维平	GS1038	生产部	科员	
9	8	杨月英	GS1039	采购部	部长	
10	9	丁玉琼	GS1040	生产部	科员	
11	10	汪学强	GS1041	财务部	部长	

图4-51 人事数据表

=B2&".jpg"

	A	B	C	D	E	F
1	序号	姓名	工号	所在部门	现任职务	照片名
2	1	吴廷学	GS1032	生产部	部长	吴廷学.jpg
3	2	许丽萌	GS1033	生产部	科员	许丽萌.jpg
4	3	陈蓉	GS1034	仓储部	部长	陈蓉.jpg
5	4	李岗	GS1035	生产部	科员	李岗.jpg
6	5	陈夏冰	GS1036	生产部	副部长	陈夏冰.jpg
7	6	宋祖发	GS1037	生产部	科员	宋祖发.jpg
8	7	汪维平	GS1038	生产部	科员	汪维平.jpg
9	8	杨月英	GS1039	采购部	部长	杨月英.jpg
10	9	丁玉琼	GS1040	生产部	科员	丁玉琼.jpg
11	10	汪学强	GS1041	财务部	部长	汪学强.jpg

图4-52 用公式连接照片名

4.5.2 创建“员工胸卡”Word文档

素材所在位置：

光盘：\素材\第 4 章 人员招聘与录用常用表格制作\4.5.2 员工胸卡.docx

准备好员工照片后，接下来在Word文档中创建表格，设置好员工胸卡的基础样式。

操作步骤如下。

步骤 1 启动Word 2010，按<Ctrl+S>组合键，将新创建的文档1保存为“员工胸卡.docx”。

步骤 2 在【插入】选项卡下，单击【表格】下拉按钮，在下拉菜单中，拖动鼠标选择4×6大小的区域，在Word文档中单击鼠标，即可插入一个6行4列的表格，如图4-53所示。

步骤 3 将光标移动到表格右下角，当光标变成空心的双向箭头时，拖动鼠标，适当调整表格大小，如图4-54所示。

步骤 4 拖动鼠标选中第一行的4个单元格，在【布局】选项卡下单击【合并单元格】按钮，如图4-55所示。

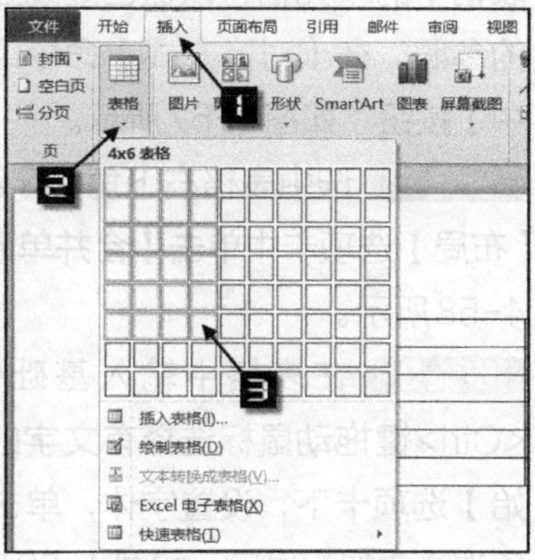

图4-53 插入表格

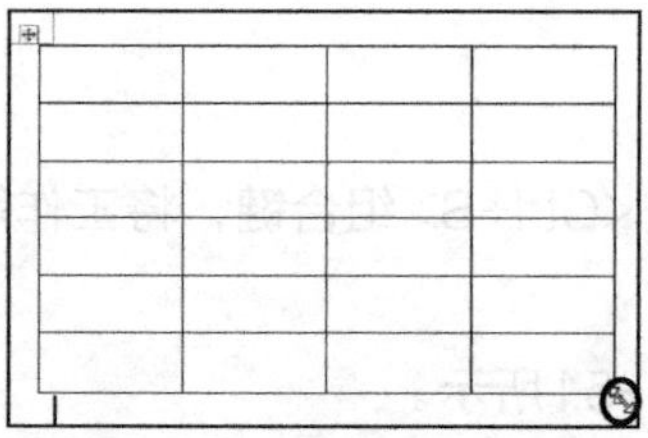

图4-54　调整表格大小

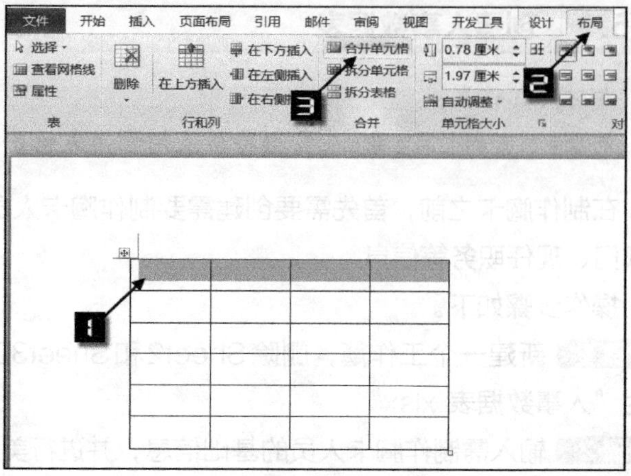

图4-55　合并单元格

步骤5 单击表格左上角的【全选】按钮，切换到【设计】选项卡，单击【边框】下拉按钮，在下拉菜单中选择【无框线】命令，如图4-56所示。

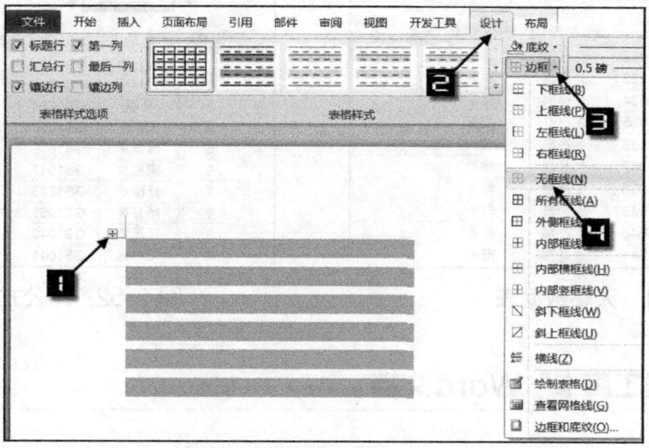

图4-56　设置表格边框线

步骤6 保持表格选中状态，切换到【布局】选项卡，单击左侧的【查看网格线】按钮，此时表格中的单元格将以蓝色虚线显示，作为编辑时的参照。在【对齐方式】命令组中单击【水平居中】按钮，如图4-57所示。

步骤7 选中表格右下角5行2列的单元格，在【布局】选项卡中单击【合并单元格】按钮，如图4-58所示。

步骤8 在表格中输入基础信息，然后按住<Ctrl>键拖动鼠标选择有文字的单元格，在【开始】选项卡下，设置字体，单击【加粗】按钮将所选文字加粗显示，如图4-59所示。

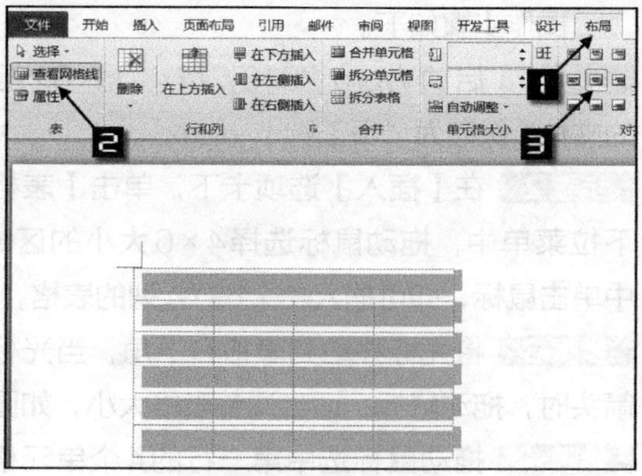

图4-57　设置对齐方式

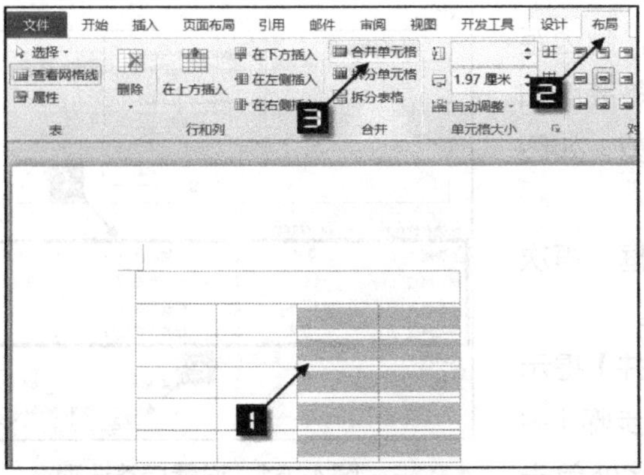

图4-58　合并单元格

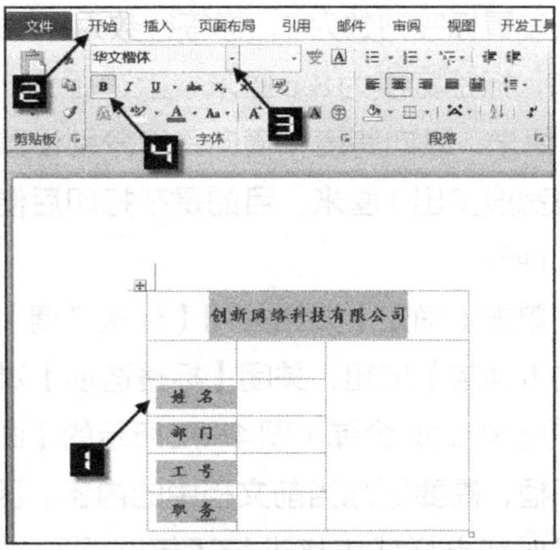

图4-59　设置表格字体

4.5.3　邮件合并中添加照片

Word表格中的样式设置完成后，再将员工照片以姓名进行命名，并将照片保存到文件夹内，即可开始使用邮件合并功能批量制作员工胸卡。

操作步骤如下。

步骤 1 单击表格左上角的全选按钮，按<Ctrl+C>组合键复制。

步骤 2 在【邮件】选项卡下单击【开始邮件合并】下拉按钮，在下拉菜单中选择【标签】命令，在弹出的【标签选项】对话框中，【标签供应商】选择“Microsoft”，【产品编号】选择“A4（纵向）”，再单击【新建标签】按钮，如图4-60所示。

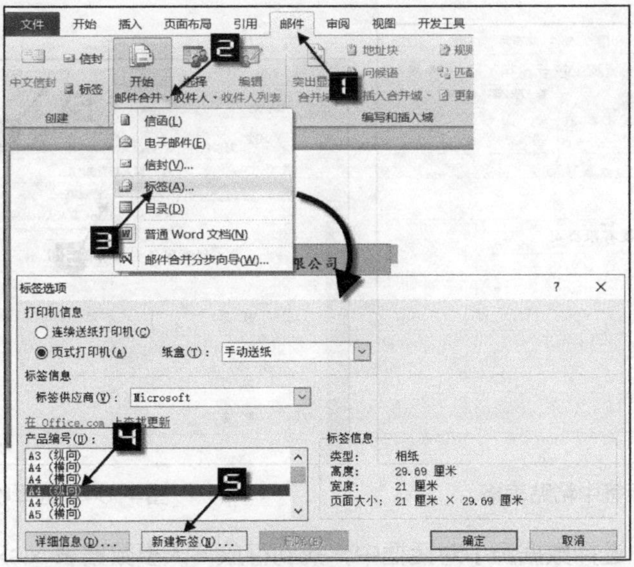

图4-60　选择邮件合并类型

步骤 3 在弹出的【标签详情】对话框中，对标签参数进行手工调整。

设置标签列数为2，标签行数为4，标签高度为5.3厘米，标签宽度为8.5厘米，上边距为1厘米，侧边距为1厘米，纵向跨度和横向跨度分别设置比标签高度和标签宽度多出1厘米，目的是在打印后便于裁剪，如图4-61所示。

单击【确定】按钮关闭【标签详情】对话框，再次单击【确定】按钮，关闭【标签选项】对话框。

步骤 4 此时会弹出图4-62所示的【邮件合并】提示对话框，需要删除当前文档中的内容。因为在步骤1中已经对胸卡样式表格进行了复制操作，所以此处单击【确定】按钮即可。

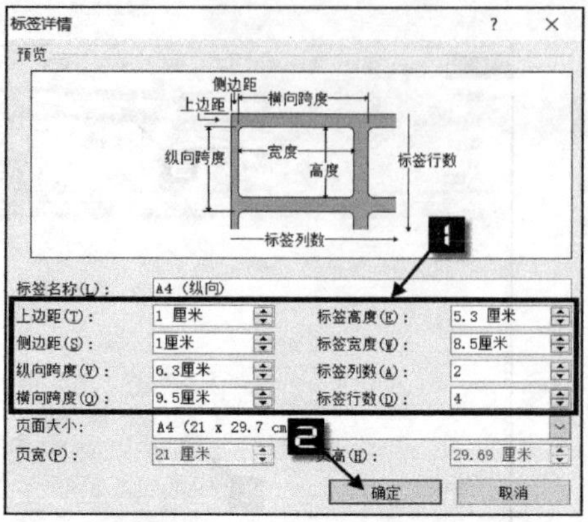

图4-61 设置标签选项

图4-62 【邮件合并】提示对话框

步骤 5 至此，在Word中已经生成了标签的轮廓。单击左上角的标签，按<Ctrl+V>组合键，将之前复制的胸卡样式表格粘贴到标签中，并适当调整表格的大小，如图4-63所示。

步骤 6 切换到【邮件】选项卡，单击【选择收件人】下拉按钮，在下拉菜单中选择【使用现有列表】命令，如图4-64所示。

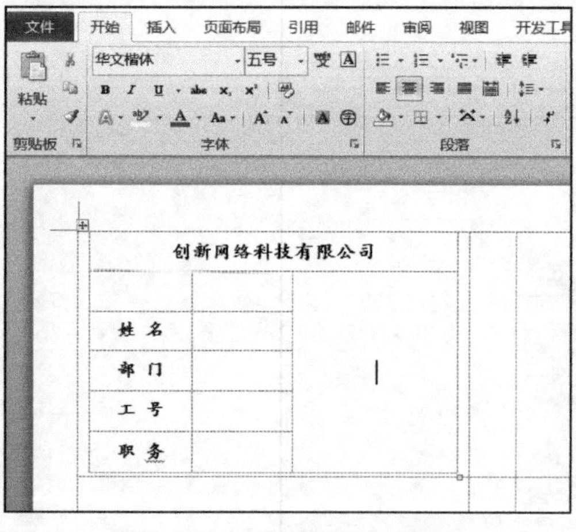

图4-63 在标签中粘贴表格

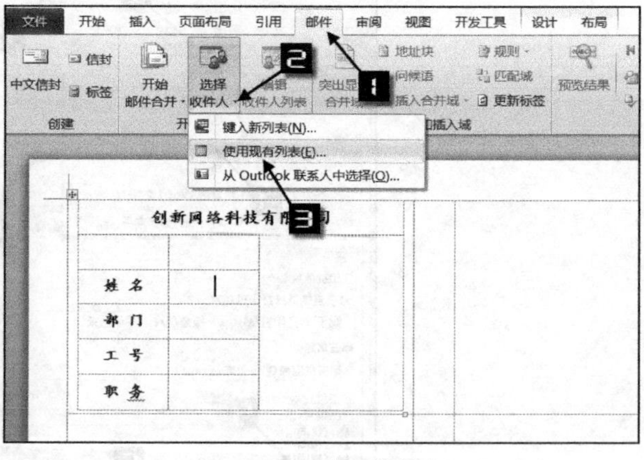

图4-64 选择收件人

步骤 7 在弹出的【选择数据源】对话框中，找到存放“人事数据表.xlsx”的路径，选中该文件，单击【打开】按钮。在弹出的【选择表格】对话框中，选中存放数据的工作表名，单击【确定】按钮，如图4-65所示。

步骤8 选中表格中需要填写姓名信息的单元格，在【邮件】选项卡下单击【插入合并域】下拉按钮，在下拉列表中选择“姓名”选项。同样的方法在其他单元格中依次添加合并域，如图4-66所示。

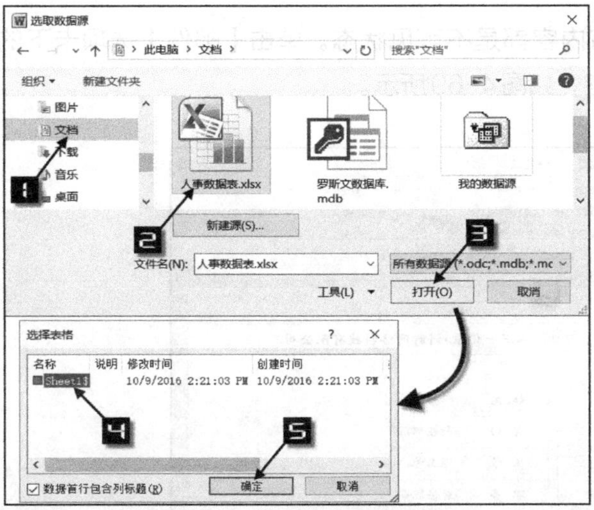

图4-65 选取数据源

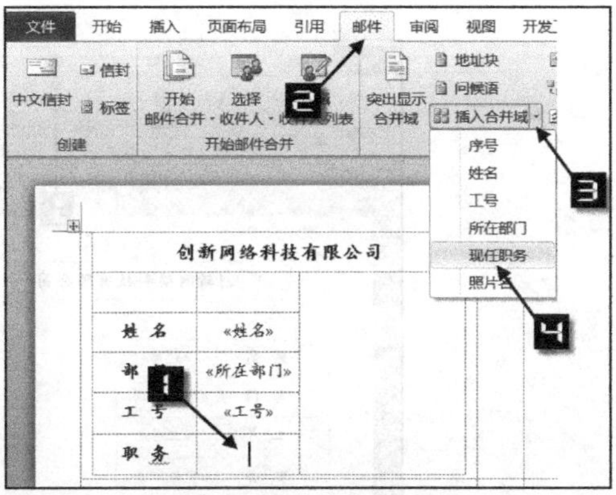

图4-66 插入合并域

步骤9 单击表格右下角需要插入照片的合并单元格，按<Ctrl+F9>组合键，此时单元格内会出现一对花括号，注意这个花括号手工输入时无效。在花括号内输入域代码“INCLUDEPICTURE”，如图4-67所示。

步骤10 单击右侧花括号之前的位置，插入合并域“照片名”，如图4-68所示。

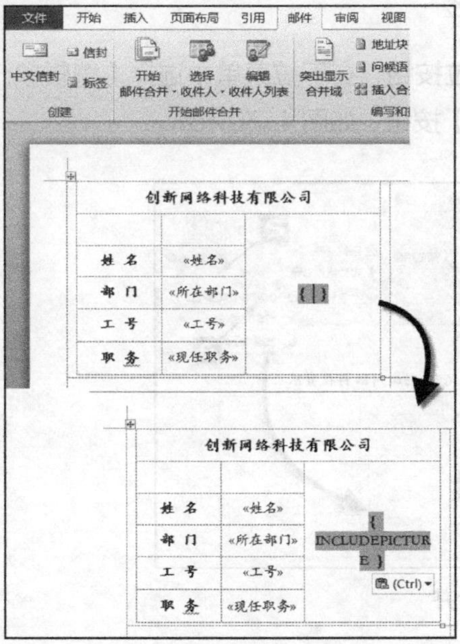

图4-67 输入域代码

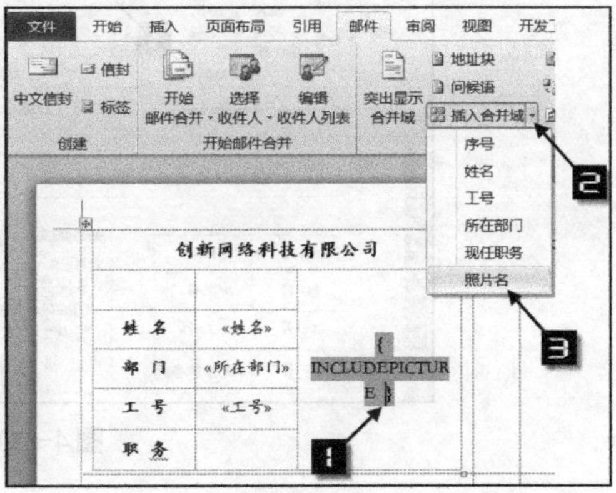

图4-68 插入合并域“照片名”

提示

必须要注意此处光标的位置为右侧花括号之前，否则照片不能显示。

步骤 11 此时在照片位置的单元格内，所有内容都是不可见状态。单击【邮件】选项卡下的【更新标签】按钮，在其他标签内更新表格内容，如图4-69所示。

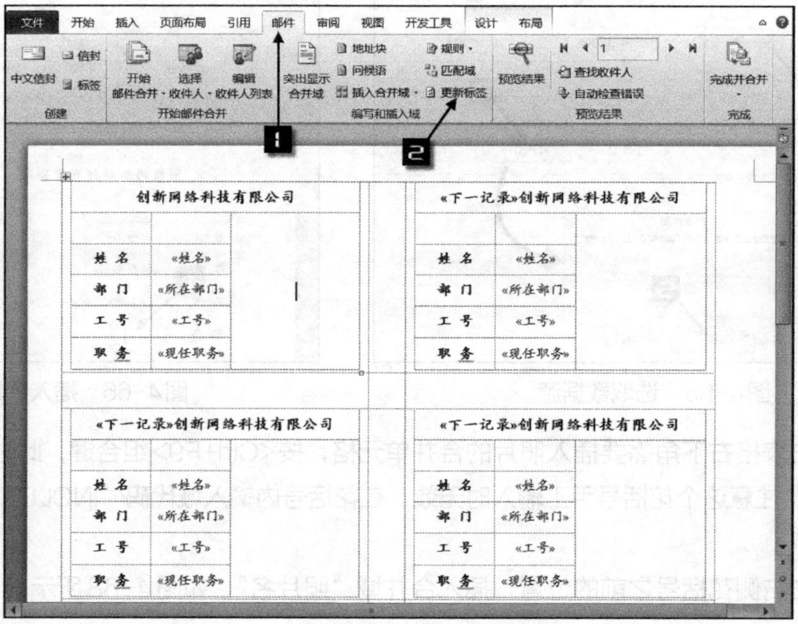

图4-69　更新标签

步骤 12 单击【邮件】选项卡下的【完成并合并】下拉按钮，在下拉菜单中选择【编辑单个文档】命令，弹出【合并到新文档】对话框，单击【确定】按钮，如图4-70所示。

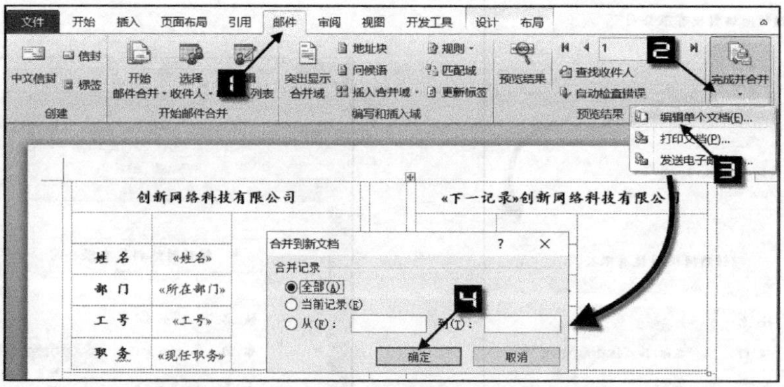

图4-70　完成并合并

至此，Word会自动新建一个名为“标签1”的文档，生成按员工姓名顺序排列的胸卡，但照片位置还没有出现员工的照片，如图4-71所示。

步骤 13 按<Ctrl+S>组合键，将“标签 1”文档保存到员工照片文件夹内，命名为“创新网络有限公司员工胸卡.docx”。

按<Ctrl+A>组合键全选，再按<F9>键刷新域代码，即可显示每位员工的照片，如图4-72所示。

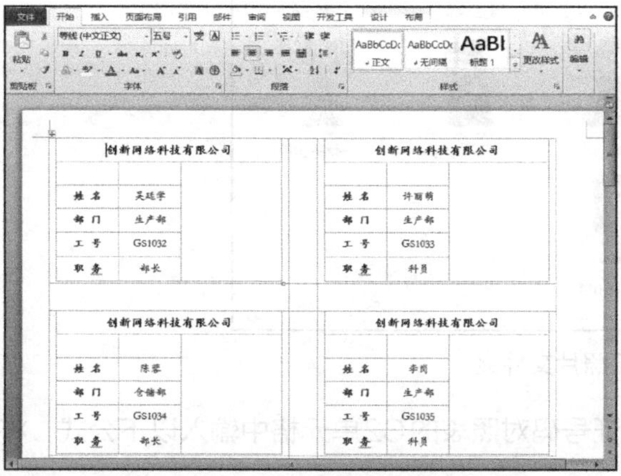

图4-71　邮件合并效果

图4-72　员工胸卡效果

最后，在页面设置中适当调整页边距，确认无误后，输出打印即可。文档中的表格虚线仅作为文本对齐的参考，不会被打印出来。

提示

实际工作中，可以先根据Word表格中单元格的宽高比，使用图片处理软件对图片的比例进行必要的裁剪处理，以保证照片最终的显示效果。

4.6 按身份证号码重命名员工照片

素材所在位置：

光盘：\素材\第 4 章 人员招聘与录用常用表格制作\4.6 按身份证号码重命名员工照片.xlsx

部分企业在招聘录用工作结束后，还需要将员工信息录入公司的人事管理系统。为了避免由于同名员工造成的信息混乱，在上传照片之前，通常需要先将员工照片以身份证号码进行重命名。实际工作中，也经常有一些批量重命名文件的需求。如果手工修改，不仅费时费力，而且容易出错。本节将介绍如何按身份证号码重命名员工照片的技巧。

操作步骤如下。

步骤 1 打开存放员工照片的文件夹，所有员工照片都是以员工姓名进行命名的，如图4-73所示。

步骤 2 整理好员工的姓名和身份证号码对照表，如图4-74所示。

图4-73　员工照片文件夹

步骤 3 如图4-75所示，在员工的姓名和身份证号码对照表的C2单元格中输入以下公式，将公式向下复制到C11单元格。

="ren "&A2&".jpg "&B2&".jpg"

注意公式中的“ren”后面有一个空格，第一个“.jpg”后面也有一个空格，漏掉空格会导致公式无效。

	A	B
1	姓名	身份证号码
2	陈蓉	422827198807180011
3	陈夏冰	330824199107267026
4	丁玉琼	330381198810127633
5	李岗	341221197912083172
6	宋祖发	340828198307144816
7	汪维平	500222198209136646
8	汪学强	350322199402084363
9	吴廷学	530381197811133530
10	许丽萌	411528196912213722
11	杨月英	330302198902136091

图4-74　员工的姓名和身份证号码对照表

C2　=" ren "&A2&".jpg "&B2&".jpg"

	A	B	C
1	姓名	身份证号码	
2	陈蓉	422827198807180011	ren 陈蓉.jpg 422827198807180011.jpg
3	陈夏冰	330824199107267026	ren 陈夏冰.jpg 330824199107267026.jpg
4	丁玉琼	330381198810127633	ren 丁玉琼.jpg 330381198810127633.jpg
5	李岗	341221197912083172	ren 李岗.jpg 341221197912083172.jpg
6	宋祖发	340828198307144816	ren 宋祖发.jpg 340828198307144816.jpg
7	汪维平	500222198209136646	ren 汪维平.jpg 500222198209136646.jpg
8	汪学强	350322199402084363	ren 汪学强.jpg 350322199402084363.jpg
9	吴廷学	530381197811133530	ren 吴廷学.jpg 530381197811133530.jpg
10	许丽萌	411528196912213722	ren 许丽萌.jpg 411528196912213722.jpg
11	杨月英	330302198902136091	ren 杨月英.jpg 330302198902136091.jpg

图4-75　在辅助列中输入公式

步骤 4 选中C2:C11单元格区域，按<Ctrl+C>组合键复制。

步骤 5 在存放员工照片的文件夹内单击鼠标右键，在快捷菜单中依次单击【新建】→【文本文档】，创建一个名为“新建文本文档.txt”的记事本文档，如图4-76所示。

步骤 6 双击打开文本文档，按<Ctrl+V>组合键粘贴复制的内容，按<Ctrl+S>组合键保存，如图4-77所示。

步骤 7 单击右上角的【关闭】按钮，关闭记事本文档。在文件夹中单击选中“新建文本文档.txt”，按<F2>键，此时会进入文件重命名状态。将文件扩展名“.txt”修改为“.bat”后按<Enter>键，Excel会弹出警告对话框，单击【是】按钮，如图4-78所示。

步骤 8 此时文件图标会变成齿轮状，表示是批处理文件。双击“新建文本文档.bat”，文件夹内的照片即可全部以身份证号码重命名，如图4-79所示。

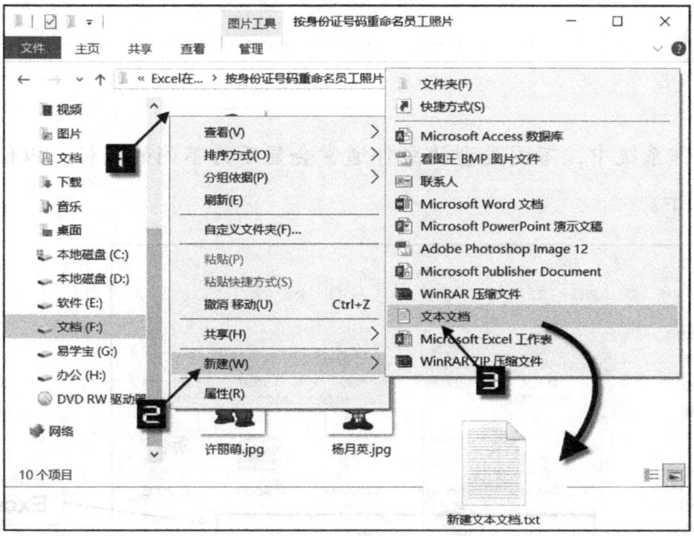

图4-76 新建文本文档

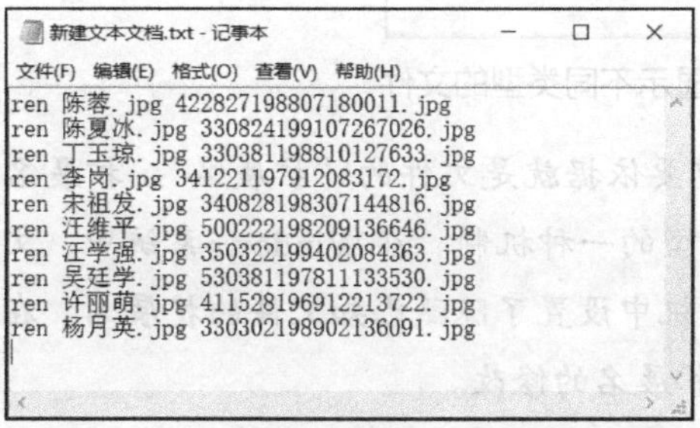

图4-77 在记事本文件中粘贴内容

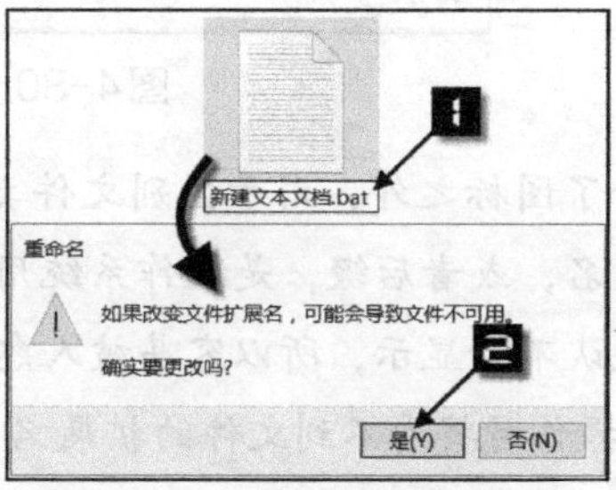

图4-78 修改文件扩展名

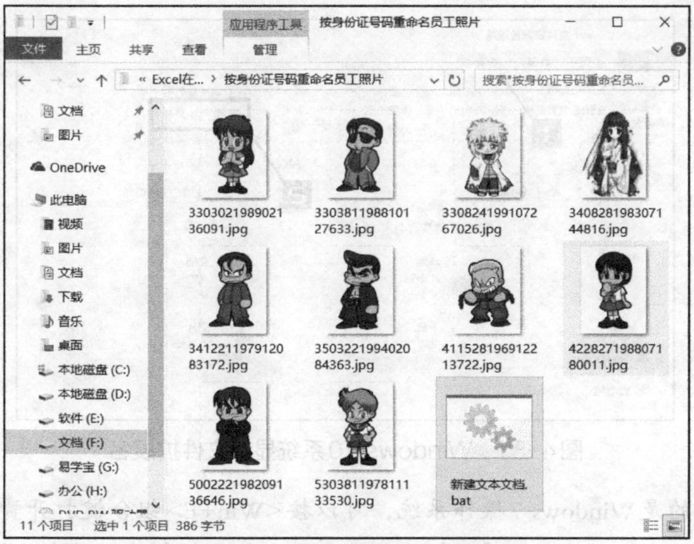

图4-79 批量重命名文件

步骤 9 操作完成后，将“新建文本文档.bat”文件删除。

知识点讲解

1. 文件扩展名

在Windows操作系统中，不同类型的文件通常会显示为不同的图标，以便于用户直观地进行区分，如图4-80所示。

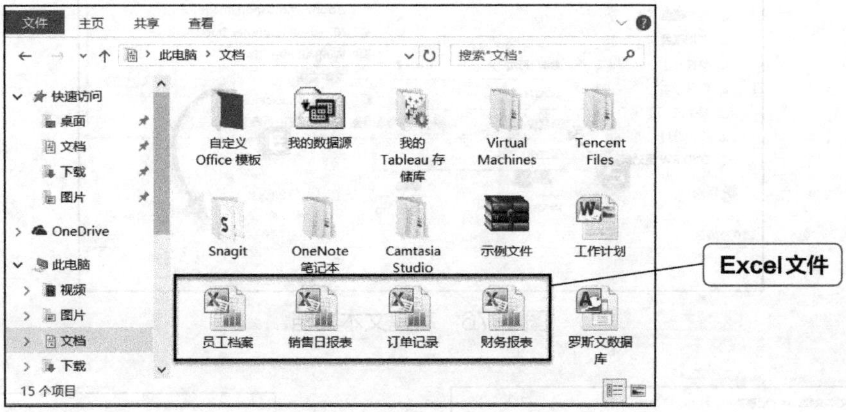

图4-80　以不同的图标显示不同类型的文件

除了图标之外，用于区别文件类型的另一个重要依据就是文件的“扩展名”。扩展名也被称为后缀名，或者后缀，是操作系统用来标志文件类型的一种机制。在Windows系统中，文件的扩展名默认不会显示，所以容易被人忽视。如果计算机中设置了隐藏已知文件的扩展名，在本小节步骤7操作时将看不到文件的扩展名，也无法完成扩展名的修改。

在Windows 10操作系统中，要显示并查看文件扩展名，可以按<Win+E>组合键打开文件资源管理器，在【查看】选项卡下勾选【文件扩展名】复选框，如图4-81所示。

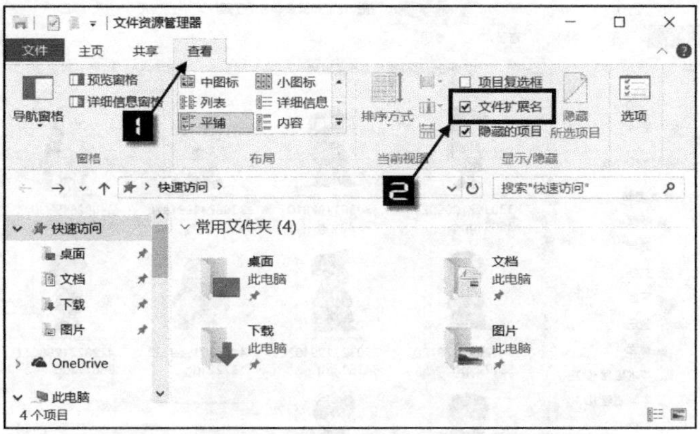

图4-81　Windows 10系统显示文件扩展名

如果用户使用的是Windows 7操作系统，可以按<Win+E>组合键打开资源管理器，依次单击【组织】→【文件夹和搜索选项】，在弹出的【文件夹选项】对话框中选择【查看】选项卡，然后去掉【隐藏已知文件类型的扩展名】复选框的勾选，如图4-82所示。

设置显示文件扩展名之后，所有文件都会显示出完整的扩展名，如图4-83所示。

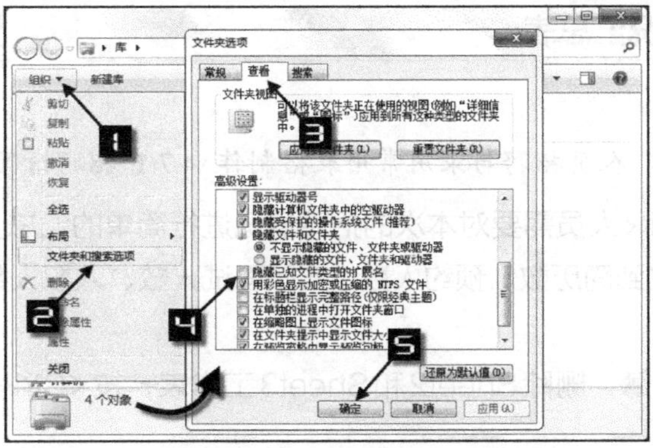

图4-82　Windows 7系统显示文件扩展名

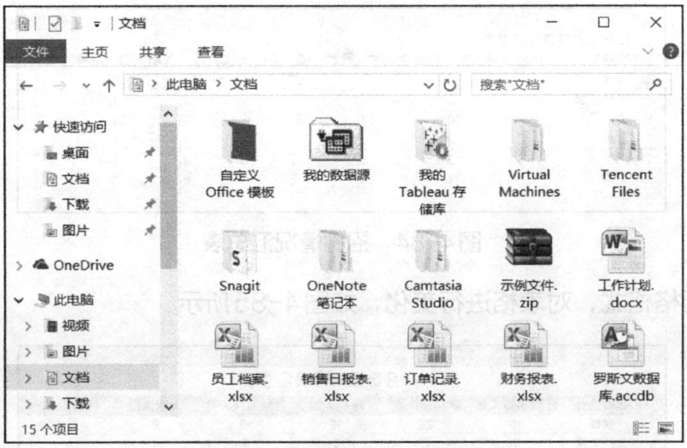

图4-83　显示扩展名的文件

2. 批处理

批处理也称为批处理脚本。顾名思义，就是对某些对象进行批量的处理，通常被认为是一种简化的脚本语言，应用于DoS和Windows系统中，批处理文件的扩展名为bat。

本小节中用到的公式为

```
="ren "&A2&".jpg "&B2&".jpg"
```

得到一个类似“ren 旧文件名 新文件名”的批处理命令，能够将A2单元格的文件名重命名为B2单元格的名称。

本小节中的方法也可以应用到其他需要重命名的文件，只要将公式中的“.jpg”换成对应的文件扩展名即可。

4.7 制作招聘录用统计分析表

通过对招聘过程中的各项数据进行分析，用户能够体现出招聘工作各个层面的效果，为日后的招聘工作提供参考依据。

4.7.1 制作招聘情况汇总表

素材所在位置：

光盘：\素材\第4章 人员招聘与录用常用表格制作\4.7.1 招聘情况汇总表.xlsx

每次招聘结束后，HR人员需要对本次的招聘情况进行简单的汇总，汇总表中主要包括招聘岗位、计划招聘人数、收到简历数、预约人数、实际面试人数、入职人数、招聘完成率等项目。

操作步骤如下。

步骤 1 新建一个工作簿，删除Sheet2和Sheet3工作表，按<Ctrl+S>组合键，另存为“招聘情况汇总表.xlsx”。

步骤 2 在工作表中输入基础信息，如图4-84所示。

	A	B	C	D	E	F	G
1	11月份招聘情况汇总表						
2	招聘岗位	计划招聘人数	收到简历数	预约人数	实际面试人数	入职人数	招聘完成率
3	销售	10	25	19	16	8	
4	生产主管	3	6	5	5	1	
5	操作工	30	66	51	50	29	
6	财务	3	5	5	4	2	
7	研发	3	6	5	4	1	
8	采购	4	10	8	6	3	
9	合计						

图4-84 招聘情况汇总表

步骤 3 设置单元格格式，对表格进行美化，如图4-85所示。

	A	B	C	D	E	F	G
1	11月份招聘情况汇总表						
2	招聘岗位	计划招聘人数	收到简历数	预约人数	实际面试人数	入职人数	招聘完成率
3	销售	10	25	19	16	8	
4	生产主管	3	6	5	5	1	
5	操作工	30	66	51	50	29	
6	财务	3	5	5	4	2	
7	研发	3	6	5	4	1	
8	采购	4	10	8	6	3	
9	合计						

图4-85 设置格式后的表格

步骤 4 选中B3:F9单元格区域，按<Alt+=>组合键，快速对各项数据求和，如图4-86所示。

	A	B	C	D	E	F	G
1	11月份招聘情况汇总表						
2	招聘岗位	计划招聘人数	收到简历数	预约人数	实际面试人数	入职人数	招聘完成率
3	销售	10	25	19	16	8	
4	生产主管	3	6	5	5	1	
5	操作工	30	66	51	50	29	
6	财务	3	5	5	4	2	
7	研发	3	6	5	4	1	
8	采购	4	10	8	6	3	
9	合计						

	A	B	C	D	E	F	G
1	11月份招聘情况汇总表						
2	招聘岗位	计划招聘人数	收到简历数	预约人数	实际面试人数	入职人数	招聘完成率
3	销售	10	25	19	16	8	
4	生产主管	3	6	5	5	1	
5	操作工	30	66	51	50	29	
6	财务	3	5	5	4	2	
7	研发	3	6	5	4	1	
8	采购	4	10	8	6	3	
9	合计	53	118	93	85	44	

图4-86 快速求和

步骤 5 在G3单元格输入以下公式，计算招聘完成率，将公式向下复制到G9单元格。

```
=F3/B3
```

步骤6 选中G3:G9单元格区域，在【开始】选项卡中，单击【百分比样式】按钮，将单元格中的值以百分比显示，如图4-87所示。

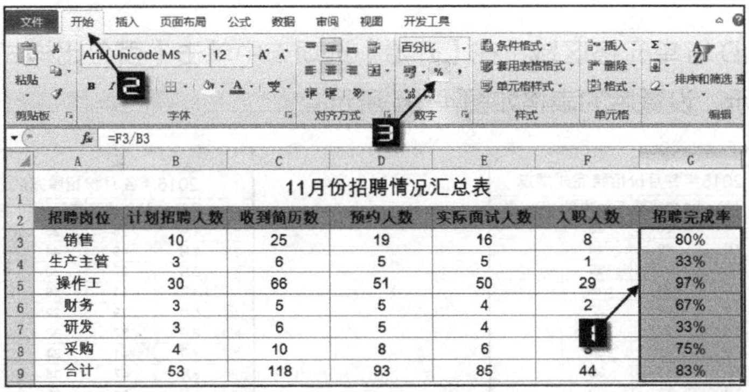

	A	B	C	D	E	F	G
1	11月份招聘情况汇总表						
2	招聘岗位	计划招聘人数	收到简历数	预约人数	实际面试人数	入职人数	招聘完成率
3	销售	10	25	19	16	8	80%
4	生产主管	3	6	5	5	1	33%
5	操作工	30	66	51	50	29	97%
6	财务	3	5	5	4	2	67%
7	研发	3	6	5	4	1	33%
8	采购	4	10	8	6	3	75%
9	合计	53	118	93	85	44	83%

图4-87 设置单元格格式

通过招聘情况汇总表可以发现，操作工和销售岗位的招聘完成率相对较高，而生产主管和研发等对技术要求比较高的岗位，招聘完成率则相对较低。

4.7.2 制作年度招聘完成情况汇总表

素材所在位置：

光盘：\素材\第4章 人员招聘与录用常用表格制作\4.7.2 2016年招聘完成情况汇总表.xlsx

制作年度招聘完成情况汇总表

通过对一年中的各个月份招聘完成情况进行汇总，用户能够直观对比各个月份的招聘完成率变化，如图4-88所示。

在表格中使用条件格式的数据条功能来展示每个月的完成率，能够实现类似条形图的效果。在最后部分，使用迷你图展示全年的趋势，并对最高点和最低点进行标记。

操作步骤如下。

步骤1 新建一个工作簿，删除Sheet2和Sheet3工作表，按<Ctrl+S>组合键，另存为"2016年招聘完成情况汇总表.xlsx"。

步骤2 在工作表中输入基础信息，如图4-89所示。

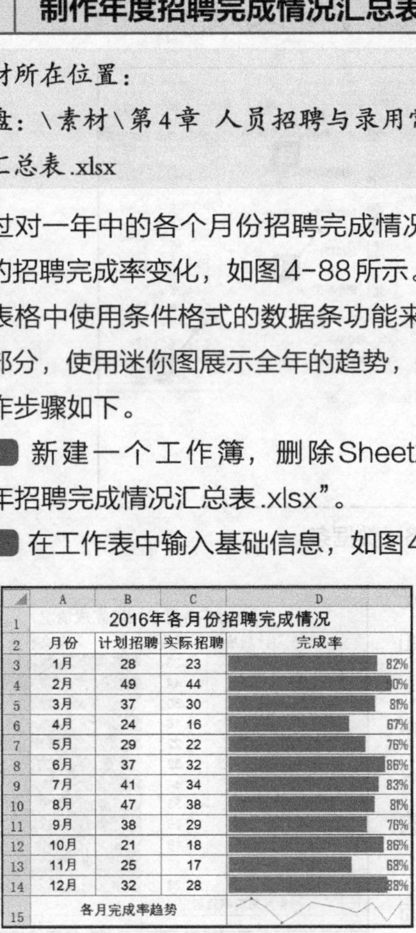

	A	B	C	D
1	2016年各月份招聘完成情况			
2	月份	计划招聘	实际招聘	完成率
3	1月	28	23	82%
4	2月	49	44	90%
5	3月	37	30	81%
6	4月	24	16	67%
7	5月	29	22	76%
8	6月	37	32	86%
9	7月	41	34	83%
10	8月	47	38	81%
11	9月	38	29	76%
12	10月	21	18	86%
13	11月	25	17	68%
14	12月	32	28	88%
15	各月完成率趋势			

图4-88 直观对比各月份招聘完成率变化

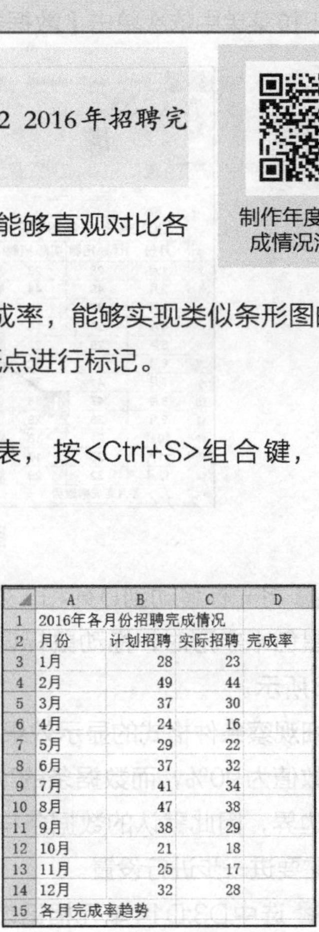

	A	B	C	D
1	2016年各月份招聘完成情况			
2	月份	计划招聘	实际招聘	完成率
3	1月	28	23	
4	2月	49	44	
5	3月	37	30	
6	4月	24	16	
7	5月	29	22	
8	6月	37	32	
9	7月	41	34	
10	8月	47	38	
11	9月	38	29	
12	10月	21	18	
13	11月	25	17	
14	12月	32	28	
15	各月完成率趋势			

图4-89 输入基础信息

步骤 3 设置单元格格式，对基础数据进行美化，如图4-90所示。

步骤 4 在D3单元格输入以下公式，计算出完成率，并将公式向下复制到D14单元格。

```
=C3/B3
```

步骤 5 选中D3:D14单元格区域，在【开始】选项卡中单击【百分比样式】按钮，将单元格中的值以百分比显示，设置后的表格如图4-91所示。

	A	B	C	D
1	2016年各月份招聘完成情况			
2	月份	计划招聘	实际招聘	完成率
3	1月	28	23	
4	2月	49	44	
5	3月	37	30	
6	4月	24	16	
7	5月	29	22	
8	6月	37	32	
9	7月	41	34	
10	8月	47	38	
11	9月	38	29	
12	10月	21	18	
13	11月	25	17	
14	12月	32	28	
15	各月完成率趋势			

图4-90 对基础数据进行美化

	A	B	C	D
1	2016年各月份招聘完成情况			
2	月份	计划招聘	实际招聘	完成率
3	1月	28	23	82%
4	2月	49	44	90%
5	3月	37	30	81%
6	4月	24	16	67%
7	5月	29	22	76%
8	6月	37	32	86%
9	7月	41	34	83%
10	8月	47	38	81%
11	9月	38	29	76%
12	10月	21	18	86%
13	11月	25	17	68%
14	12月	32	28	88%
15	各月完成率趋势			

图4-91 使用公式计算出完成率

步骤 6 保持D3:D14单元格区域的选中状态，在【开始】选项卡下单击【条件格式】下拉按钮，在下拉菜单中依次单击【数据条】→【蓝色数据条】，如图4-92所示。

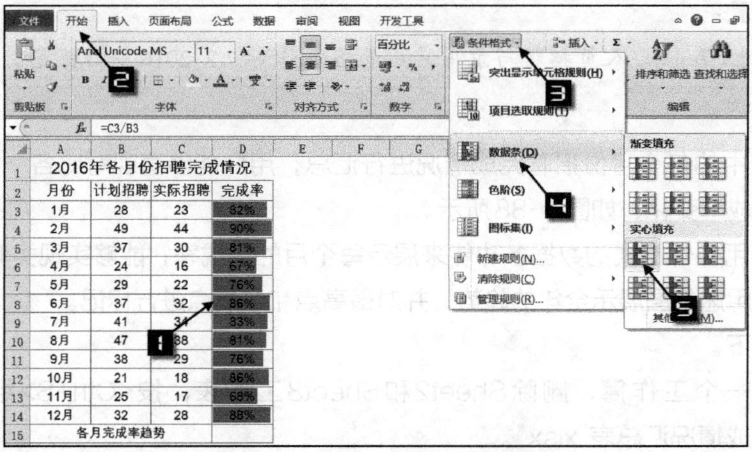

图4-92 设置条件格式数据条

步骤 7 将光标移动到D列和E列列标交界处，待光标变成黑色十字形时，拖动鼠标调整D列的列宽，如图4-93所示。

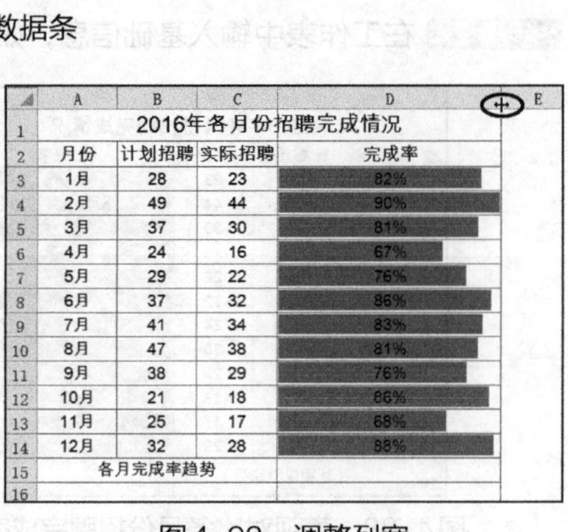

图4-93 调整列宽

仔细观察条件格式的显示效果可以发现，D4单元格中的数值为90%，而数据条的顶点已经到了单元格的右侧边界，因此默认的数据条样式还不符合我们的要求，需要进一步进行设置。

步骤 8 选中D3:D14单元格区域，在【开始】选项卡下单击【条件格式】下拉按钮，在下拉菜单中单击

【管理规则】命令，弹出【条件格式规则管理器】对话框，单击其中的【编辑规则】按钮，如图4-94所示。

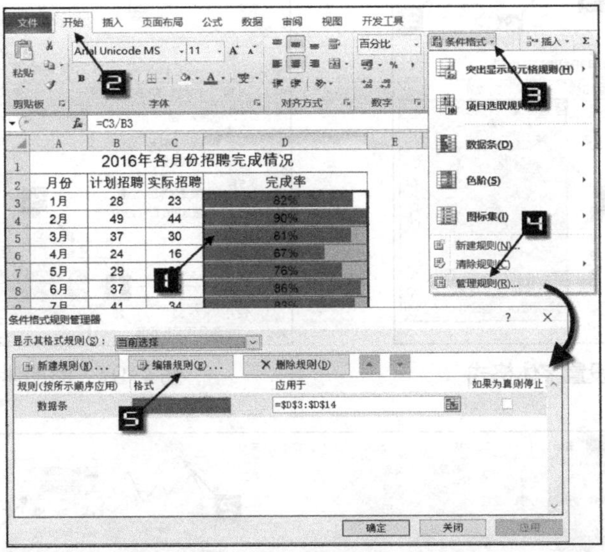

图4-94　管理条件格式规则

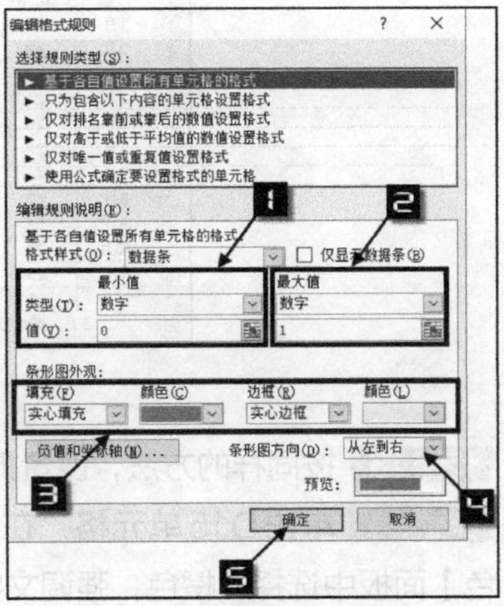

图4-95　编辑格式规则

步骤 9 在弹出的【编辑格式规则】对话框中，单击【最小值】下的【类型】下拉按钮，在下拉列表中选择“数字”，在【值】编辑框中输入0。

单击【最大值】下的【类型】下拉按钮，在下拉列表中选择“数字”，在【值】编辑框中输入1，也就是100%。

在【条形图外观】区域中单击【填充颜色】下拉按钮，在【主题颜色】面板中选择“水绿色，强调文字颜色5”。单击【边框】下拉按钮，选择“实心边框”。单击【边框颜色】下拉按钮，在【主题颜色】面板中选择“白色”。

单击【条形图方向】下拉按钮，在下拉列表中选择“从左到右”，如图4-95所示。最后单击【确定】按钮，返回【条件格式规则管理器】对话框，再次单击【确定】按钮，完成设置。

步骤 10 选中D3:D14单元格区域，在【开始】选项卡下单击【文本右对齐】按钮。单击【文字颜色】下拉按钮，在【主题颜色】面板中选择“橙色，强调文字颜色6，深色25%”。设置字体为“Agency FB”，最后单击【加粗】按钮，使所选文字加粗显示，如图4-96所示。

设置完条件格式后，接下来使用迷你图展示各月完成率的趋势变化。

步骤 11 单击选中条形图下方的D15单元格，在【插入】选项卡单击【迷你图】命令组中的【折线图】按钮，弹出【创建迷你图】对话框，单击【数据范围】右侧的折叠按钮，选择D3:D14单元格区域，单击【确定】按钮，如图4-97所示。

步骤 12 在【设计】选项卡下单击【标记颜色】下拉按钮，在下拉菜单中选择【高点】，在弹出的【主题颜色】面板中选择红色，如图4-98所示。

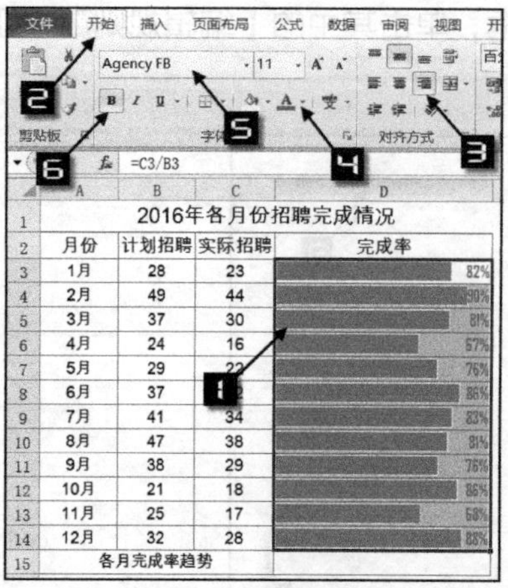

图4-96　设置字体格式

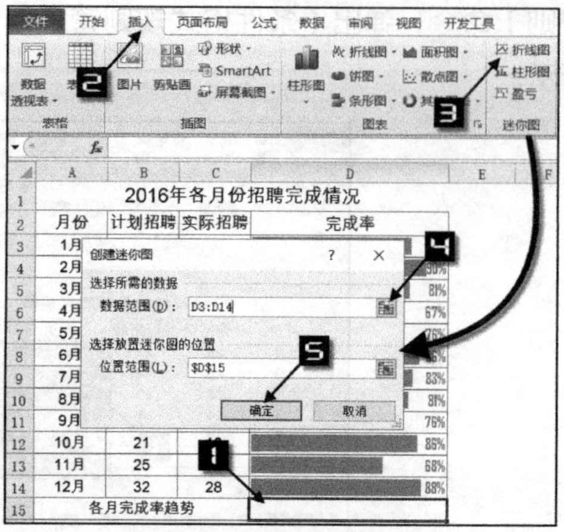

图4-97　添加迷你图

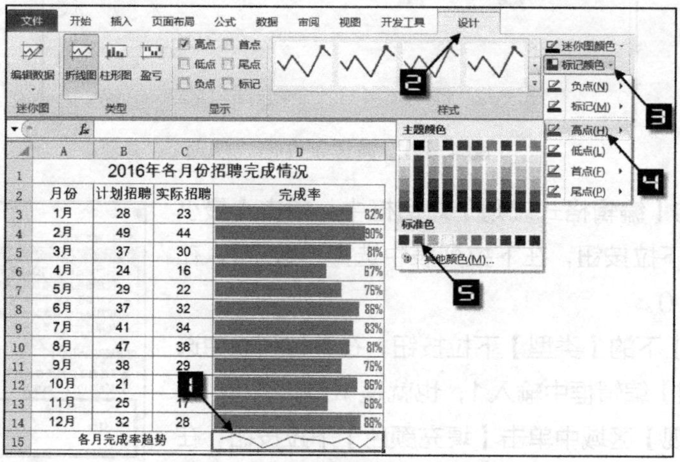

图4-98　设置折线图高点标记颜色

步骤 13 按同样的方法，设置折线图低点标记颜色为绿色。

步骤 14 单击D15单元格，在【设计】选项卡下单击【迷你图颜色】下拉按钮，在【主题颜色】面板中选择“橙色，强调文字颜色5”，如图4-99所示。

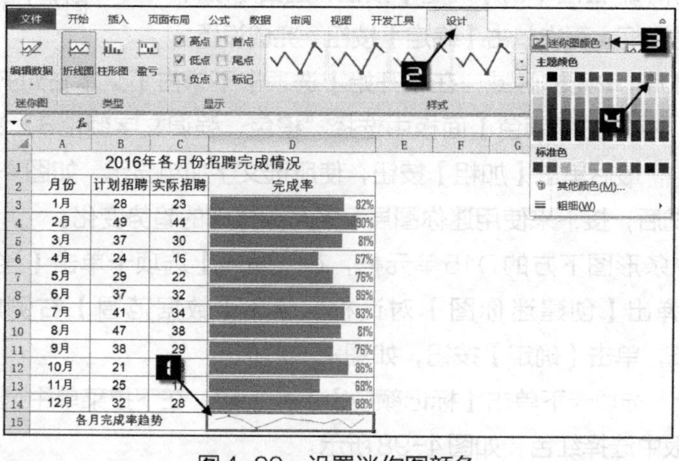

图4-99　设置迷你图颜色

知识点讲解

迷你图

素材所在位置：

光盘：\素材\第4章 人员招聘与录用常用表格制作\认识迷你图.xlsx

迷你图是工作表单元格中的微型图表，在数据表格的一侧显示迷你图，可以一目了然地反映一系列数据变化的趋势。

迷你图的图形比较简洁，没有坐标轴、图表标题、图例、网格线等图表元素，主要体现数据的变化趋势或对比。迷你图包括折线图、柱形图和盈亏图3种图表类型，创建一个迷你图之后，可以通过填充功能，快速创建一组图表。

1. 生成一组迷你图

为工作表中一行数据批量创建迷你图的操作步骤如下。

步骤1 选中F2单元格，单击【插入】选项卡下【迷你图】命令组中的【折线图】按钮，打开【创建迷你图】对话框。

步骤2 在【创建迷你图】对话框中，单击【数据范围】编辑框右侧的折叠按钮，选择数据范围为B2:E2单元格区域，单击【确定】按钮，如图4-100所示。

步骤3 拖动F2单元格右下角的填充柄，向下填充到F6单元格，即可生成一组具有相同特征的迷你图。

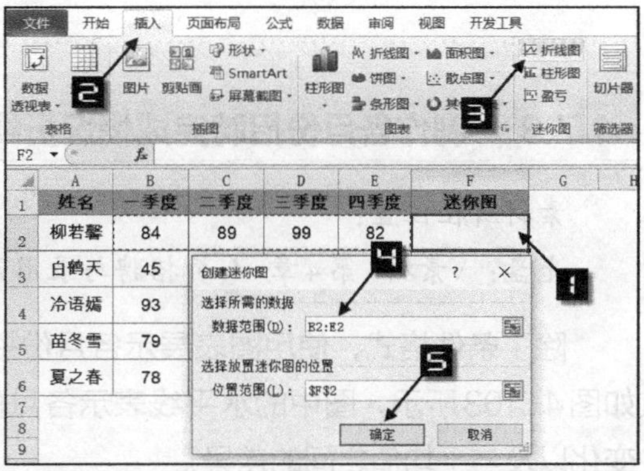

图4-100 插入迷你图

> **提示**
>
> 单个迷你图只能使用一行或是一列数据作为数据源。

2. 更改迷你图类型

如需更改迷你图的图表类型，可以选中迷你图中的任意一个单元格，在【设计】选项卡下的【类型】命令组中选择一种图表类型，如【柱形图】，即可将一组迷你图全部更改为柱形迷你图，如图4-101所示。

3. 设置迷你图样式

Excel提供了36种迷你图颜色样式组合供用户选择。选中迷你图中的任意一个单元格，单击【设计】选项卡中的【样式】下拉按钮，打开迷你图样式库，单击样式图标，即可将样式应用到一组迷你图中，如图4-102所示。

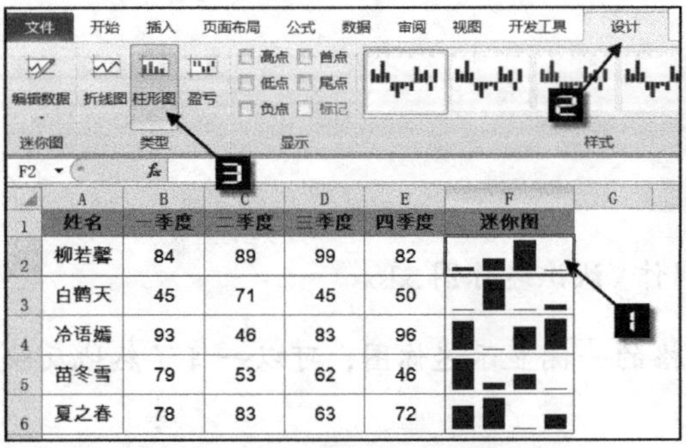

图4-101　更改迷你图类型

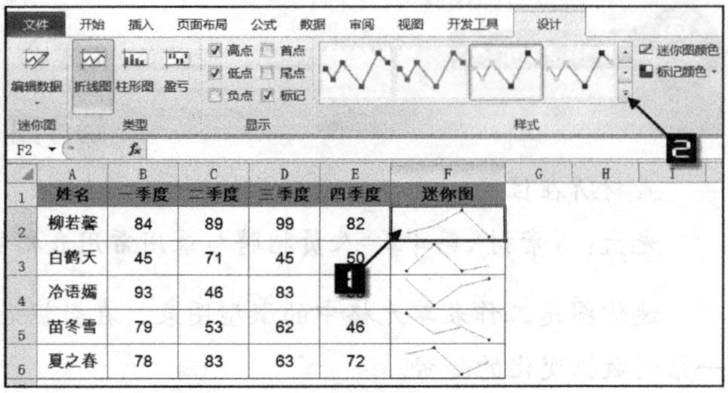

图4-102　设置迷你图样式

4. 清除迷你图的方法

方法1 选中迷你图所在单元格区域，单击鼠标右键，在弹出的快捷菜单中依次单击【迷你图】→【清除所选的迷你图】命令。

方法2 选中迷你图所在单元格区域，单击【设计】选项卡中的【清除】按钮。

4.7.3　制作各月份招聘完成情况折线图

素材所在位置：

光盘：\素材\第4章 人员招聘与录用常用表格制作\4.7.3 各月份招聘完成情况折线图.xlsx

除了条件格式，使用图表展示各月份招聘完成情况也非常直观，而且能够展示更多的信息。如图4-103所示，图中的水平线表示各月份的平均数，使用折线图的方式，显示出不同月份的变化以及与平均值之间的差异。

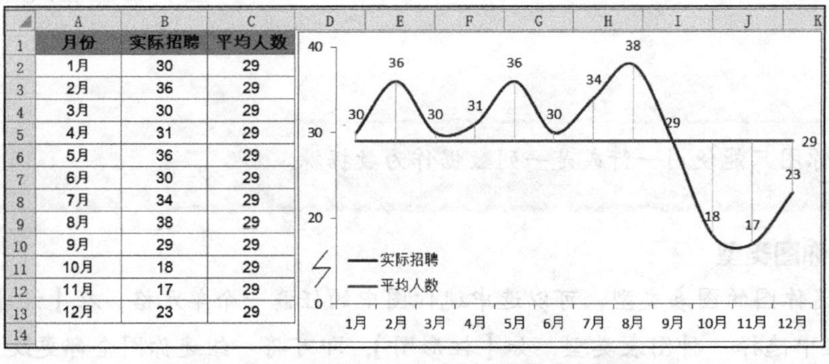

图4-103　用图表展示各月份招聘完成情况

操作步骤如下。

步骤1 新建一个工作簿，删除Sheet2和Sheet3工作表，按<Ctrl+S>组合键，另存为“各月份招聘完成情况折线图.xlsx”。

步骤2 在工作表中输入基础信息，然后设置表格格式，进行简单美化，如图4-104所示。

步骤3 如图4-105所示，在C列输入以下公式，计算出每个月的平均值。

```
=ROUND(AVERAGE(B$2:B$13),0)
```

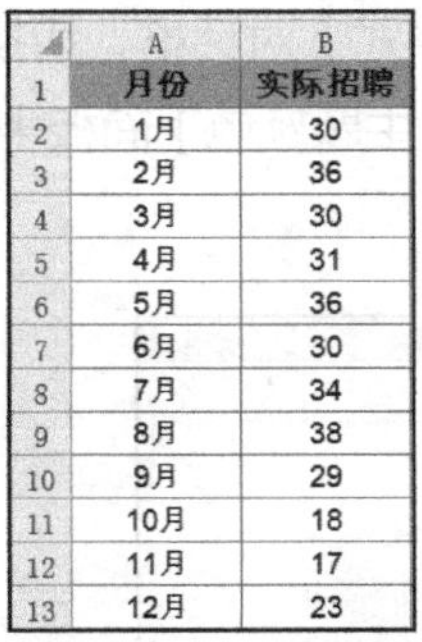

	A	B
1	月份	实际招聘
2	1月	30
3	2月	36
4	3月	30
5	4月	31
6	5月	36
7	6月	30
8	7月	34
9	8月	38
10	9月	29
11	10月	18
12	11月	17
13	12月	23

图4-104　输入基础信息

=ROUND(AVERAGE(B$2:B$13),0)

	A	B	C
1	月份	实际招聘	平均人数
2	1月	30	29
3	2月	36	29
4	3月	30	29
5	4月	31	29
6	5月	36	29
7	6月	30	29
8	7月	34	29
9	8月	38	29
10	9月	29	29
11	10月	18	29
12	11月	17	29
13	12月	23	29

图4-105　计算平均值

步骤 4 选中数据区域任意单元格，如A5，在【插入】选项卡下单击【折线图】下拉按钮，在下拉列表中选择【折线图】，如图4-106所示。

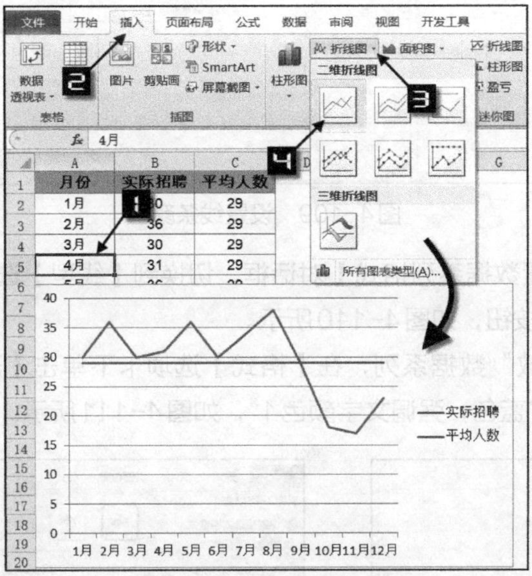

图4-106　插入折线图

步骤 5 单击选中图表网格线，按<Delete>键删除。拖动图例项边框到图表左下角位置，如图4-107所示。

步骤 6 单击选中图表绘图区，向外侧拖动绘图区边框，使其接近图表区边框，如图4-108所示。

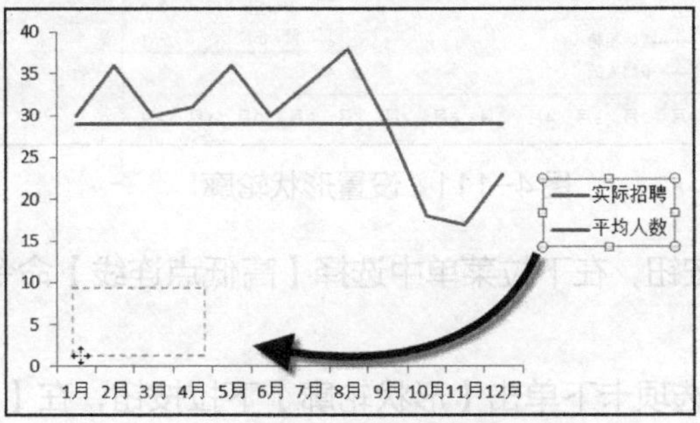

图4-107　调整图例项位置

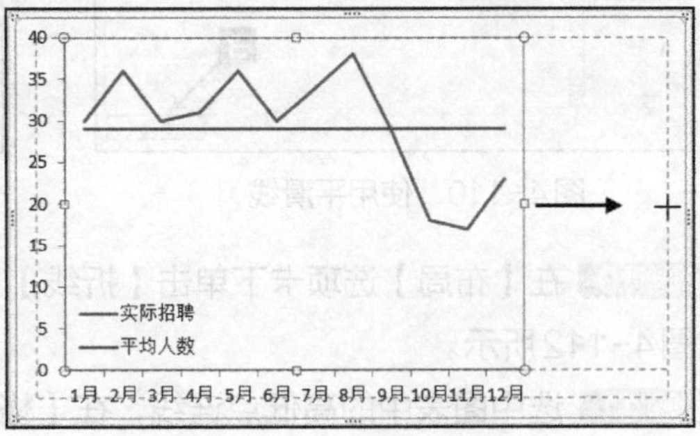

图4-108　调整绘图区

步骤 7 双击“实际招聘”数据系列，打开【设置数据系列格式】对话框，切换到【线条颜色】选项卡，勾选【实线】单选按钮，单击【颜色】下拉按钮，在【主题颜色】面板中选择“深蓝，文字2”，如图4-109所示。

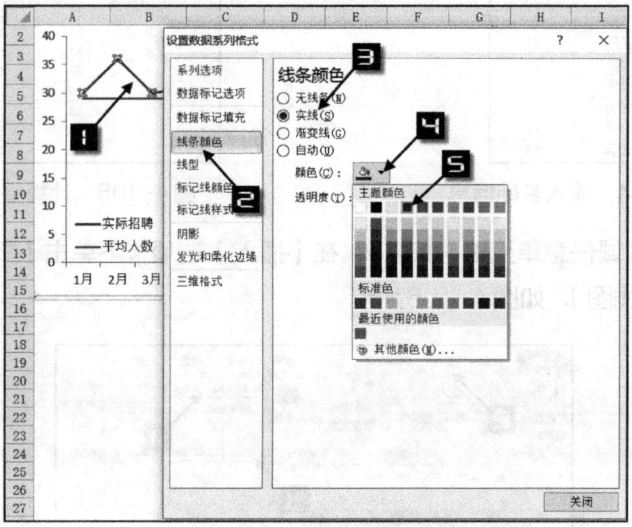

图4-109　设置线条颜色

步骤 8 不要关闭【设置数据系列格式】对话框，切换到【线型】选项卡，勾选【平滑线】复选框，最后单击【关闭】按钮，如图4-110所示。

步骤 9 选中“平均人数”数据系列，在【格式】选项卡下单击【形状轮廓】下拉按钮，在【主题颜色】面板中选择“蓝色，强调文字颜色1”，如图4-111所示。

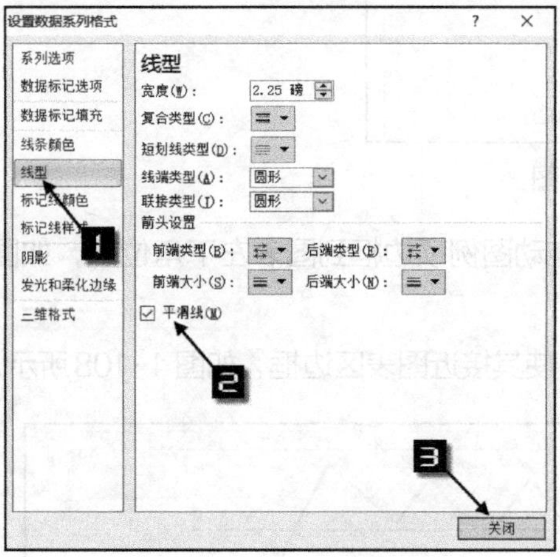

图4-110　使用平滑线

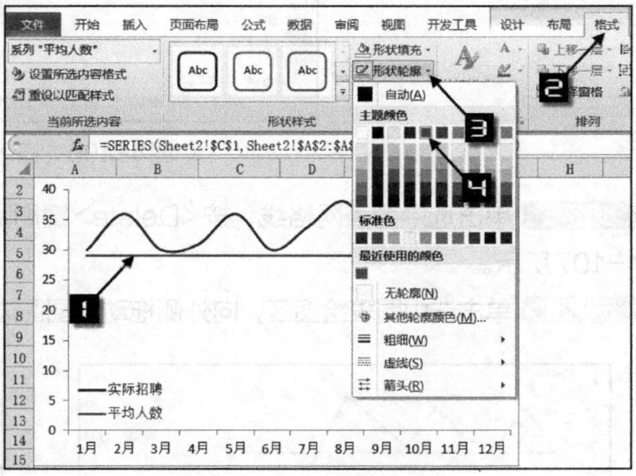

图4-111　设置形状轮廓

步骤 10 在【布局】选项卡下单击【折线】下拉按钮，在下拉菜单中选择【高低点连线】命令，如图4-112所示。

步骤 11 选中图表中的高低点连线，在【格式】选项卡下单击【形状轮廓】下拉按钮，在【主题颜色】面板中选择“蓝色，强调文字颜色1，淡色60%”，如图4-113所示。

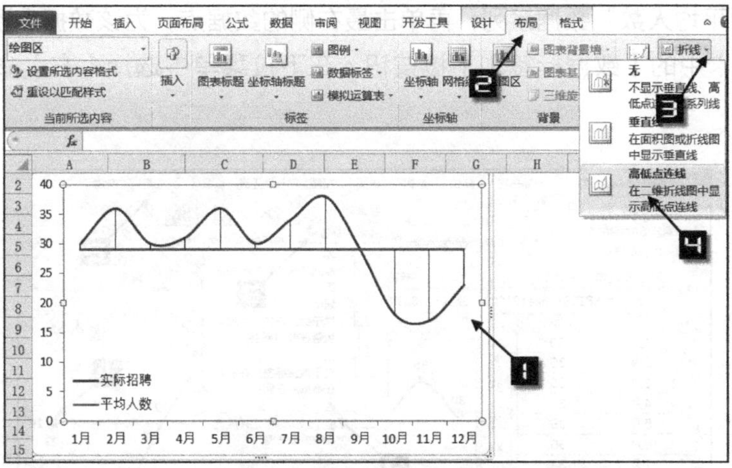

图4-112　添加高低点连线

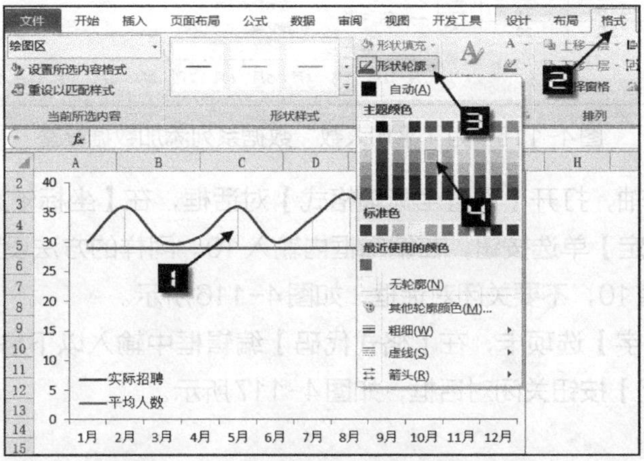

图4-113　设置高低点连线形状轮廓

步骤 12 选中"实际招聘"数据系列，单击【布局】选项卡中的【数据标签】下拉按钮，在下拉菜单中选择【上方】命令，如图4-114所示。

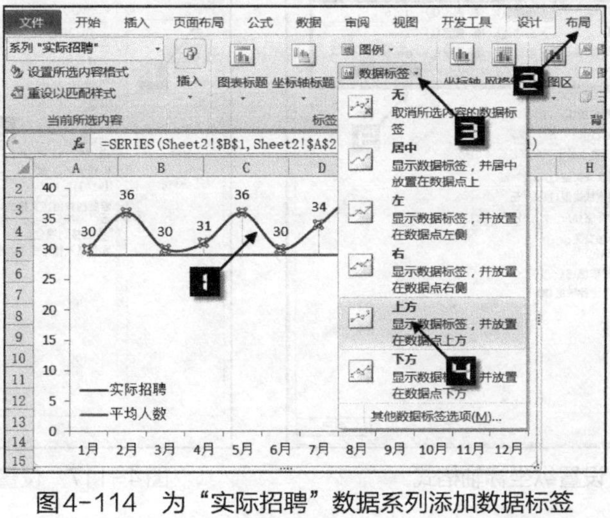

图4-114　为"实际招聘"数据系列添加数据标签

步骤 13 选中“平均人数”数据系列，再单击最右侧的数据点，为该数据点添加数据标签。单击【布局】选项卡中的【数据标签】下拉按钮，在下拉菜单中选择【右】命令，如图4-115所示。

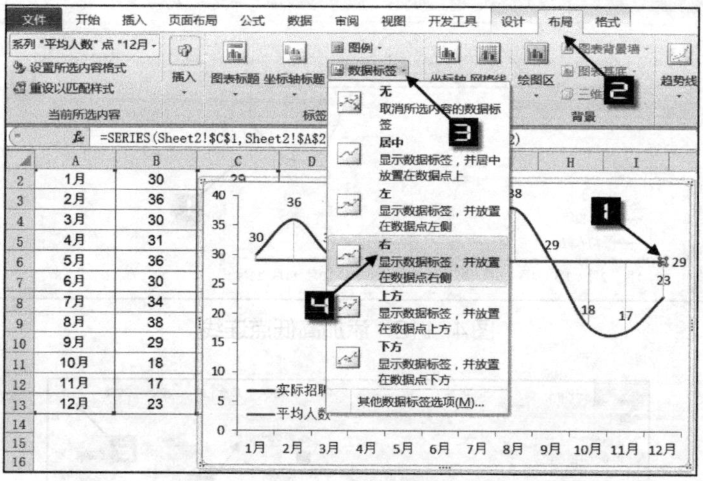

图4-115 为“平均人数”数据系列添加数据标签

步骤 14 双击纵坐标轴，打开【设置坐标轴格式】对话框，在【坐标轴选项】选项卡下，单击【最小值】右侧的【固定】单选按钮，在编辑框内输入10。同样的方法设置最大值为固定值40，主要刻度单位为固定值10，不要关闭对话框，如图4-116所示。

步骤 15 切换到【数字】选项卡，在【格式代码】编辑框中输入以下格式代码，单击【添加】按钮，最后单击【关闭】按钮关闭对话框，如图4-117所示。

```
[=10]!0;0
```

上述格式代码的作用是，如果数据标签的值等于10时，则强制显示为0；如果等于其他数值时，则显示原有数值。

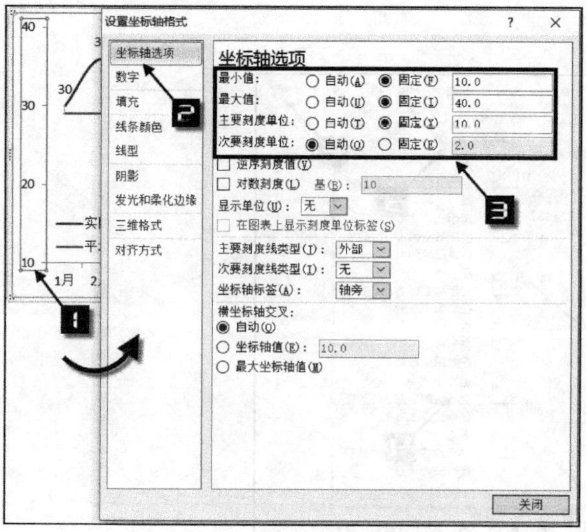

图4-116 设置纵坐标轴格式

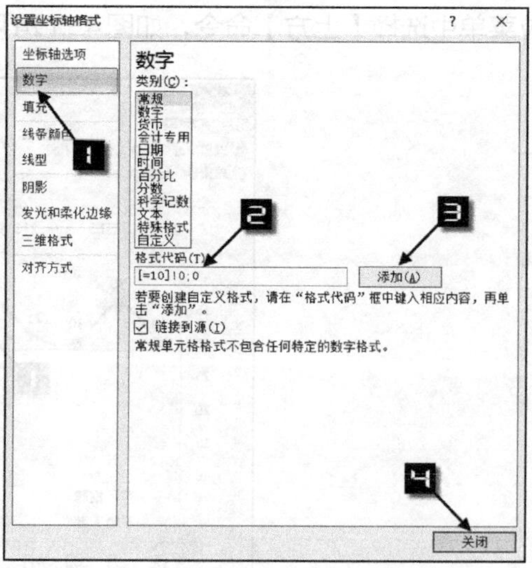

图4-117 设置坐标轴数字格式

步骤16 接下来单击【插入】选项卡下的【形状】下拉按钮，单击“直线”，拖动鼠标在工作表内画一条直线线条，如图4-118所示。

步骤17 选中线条后，按住<Ctrl>键重复拖动鼠标，复制出两个同样的线条。然后调整线条方向和位置，使其成为类似闪电的形状ϟ。

按住<Ctrl>键依次选中3个线条，单击鼠标右键，在快捷菜单中单击【组合】→【组合】命令，如图4-119所示。

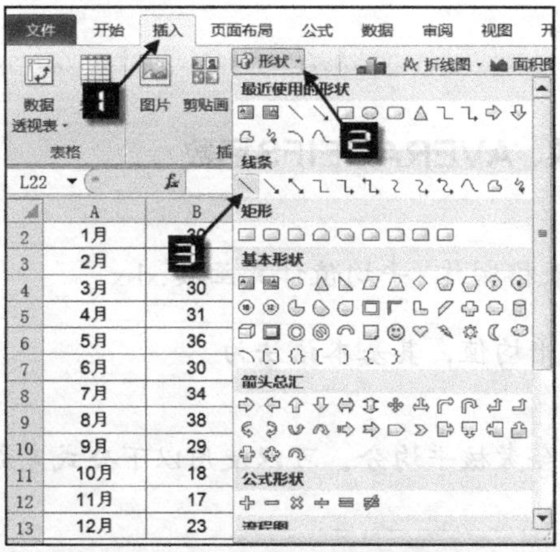

图4-118 插入直线线条

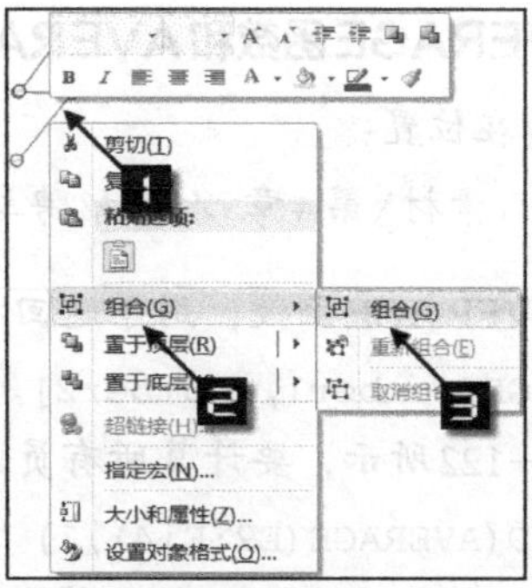

图4-119 组合图形

步骤18 调整组合形状的大小和颜色，拖动到图表纵坐标轴的左下角位置。按住<Ctrl>键不放，依次选中图形和图表，单击鼠标右键，在快捷菜单中单击【组合】→【组合】命令，完成图表，如图4-120所示。

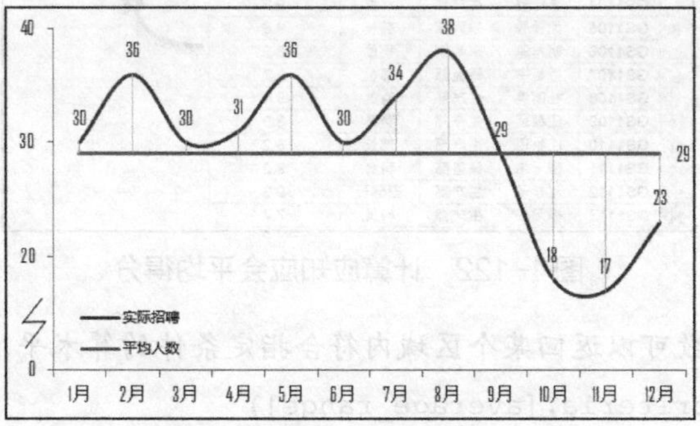

图4-120 图表效果

小技巧

展开编辑栏

当需要输入的公式太长时，在编辑栏中往往无法完全显示。此时，用户可以单击编辑栏最右侧的【展开编辑栏】按钮，放大编辑栏显示区域，方便查看公式，如图4-121所示。

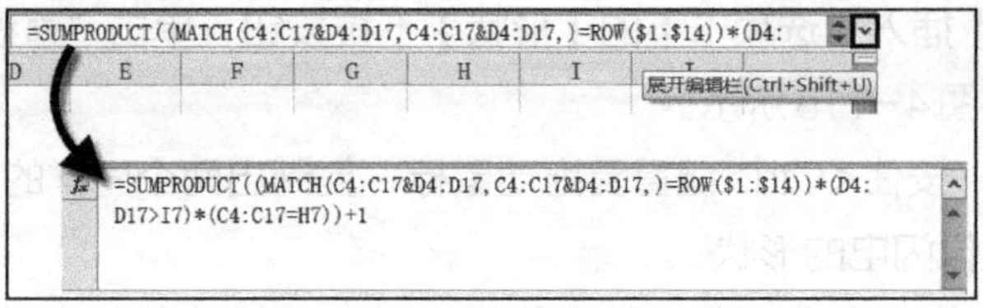

图4-121　展开编辑栏

知识点讲解

1. AVERAGE函数和AVERAGEIF函数、AVERAGEIFS函数

素材所在位置：

光盘：\素材\第4章 人员招聘与录用常用表格制作\平均值计算函数.xlsx

（1）AVERAGE函数，用于返回参数的算术平均值，其基本语法为

```
AVERAGE(number1,[number2],...)
```

如图4-122所示，要计算所有员工的应知应会考核平均分，可以使用以下公式完成。

```
=ROUND(AVERAGE(E2:E14),1)
```

首先使用AVERAGE函数计算出E2:E14单元格的平均值，再使用ROUND函数将AVERAGE函数的计算结果四舍五入保留为一位小数。

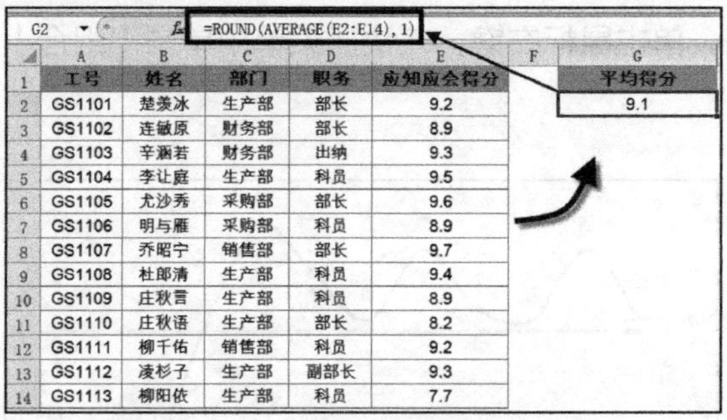

工号	姓名	部门	职务	应知应会得分		平均得分
GS1101	楚羡冰	生产部	部长	9.2		9.1
GS1102	连敏原	财务部	部长	8.9		
GS1103	辛涵若	财务部	出纳	9.3		
GS1104	李让庭	生产部	科员	9.5		
GS1105	尤沙秀	采购部	部长	9.6		
GS1106	明与雁	采购部	科员	8.9		
GS1107	乔昭宁	销售部	部长	9.7		
GS1108	杜郎清	生产部	科员	9.4		
GS1109	庄秋言	生产部	科员	8.9		
GS1110	庄秋语	生产部	部长	8.2		
GS1111	柳千佑	销售部	科员	9.2		
GS1112	凌杉子	生产部	副部长	9.3		
GS1113	柳阳依	生产部	科员	7.7		

图4-122　计算应知应会平均得分

（2）AVERAGEIF函数可以返回某个区域内符合指定条件的算术平均值，该函数的语法为

```
AVERAGEIF(range,criteria,[average_range])
```

第一参数是用于判断条件的单元格区域，第二参数是计算平均值的条件，第三参数是计算平均值的实际单元格区域。

如图4-123所示，需要计算生产部所有员工的应知应会考核平均分，可以使用以下公式完成。

```
=ROUND(AVERAGEIF(C2:C14,"生产部",E2:E14),1)
```

公式的含义是：如果C2:C14单元格区域中等于指定的条件“生产部”，AVERAGEIF函数就对E2:E14区域中对应的单元格计算平均值，最后使用ROUND函数将结果四舍五入保留为一位小数。

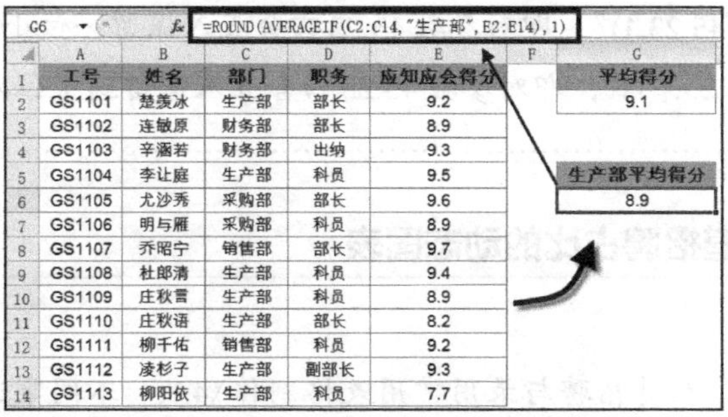

G6 =ROUND(AVERAGEIF(C2:C14,"生产部",E2:E14),1)

	A	B	C	D	E	F	G
1	工号	姓名	部门	职务	应知应会得分		平均得分
2	GS1101	楚羡冰	生产部	部长	9.2		9.1
3	GS1102	连敏原	财务部	部长	8.9		
4	GS1103	辛涵若	财务部	出纳	9.3		
5	GS1104	李让庭	生产部	科员	9.5		生产部平均得分
6	GS1105	尤沙秀	采购部	部长	9.6		8.9
7	GS1106	明与雁	采购部	科员	8.9		
8	GS1107	乔昭宁	销售部	部长	9.7		
9	GS1108	杜郎清	生产部	科员	9.4		
10	GS1109	庄秋言	生产部	科员	8.9		
11	GS1110	庄秋语	生产部	部长	8.2		
12	GS1111	柳千佑	销售部	科员	9.2		
13	GS1112	凌杉子	生产部	副部长	9.3		
14	GS1113	柳阳依	生产部	科员	7.7		

图4-123 按条件计算平均得分

（3）AVERAGEIFS函数用于计算某个区域内符合多个条件的算术平均值，该函数的语法为

AVERAGEIFS(average_range,criteria_range1,criteria1,[criteria_range2,criteria2],...)

第一参数是用于计算平均值的单元格区域，第二参数是计算平均值的条件区域，第三参数是计算平均值的条件，之后的参数都是由两个一组的“区域/条件”组成。

如图4-124所示，需要计算部门为“生产部”，并且职务为“科员”的所有员工应知应会考核平均分，可以使用以下公式完成。

=ROUND(AVERAGEIFS(E2:E14,C2:C14,"生产部",D2:D14,"科员"),1)

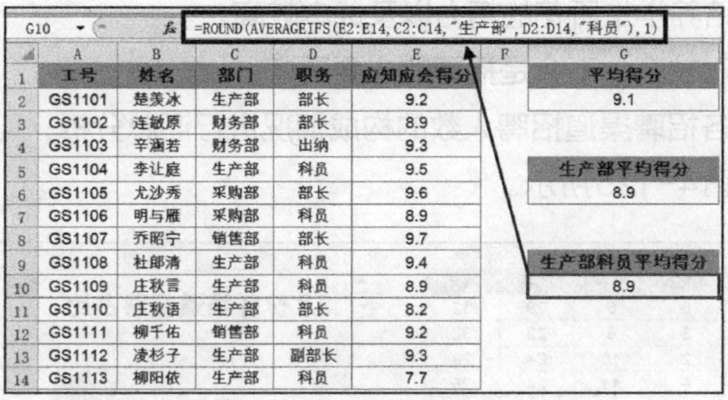

G10 =ROUND(AVERAGEIFS(E2:E14,C2:C14,"生产部",D2:D14,"科员"),1)

	A	B	C	D	E	F	G
1	工号	姓名	部门	职务	应知应会得分		平均得分
2	GS1101	楚羡冰	生产部	部长	9.2		9.1
3	GS1102	连敏原	财务部	部长	8.9		
4	GS1103	辛涵若	财务部	出纳	9.3		
5	GS1104	李让庭	生产部	科员	9.5		生产部平均得分
6	GS1105	尤沙秀	采购部	部长	9.6		8.9
7	GS1106	明与雁	采购部	科员	8.9		
8	GS1107	乔昭宁	销售部	部长	9.7		
9	GS1108	杜郎清	生产部	科员	9.4		生产部科员平均得分
10	GS1109	庄秋言	生产部	科员	8.9		8.9
11	GS1110	庄秋语	生产部	部长	8.2		
12	GS1111	柳千佑	销售部	科员	9.2		
13	GS1112	凌杉子	生产部	副部长	9.3		
14	GS1113	柳阳依	生产部	科员	7.7		

图4-124 多条件计算平均得分

在使用AVERAGEIFS函数计算多条件的平均值时，需要注意与AVERAGEIF函数的区别：AVERAGEIFS函数的作用是多条件计算平均值，AVERAGEIF函数的作用是单条件计算平均值；AVERAGEIFS函数把计算平均值的区域放在第一参数的位置，AVERAGEIF函数则是把计算平均值的区域放在最后一个参数的位置。

2. 四舍五入函数

ROUND函数是最常用的四舍五入函数之一，用于将数字四舍五入到指定的位数。该函数对需要保留位数的右边1位数值进行判断，若小于5则舍弃，若大于等于5则进位。

其语法结构为

ROUND(number,num_digits)

第2个参数用于指定小数位数。若为正数，则对小数部分进行四舍五入；若为负数，则对整数部分进行四舍五入。

如公式“=ROUND(45.23,1)”，即对参数45.23四舍五入保留一位小数，结果为45.2。

公式“=ROUND(45.23,−1)”，即对参数45.23四舍五入保留到十位数，结果为50。

4.7.4 制作不同渠道招聘占比的动态图表

素材所在位置：

光盘：\素材\第4章 人员招聘与录用常用表格制作\4.7.4 不同渠道招聘占比动态图表.xlsx

制作不同渠道招聘占比动态图表

一般情况下，公司的招聘渠道主要有内部推荐、网络招聘、校园招聘、现场招聘及中介招聘等几种形式。

内部推荐是公司招募新员工的有效途径之一，这类员工多数是公司员工的亲友，推荐人对公司信息和岗位要求比较清楚，能够判定被推荐人是否能胜任。同时应聘人员因为有亲友的推荐，对公司环境熟悉较快，进入公司后能很快适应岗位，稳定性也比较高。缺点是由于本身的局限性，应聘人员往往缺乏创新能力。

网络招聘的特点：一是成本比较低廉；二是覆盖面广；三是针对性强。

校园招聘的优势在于应聘者学历较高，可塑性强。而劣势在于：一是应聘者缺乏工作经验，工作稳定性较差；二是培养学生所花的精力以及成本较高。

中介招聘的成本相对较高，不会是招聘的主要渠道。

通过对一段时期内各招聘渠道招聘人数的构成情况进行汇总分析，可以展示不同月份不同渠道的招聘人数占比，如图4-125所示。

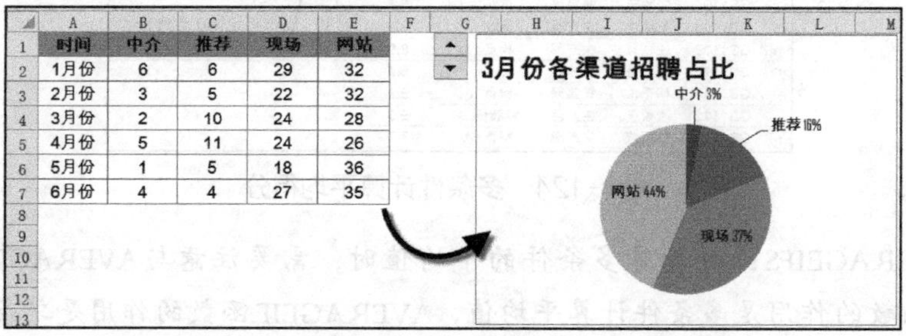

时间	中介	推荐	现场	网站
1月份	6	6	29	32
2月份	3	5	22	32
3月份	2	10	24	28
4月份	5	11	24	26
5月份	1	5	18	36
6月份	4	4	27	35

图4-125 用动态图表展示不同渠道的招聘人数占比

操作步骤如下。

步骤1 新建一个工作簿，删除Sheet2和Sheet3工作表，按<Ctrl+S>组合键，另存为“不同渠道招聘入职动态图表.xlsx”。

步骤2 在工作表中输入基础信息，设置单元格格式，添加边框，如图4-126所示。

时间	中介	推荐	现场	网站
1月份	6	6	29	32
2月份	3	5	22	32
3月份	2	10	24	28
4月份	5	11	24	26
5月份	1	5	18	36
6月份	4	4	27	35

图4-126 上半年各渠道招聘人数

步骤3 在【文件】选项卡下单击【选项】按钮，打开【Excel选项】对话框。切换到【自定义功能区】选项卡，在右侧主选项卡列表中勾选【开发工具】复选框，单击【确定】

按钮，即可在功能区中添加【开发工具】选项卡，如图4-127所示。

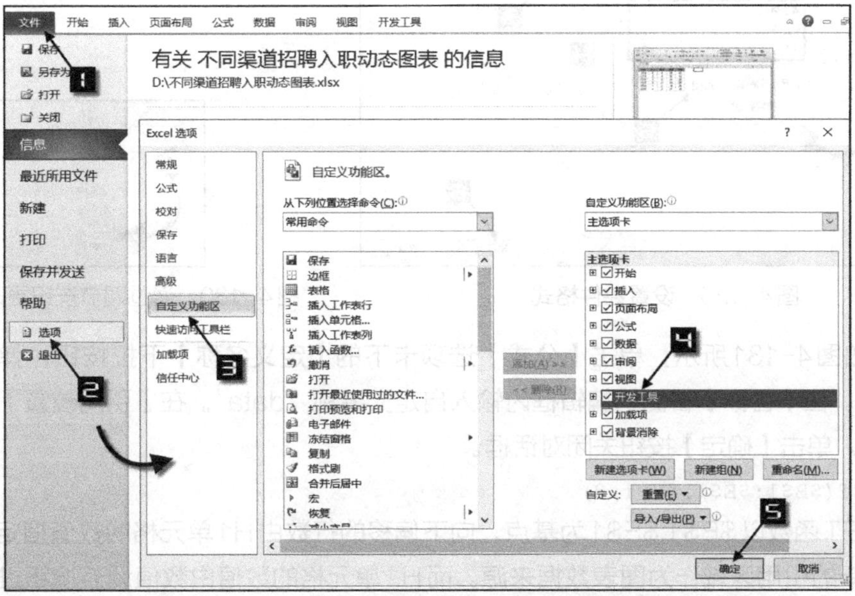

图4-127　在功能区中添加【开发工具】选项卡

步骤4 在【开发工具】选项卡下，单击【插入】下拉按钮，在【表单控件】列表中单击“数值调节钮（窗体控件）”，在工作表中拖动鼠标画出控件大小，释放鼠标后即可得到一个数值调节按钮，如图4-128所示。

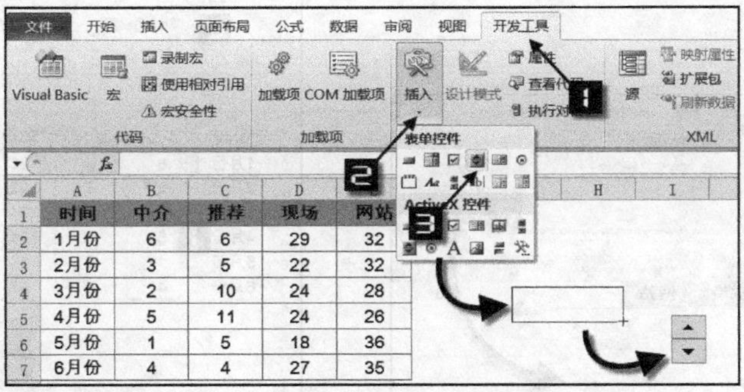

图4-128　插入数值调节按钮

步骤5 选中数值调节按钮，单击鼠标右键，在快捷菜单中选择【设置控件格式】命令，打开【设置控件格式】对话框并切换到【控制】选项卡下，调整【最小值】右侧的微调按钮，将最小值设置为1。

因为有6个月的数据，因此使用同样的方法将最大值设置为6，步长设置为1。单击【单元格链接】右侧的折叠按钮，选择H1单元格，单击【确定】按钮，如图4-129所示。

此时单击数值调节按钮，H1单元格的数值即可相应变化，单击调节按钮的上箭头时，数值从1到6依次递增。单击调节按钮的下箭头时，数值从6到1依次递减，如图4-130所示。

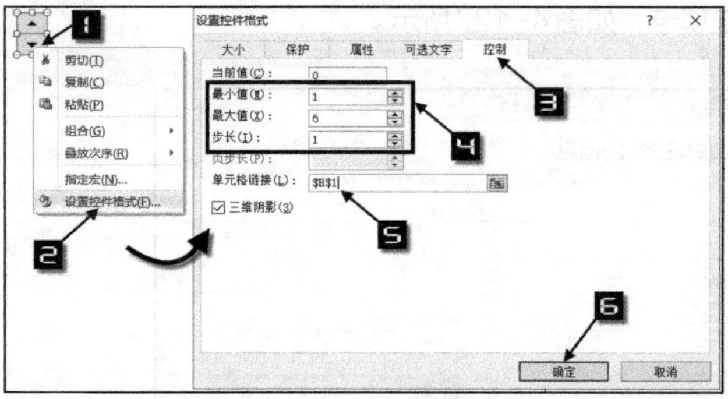

图4-129　设置控件格式

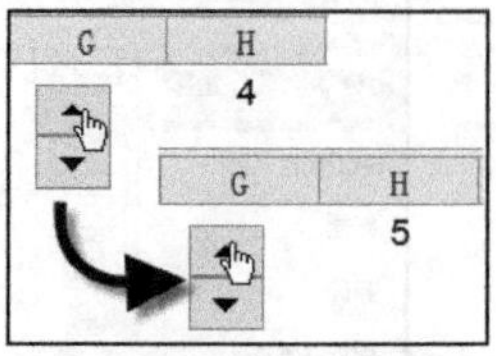

图4-130　通过调节按钮更改单元格数值

步骤 6 如图4-131所示，单击【公式】选项卡下的【定义名称】下拉按钮，弹出【新建名称】对话框。在【名称】右侧的编辑框内输入自定义名称“data”。在【引用位置】编辑框内输入以下公式。单击【确定】按钮关闭对话框。

```
=OFFSET($B$1:$E$1,$H$1,0)
```

OFFSET函数以$B$1:$E$1为基点，向下偏移的行数由H1单元格的数值指定，偏移列数为0，得到新的引用区域作为图表数据来源。而H1单元格的数值由数值调节按钮进行控制，每调整一次调节按钮，图表的数据来源就会相应发生变化。

步骤 7 选中B1:E2单元格区域，在【插入】选项卡下单击【饼图】下拉按钮，在下拉菜单中选择饼图，在工作表中插入一个默认样式的饼图，如图4-132所示。

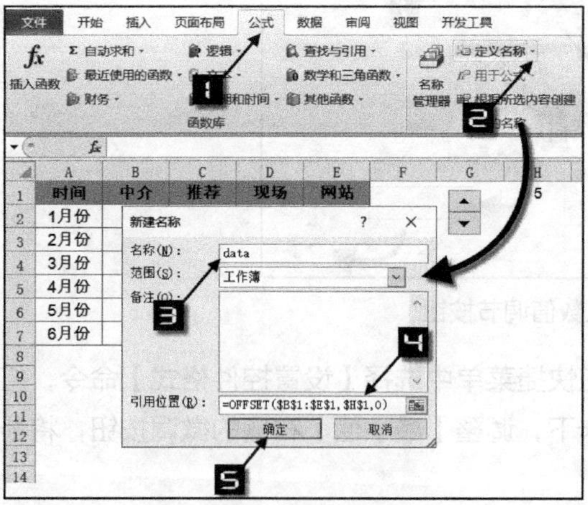

图4-131　定义名称

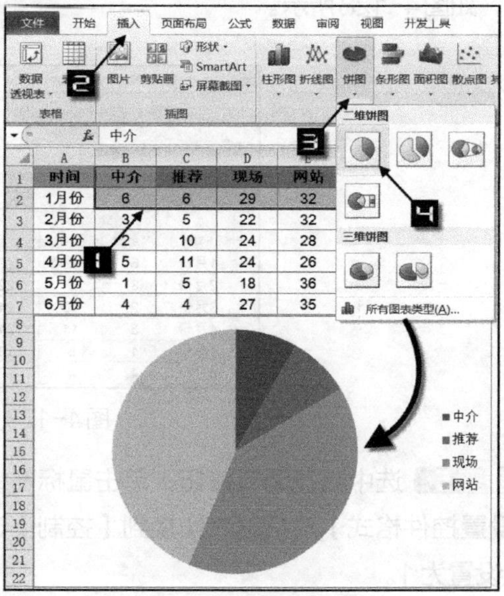

图4-132　插入饼图

步骤 8 单击选中图表区，在【设计】选项卡下单击【选择数据】按钮。在弹出的【选择数据源】对话框中单击【编辑】按钮，弹出【编辑数据系列】对话框。在【系列值】编辑框中输入“=Sheet1! data”。其中的“Sheet1”是当前的工作表名，data是刚刚自定义的名称。

单击【确定】按钮返回【选择数据源】对话框，再次单击【确定】按钮关闭对话框，如图4-133所示。

步骤 9 单击选中图例项，按<Delete>键删除。在【布局】选项卡下单击【数据标签】下拉按钮，在下拉列表中选择【其他数据标签选项】命令，如图4-134所示。

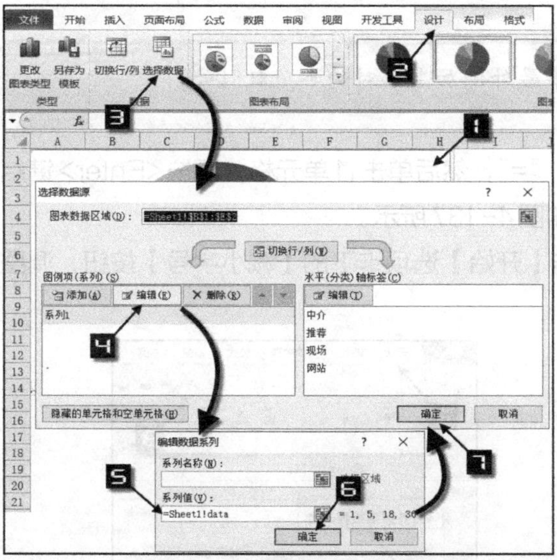

图4-133　选择图表数据源

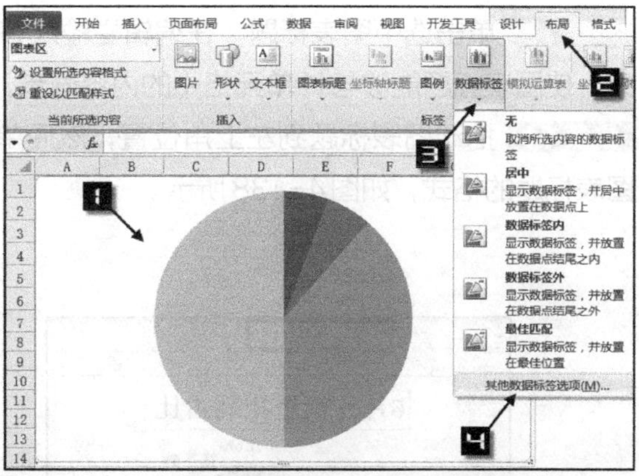

图4-134　添加数据标签

步骤 10 在弹出的【设置数据标签格式】对话框中，勾选【标签包括】区域内的【类别名称】【百分比】和【显示引导线】复选框。在【标签位置】区域选择【最佳匹配】单选按钮。单击【分隔符】下拉按钮，在下拉列表中选择“(空格)”，最后单击【关闭】按钮，如图4-135所示。

步骤 11 在【布局】选项卡下单击【图表标题】下拉按钮，在下拉菜单中选择【图表上方】命令，如图4-136所示。

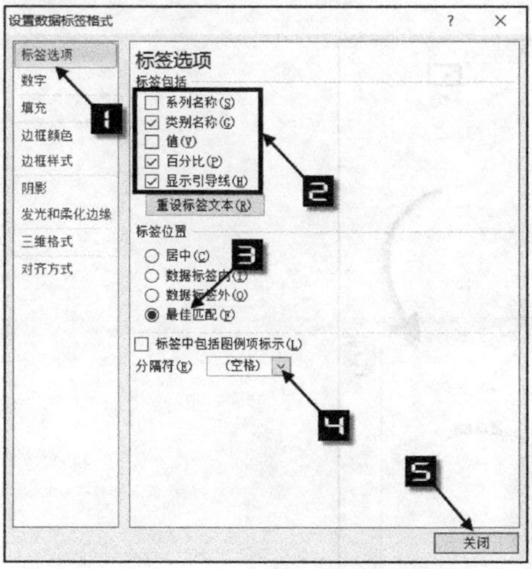

图4-135　设置数据标签格式

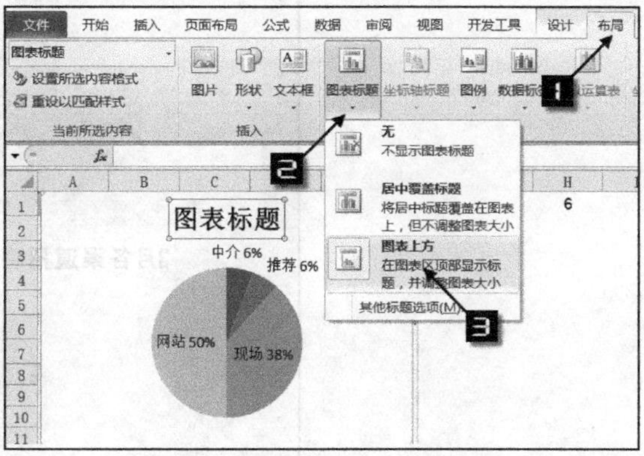

图4-136　添加图表标题

步骤 12 在I1单元格内输入以下公式，用于模拟动态的图表标题。

```
=OFFSET(A1,H1,0)&"各渠道招聘占比"
```

OFFSET函数以A1单元格为基点，根据H1单元格的数值，决定向下偏移的行数。最终得到A列的月份名称，再使用连接符&与字符串“各渠道招聘占比”连接，模拟出动态的图表标题。

提示

在公式中使用文本字符串时，需要在字符串最外侧加上成对的半角双引号。

步骤 13 单击选中图表标题，在编辑栏输入等号“=”，然后单击I1单元格，再按<Enter>键结束，使图表标题能够与I1单元格中的内容同步，如图4-137所示。

步骤 14 拖动图表标题到左上角位置，然后单击【开始】选项卡下的【减小字号】按钮，调整图表标题的格式，如图4-138所示。

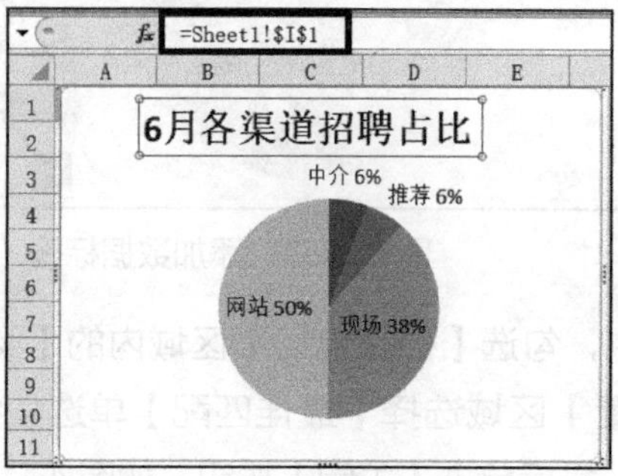

图4-137 使用动态的图表标题

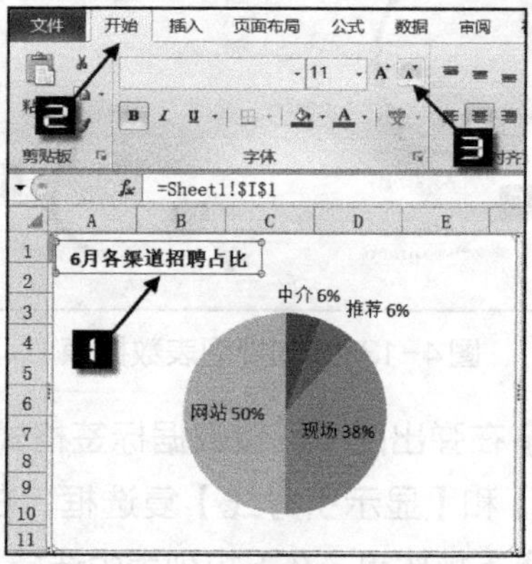

图4-138 设置图表标题格式

步骤 15 单击选中图表区，设置图表字体，完成图表制作。

单击数值调节按钮控件，即可动态显示不同月份各渠道的招聘占比，如图4-139所示。

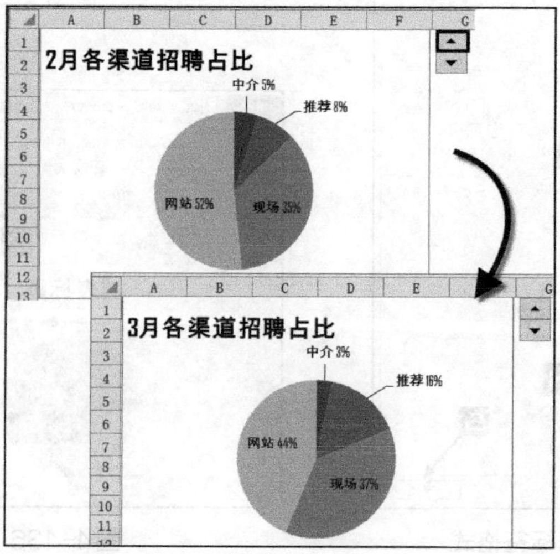

图4-139 动态显示不同月份各渠道的招聘占比

知识点讲解

突出显示饼图中的某个扇区

如果需要突出饼图中某个扇区的数据，可以单击选中饼图，再次单击选中某个扇区，按住鼠标左键向外拖曳，将该扇区从饼图中拖曳出来，如图4-140所示。

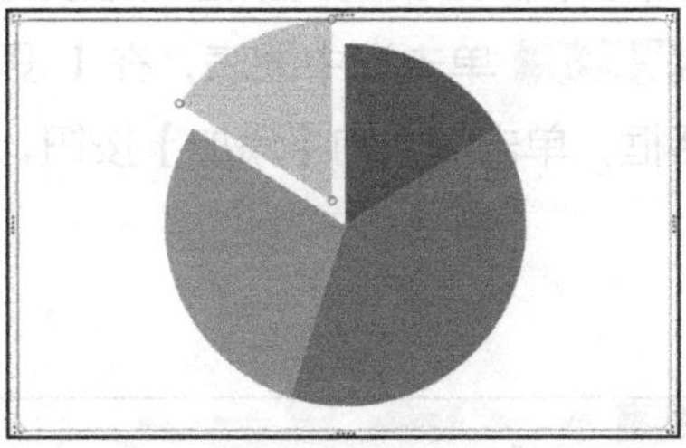

图4-140 突出显示饼图中的某个扇区

4.7.5 制作不同招聘渠道分析图表

素材所在位置：

光盘：\素材\第4章 人员招聘与录用常用表格制作\4.7.5 不同招聘渠道分析图表.xlsx

企业选择不同的招聘渠道带来的招聘效果也不相同，通过对不同招聘渠道最终入职人数的分析，能够直观展示各招聘渠道的效果，以便于再次招聘时能够更具有针对性，如图4-141所示。

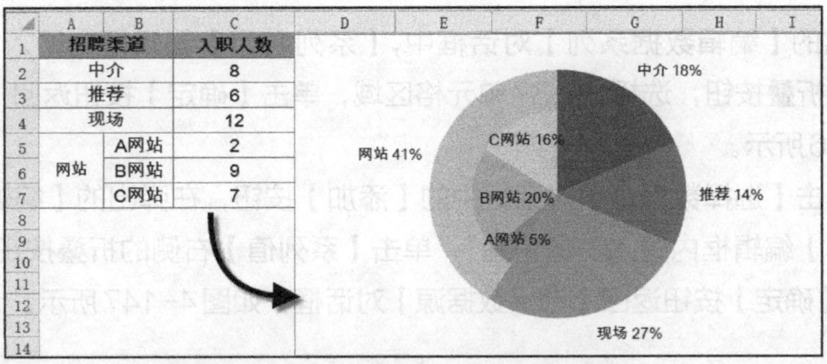

图4-141 不同招聘渠道分析图表

操作步骤如下。

步骤 1 新建一个工作簿，删除Sheet2和Sheet3工作表，按<Ctrl+ S>组合键，另存为“不同招聘渠道分析图表.xlsx”。在工作表中输入基础信息，并进行必要的美化，如图4-142所示。

从基础数据可以看出，招聘渠道共分为中介、推荐、现场和网站四个部分，其中的网站又细分为A网站、B网站和C网站。

步骤 2 对基础数据进行整理，在F1:G5单元格区域汇总出四类主要招聘渠道以及各自的入职人数，如图4-143所示。

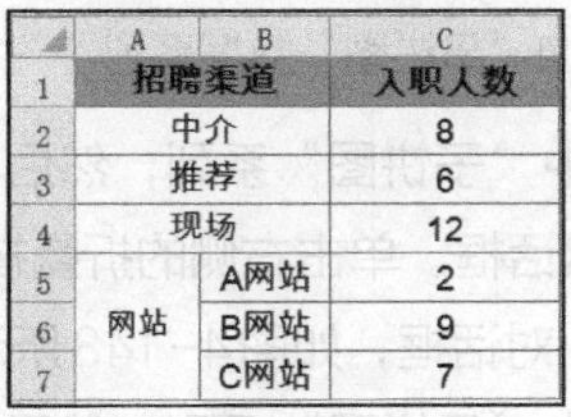

招聘渠道		入职人数
中介		8
推荐		6
现场		12
网站	A网站	2
	B网站	9
	C网站	7

图4-142 基础数据

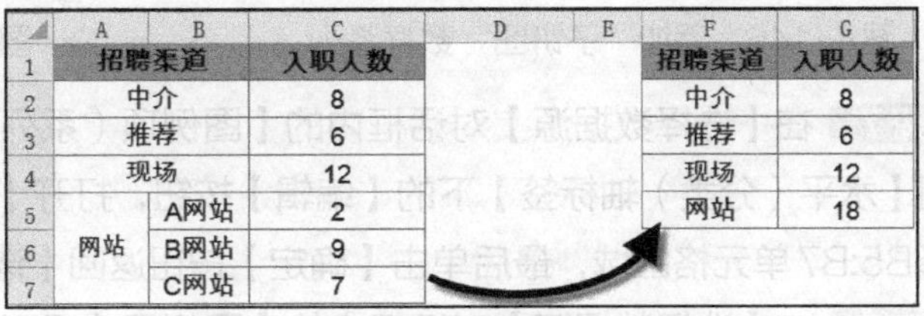

招聘渠道	入职人数
中介	8
推荐	6
现场	12
网站	18

图4-143 汇总四类主要招聘渠道

步骤 3 选中一个空白单元格，在【插入】选项卡下单击【饼图】下拉按钮，在下拉菜单中选择饼图插入，此时的饼图因为没有选中数据，因此显示为空白图表，如图4-144所示。

步骤 4 单击选中图表，在【设计】选项卡下单击【选择数据】按钮，弹出【选择数据源】对话框，单击其中的【添加】按钮，如图4-145所示。

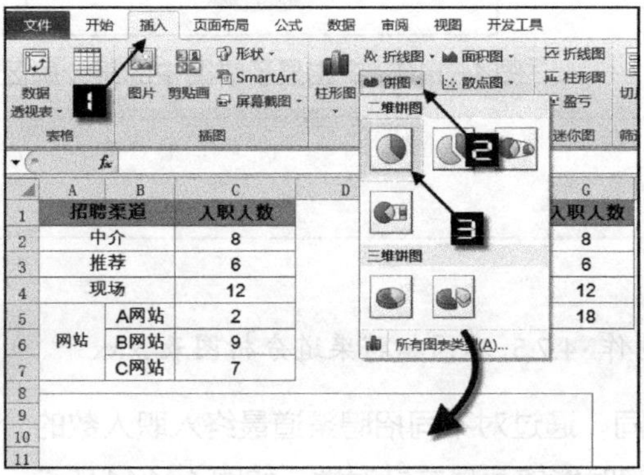

图4-144 插入空白饼图

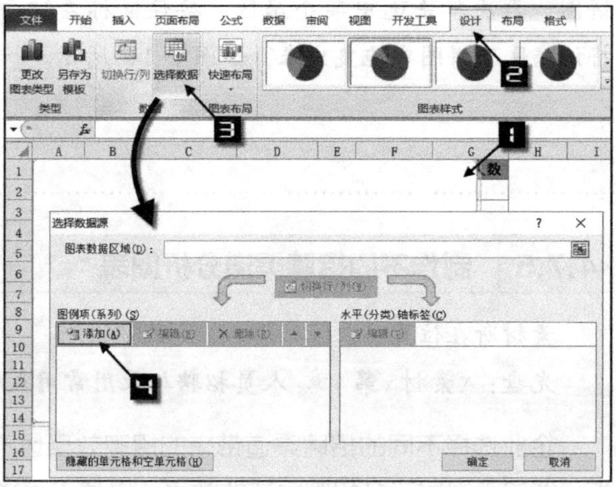

图4-145 选择数据源

步骤 5 在弹出的【编辑数据系列】对话框中，【系列名称】编辑框内输入“子饼图”，单击【系列值】右侧的折叠按钮，选择C2:C7单元格区域，单击【确定】按钮返回【选择数据源】对话框，如图4-146所示。

步骤 6 再次单击【选择数据源】对话框中的【添加】按钮，在弹出的【编辑数据系列】对话框中，【系列名称】编辑框内输入“母饼图”，单击【系列值】右侧的折叠按钮，选择G2:G5单元格区域，单击【确定】按钮返回【选择数据源】对话框，如图4-147所示。

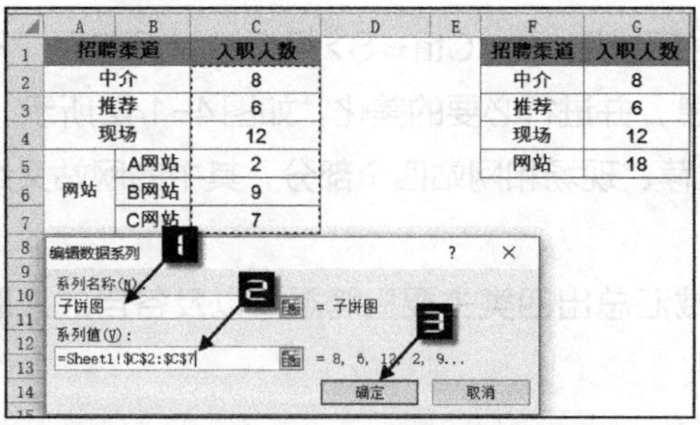

图4-146 添加“子饼图”数据系列

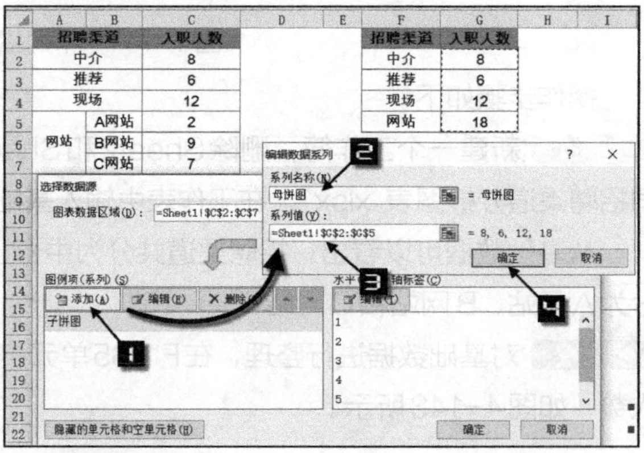

图4-147 添加“母饼图”数据系列

步骤 7 在【选择数据源】对话框内的【图例项（系列）】区域选中“子饼图”系列，然后单击右侧【水平（分类）轴标签】下的【编辑】按钮，打开【轴标签】对话框。单击右侧的折叠按钮，选择B5:B7单元格区域，最后单击【确定】按钮返回【选择数据源】对话框，如图4-148所示。

步骤 8 在【选择数据源】对话框内的【图例项（系列）】区域选中“母饼图”系列，然后单击右侧【水平（分类）轴标签】下的【编辑】按钮，打开【轴标签】对话框。单击右侧的折叠按钮，选择F2:F5单元格区域，最后单击【确定】按钮返回【选择数据源】对话框，再次单击【确定】按钮关闭对话框，如图4-149所示。

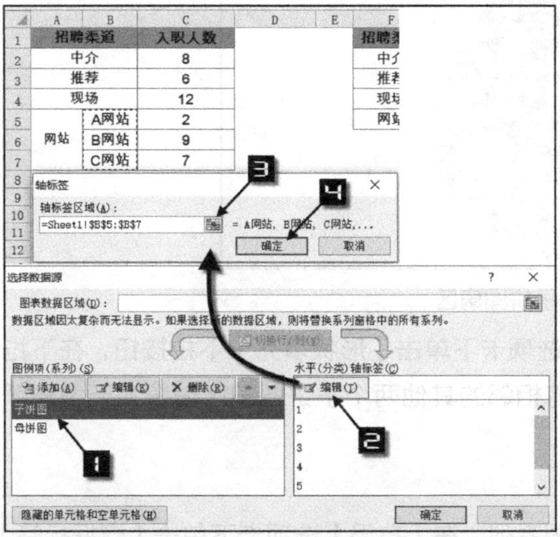

图4-148　设置“子饼图”水平轴标签

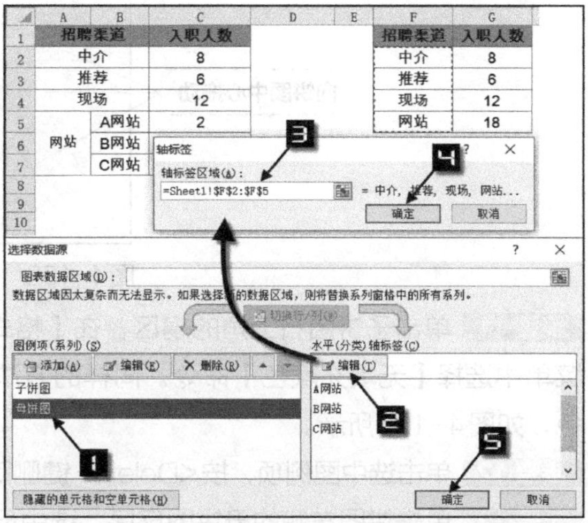

图4-149　设置“母饼图”水平轴标签

步骤9 单击【布局】选项卡下的【图表元素】下拉按钮，在下拉菜单中选择“系列‘子饼图’”，然后单击【设置所选内容格式】按钮，打开【设置数据系列格式】对话框。设置系列绘制在“次坐标轴”，饼图分离程度设置为50%，单击【关闭】按钮，如图4-150所示。

此时的图表效果如图4-151所示。

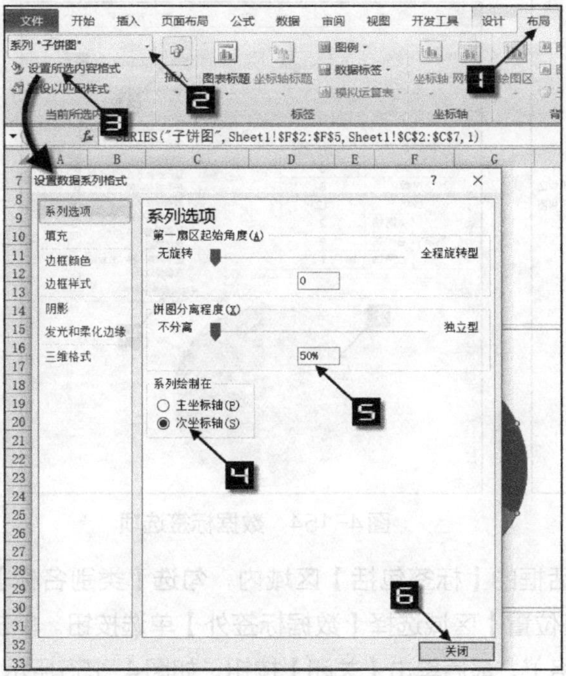

图4-150　设置数据系列格式

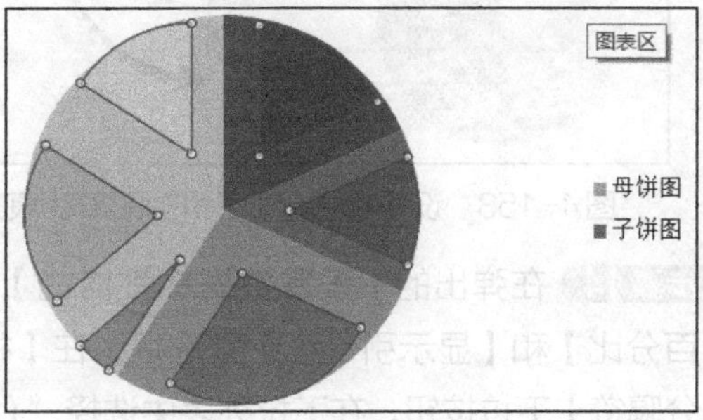

图4-151　图表效果

步骤 10 单击选中子饼图左上角的扇区，按下鼠标左键不放，向饼图中心位置拖动。同样的方法，依次拖动相邻的其他两个子饼图扇区，如图4-152所示。

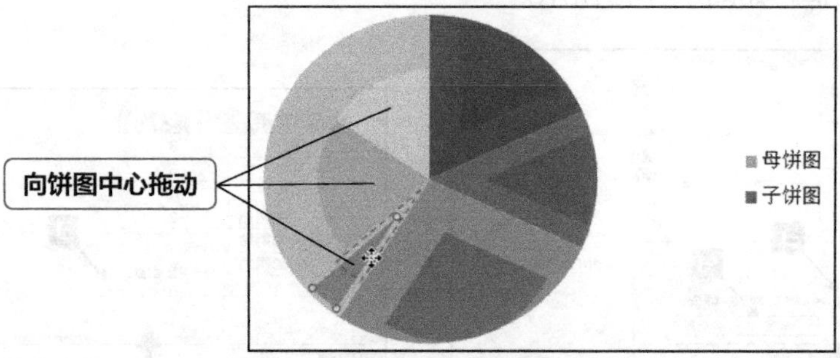

图4-152　拖动子饼图扇区

步骤 11 单击子饼图右上角的扇区，在【格式】选项卡下单击【形状填充】下拉按钮，在下拉菜单中选择【无填充颜色】命令。同样的方法，将相邻的其他两个子饼图扇区设置为无填充颜色，如图4-153所示。

步骤 12 单击选中图例项，按<Delete>键删除。

步骤 13 单击饼图左侧的母饼图扇区，选中母饼图系列，在【布局】选项卡下单击【数据标签】下拉按钮，在下拉菜单中选择【其他数据标签选项】命令，如图4-154所示。

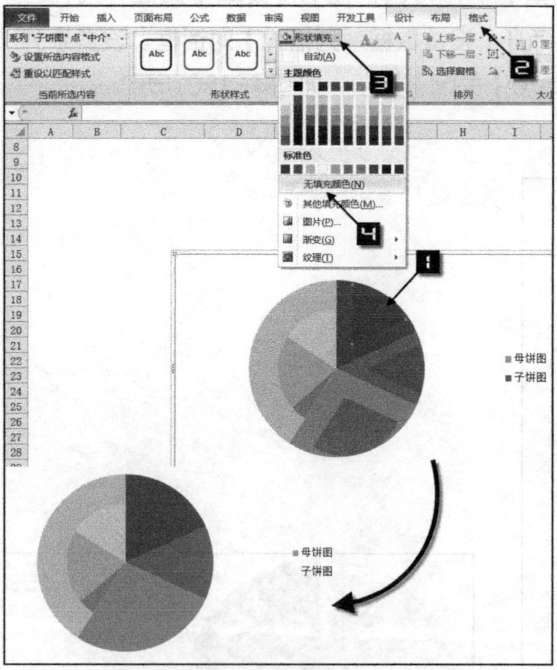

图4-153　设置右侧3个子饼图的形状填充

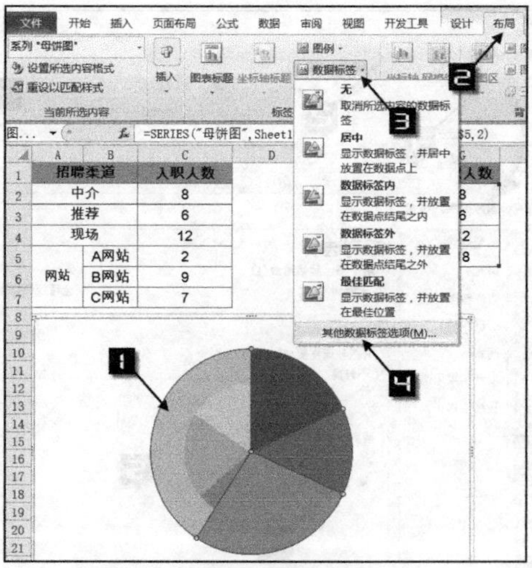

图4-154　数据标签选项

步骤 14 在弹出的【设置数据标签格式】对话框的【标签包括】区域内，勾选【类别名称】、【百分比】和【显示引导线】复选框。在【标签位置】区域选择【数据标签外】单选按钮。单击【分隔符】下拉按钮，在下拉列表中选择“（空格）”，最后单击【关闭】按钮，如图4-155所示。

步骤 15 接下来需要使用公式模拟出子饼图的数据标签。在D5单元格输入以下公式，向下复制到D7单元格，如图4-156所示。

```
=B5&""&TEXT(C5/SUM(C$2:C$7),"0%")
```

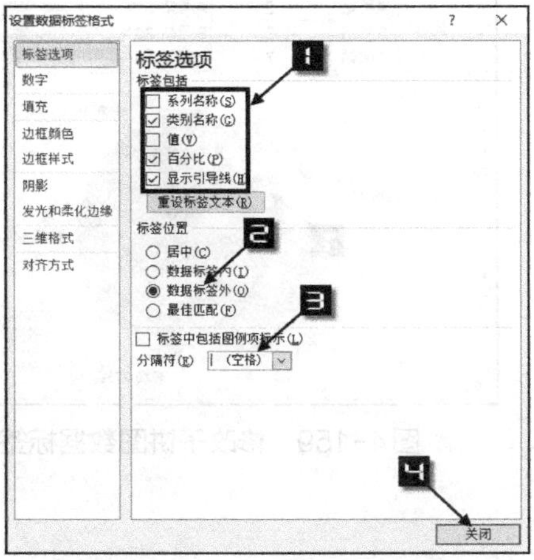

图4-155　设置数据标签格式

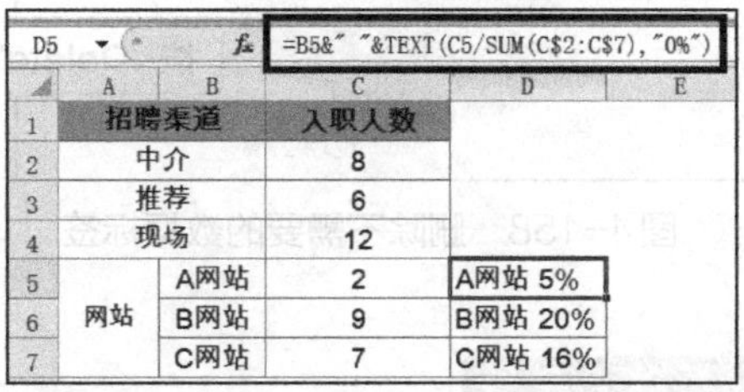

图4-156　用公式模拟子饼图数据标签

公式中的&是连接符，用于将多个内容合并为一个新的字符串。

首先使用C5/SUM(C$2:C$7)计算出C5单元格除以C2:C7单元格之和，再使用TEXT函数将计算结果转换为百分比样式的文本字符串，最后使用&连接符将B5与空格和百分比链接。

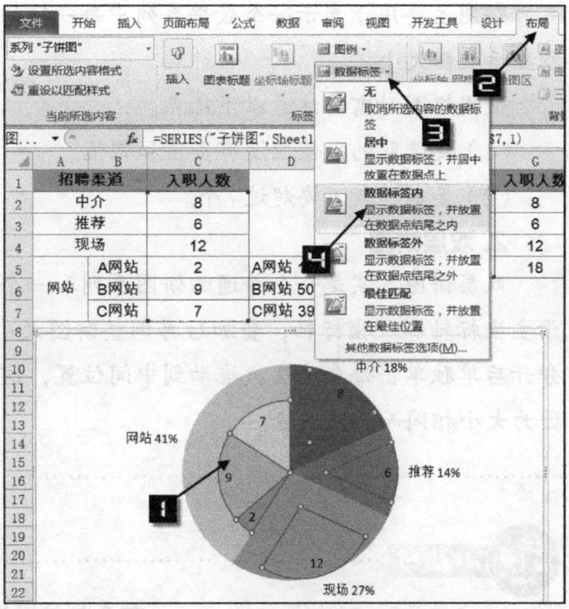

图4-157　为子饼图添加数据标签

步骤 16 选中饼图中的子饼图扇区，在【布局】选项卡下单击【数据标签】下拉按钮，在下拉菜单中选择【数据标签内】命令，如图4-157所示。

步骤 17 单击子饼图数据标签，再次单击选中右上角的单个数据标签，按<Delete>键删除。使用相同的方法，删除与其相邻的另外两个数据标签，如图4-158所示。

步骤 18 单击子饼图数据标签，再次单击选中左上角的单个数据标签，在编辑栏内输入等号“=”，然后鼠标单击D7单元格，按<Enter>键。使用相同的方法，将与其相邻的另外两个数据标签分别修改为“=Sheet1!$D$6”和“=Sheet1!$D$5”，如图4-159所示。

步骤 19 最后单击图表设置字体，图表制作完成。

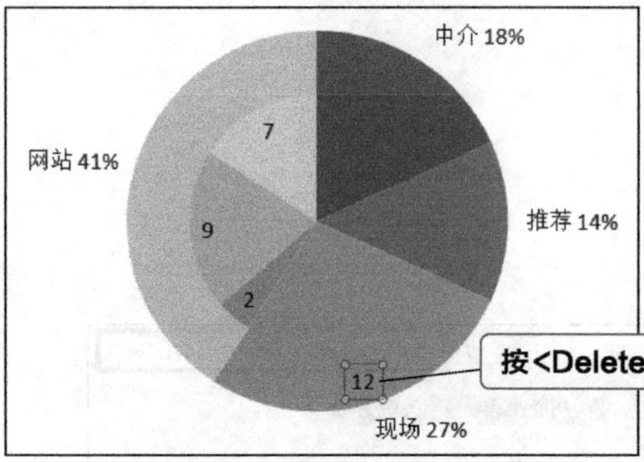

图4-158　删除不需要的数据标签

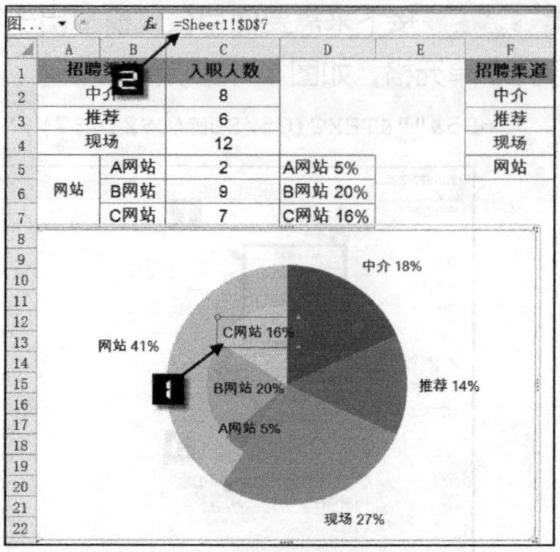

图4-159　修改子饼图数据标签

知识点讲解

1. 饼图

饼图主要用于显示一个数据系列中每一项的大小与各项总和的比例，以每个数据点的扇区面积显示数据大小。

使用饼图时需要注意以下几点。

（1）要选取的数值应没有负值和零值。

（2）类别一般不要超过7个。

2. 双层饼图

双层饼图其实是一个普通的饼图系列和一个分离的饼图系列进行叠加，两个饼图系列分别位于主坐标轴和次坐标轴，叠加后再调整饼图大小，以区分显示。关键点在于上层的是分离饼图，分开后单独单击每个扇区，拖动到中间位置，这样才会有两个饼图的大小叠加，否则两个饼图会因为大小相同而无法区分。

小技巧

在合并单元格中添加序号

素材所在位置：

光盘：\素材\第4章 人员招聘与录用常用表格制作\在合并单元格中添加序号.xlsx

在图4-160所示的员工信息中，按照不同的部门使用了合并单元格。

如果需要在A列大小不一的合并单元格内添加序号，按常规方法在首个合并单元格内输入数值1，拖动填充柄填充序列时会弹出图4-161所示的提示对话框，无法完成操作。

解决的方法是同时选中要输入序号的A2:A9单元格区域，在编辑栏输入以下公式，按<Ctrl+Enter>组合键。

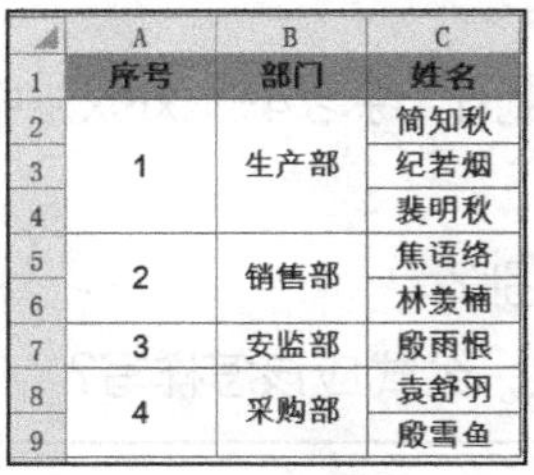

	A	B	C
1	序号	部门	姓名
2	1	生产部	简知秋
3			纪若烟
4			裴明秋
5	2	销售部	焦语络
6			林羡楠
7	3	安监部	殷雨恨
8	4	采购部	袁舒羽
9			殷雪鱼

图4-160　合并单元格添加序号

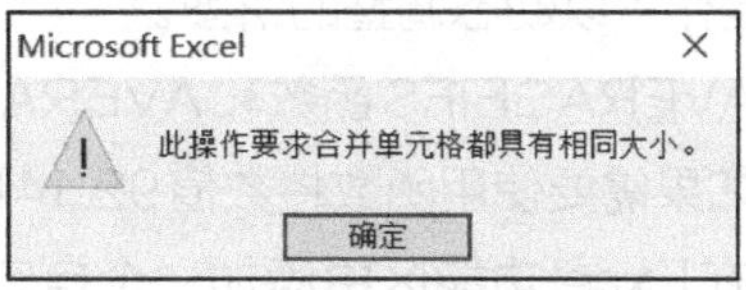

图4-161　提示对话框

```
=COUNTA(B$2:B2)
```

COUNTA函数用于计算区域中非空单元格的个数。

以B$2:B2作为计数参数，第一个B$2使用行绝对引用，第二个B2使用相对引用，按<Ctrl+Enter>组合键在多单元格同时输入公式后，引用区域会自动进行扩展。

在A2单元格中，公式的引用范围是B$2:B2，在A5单元格中，公式的引用范围扩展为B$2:B5，以此类推。也就是开始位置是B2单元格，结束位置是公式所在行，COUNTA函数统计该区域内不为空的单元格数量，计算结果即等同于序号。

本章小结

招聘面试是人员招聘录用工作程序的重要组成部分，也是招聘录用工作的进一步展开。本章从人员招聘与录用的工作实际出发，首先介绍人员增补申请表以及招聘费用预算表等与招聘录用相关的基础表格制作，然后讲述了利用邮件合并功能发送面试通知单的方法，同时介绍了以甘特图展示招聘项目进度情况，最后讲解了使用邮件合并功能制作带照片的员工胸卡的技巧。

练习题

1. 制订最近一个月内读书学习的计划，并以此制作甘特图，看看能不能在预定计划时间内完成该计划。

2. 熟悉制作带照片员工胸卡的步骤，能够独立完成从准备基础表格到生成胸卡的全部流程。

3. 迷你图的类型有__________、__________和__________3种。

4. 饼图主要用于显示____，以每个数据点的扇区面积显示数据大小。

5. 以“光盘：\素材\第4章 人员招聘与录用常用表格制作\练习4-1.xlsx”中提供的数据，制作可以动态调整的饼图。

6. AVERAGEIFS函数和AVERAGEIF函数有什么区别？

7. 如果需要使用函数将数值92.14四舍五入保留为整数，公式应该怎样写？

8. 在Excel功能区中添加一个自定义选项卡，并命名为“我的选项卡”。在【我的选项卡】下添加【我的命令组】，在命令组中添加【数据透视表和数据透视图向导】命令，调整【我的选项卡】位置到【公式】选项卡右侧，效果如图4-162所示。

图4-162 添加自定义选项卡效果

第 5 章

员工培训管理常用表格制作

本章导读

员工培训是企业人力资源管理的重要内容之一，通过对员工培训，可达到提高企业核心竞争力的最终目标。本章通过制作“培训计划完成统计表”和“员工培训考核统计表”以及“培训成绩统计分析表”，进一步熟悉Excel的基本操作以及各种快捷操作的方法，帮助人力资源管理者提高工作效率。

5.1 制作培训计划完成统计表

素材所在位置：

光盘：\素材\第5章 员工培训管理常用表格制作\5.1 培训计划完成统计表.xlsx

制订出培训计划后，还需要对培训计划的落实情况进行跟踪。如果培训计划和实际培训的差异较大，则需要进一步分析产生的原因，确定具体是培训计划本身的制订存在瑕疵还是实际培训执行阶段出现问题，因此需要制作一份培训计划完成统计表对培训计划完成情况进行汇总。

该表格制作比较简单，操作步骤如下。

步骤 1 新建一个工作簿，删除Sheet2和Sheet3工作表，按<Ctrl+S>组合键，另存为“培训计划完成统计表.xlsx”。

步骤 2 在工作表中输入基础信息，其中包括培训类型、培训主题、计划培训期数、计划培训人数、已完成的期数、参加培训人数、取消的培训计划和转入下一年度的培训计划等项目，如图5-1所示。

	A	B	C	D	E	F	G	H	I
1	培训计划完成统计表								
2	类型	主题	计划数		已完成		未完成		
3			计划期数	计划培训人数	完成期数	培训人数	取消培训计划	转入下一年度培训计划	备注
4	管理类	企业管理							
5		质量管理							
6	岗前类	岗前管理							
7		岗前技术							
8	技术类	技术管理							
9		实用技术							
10	市场类	商务营销							
11		销售策略							

图5-1　输入基础信息

步骤 3 对工作表中的部分单元格进行“合并后居中”操作，然后添加边框，设置单元格字体字号，设置完成后的表格效果如图5-2所示。

	A	B	C	D	E	F	G	H	I
1	培训计划完成统计表								
2	类型	主题	计划数		已完成		未完成		备注
3			计划期数	计划培训人数	完成期数	培训人数	取消培训计划	转入下一年度培训计划	
4	管理类	企业管理							
5		质量管理							
6	岗前类	岗前管理							
7		岗前技术							
8	技术类	技术管理							
9		实用技术							
10	市场类	商务营销							
11		销售策略							

图5-2　设置单元格后的表格效果

步骤 4 对于已经设置好格式的工作表，也可以插入新的行或列，添加新的内容。如果需要在标题下增加一行“填写日期”和“填写人”的信息，可以单击第二行的行号，然后按<Ctrl++（加号）>组合键，插入新的一行，注意这里的“+”是数字小键盘的加号，也可以按<Ctrl+Shift+=>组合键插入新的一行，如图5-3所示。

步骤 5 在新插入的空白行中输入内容，完成基础表格的制作，最终效果如图5-4所示。

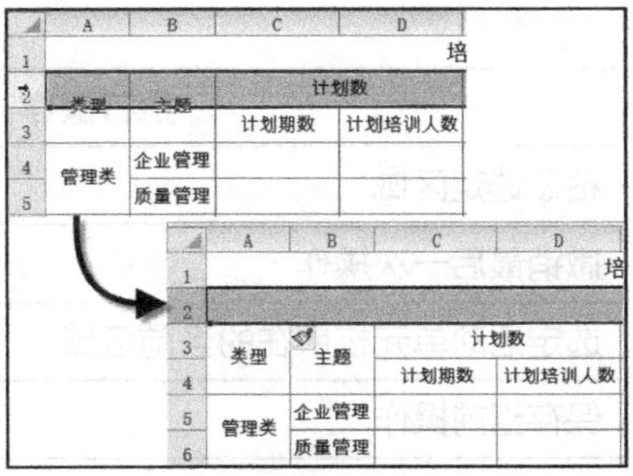

图5-3　使用快捷键插入空行

培训计划完成统计表

填写日期：　填写人：

类型	主题	计划数		已完成		未完成		备注
		计划期数	计划培训人数	完成期数	培训人数	取消培训计划	转入下一年度培训计划	
管理类	企业管理							
	质量管理							
岗前类	岗前管理							
	岗前技术							
技术类	技术管理							
	实用技术							
市场类	商务营销							
	销售策略							

图5-4　最终的表格效果

扩展知识点

常用快捷键

熟练运用一些快捷键，会显著提升操作效率，表5-1所示是部分常用的Excel快捷键。

表5-1　部分常用Excel快捷键

执行操作	快捷键
查看帮助文件	F1
重复最后一次操作	F4
显示【定位】对话框	F5
重新计算	F9
另存为	F12
显示【设置单元格格式】对话框	Ctrl+1
复制选定区域	Ctrl+C
剪切选定区域	Ctrl+X

续表

执行操作	快捷键
粘贴选定区域	Ctrl+V
撤销最后一次操作	Ctrl+Z
选定活动单元格所在的当前区域	Ctrl+A
保存当前操作	Ctrl+S
打印工作表	Ctrl+P
打开新工作表	Ctrl+O（字母 O）
新建工作簿	Ctrl+N
打开查找对话框	Ctrl+F
打开替换对话框	Ctrl+H
清除选定区域的内容	Delete
删除选定区域	Ctrl+-（数字小键盘的减号）
插入行或列	Ctrl++（数字小键盘的加号）
选定当前区域	Ctrl+*（数字小键盘的乘号）

5.2 制作员工培训考核统计表

素材所在位置：

光盘：\素材\第5章 员工培训管理常用表格制作\5.2 员工培训考核统计表.xlsx

每次（期）培训结束后，培训主管部门组织培训员工进行考试，及时评定、汇总考核的成绩。本节介绍员工培训考核统计表的制作，以便对员工的学习情况等进行评价记录。

操作步骤如下。

步骤 1 新建一个工作簿，删除Sheet2和Sheet3工作表，按<Ctrl+S>组合键，另存为“员工培训考核统计表.xlsx”。

步骤 2 在工作表中输入基础信息，其中包括编号、姓名、性别、部门、技能考核、理论考核、培训日期、考核日期、总成绩和请假天数等项目，如图5-5所示。

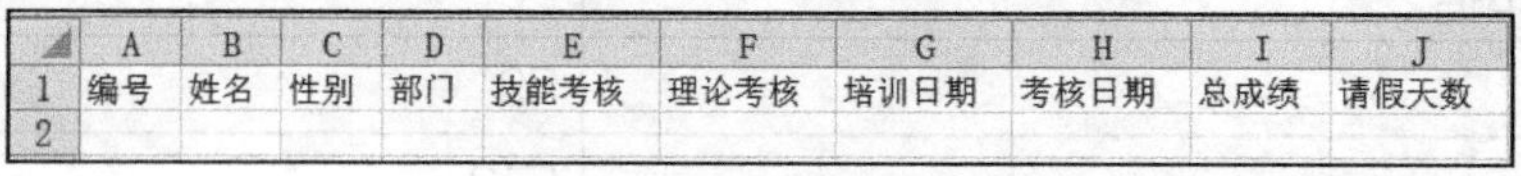

图5-5　输入基础信息

步骤 3 单击A列列标，在【开始】选项卡下，单击【数字格式】下拉按钮，在下拉列表中选择“文本”，如图5-6所示。

步骤 4 在表格输入内容，适当美化表格，效果如图5-7所示。

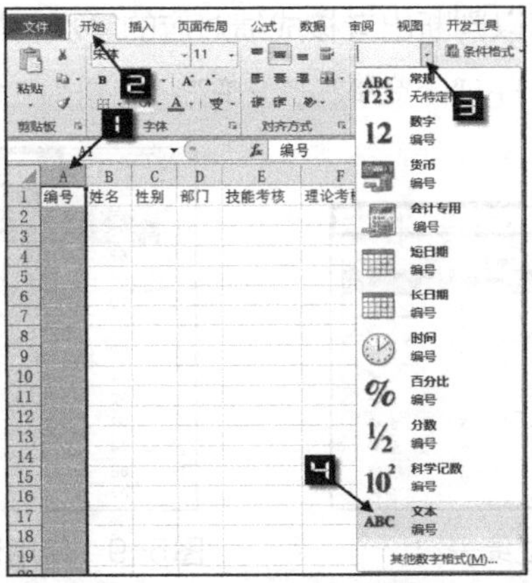

图5-6　设置数字格式

	A	B	C	D	E	F	G	H	I	J
1	编号	姓名	性别	部门	技能考核	理论考核	培训日期	考核日期	总成绩	请假天数
2	01120751	刘向阳	女	财务部	69	6.8	2016/12/2	2017/1/9	75.8	3
3	01121003	朱莲芬	女	财务部	91	7.6	2016/12/2	2017/1/9	98.6	1
4	01030234	李红	女	市场部	70	9.1	2016/11/24	2017/1/6	79.1	6
5	01120085	高明阳	男	企划部	71	6.1	2016/12/2	2017/1/9	77.1	2
6	01120182	王晓燕	女	财务部	80	8.1	2016/11/24	2017/1/6	88.1	
7	01120056	王明芳	女	财务部	70	7.4	2016/12/2	2017/1/9	77.4	3
8	01120183	谢永明	男	市场部	92	6.6	2016/12/2	2017/1/9	98.6	5
9	01120787	简应华	男	人资部	73	8.1	2016/11/24	2017/1/6	81.1	2
10	01120096	杜玉才	男	市场部	74	5.8	2016/11/24	2017/1/6	79.8	
11	01120059	宋杨	女	企划部	68	8.9	2016/12/2	2017/1/9	76.9	3
12	01120183	杨洪斌	男	人资部	87	8.8	2016/12/2	2017/1/9	95.8	1
13	01120018	张卫	男	市场部	78	7.8	2016/11/24	2017/1/6	85.8	1
14	01120742	王云霞	女	人资部	87	6.4	2016/11/24	2017/1/6	93.4	2
15	01120059	陈丽娟	男	行政部	73	6.8	2016/12/2	2017/1/9	79.8	

图5-7　员工培训考核统计表

5.3 制作培训成绩统计分析表

员工培训考核统计表制作完成后，还需要对员工的成绩是否合格或达标与否进行判定，同时需要对考核成绩进行排名等操作。

5.3.1 判断培训成绩等次

首先根据培训总成绩判断相应的等次，其中90分及以上的等次为优秀，80~89.9分为良好，60~79.9分为合格，60分以下为不合格。

1. 使用IF函数执行多条件判断

如图5-8所示，在员工培训考核统计表的K2单元格中输入以下公式，然后双击K2单元格右下角的填充柄，公式可快速填充到K列其他单元格中，得到考核成绩对应的等次。

```
=IF(I2<60,"不合格",IF(I2<80,"合格",IF(I2<90,"良好","优秀")))
```

2. 使用LOOKUP函数执行多条件判断

进行多个区间的判断时，如果区间条件较多，使用IF函数会让公式显得比较冗长，可以使用LOOKUP函数代替IF函数。仍以图5-8中的数据为例，在K2单元格输入以下公式，然后填充到K列的其他单元格中，同样可以判断出考核成绩对应的等次，如图5-9所示。

```
=LOOKUP(I2,{0,60,80,90},{"不合格","合格","良好","优秀"})
```

=IF(I2<60,"不合格",IF(I2<80,"合格",IF(I2<90,"良好","优秀")))

	E	F	G	H	I	J	K
1	技能考核	理论考核	培训日期	考核日期	总成绩	请假天数	成绩等次
2	69	6.8	2016/12/2	2017/1/9	75.8	3	合格
3	91	7.6	2016/12/2	2017/1/9	98.6	1	优秀
4	70	9.1	2016/11/24	2017/1/6	79.1	6	合格
5	71	6.1	2016/12/2	2017/1/9	77.1	2	合格
6	80	8.1	2016/11/24	2017/1/6	88.1		良好
7	70	7.4	2016/12/2	2017/1/9	77.4	3	合格
8	92	6.6	2016/12/2	2017/1/9	98.6	5	优秀
9	73	8.1	2016/11/24	2017/1/6	81.1	2	良好
10	74	5.8	2016/11/24	2017/1/6	79.8		合格

图5-8　使用IF函数判断成绩等次

=LOOKUP(I2,{0,60,80,90},{"不合格","合格","良好","优秀"})

	E	F	G	H	I	J	K
1	技能考核	理论考核	培训日期	考核日期	总成绩	请假天数	成绩等次
2	69	6.8	2016/12/2	2017/1/9	75.8	3	合格
3	91	7.6	2016/12/2	2017/1/9	98.6	1	优秀
4	70	9.1	2016/11/24	2017/1/6	79.1	6	合格
5	71	6.1	2016/12/2	2017/1/9	77.1	2	合格
6	80	8.1	2016/11/24	2017/1/6	88.1		良好
7	70	7.4	2016/12/2	2017/1/9	77.4	3	合格
8	92	6.6	2016/12/2	2017/1/9	98.6	5	优秀
9	73	8.1	2016/11/24	2017/1/6	81.1	2	良好
10	74	5.8	2016/11/24	2017/1/6	79.8		合格
11	68	8.9	2016/12/2	2017/1/9	76.9	3	合格
12	87	8.8	2016/12/2	2017/1/9	95.8	1	优秀

图5-9　使用LOOKUP函数执行多条件判断

知识点讲解

1. IF函数多条件判断

在Excel中对指定数值进行多个条件的判断时，需要根据每一个条件依次进行判断。例如，判断A2单元格中的数值在60~80之间时为合格，否则为不合格。如果写成以下公式，Excel将无法完成计算。

```
=IF(60<A2<80,"合格","不合格")
```

正确写法应该是

```
=IF(AND(60<A2,A2<80),"合格","不合格")
```

或是使用以下公式。

```
=IF((60<A2)*(A2<80),"合格","不合格")
```

最后一条公式中，使用乘法替代AND函数，如果多个判断条件中的任意一个结果返回逻辑值FALSE，则乘法结果为0。在IF函数的第一参数中，0的作用相当于逻辑值FALSE，其他非0数值的作用相当于逻辑值TRUE，因此使用乘法可得到与AND函数相同的计算目的。同理，也可以使用加法替代OR函数，如果多个判断条件中的任意一个结果返回逻辑值TRUE，则加法的结果大于0。

2. 认识LOOKUP函数

LOOKUP函数是应用非常广泛的查询类函数之一，该函数支持忽略空值、逻辑值和错误值来进行数据查询。

LOOKUP函数有两种语法形式，常用的基本语法如下。

```
LOOKUP(lookup_value,lookup_vector,[result_vector])
```

该函数在由单行或单列构成的第二参数中查找第一参数，并返回第三参数中对应位置的值。

第一参数是查找值。第二参数为查找范围。第三参数是结果范围，范围大小必须与第二参数相同。

如需在查找范围中查找一个明确的值，查找范围必须升序排列，如果LOOKUP函数找不到查询值，则会与查询区域中小于查询值的最大值进行匹配。

在本小节中，LOOKUP函数在第二参数{0,60,80,90}中查找I2单元格的值75.8。因为{0,60,80,90}中没有75.8，所以会以小于75.8的最大值60进行匹配。60在{0,60,80,90}中的位置是2，LOOKUP函数最终返回第三参数{"不合格","合格","良好","优秀"}中相同位置的值，计算结果为“合格”。

提示

如果查询区域中有多个符合条件的记录，LOOKUP函数仅返回最后一条记录。

以下是LOOKUP函数的模式化用法。

例1 返回A列最后一个文本。

```
=LOOKUP(" 々 ",A:A)
```

“々”通常被看作一个编码较大的字符，输入方法为<Alt+41385>组合键，其中数字41385需要使用小键盘来进行输入。一般情况下，第一参数写成“座”，也可以返回一列或一行中的最后一个文本内容。

例2 返回A列最后一个数值。

```
=LOOKUP(9E+307,A:A)
```

9E+307是Excel里的科学计数法，即9×10^{307}，被认为接近Excel允许键入的最大数值。用9E+307做查询值，可以返回一列或一行中的最后一个数值。

例3 返回A列最后一个非空单元格内容。

```
=LOOKUP(1,0/(A:A<>""),A:A)
```

公式以“0/指定的条件”的方式构建出一个由0和错误值#DIV/0!组成的数组。再用1作为查找值，在0和错误值组成的数组中，忽略错误值进行查找，即可查找结果区域中最后一个0的位置，并返回第三参数中对应位置的值。

LOOKUP函数的典型用法可以归纳为

```
=LOOKUP(1,0/(条件),目标区域)
```

5.3.2 培训成绩排名

接下来需要对员工的考核成绩进行排名，以便能更直观地了解情况。

操作步骤如下。

步骤1 在员工培训考核统计表的L1单元格输入“成绩排名”，然后单击K列列标，再单击【开始】选项卡中的【格式刷】按钮，最后单击L列列标，将K列的格式复制到L列。

步骤2 如图5-10所示，在L2单元格输入以下公式，双击L2单元格右下角的填充柄，将公式快速填充到L列其他单元格中。

```
=RANK(I2,$I$2:$I$173,0)
```

	H	I	J	K	L
1	考核日期	总成绩	请假天数	成绩等次	成绩排名
2	2017/1/9	75.8	3	合格	118
3	2017/1/9	98.6	1	优秀	6
4	2017/1/6	79.1	6	合格	95
5	2017/1/9	77.1	2	合格	107
6	2017/1/6	88.1		良好	51
7	2017/1/9	77.4	3	合格	105
8	2017/1/9	98.6	5	优秀	6
9	2017/1/6	81.1	2	良好	82
10	2017/1/6	79.8		合格	91
11	2017/1/9	76.9	3	合格	109
12	2017/1/9	95.8	1	优秀	17

图5-10 使用公式计算成绩排名

知识点讲解

1. RANK函数

RANK函数返回一列数字的数字排位，数字的排位是其相对于列表中其他值的大小。

该函数的语法为

```
RANK(number,ref,[order])
```

第一参数是需要找到其排位的数字。第二参数是指定数字列表的范围。第三参数用于指定数字排位的方式，如果为0（零）或省略，按照降序排列，否则按照升序排列。

RANK函数对于重复的数字赋予相同的排位，但重复数的存在将影响后续数值的排位。例如，在按升序排序的整数列表中，如果数字10出现两次，且其排位为5，则11的排位为7（没有排位为6的数值）。

2. 中国式排名

RANK函数排名得到的结果是西方式的排名，即数字A重复了几次，则下一个大小仅次于数字A的数字B排位时，排名是数字A的位置数再加上数字A重复的次数。按照中国人习惯的排名方式，无论有几个并列名次，后续的排名紧跟前面的名次顺延生成，并列排名不占用名次。如对100、100、90统计的中国式排名结果分别为第一名、第一名、第二名。

首先在员工培训考核统计表的M1单元格输入“中国式排名”，然后使用格式刷将K列的格式复制到M列。在M2单元格输入以下公式，双击填充柄快速填充公式，如图5-11所示。

```
=SUMPRODUCT(($I$2:$I$173>=I2)*(1/COUNTIF($I$2:$I$173,$I$2:$I$173)))
```

```
=SUMPRODUCT(($I$2:$I$173>=I2)*(1/COUNTIF($I$2:$I$173,$I$2:$I$173)))
```

	G	H	I	J	K	L	M
1	培训日期	考核日期	总成绩	请假天数	成绩等次	成绩排名	中国式排名
2	2016/12/2	2017/1/9	75.8	3	合格	118	100
3	2016/12/2	2017/1/9	98.6	1	优秀	6	6
4	2016/11/24	2017/1/6	79.1	6	合格	95	81
5	2016/12/2	2017/1/9	77.1	2	合格	107	91
6	2016/11/24	2017/1/6	88.1		良好	51	42
7	2016/12/2	2017/1/9	77.4	3	合格	105	89
8	2016/12/2	2017/1/9	98.6	5	优秀	6	6
9	2016/11/24	2017/1/6	81.1	2	良好	82	71
10	2016/11/24	2017/1/6	79.8		合格	91	78
11	2016/12/2	2017/1/9	76.9	3	合格	109	93

图5-11　中国式排名

要统计成绩的中国式排名，实质就是要计算所有大于等于当前成绩的不重复个数。用到的公式涉及数组的运算原理，在本书中仅简单了解即可。

5.3.3 提取指定条件的员工名单

部分公司对于培训考核成绩较为优秀的员工，往往会给予一定的精神或物质方面的奖励，以激励员工的学习兴趣。本节学习使用高级筛选功能，在员工培训考核统计表中提取技能考核大于85分，并且理论考核大于8.5分的员工名单。

操作步骤如下。

步骤 1 在“员工培训考核统计表”工作簿中选中“技能考核”和“理论考核”所在列的列标题，即E1:F1单元格，按<Ctrl+C>组合键复制，然后单击O1单元格，按<Ctrl+V>组合键粘贴。同样的方法，将“姓名”所在列的列标题，即B1单元格，复制到R1单元格中。

步骤 2 在O2单元格输入“>85”，在P2单元格输入“>8.5”，如图5-12所示。

	K	L	M	N	O	P	Q	R
1	成绩等次	成绩排名	中国式排名		技能考核	理论考核		姓名
2	合格	118	100		>85	>8.5		
3	优秀	6	6					
4	合格	95	81					
5	合格	107	91					
6	良好	51	42					
7	合格	105	89					
8	优秀	6	6					
9	良好	82	71					
10	合格	91	78					
11	合格	109	93					

图5-12　设置高级筛选条件

步骤 3 单击数据区域中的任意单元格，如K5，单击【数据】选项卡下的【高级】按钮，打开【高级筛选】对话框，Excel会将数据区域自动添加到列表区。

单击【将筛选结果复制到其他位置】单选按钮，然后单击【条件区域】右侧的折叠按钮，选择O1:P2单元格区域。单击【复制到】右侧的折叠按钮，选择R1单元格，最后单击【确定】按钮，如图5-13所示。

操作完成后，在R列中即可快速提取出所有符合条件的人员名单，如图5-14所示。

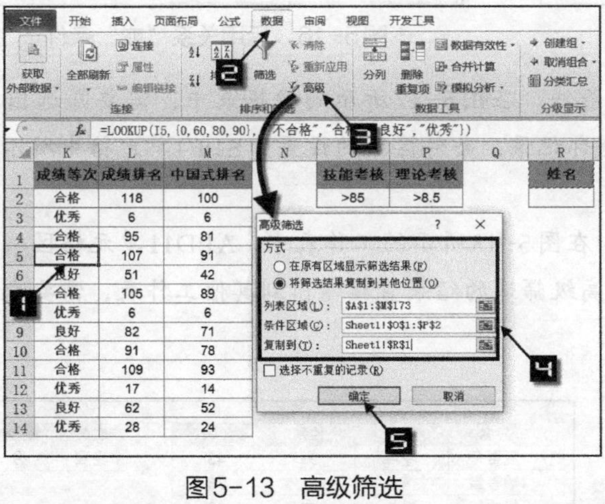

图5-13　高级筛选

	O	P	Q	R
1	技能考核	理论考核		姓名
2	>85	>8.5		杨洪斌
3				杨文兴
4				王美华
5				何金祥
6				赵雄燕

图5-14　高级筛选结果

知识点讲解

高级筛选

高级筛选功能是自动筛选的升级，它不仅包含了自动筛选的所有功能，而且能够设置更多、更复杂的筛选条件。

素材所在位置：

光盘：\素材\第5章 员工培训管理常用表格制作\高级筛选.xlsx

（1）设置高级筛选的条件区域。高级筛选的筛选条件需要在一个工作表区域内单独指定，并需要与基础数据区域分开。通常情况下，高级筛选的条件区域放置在数据列表的上部或是底部。

一个高级筛选的条件区域至少要包含两行，第一行是列标题，列标题应和数据列表中的标题相同。第二行是高级筛选的条件值。

（2）两列之间运用关系“与”条件。使用高级筛选，关键是对条件值的描述区域进行设置，位于同一行的各个条件表示相互之间是“与”的关系。例如，设置条件值描述区域如图5-15所示，则高级筛选的结果为“性别为男性并且职务为部门主管”的记录。

（3）两列之间运用关系“或”条件。位于不同行的各个条件表示相互之间是“或”的关系。例如，设置条件值描述区域如图5-16所示，则高级筛选得到的结果是“性别为男性或者职务为部门主管”的记录。

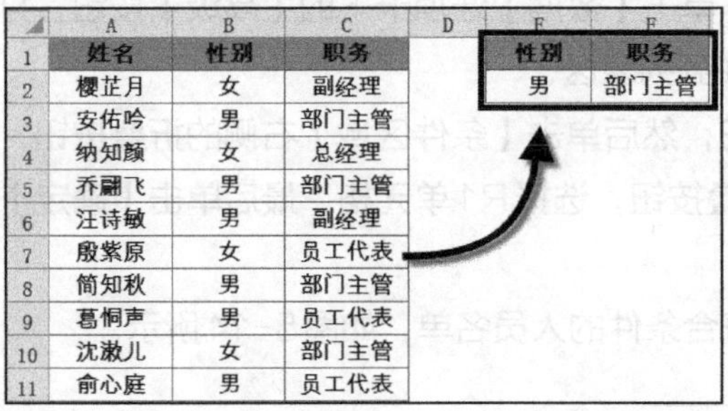

	A	B	C	D	E	F
1	姓名	性别	职务		性别	职务
2	樱芷月	女	副经理		男	部门主管
3	安佑吟	男	部门主管			
4	纳知颜	女	总经理			
5	乔翩飞	男	部门主管			
6	汪诗敏	男	副经理			
7	殷紫原	女	员工代表			
8	简知秋	男	部门主管			
9	葛桐声	男	员工代表			
10	沈漱儿	女	部门主管			
11	俞心庭	男	员工代表			

图5-15　运用关系“与”条件

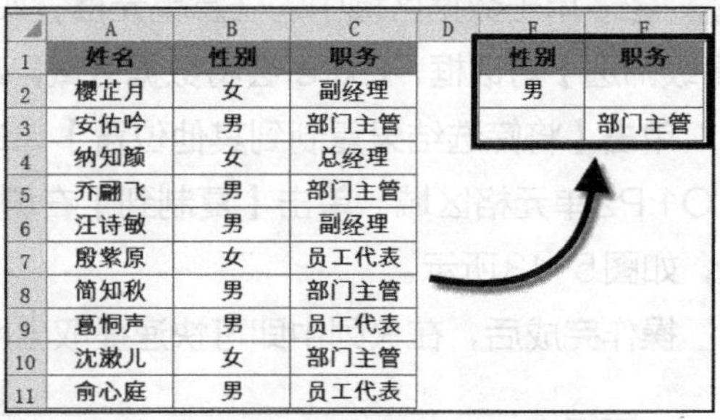

	A	B	C	D	E	F
1	姓名	性别	职务		性别	职务
2	樱芷月	女	副经理		男	
3	安佑吟	男	部门主管			部门主管
4	纳知颜	女	总经理			
5	乔翩飞	男	部门主管			
6	汪诗敏	男	副经理			
7	殷紫原	女	员工代表			
8	简知秋	男	部门主管			
9	葛桐声	男	员工代表			
10	沈漱儿	女	部门主管			
11	俞心庭	男	员工代表			

图5-16　运用关系“或”条件

（4）在一列中使用多个关系“或”条件。在图5-17所示的数据表中，需要筛选出职务为“总经理”“副经理”和“部门主管”的全部记录，条件区域的设置如E1:E4单元格中所示，将各职位名称依次添加到一列中的不同行即可。

（5）将筛选结果输出到其他工作表。在图5-18所示的工作表中，A1:D11单元格区域是数据源，F1:G2对应区域是筛选条件。如需将高级筛选的结果直接输出到其他工作表，需要先切换到要存放筛选结果的工作表。

	A	B	C	D	E
1	姓名	性别	职务		职务
2	樱芷月	女	副经理		副经理
3	安佑吟	男	部门主管		部门主管
4	纳知颜	女	总经理		总经理
5	乔翩飞	男	部门主管		
6	汪诗敏	男	副经理		
7	殷紫原	女	员工代表		
8	简知秋	男	部门主管		
9	葛桐声	男	员工代表		
10	沈漱儿	女	部门主管		
11	俞心庭	男	员工代表		

图5-17　一列中使用多个关系“或”条件的高级筛选

	A	B	C	D	E	F	G
1	姓名	职务	性别	年龄		职务	性别
2	夏吾冬	经理	男	43		经理	男
3	杨春雪	科长	女	36			
4	何雨佳	科长	女	38			
5	袁承志	职员	男	29			
6	蓝天阔	经理	男	32			
7	段玉梅	职员	女	35			
8	何佳佳	科长	女	39			
9	梅思竹	职员	女	33			
10	何元春	经理	男	39			
11	贾一明	科长	男	39			
12							

存放结果表 | 将筛选结果输出到其他工作表 | 两列之间运用关系“与”条

图5-18　待筛选的工作表

在“存放结果表”工作表中，单击【数据】选项卡下的【高级】按钮，弹出【高级筛选】对话框。单击【将筛选结果复制到其他位置】单选按钮，然后单击【列表区域】右侧的折叠按钮，选择“将筛选结果输出到其他工作表”工作表中的数据区域。

再单击【条件区域】右侧的折叠按钮，选择“将筛选结果输出到其他工作表”工作表的F1:G2单元格区域。单击【复制到】右侧的折叠按钮，选择A1单元格，最后单击【确定】按钮。如果选定的【复制到】区域中没有输入列标题，高级筛选将提取出符合条件的所有列的记录，如图5-19所示。

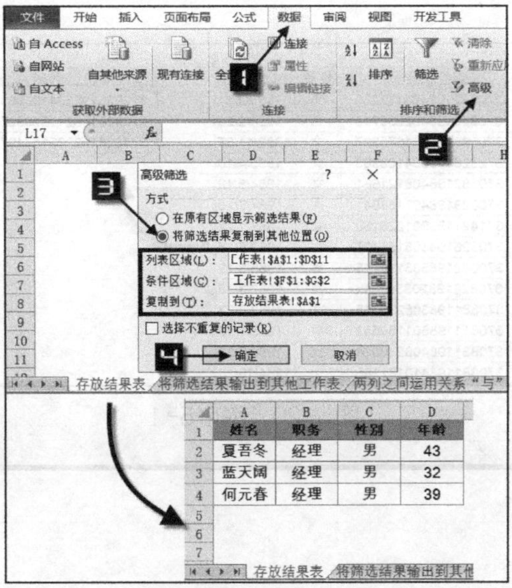

图5-19　将筛选结果输出到其他工作表

本章小结

本章以员工培训管理为主线，讲解了培训计划完成统计表和员工培训考核统计表的制作。本章通过对培训成绩进行统计分析，了解使用LOOKUP函数代替IF函数实现多个区间的判断以及RANK函数的用法。最后介绍了利用高级筛选功能提取出指定条件的值。

练习题

1. 使用高级筛选功能时，条件值的描述区域位于同一行的各个条件表示相互之间是________的关系。

2. 使用高级筛选功能时，条件值的描述区域位于不同行的各个条件表示相互之间是________的关系。

3. 简述将高级筛选结果输出到其他工作表的主要步骤。

4. 使用RANK函数排序时，对于重复的数字赋予________的排位。

5. RANK函数的第三参数使用0或是省略时，表示按照________排列。

6. 请参照“练习5-1.xlsx”中的数据，在G2单元格中使用LOOKUP函数查询出F列身份证号码对应的姓名，如图5-20所示。

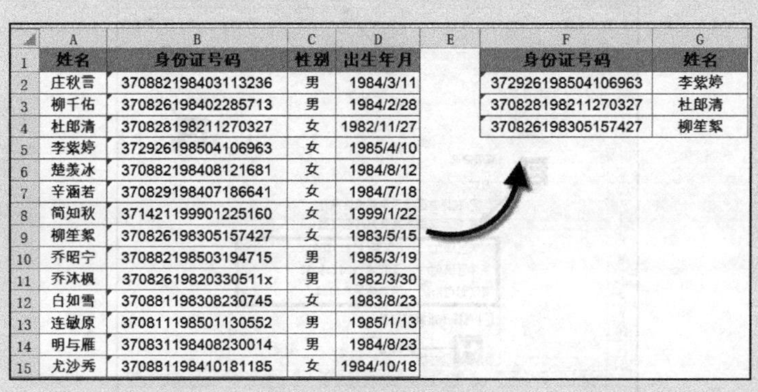

	A	B	C	D
1	姓名	身份证号码	性别	出生年月
2	庄秋言	370882198403113236	男	1984/3/11
3	柳千佑	370826198402285713	男	1984/2/28
4	杜郎清	370828198211270327	女	1982/11/27
5	李紫婷	372926198504106963	女	1985/4/10
6	楚羡冰	370882198408121681	女	1984/8/12
7	辛涵若	370829198407186641	女	1984/7/18
8	简知秋	371421199901225160	女	1999/1/22
9	柳笙絮	370826198305157427	女	1983/5/15
10	乔昭宁	370882198503194715	男	1985/3/19
11	乔沐枫	37082619820330511x	男	1982/3/30
12	白如雪	370881198308230745	女	1983/8/23
13	连敏原	370811198501130552	男	1985/1/13
14	明与雁	370831198408230014	男	1984/8/23
15	尤沙秀	370881198410181185	女	1984/10/18

	F	G
1	身份证号码	姓名
2	372926198504106963	李紫婷
3	370828198211270327	杜郎清
4	370826198305157427	柳笙絮

图5-20 练习5-1

第 6 章

考勤与薪酬福利管理常用表格制作

本章导读

合理的薪酬福利是一种容易使用而且比较高效的激励方法，它是企业对员工所做贡献的认可。薪酬福利不仅仅是员工的劳动所得，一定程度上也代表着员工自身的价值。薪酬福利管理方面的工作是人力资源部门的重要工作之一。本章将介绍加班统计表、工资表、工资条以及个人所得税计算等与薪酬管理有关的内容。

6.1 整理考勤机数据

当前，已经有越来越多的企业使用考勤机记录员工的上下班时间，虽然市面上的考勤机种类非常多，功能也越来越强大，但是实际应用中，仍然需要人力资源管理人员对请假、迟到、早退、未打卡等一些异常情况进行单独处理，最终以考勤机的打卡时间为依据，辅以请、休假等特殊情况的记录生成考勤表。

6.1.1 统计出勤状态和早退迟到时间

素材所在位置：

光盘：\素材\第6章 考勤与薪酬福利管理常用表格制作\6.1.1 考勤记录.xlsx

例如，某公司的工作时间为9:00~18:00，一天两次打卡，即早晚上下班各打一次；如果晚上加班，则直到加班结束再打下班卡。超过18:30以后算加班。现在需要根据图6-1中考勤机导出的数据，统计出考勤状态（正常或迟到/早退）、迟到时长、早退时长以及加班时长。

	A	B	C	D	E	F	G	H
1	部门	姓名	登记号码	日期时间	机器号	编号	工种代码	比对方式
2	总公司	金绍琼	1	2016/7/28 8:41	1	00001	0	指纹
3	总公司	金绍琼	1	2016/7/28 18:01	1	00001	0	指纹
4	总公司	金绍琼	1	2016/7/31 8:51	1	00001	0	指纹
5	总公司	金绍琼	1	2016/8/1 18:53	1	00001	0	指纹
6	总公司	金绍琼	1	2016/8/1 9:09	1	00001	0	指纹
7	总公司	金绍琼	1	2016/8/1 18:00	1	00001	0	指纹
8	总公司	金绍琼	1	2016/8/2 9:24	1	00001	0	指纹
9	总公司	金绍琼	1	2016/8/2 18:00	1	00001	0	指纹
10	总公司	金绍琼	1	2016/8/3 8:52	1	00001	0	指纹
11	总公司	金绍琼	1	2016/8/3 17:55	1	00001	0	指纹
12	总公司	金绍琼	1	2016/8/4 8:34	1	00001	0	指纹
13	总公司	金绍琼	1	2016/8/4 8:37	1	00001	0	指纹
14	总公司	金绍琼	1	2016/8/7 8:38	1	00001	0	指纹
15	总公司	金绍琼	1	2016/8/7 18:01	1	00001	0	指纹

图6-1 考勤机数据

操作步骤如下。

步骤1 首先在I1~L1单元格中依次输入“考勤状态”“迟到时长”“早退时长”和“加班时长”，按<Ctrl+S>组合键将工作簿保存为“考勤记录.xlsx”，如图6-2所示。

	F	G	H	I	J	K	L
1	编号	工种代码	比对方式	考勤状态	迟到时长	早退时长	加班时长
2	00001	0	指纹				
3	00001	0	指纹				
4	00001	0	指纹				
5	00001	0	指纹				
6	00001	0	指纹				
7	00001	0	指纹				
8	00001	0	指纹				
9	00001	0	指纹				
10	00001	0	指纹				
11	00001	0	指纹				
12	00001	0	指纹				
13	00001	0	指纹				

图6-2 输入列标题

步骤2 在I2单元格输入以下公式计算出考勤状态，双击I2单元格右下角的填充柄，将公式向下填充到I列的其他单元格。

```
=IF((D2-INT(D2)<=--"9:00")+(D2-INT(D2)>=--"18:00"),"正常","迟到/早退")
```

步骤3 在J2单元格输入以下公式计算出迟到时长，双击J2单元格右下角的填充柄，将公式填充到J列的其他单元格。

```
=IF((I2="迟到/早退")*(D2-INT(D2)<--"12:00"),D2-INT(D2)-"9:00","")
```

步骤4 在K2单元格输入以下公式计算出早退时长，双击K2单元格右下角的填充柄，将公式填充到K列的其他单元格。

```
=IF((I2="迟到/早退")*(D2-INT(D2)>=--"12:00"),"18:00"-(D2-INT(D2)),"")
```

步骤5 在L2单元格输入以下公式计算出加班时长，双击L2单元格右下角的填充柄，将公式填充到L列的其他单元格。

```
=IF(D2-INT(D2)>--"18:30",D2-INT(D2)-"18:30","")
```

填充公式后，同时选中J~L列，按<Ctrl+1>组合键打开【设置单元格格式】对话框，在【数字】选项卡下，单击左侧的“自定义”，在右侧的【类型】列表中选择格式代码“h:mm”，单击【确定】按钮，如图6-3所示。

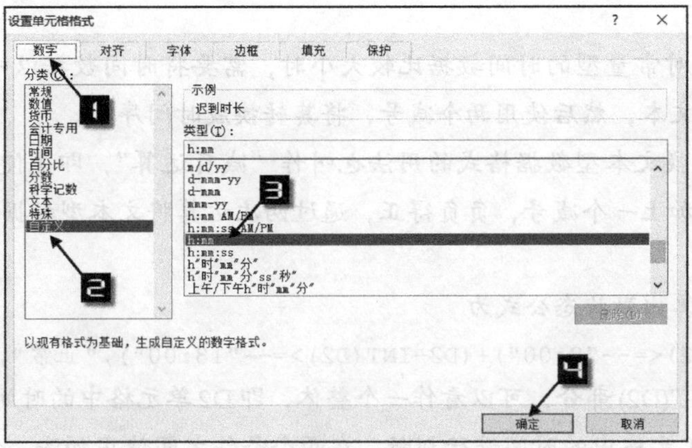

图6-3 设置自定义的数字格式

公式提取最终结果如图6-4所示。

	D	E	F	G	H	I	J	K	L
1	日期时间	机器号	编号	工种代码	比对方式	考勤状态	迟到时长	早退时长	加班时长
2	2016/7/28 8:41	1	00001	0	指纹	正常			
3	2016/7/28 18:01	1	00001	0	指纹	正常			
4	2016/7/31 8:51	1	00001	0	指纹	正常			
5	2016/8/1 18:53	1	00001	0	指纹	正常			0:23
6	2016/8/1 9:09	1	00001	0	指纹	迟到/早退	0:09		
7	2016/8/1 18:00	1	00001	0	指纹	正常			
8	2016/8/2 9:24	1	00001	0	指纹	迟到/早退	0:24		
9	2016/8/2 18:00	1	00001	0	指纹	正常			
10	2016/8/3 8:52	1	00001	0	指纹	正常			
11	2016/8/3 17:55	1	00001	0	指纹	迟到/早退		0:04	
12	2016/8/4 8:34	1	00001	0	指纹	正常			
13	2016/8/4 8:37	1	00001	0	指纹	正常			
14	2016/8/7 8:38	1	00001	0	指纹	正常			

图6-4 完成后的效果

知识点讲解

1. 时间数据的比较和计算

日期和时间混合型的数据，实际上是由整数组成的日期序列值和由小数组成的时间序列值两部分组成。如在A1单元格中输入“2017-2-11 5:45”，此时在【开始】选项卡下的【数字格式】可以看到，Excel自动将A1单元格的格式显示为“自定义”。如果将A1单元格格式设置为常规，A1单元格会显示为数值42777.2395833333，其中的42777是日期2017年2月11日的序列值，0.2395833333则是时间5:45的序列值，如图6-5所示。

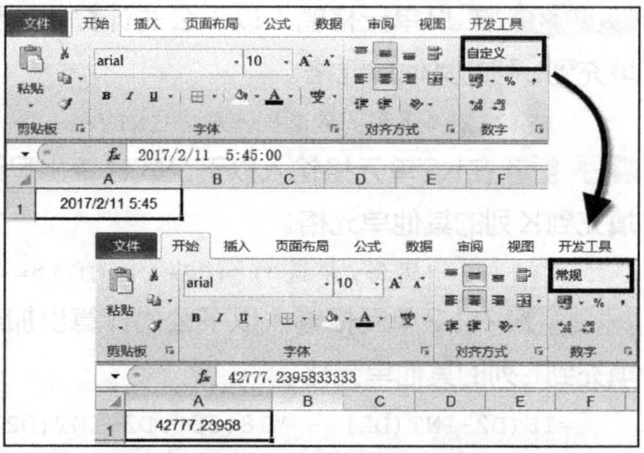

图6-5 不同格式的显示效果

在本小节中，使用D2-INT（D2）来计算D2单元格的时间序列，INT（D2）用于对D2函数取整，得到D2单元格的整数部分，即日期序列。再用D2减去日期序列，即可得到小数部分，也就是时间的序列值。

另外，在公式中对常量型的时间数据比较大小时，需要将时间数据以一对半角双引号包含，使其成为日期样式的文本，然后使用两个减号，将其转换成时间序列。

使用两个减号转换文本型数据格式的用法也叫作“减负运算”，即先使用一个负号，计算文本型数据的负数，再加上一个减号，负负得正，通过两次运算将文本型数据转换为数值型数据。

2. 公式讲解

（1）I2单元格计算出勤状态公式为

```
=IF((D2-INT(D2)<=--"9:00")+(D2-INT(D2)>=--"18:00"),"正常","迟到/早退")
```

公式中的D2-INT(D2)部分，可以看作一个整体，即D2单元格中的时间。

用IF函数对D2单元格中的时间进行判断，在两个条件之间使用加法，作用相当于OR函数。如果多个判断条件中的任意一个结果返回逻辑值TRUE，则加法的结果大于0；只有两个条件都不符合，才会返回0。

在IF函数的第一参数中，0的作用相当于逻辑值FALSE，其他非0数值的作用相当于逻辑值TRUE，因此使用加法可得到与OR函数相同的计算目的。同理，也经常使用多个判断条件中的乘法运算代替AND函数。

本例中，如果D2单元格中的时间小于等于“9:00”或大于等于“18:00”，则返回指定的内容“正常”，否则返回“迟到/早退”。

（2）J2单元格计算迟到时长公式为

```
=IF((I2="迟到/早退")*(D2-INT(D2)<--"12:00"),D2-INT(D2)-"9:00","")
```

公式中同样使用IF函数对两个条件进行判断，如果I2单元格的计算结果等于“迟到/早退”，并且D2单元格中的时间小于“12:00”，即表明是上午打卡迟到。公式中使用乘法运算代替AND函数，表示两个条件必须同时符合。如果两个条件同时符合，则用D2单元格中的打卡时间减去指定上班时间“9:00”，计算出实际迟到时间，否则返回空文本""。

（3）K2单元格计算早退时长公式为

```
=IF((I2="迟到/早退")*(D2-INT(D2)>=--"12:00"),"18:00"-(D2-INT(D2)),"")
```

该公式与J2单元格的公式思路相同，如果I2单元格的计算结果等于“迟到/早退”，并且D2单元格中的时间大于等于“12:00”，即表明是下午打卡早退，用指定下班时间“18:00”减去D2单元格实际打卡时间，计算出早退时长，否则返回空文本""。

（4）L2单元格计算加班时长公式为

```
=IF(D2-INT(D2)>--"18:30",D2-INT(D2)-"18:30","")
```

使用IF函数判断D2单元格实际打卡时间如果大于“18:30”，则用实际打卡时间减去“18:30”计算出加班时长，否则返回空文本""。

6.1.2 制作加班统计表

对考勤机中的数据进行初步整理后，接下来需要制作加班统计表。

操作步骤如下。

步骤1 在“考勤记录.xlsx”工作簿中插入一个新工作表，双击工作表标签，重命名为“加班统计”。

步骤2 在“加班统计”工作表中输入基础信息，如图6-6所示。

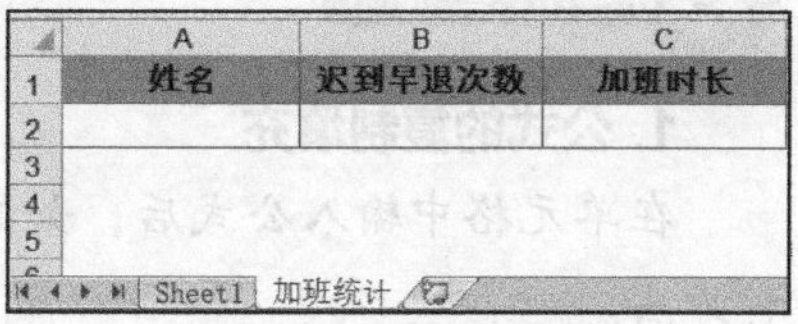

图6-6 输入基础信息

步骤3 在“加班统计”工作表中单击【数据】选项卡下的【高级】按钮，打开【高级筛选】对话框。勾选【将筛选结果复制到其他位置】单选按钮，单击【列表区域】编辑框右侧的折叠按钮，切换到Sheet1工作表，单击B列列标，选择Sheet1B:B整列，即考勤记录中的姓名所在列。单击【复制到】编辑框右侧的折叠按钮，选择“加班统计”工作表A1单元格。最后勾选【选择不重复的记录】复选框，单击【确定】按钮，如图6-7所示。

此时，即可提取出所有不重复的姓名记录，如图6-8所示。

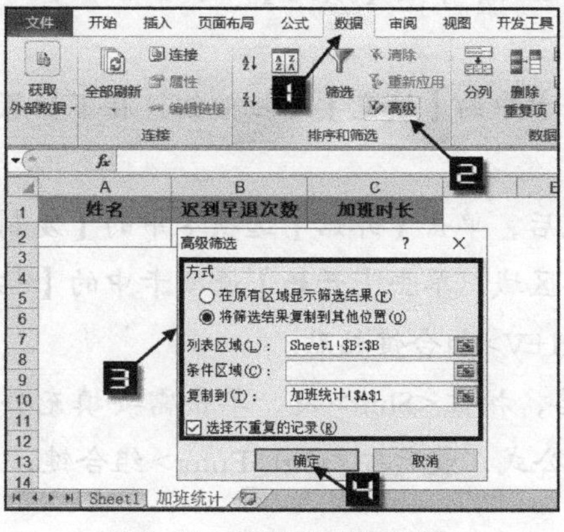

图6-7 筛选不重复记录

图6-8 提取不重复姓名记录

步骤 4 如图6-9所示，在B2单元格中输入以下公式，计算出迟到早退次数，双击B2单元格右下角的填充柄，将公式填充到B列其他单元格，同时，B2单元格中的单元格格式也会自动复制到B列的其他单元格。

```
=COUNTIFS(Sheet1!B:B,A2,Sheet1!I:I,"迟到/早退")
```

步骤 5 如图6-10所示，在C2单元格输入以下公式，计算出加班的总时长。将C2单元格数字格式设置为时间后，双击C2单元格右下角的填充柄，将公式复制到C列其他单元格。

```
=SUMIF(Sheet1!B:B,A2,Sheet1!L:L)
```

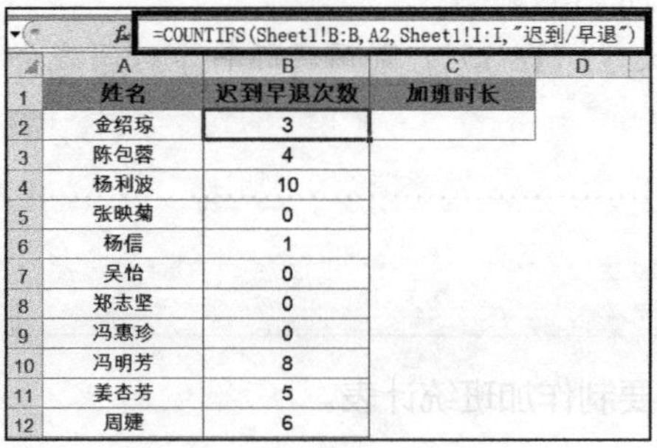

=COUNTIFS(Sheet1!B:B,A2,Sheet1!I:I,"迟到/早退")

	A	B	C	D
1	姓名	迟到早退次数	加班时长	
2	金绍琼	3		
3	陈包蓉	4		
4	杨利波	10		
5	张映菊	0		
6	杨信	1		
7	吴怡	0		
8	郑志坚	0		
9	冯惠珍	0		
10	冯明芳	8		
11	姜杏芳	5		
12	周婕	6		

图6-9　统计迟到早退次数

=SUMIF(Sheet1!B:B,A2,Sheet1!L:L)

	A	B	C
1	姓名	迟到早退次数	加班时长
2	金绍琼	3	0:23:48
3	陈包蓉	4	12:02:05
4	杨利波	10	0:00:00
5	张映菊	0	1:42:53
6	杨信	1	14:32:56
7	吴怡	0	0:39:03
8	郑志坚	0	8:17:54
9	冯惠珍	0	17:48:36
10	冯明芳	8	2:03:30
11	姜杏芳	5	16:42:34

图6-10　计算加班时长

知识点讲解

1. 公式的复制填充

在单元格中输入公式后，如需将公式复制到同一列中相邻的其他单元格，可以使用以下几种方法。

方法 1 拖曳填充柄。单击输入公式的单元格，鼠标指向该单元格右下角，当鼠标指针变为黑色十字形填充柄时，按住鼠标左键向下拖曳至目标单元格。

方法 2 双击填充柄。单击输入公式的单元格，双击该单元格右下角的填充柄，公式将向下填充到当前单元格所位于的不间断区域的最后一行。

方法 3 填充公式。例如在C2单元格中输入公式，然后选中需要输入相同公式的C2:C15单元格区域，按<Ctrl+D>组合键或单击【开始】选项卡中的【填充】下拉按钮，在下拉菜单中单击【向下】按钮，如图6-11所示。

当需要向右复制公式时，可单击【开始】选项卡中的【填充】下拉按钮，在下拉菜单中单击【向右】按钮，也可以按<Ctrl+R>组合键。

方法 4 粘贴公式。在C2单元格中输入公式后，单击【开始】选项卡中的【复制】按钮或按<Ctrl+C>组合键复制。然后选中C3:C15单元格区域，单击【开始】选项卡中的【粘贴】下拉按钮，在下拉菜单中单击【公式】按钮，或按<Ctrl+V>组合键粘贴。

方法 5 多单元格同时输入。单击C2单元格，按住<Shift>键，单击需要填充公式的单元格区域右下角单元格C15，接下来单击编辑栏中的公式，最后按<Ctrl+Enter>组合键，则C3:C15单元格中将输入相同的公式。

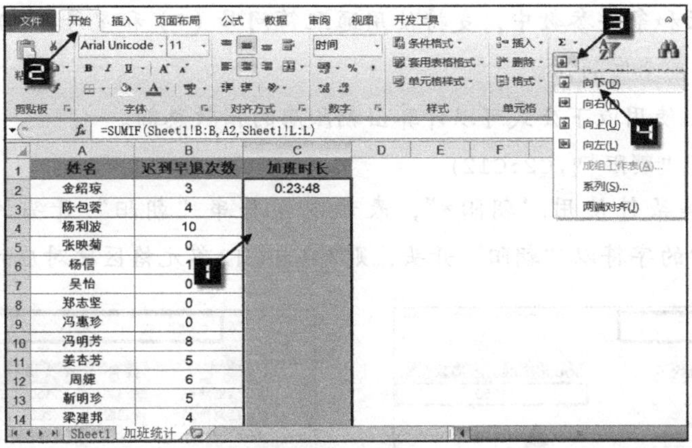

图6-11　填充公式

使用这5种方法复制公式的区别在于：方法1、方法2、方法3和方法4中按<Ctrl+V>组合键粘贴是复制单元格操作，起始单元格的格式、条件格式、数据验证等属性将被覆盖到填充区域。方法4中通过【开始】选项卡进行粘贴操作和方法5不会改变填充区域的单元格属性。

另外，在使用方法2操作时需注意表格数据中是否有空行。

2. 按条件求和

（1）单个条件的求和。条件求和类的计算在日常工作中的使用范围非常广，例如，按指定的部门汇总工资额、计算某个班组的总产量等。SUMIF函数用于对所选范围中符合指定条件的值求和，函数语法为

```
SUMIF(range,criteria,[sum_range])
```

第一参数用于判断条件的单元格区域。第二参数用于确定求和的条件。第三参数是要求和的实际单元格区域。其语法可以理解为

SUMIF(条件判断区域，求和条件，求和区域)

本小节中使用以下公式计算出加班的总时长。

```
=SUMIF(Sheet1!B:B,A2,Sheet1!L:L)
```

其中的Sheet1!B:B部分是指定的条件区域，A2是用于确定求和的条件，Sheet1!L:L是用于求和的实际单元格区域。如果Sheet1工作表B列中的姓名等于A2单元格指定姓名，就对Sheet1工作表L列中对应位置的加班时间求和汇总。

素材所在位置：

光盘：\素材\第6章　考勤与薪酬福利管理常用表格制作\6.1.2 按条件求和.xlsx

SUMIF函数允许省略第三参数，省略第三参数时，Excel会对第一参数，也就是判断条件的单元格区域求和。

如图6-12所示，使用以下公式可以计算出300元及以上部分的捐款总额。

```
=SUMIF(B2:B12,">=300")
```

使用SUMIF函数时，任何含有逻辑及数学符号的条件，都必须使用半角双引号（"）括起来。公式中的第二参数使用字符串">=300"，表示求和条件为大于等于300。

SUMIF函数的求和条件参数中，支持使用通配符问号（?）和星号（*）。问号匹配任意单个字符，星号匹配任意多个字符。

如图6-13所示，使用以下公式可以计算出朝阳店的捐款总额。

```
=SUMIF(A2:A12,"朝阳*",C2:C12)
```

SUMIF函数求和条件使用“朝阳*”，表示以字符串“朝阳”开头的所有字符串。如果A2:A12单元格区域中的字符以“朝阳”开头，则对C2:C12单元格区域对应的数值求和。

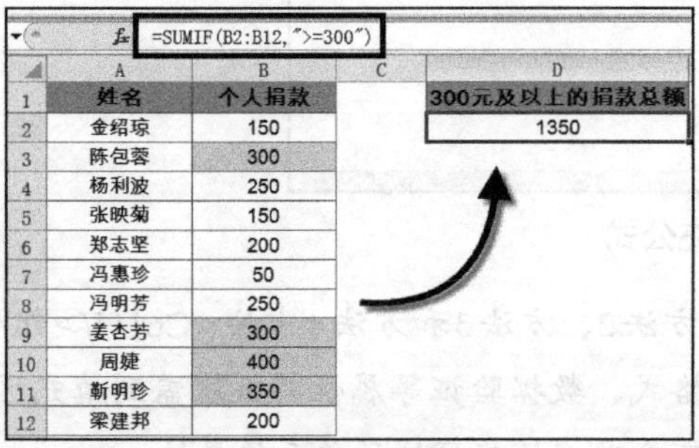

图6-12　SUMIF函数省略第三参数

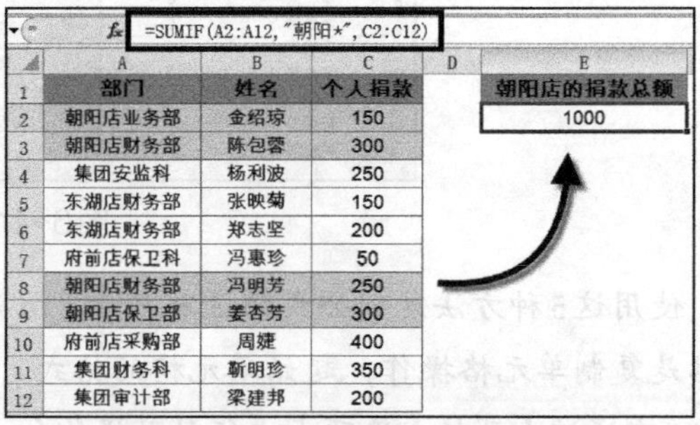

图6-13　在求和条件中使用通配符

（2）多个条件的求和。如果要对区域中符合多个条件的单元格求和，可以使用SUMIFS函数。该函数语法为

```
SUMIFS(sum_range,criteria_range1,criteria1,[criteria_range2,criteria2],...)
```

第一参数是要求和的区域。第二参数用于条件计算的第一个单元格区域。第三参数是用于条件计算的第一个单元格区域对应的条件……其语法可以理解为

SUMIFS(求和区域,条件区域1,条件1,条件区域2,条件2,……)

如图6-14所示，使用以下公式可以计算出部门为朝阳店，并且捐款额在300及以上部分的捐款总额。

```
=SUMIFS(C2:C12,A2:A12,"朝阳*",C2:C12,">=300")
```

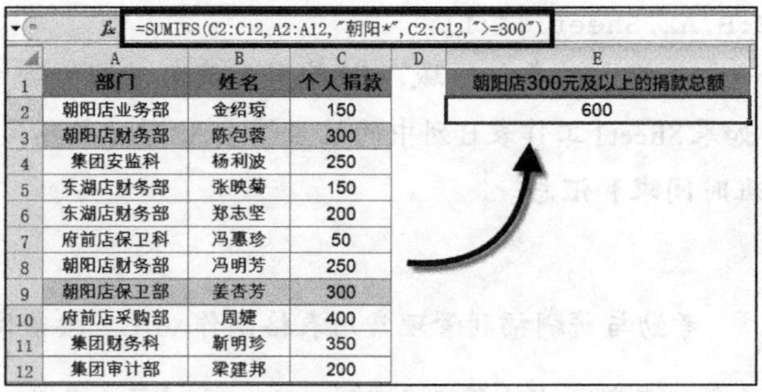

图6-14　多条件求和

公式中的“C2:C12”是实际求和区域。“A2:A12,"朝阳*"”部分是第一组需要判断的“区域/条件”，用于判断A2:A12单元格区域中是否以“朝阳”开头。“C2:C12,">=300"”部分是第二组需要判断的“区域/条件”，用于判断C2:C12单元格区域中的数值是否大于等于300。如果两组条件同时成立，则对C2:C12单元格区域对应的数值求和。

注意

SUMIFS的求和区域位置是写在最开始部分，也就是第一参数。而SUMIF函数的求和区域通常写在最后，也就是第三参数。

本小节中的数据相对比较规范，但是实际工作中，因为不同品牌型号的考勤机导出的数据表类型各有不同，而且具体到企业个体，还有一天四次打卡和一天两次打卡以及三班倒等特殊情况，另外部分公司还会有半天假或小时假，所以考勤机中导出的数据也是千差万别，需要在实际工作中根据具体情况进行处理。

6.2 用Excel制作考勤表

素材所在位置：

光盘：\素材\第6章 考勤与薪酬福利管理常用表格制作\6.2 制作员工考勤表.xlsx

除了使用考勤机打卡记录员工的考勤之外，还有部分企业会使用“考勤表”的形式记录员工出勤。设计合理的考勤表不仅能够直观显示员工的出勤状况，还可以减少统计人员的工作量。

图6-15展示了一份使用窗体工具结合函数公式和条件格式制作的考勤表，当用户调整单元格上的微调按钮时，考勤表中的日期标题会随之调整，并高亮显示周末日期。

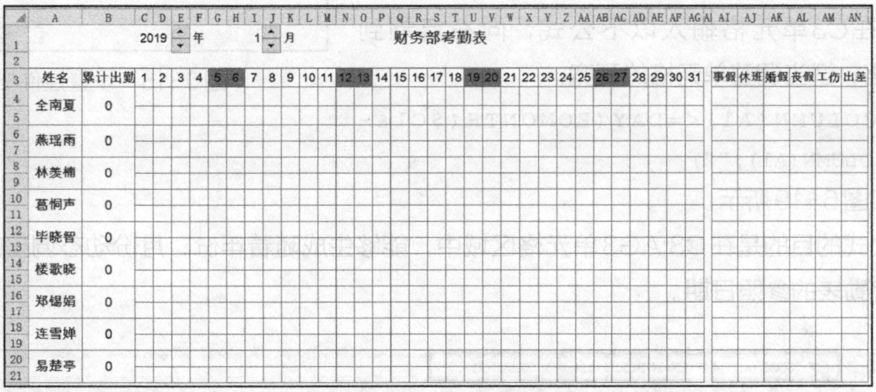

图6-15 员工考勤表

操作步骤如下。

步骤1 在【开发工具】选项卡下，单击【插入】下拉按钮，在表单控件列表中单击“数值调节钮（窗体控件）”，在工作表中拖动鼠标画出一个数值调节按钮，用于调整月份。

步骤2 右键单击数值调节按钮，在快捷菜单中选择【设置控件格式】命令，打开【设置控件格式】对话框并切换到【控制】选项卡下，调整【最小值】右侧的微调按钮，将最小值设置为1。同样的方法将最大值设置为12，步长设置为1。单击【单元格链接】右侧的折叠按钮，选择I1单元格，单击【确定】按钮，如图6-16所示。

步骤 3 按住<Ctrl>键不放，右键单击数值调节按钮控件边缘，待光标上呈现“+”号时，拖动鼠标复制数值调节按钮控件，用于调整年份，如图6-17所示。

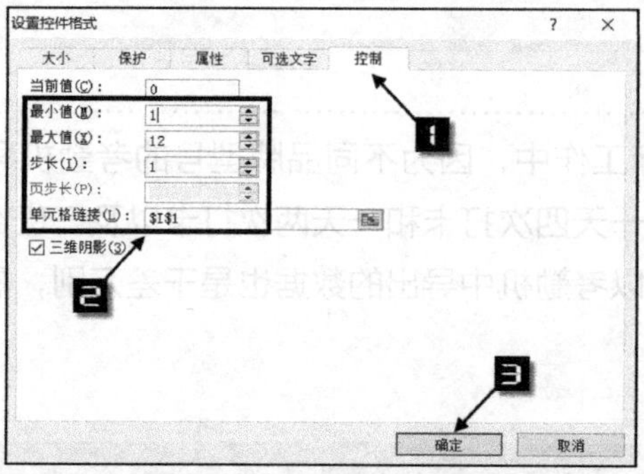

图6-16　设置控件格式

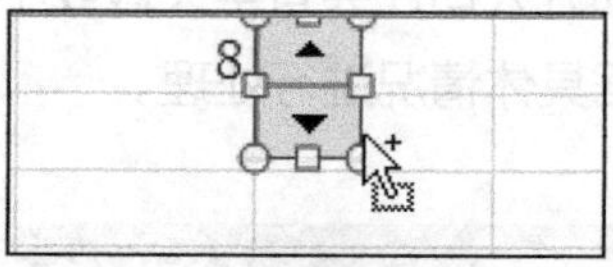

图6-17　复制控件

步骤 4 右键单击复制的控件，在快捷菜单中选择【设置控件格式】命令，打开【设置控件格式】对话框并切换到【控制】选项卡下，调整【最小值】右侧的微调按钮，将最小值设置为2017。同样的方法将最大值设置为2022，步长设置为1。单击【单元格链接】右侧的折叠按钮，选择C1单元格，单击【确定】按钮，如图6-18所示。

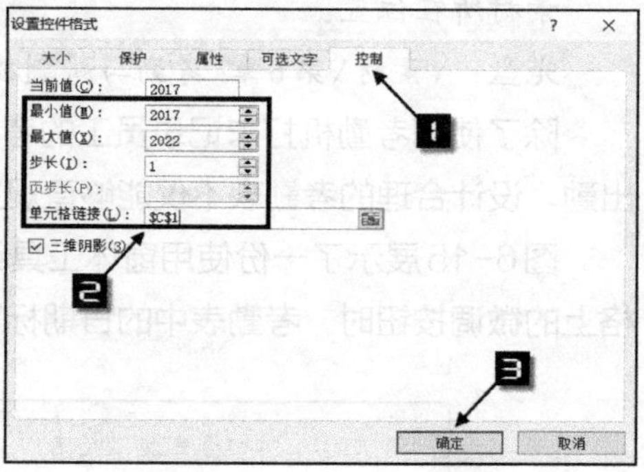

图6-18　设置控件格式

步骤 5 在C3单元格输入以下公式，向右复制到AG3单元格，适当调整单元格的列宽。

```
=IF(COLUMN(A1)<=DAY(EOMONTH($C1&-$I1,0)),COLUMN(A1),"")
```

效果如图6-19所示。

设置公式的目的是在C3:AG3单元格区域中，能够生成随着年份、月份动态调整的日数序列值，作为考勤表的参照日期。

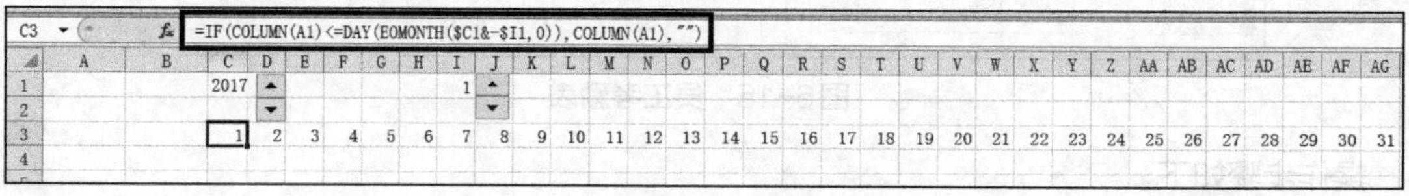

图6-19　使用公式完成日期填充

步骤 6 接下来需要设置条件格式，高亮显示周末日期。选中C3:AG3单元格区域，在【开始】选项卡中依次单击【条件格式】→【新建规则】，打开【新建格式规则】对话框，如图6-20所示。

步骤 7 在【新建格式规则】对话框中单击【使用公式确定要设置格式的单元格】，在【为符合此公式的值设置格式】编辑框中输入以下公式。

```
=(WEEKDAY(DATE($C1,$I1,C3),2)>5)*(C3<>"")
```

单击【格式】按钮，打开【设置单元格格式】对话框。在【填充】选项卡中，选择合适的背景颜色，如“绿色”。依次单击【确定】按钮关闭对话框，如图6-21所示。

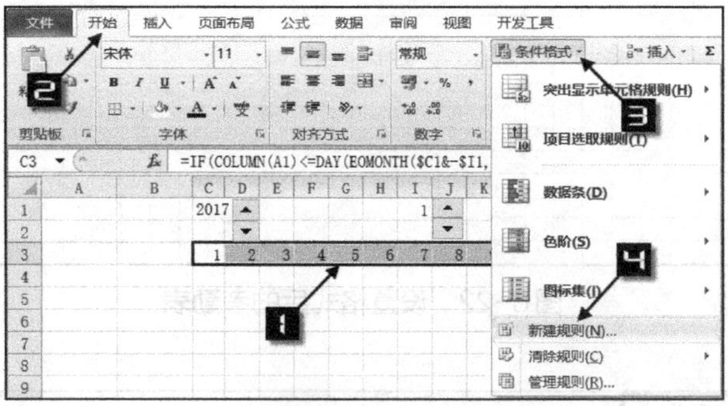

图6-20　新建条件格式规则

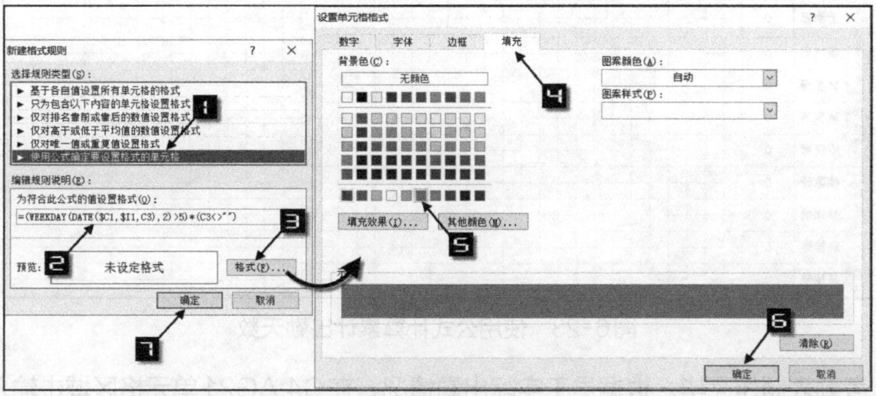

图6-21　设置条件格式

步骤 8 在A3单元格输入“姓名”，在B3单元格输入“累计出勤”，在F1单元格输入“年”，在K1单元格输入“月”，在Q1单元格输入“财务部考勤表”。

步骤 9 按<Ctrl+A>组合键全选工作表，设置字体。再选中A3:AG21单元格区域添加单元格边框。在【视图】选项卡下去掉【网格线】的勾选。

步骤 10 选中A4:A5单元格区域，设置合并后居中。再使用格式刷命令，将格式复制到A4:B21单元格区域。设置后的表格效果如图6-22所示。

步骤 11 在A4:A21单元格区域中依次输入员工姓名。在AI3:AN3单元格区域中依次输入“事假”“休班”“婚假”“丧假”“工伤”“出差”。选中AI3:AN21单元格区域，设置列宽和单元格的字体、边框格式。

步骤 12 在B4单元格输入以下公式，计算员工累计出勤天数，如图6-23所示。

```
=SUM(C4:AG5)/2
```

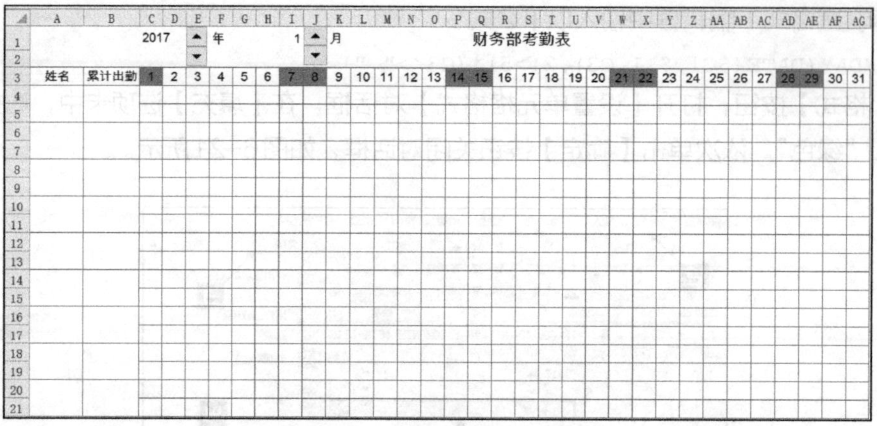

图6-22　设置格式后的考勤表

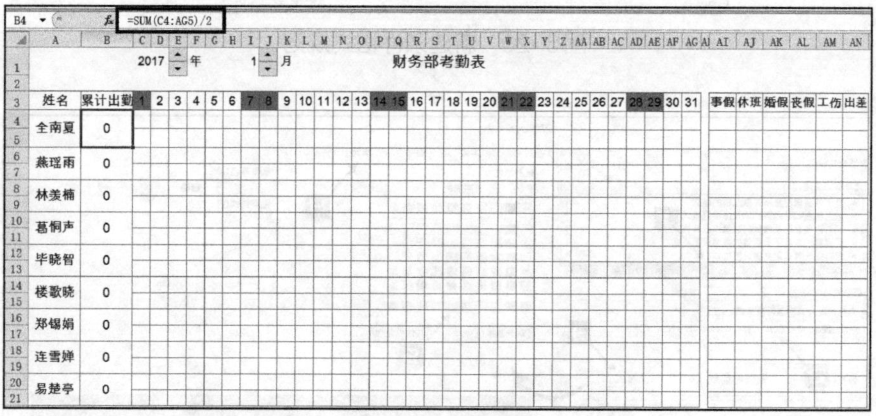

图6-23　使用公式计算累计出勤天数

至此，考勤表制作完毕。根据员工实际出勤情况，在C4:AG21单元格区域中输入1（出勤）或是0（未出勤），即可在B列单元格中计算出该员工的累计出勤天数。

知识点讲解

1. 常用日期类函数

（1）DAY函数。DAY函数返回某个日期在一个月中的天数，结果是1~31的整数。

（2）YEAR函数。YEAR函数返回对应于某个日期的年份，结果为1900~9999的整数。

（3）MONTH函数。MONTH函数返回日期中的月份，结果是1（1月）~12（12月）的整数。

如图6-24所示，使用以下公式将分别提取出A2单元格的年份、月份和1月中的天数。

年份　=YEAR(A2)

月份　=MONTH(A2)

日期　=DAY(A2)

使用YEAR函数、MONTH函数和DAY函数时，如果目标单元格为空单元格，Excel会默认按照不存在的日期1900年1月0日进行处理，如图6-25所示。实际应用时可加上一个空单元格的判断条件。

	A	B	C	D
1	日期	年份	月份	一月中的天数
2	2017/2/8	2017	2	8
3	公式	=YEAR(A2)	=MONTH(A2)	=DAY(A2)

图6-24 年、月、日计算

	A	B	C	D
1	空单元格	年份	月份	一月中的天数
2		1900	1	0
3	公式	=YEAR(A2)	=MONTH(A2)	=DAY(A2)

图6-25 处理空单元格时出错

（4）DATE函数。DATE函数可以根据指定的年份数、月份数和1月中的天数返回日期序列，其语法为

```
DATE(year,month,day)
```

第一参数是表示年份的值，第二参数是表示月份的值，第三参数是表示天数的值。

如果根据年月日指定的日期不存在，DATE函数会自动调整无效参数的结果，顺延得到新的日期，而不会返回错误值。

如图6-26所示，A1单元格的月份数为11，B1单元格的天数为31，11月没有31日，使用以下公式将返回2016/12/1。

```
=DATE(2016,A1,B1)
```

（5）EOMONTH函数。EOMONTH函数返回指定日期之前或之后指定月份数的月末日期。

如图6-27所示，使用以下公式可以计算系统所在日期当前月的天数。

```
=DAY(EOMONTH(TODAY(),0))
```

TODAY()函数生成系统当前的日期。EOMONTH函数返回当前日期的0个月之后，也就是本月最后一天的日期序列值，最后使用DAY函数计算出该日期是当月的第几天。

同理，使用以下公式，可以计算本月剩余天数，如图6-28所示。

```
=EOMONTH(TODAY(),0)-TODAY()
```

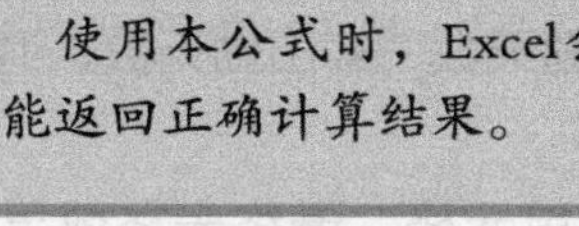

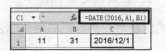

图6-26 DATE函数生成的日期

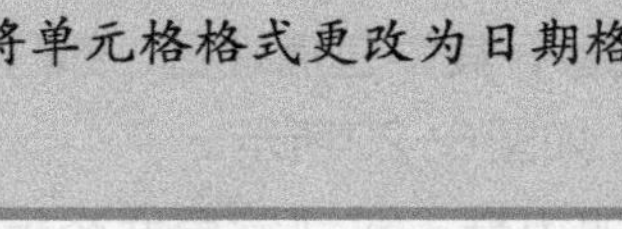

图6-27 计算本月天数

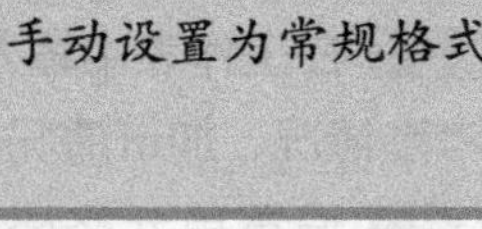

图6-28 计算本月剩余天数

注意

使用本公式时，Excel会自动将单元格格式更改为日期格式，需手动设置为常规格式，才能返回正确计算结果。

（6）WEEKDAY函数。WEEKDAY函数返回对应于某个日期的一周中的第几天。默认情况下，天数是1（星期日）到7（星期六）范围内的整数，该函数的基本语法如下。

```
WEEKDAY(serial_number,[return_type])
```

第一参数是需要判断的日期，第二参数的数字用于指定返回不同类型的值。当WEEKDAY函数第二参数使用2时，返回的数字1~7分别表示星期一至星期日。

2. C3单元格公式讲解

```
=IF(COLUMN(A1)<=DAY(EOMONTH($C1&-$I1,0)),COLUMN(A1),"")
```

首先用C1单元格指定的年份值和I1单元格指定的月份值，连接成日期字符串“2017-1”，EOMONTH($C1&-$I1,0)部分，将日期字符串“2017-1”识别为2017年1月1日，并返回当月最后一天的日期2017年1月31日。最后用DAY函数计算出该月份最后一天的天数值31。

COLUMN(A1)返回A1单元格的列号1。使用的参数A1为相对引用方式，当公式向右复制时依次变成B1，C1，D1，…，计算结果也会变成2，3，4，…，步长为1的递增序列。

接下来使用IF函数进行判断，如果COLUMN函数生成的序列值小于等于该月份最后一天的日期，返回COLUMN函数结果，否则返回空文本""，使单元格显示为空白。

3. 条件格式公式讲解

```
=(WEEKDAY(DATE($C1,$I1,C3),2)>5)*(C3<>"")
```

条件格式公式中的DATE($C1,$I1,C3)部分，使用DATE函数生成递增的日期值。其中年份值由C1单元格指定，月份值由I1单元格指定，天数值为C3:AG3单元格区域的数字。

WEEKDAY函数对DATE函数生成日期计算出表示星期的数字。如果表示星期的数字大于5，则表示该日期为星期六或星期日，单元格将以指定的格式高亮显示。公式最后“*（C3<>""）”的作用是为公式加上一个单元格不为空的条件判断，目的是避免空单元格对DATE函数生成的日期序列值产生影响。

6.3 制作月度出勤汇总表

素材所在位置：

光盘：\素材\第6章 考勤与薪酬福利管理常用表格制作\6.3 月度出勤汇总表.xlsx

一个月结束后，通常需要制作一份月度出勤汇总表，对员工的出勤情况进行汇总后张贴公示或提请领导签字后再以此制作工资表。

操作步骤如下。

步骤1 新建一个工作簿，删除Sheet2和Sheet3工作表，按<Ctrl+S>组合键，另存为“月度出勤汇总表.xlsx”。

步骤2 在工作表中输入基础信息，其中包括姓名、部门、应出勤天数、实出勤天数、请假天数、考勤情况、加班情况等项目，如图6-29所示。

步骤3 设置单元格格式，添加边框，对部分单元格设置合并单元格，最终表格效果如图6-30所示。

	A	B	C	D	E	F	G	H	I	J	K	L	M	N	O	P
1	2017年	月份考勤明细表														
2	序号	姓名	部门	应出勤天数	实出勤天数	请假天数			考勤情况			月度补休天数	加班情况			备注
3						事假	病假	其他	迟到	早退	旷工		平时加班时数	休息日加班时数	节假日加班时数	
4																

图6-29 输入基础信息

2017年　月份考勤明细表															
序号	姓名	部门	应出勤天数	实出勤天数	请假天数			考勤情况			月度补休天数	加班情况			备注
					事假	病假	其他	迟到	早退	旷工		平时加班时数	休息日加班时数	节假日加班时数	
1															
2															
3															
4															
5															
6															
7															
8															
9															
10															
11															
12															
13															
14															
15															
16															
17															
18															
19															
20															
制表人：						办公室审核：							领导审核：		

图6-30　表格完成效果

6.4 部门出勤情况分析

统计部门出勤情况时，通常会统计部门的出勤率或缺勤率，部门出勤率的计算方法为部门实际出勤天数之和除以应出勤天数之和，然后乘以100%。

6.4.1 制作部门出勤率分析图表

素材所在位置：

光盘：\素材\第6章 考勤与薪酬福利管理常用表格制作\6.4.1 部门出勤情况分析.xlsx

制作部门出勤情况分析图表

本节介绍部门出勤率分析图表的制作方法，操作步骤如下。

步骤1 新建一个工作簿，删除Sheet2和Sheet3工作表，按<Ctrl+S>组合键，另存为“部门出勤情况分析.xlsx”。

步骤2 在工作表中输入基础信息，并设置字体字号，添加单元格边框，对表格进行适当美化，效果如图6-31所示。

步骤3 如图6-32所示，在D2单元格输入公式“=B2/C2”计算出勤率，在E2单元格输入以下公式计算平均出勤率。分别双击D2和E2单元格右下角的填充柄，将公式填充到D列和E列其他单元格。

```
=SUM(B$2:B$9)/SUM(C$2:C$9)
```

步骤4 接下来使用图表展示各个部门的出勤率，效果如图6-33所示，水平的横线表示平均出勤率，其他各个部门的出勤率以柱形图显示，并且从高到低依次排列。

首先单击出勤率所在列的任意单元格，如D4，然后单击【数据】选项卡下的【降序】按钮，如图6-34所示。

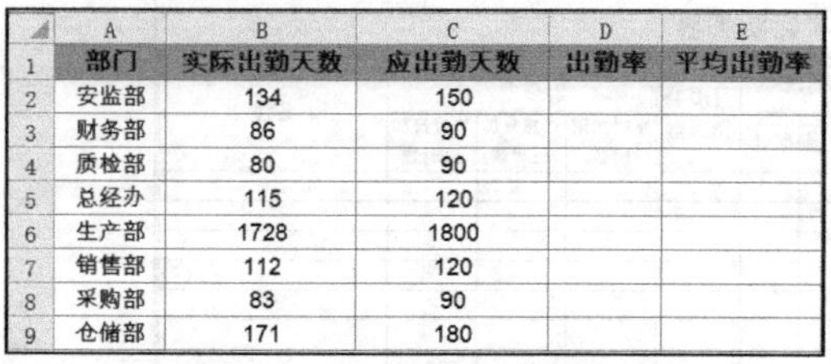

	A	B	C	D	E
1	部门	实际出勤天数	应出勤天数	出勤率	平均出勤率
2	安监部	134	150		
3	财务部	86	90		
4	质检部	80	90		
5	总经办	115	120		
6	生产部	1728	1800		
7	销售部	112	120		
8	采购部	83	90		
9	仓储部	171	180		

图6-31　部门出勤情况分析表

E2　=SUM(B$2:B$9)/SUM(C$2:C$9)

	A	B	C	D	E
1	部门	实际出勤天数	应出勤天数	出勤率	平均出勤率
2	安监部	134	150	89.33%	95.04%
3	财务部	86	90	95.56%	95.04%
4	质检部	80	90	88.89%	95.04%
5	总经办	115	120	95.83%	95.04%
6	生产部	1728	1800	96.00%	95.04%
7	销售部	112	120	93.33%	95.04%
8	采购部	83	90	92.22%	95.04%
9	仓储部	171	180	95.00%	95.04%

图6-32　计算平均出勤率

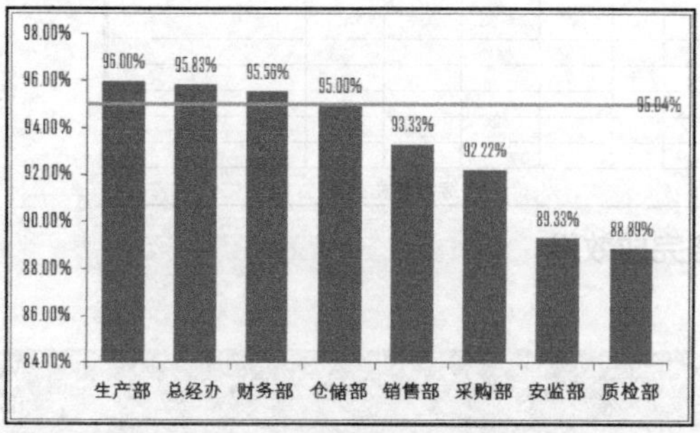

图6-33　完成后的图表效果

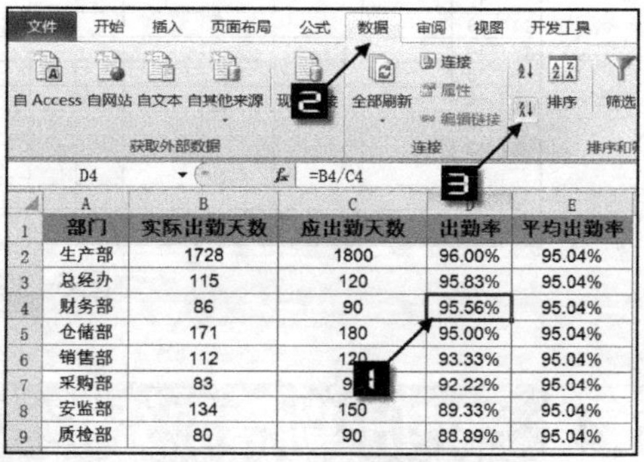

	A	B	C	D	E
1	部门	实际出勤天数	应出勤天数	出勤率	平均出勤率
2	生产部	1728	1800	96.00%	95.04%
3	总经办	115	120	95.83%	95.04%
4	财务部	86	90	95.56%	95.04%
5	仓储部	171	180	95.00%	95.04%
6	销售部	112	120	93.33%	95.04%
7	采购部	83	9	92.22%	95.04%
8	安监部	134	150	89.33%	95.04%
9	质检部	80	90	88.89%	95.04%

图6-34　对数据排序

步骤 5 按住<Ctrl>键不放，依次选中A1:A9和D1:E9单元格区域，在【插入】选项卡下单击【柱形图】下拉按钮，在下拉列表中选择柱形图，如图6-35所示。

步骤 6 单击选中图例项，按<Delete>键删除。单击选中网格线，按<Delete>键删除。

步骤 7 双击“平均出勤率”数据系列，打开【设置数据系列格式】对话框，选中【次坐标轴】单选按钮，再单击【关闭】按钮关闭对话框，如图6-36所示。

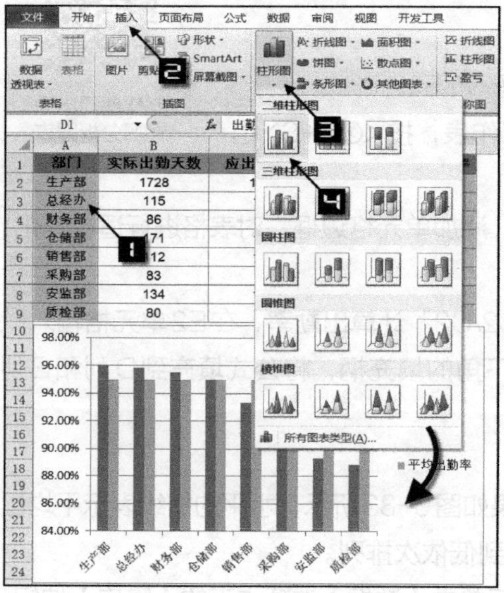

图6-35　插入柱形图

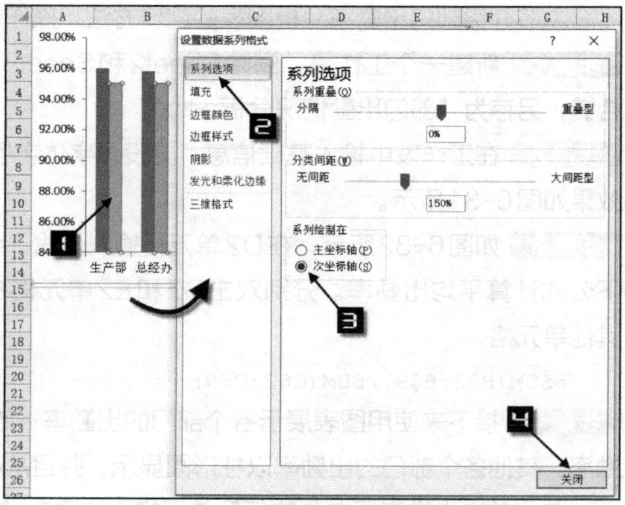

图6-36　设置数据系列格式

步骤8 右键单击“平均出勤率”数据系列，在快捷菜单中选择【更改系列图表类型】命令，打开【更改图表类型】对话框，选中“折线图”，单击【关闭】按钮，如图6-37所示。

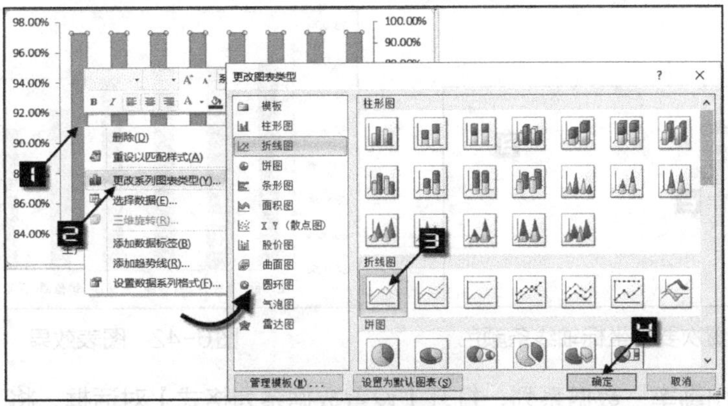

图6-37 更改图表类型

步骤9 双击次要纵坐标轴，打开【设置坐标轴格式】对话框，将最小值和最大值设置为和主要纵坐标轴的刻度区间相同，然后单击【确定】按钮关闭对话框，如图6-38所示。

步骤10 在【布局】选项卡下单击【坐标轴】下拉按钮，在下拉菜单中依次单击【次要横坐标轴】→【显示从左向右坐标轴】，如图6-39所示。

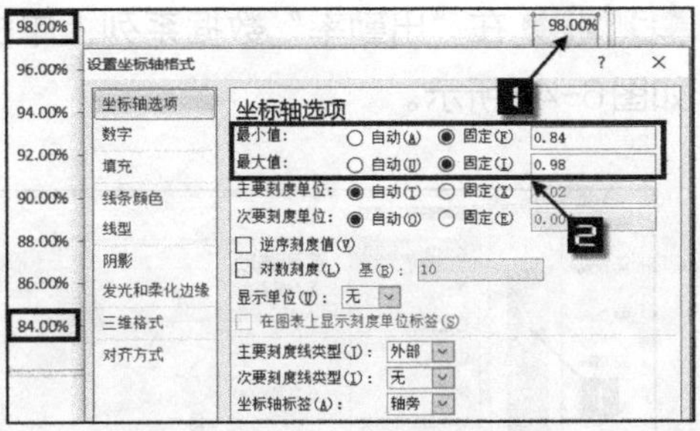

图6-38 设置次要纵坐标轴最大值和最小值

步骤11 双击次要横坐标轴，打开【设置坐标轴格式】对话框，单击【主要刻度线类型】右侧的下拉按钮，选择“无”。同样的方法，将“次要刻度线类型”和“坐标轴标签”设置为“无”。在【位置坐标轴】区域选择【在刻度线上】单选按钮。通过以上设置，折线图的两端即可延伸到绘图区的边缘，如图6-40所示。

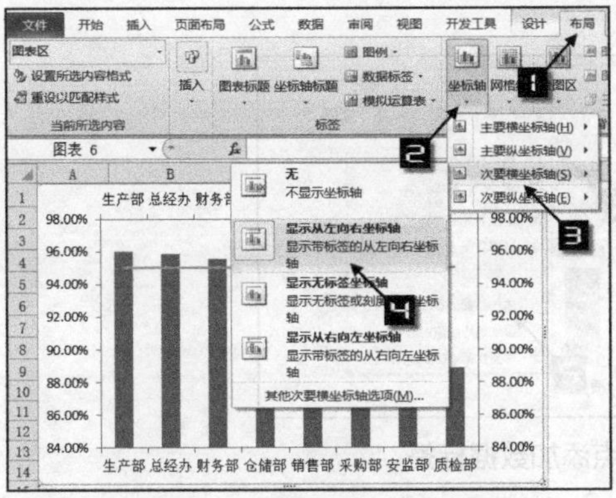

图6-39 添加次要横坐标轴

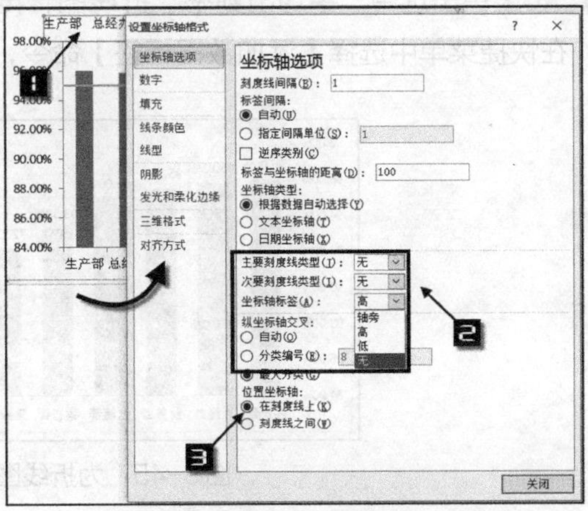

图6-40 设置次要横坐标轴格式

步骤12 切换到【线条颜色】选项卡下，选中【无线条】单选按钮，然后单击右上角的【关闭】

按钮，如图6-41所示。

步骤 13 单击选中次要纵坐标轴，按<Delete>键删除，此时的图表效果如图6-42所示。

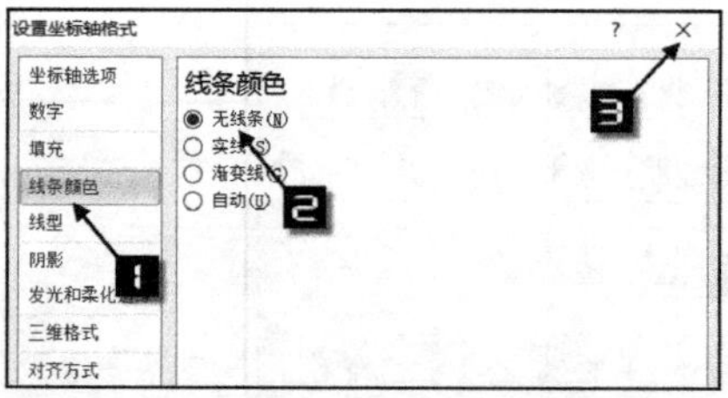

图6-41 设置次要横坐标轴线条颜色

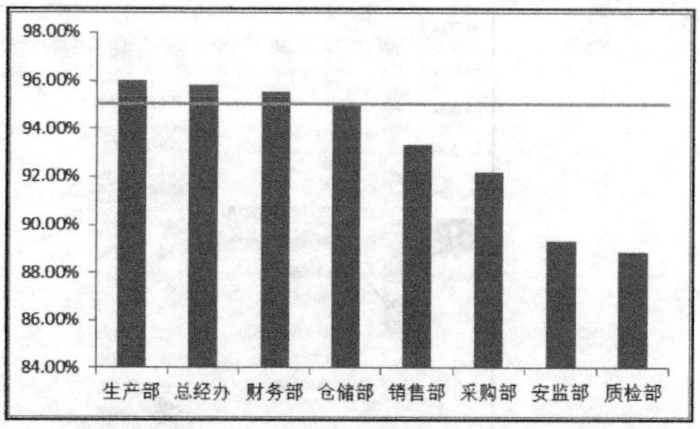

图6-42 图表效果

步骤 14 双击“出勤率”数据系列，打开【设置数据系列格式】对话框，将“分类间距”设置为70%，单击右上角的【关闭】按钮，如图6-43所示。

步骤 15 在“出勤率”数据系列上单击鼠标右键，在快捷菜单中选择【添加数据标签】命令，如图6-44所示。

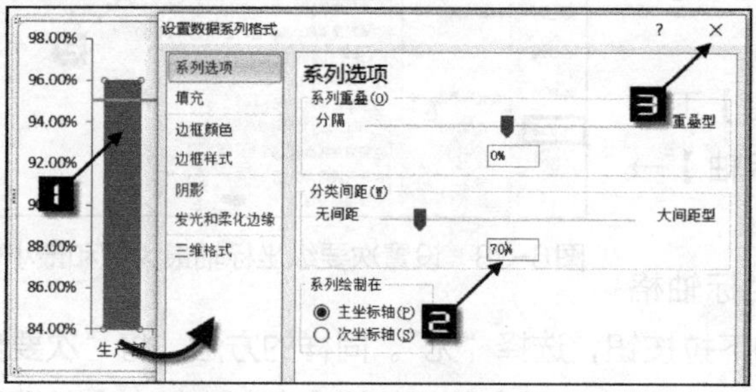

图6-43 设置分类间距

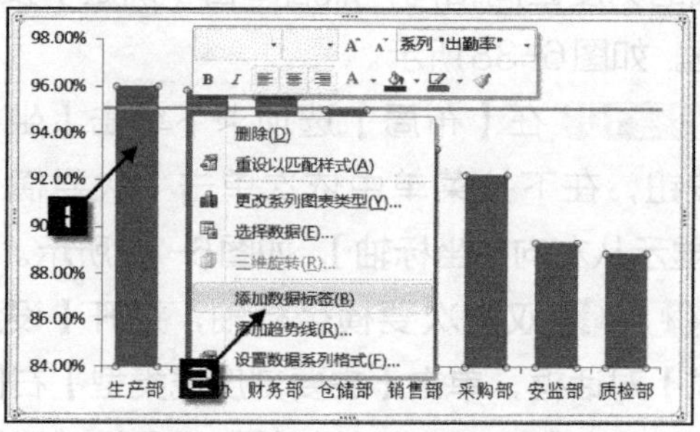

图6-44 为柱形图添加数据标签

步骤 16 单击选中“平均出勤率”折线图，再次单击最右侧数据点选中该数据点，单击鼠标右键，在快捷菜单中选择【添加数据标签】命令，如图6-45所示。

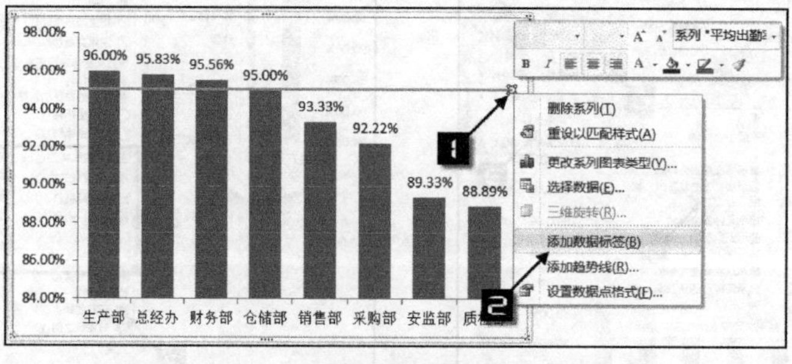

图6-45 为折线图数据点添加数据标签

步骤 17 单击图表区，设置图表字体。

步骤 18 依次选中柱形图数据标签和折线图数据标签，设置字体颜色，完成图表设置。

6.4.2 制作平均出勤率展示图表

素材所在位置：

光盘：\素材\第6章 考勤与薪酬福利管理常用表格制作\6.4.2 平均出勤率展示图表.xlsx

在部分公司中，会要求以书面报告的形式对各部门出勤情况进行分析，内容包括公司人均月度应出勤天数、实际出勤天数、加班小时数，以及各部门人均出勤、人均加班小时数、人均假期（休假、病假、婚假、工伤假）等。

百分比图表的应用非常广泛，如果需要了解一个项目或年度计划的总体目标完成了多少，用百分比图表来呈现最为直观。本节介绍以百分比图表展示员工平均出勤率，可以将制作完成的图表在Word或是PPT报告中使用，使员工平均出勤率的显示更加直观，加深阅读者的印象，如图6-46所示。

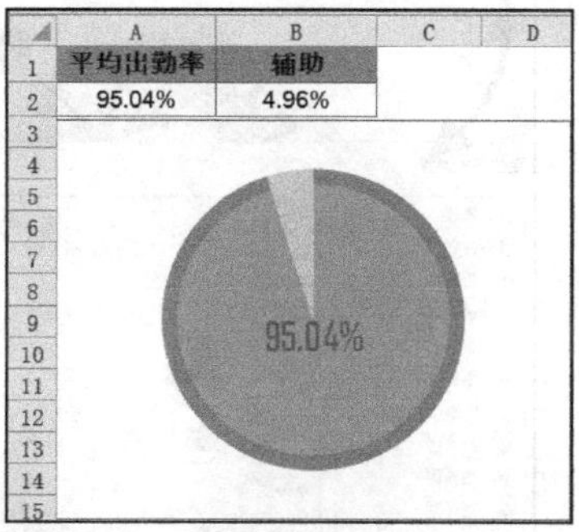

图6-46 用百分比图表展示员工平均出勤率

操作步骤如下。

步骤1 新建一个工作簿，删除Sheet2和Sheet3工作表，按<Ctrl+S>组合键，另存为“平均出勤率展示图表.xlsx”。

步骤2 在工作表中输入基础信息，在B2单元格中输入公式“=1-A1”，然后对表格进行适当美化，效果如图6-47所示。

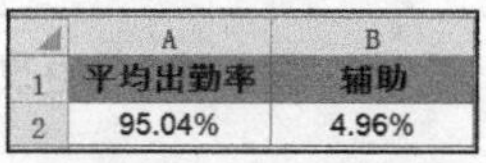

图6-47 基础信息

步骤3 选中A2:B2单元格区域，在【插入】选项卡下单击【其他图表】下拉按钮，在下拉列表中选择“圆环图”，如图6-48所示。

步骤4 选中A2:B2单元格区域，按<Ctrl+C>组合键复制，然后单击图表，按<Ctrl+V>组合键粘贴，如图6-49所示。

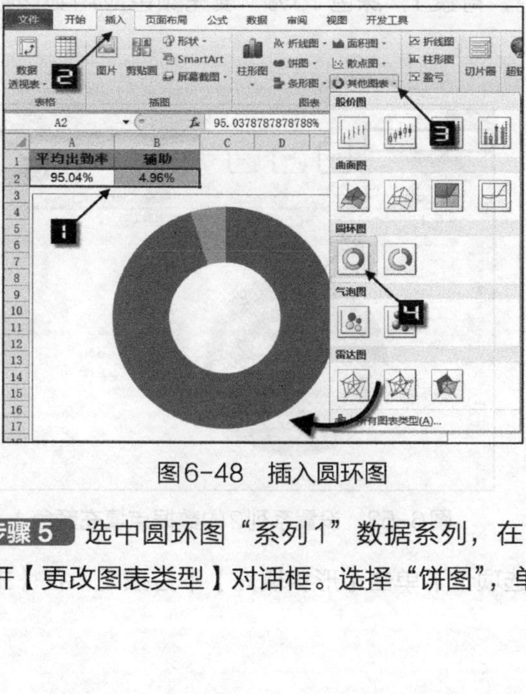

图6-48 插入圆环图

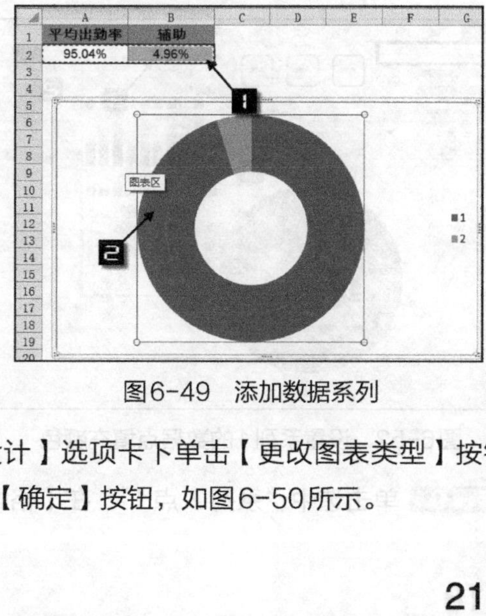

图6-49 添加数据系列

步骤5 选中圆环图“系列1”数据系列，在【设计】选项卡下单击【更改图表类型】按钮，打开【更改图表类型】对话框。选择“饼图”，单击【确定】按钮，如图6-50所示。

步骤 6 单击【格式】选项卡下的【图表元素】下拉按钮，在下拉列表中选择“系列1”，然后单击【形状填充】下拉按钮，在【主题颜色】面板中选择“白色，背景1，深色25%”，如图6-51所示。

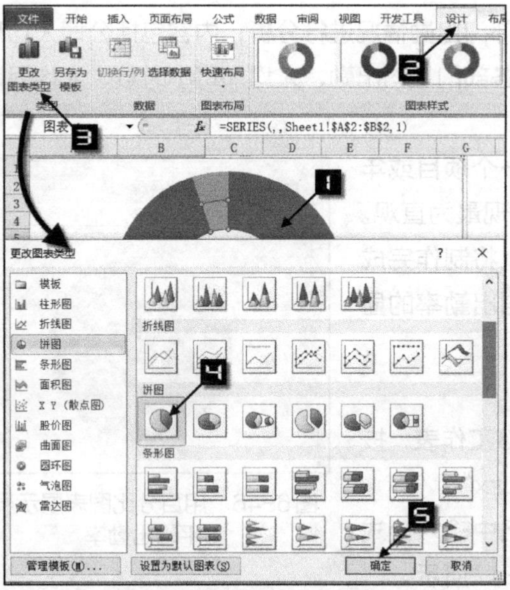

图6-50　更改图表类型

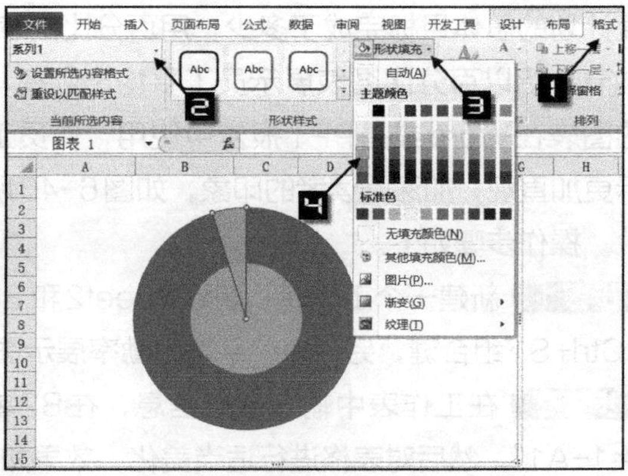

图6-51　设置系列1填充颜色

步骤 7 保持系列1的选中状态，再次单击其中的数据点，选中“系列1 点2”，在【格式】选项卡下单击【形状填充】下拉按钮，在【主题颜色】面板中选择“白色，背景1，深色15%”，如图6-52所示。

步骤 8 单击选中“系列2”，再次单击其中的数据点，选中“系列2 点2”，在【格式】选项卡下单击【形状填充】按钮，将之前设置的“白色，背景1，深色15%”填充颜色应用到该数据点，如图6-53所示。

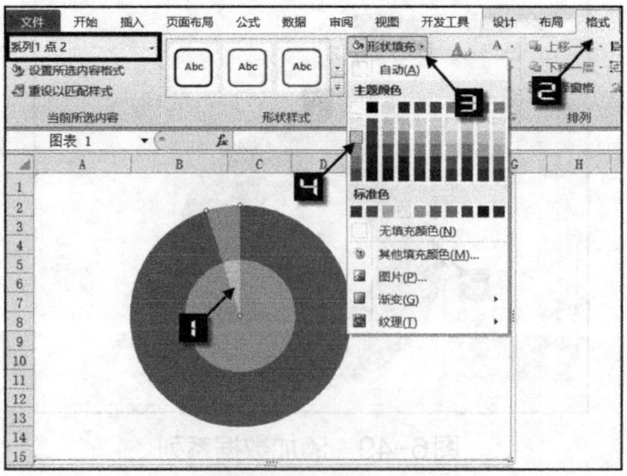

图6-52　设置系列1的数据点填充颜色

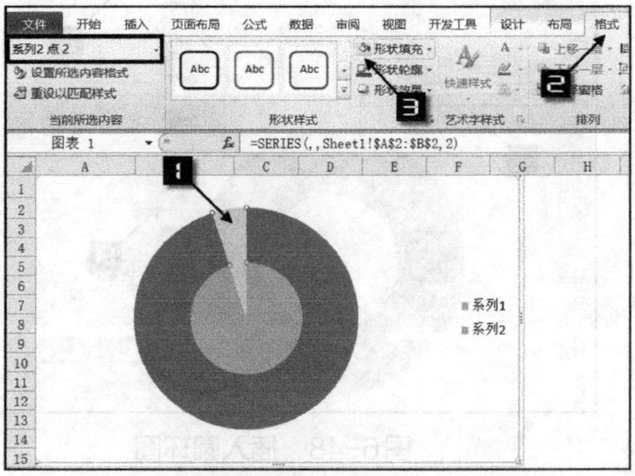

图6-53　设置系列2的数据点填充颜色1

步骤 9 单击选中“系列2 点1”，在【格式】选项卡下单击【形状填充】下拉按钮，在【主题颜色】面板中选择“橙色，强调文字颜色6”，如图6-54所示。

步骤10 双击圆环图数据系列，打开【设置数据系列格式】对话框，将圆环图内径大小设置为90%，如图6-55所示。

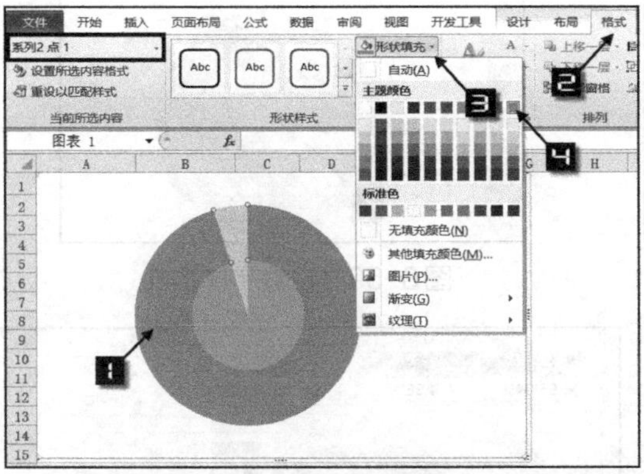

图6-54　设置系列2的数据点填充颜色2

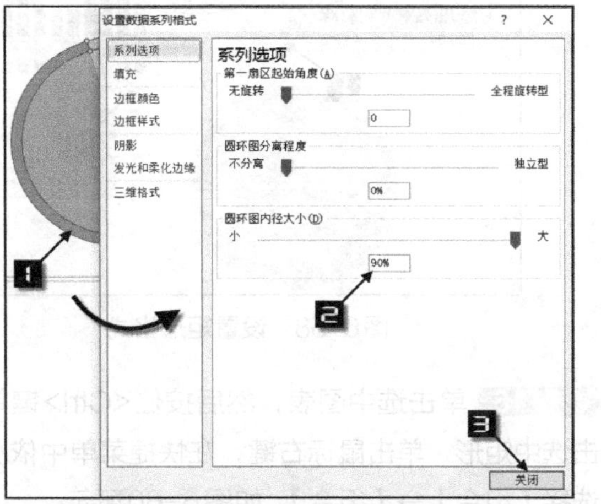

图6-55　设置圆环图内径大小

步骤11 单击选中图例项，按<Delete>键删除。

步骤12 在【插入】选项卡下单击【形状】下拉按钮，在下拉列表中选择“矩形”，拖动鼠标在工作表内画出一个矩形，如图6-56所示。

步骤13 单击矩形，在编辑栏内输入公式“=$A$2”，按<Enter>键，如图6-57所示。

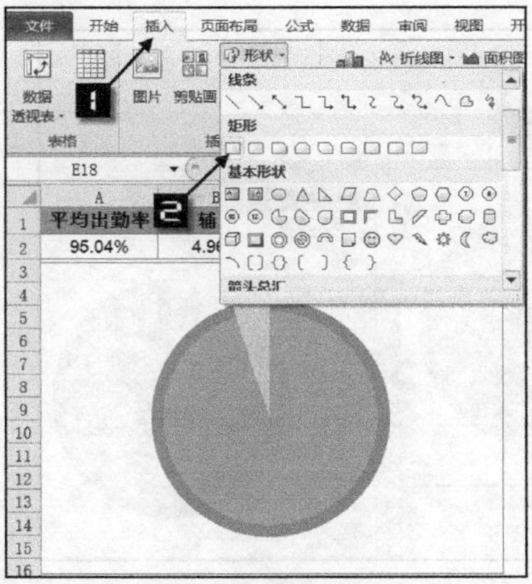

图6-56　插入矩形

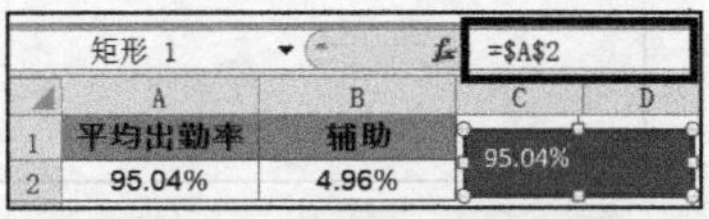

图6-57　在矩形中添加公式

步骤14 单击矩形，在【格式】选项卡下单击【形状填充】下拉按钮，在下拉列表中选择“无填充”。单击【形状轮廓】下拉按钮，在下拉列表中选择“无轮廓”，如图6-58所示。

步骤15 拖动矩形移动到图表合适位置，设置字体、字号、字体颜色，设置字体加粗，如图6-59所示。

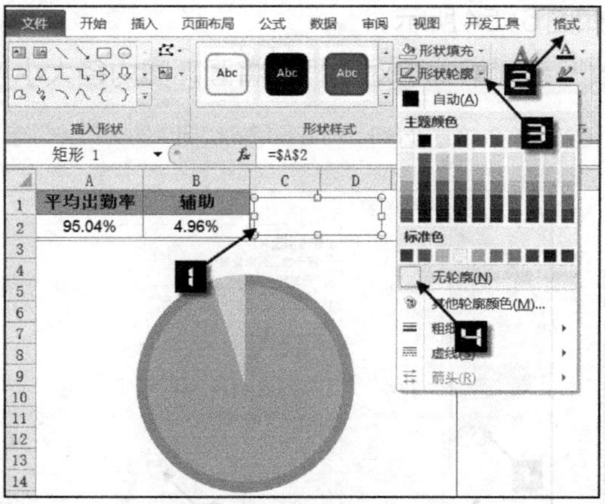

图6-58　设置矩形格式

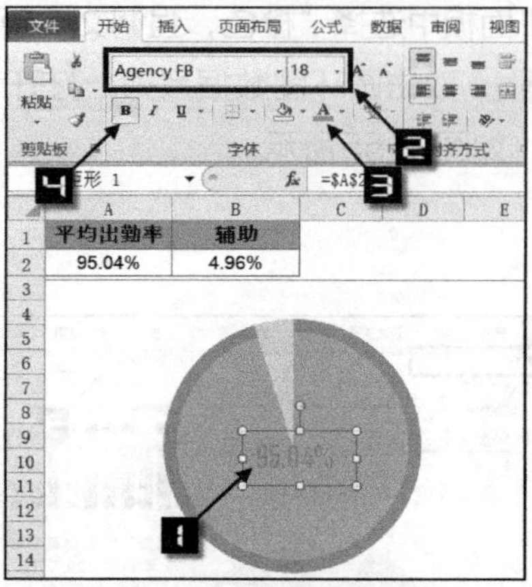

图6-59　设置字体格式

步骤 16 单击选中图表，然后按住<Ctrl>键单击选中矩形，单击鼠标右键，在快捷菜单中依次选择【组合】→【组合】，如图6-60所示。

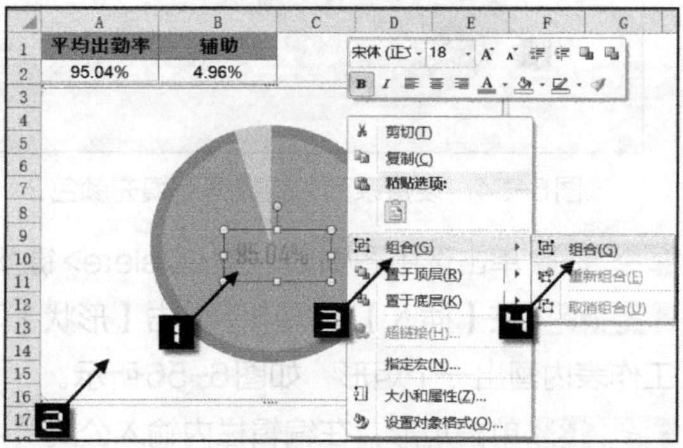

图6-60　组合图形

设置完成后，如果修改A2单元格中的平均出勤率，图表的显示效果会自动更新，如图6-61所示。

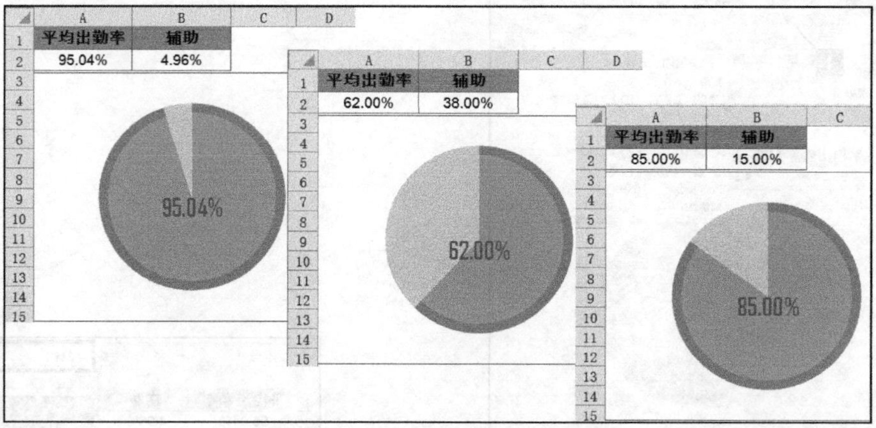

图6-61　用百分比图表展示出勤率

6.5 制作职工带薪年休假申请审批单

根据《职工带薪年休假条例》中的规定，机关、团体、企业、事业单位、民办非企业单位、有雇工的个体工商户等单位的职工，凡连续工作1年以上的均可以享受带薪年休假，职工在休假期间享受与正常工作期间相同的工资收入。累计工作满1年不满10年的，年休假5天；满10年不满20年的，年休假10天；满20年的年休假15天。

本节介绍职工年休假记录台账和带薪年休假申请审批单的制作。

6.5.1 制作职工年休假记录台账

素材所在位置：

光盘：\素材\第6章 考勤与薪酬福利管理常用表格制作\6.5 职工年休假记录台账.xlsx

首先制作职工年休假记录台账，以此作为员工带薪年休假申请审批单的审批依据。

操作步骤如下。

步骤1 新建一个工作簿，删除Sheet3工作表，将Sheet1工作表重命名为“年休假记录台账”，按<Ctrl+S>组合键，另存为“职工年休假记录台账.xlsx”。

步骤2 在工作表中输入基础信息，其中包括部门、姓名、入职日期、工龄、应休天数、已休天数和剩余天数等，设置字体字号等单元格格式，为单元格添加边框，效果如图6-62所示。

序号	部门	姓名	入职日期	工龄	应休天数	已休天数	剩余天数

图6-62 输入基础信息

步骤3 依次输入序号、部门、姓名和入职日期的明细数据，如图6-63所示。

序号	部门	姓名	入职日期	工龄	应休天数	已休天数	剩余天数
1	总经办	王鹤林	2006/4/19				
2	质检部	何嘉兰	2000/9/26				
3	生产部	李玉琼	2004/5/20				
4	仓储部	黄建梅	2008/3/3				
5	生产部	刘湘华	2015/8/3				
6	仓储部	庞锦芝	1999/10/3				
7	总经办	李平	2011/5/29				
8	生产部	赵辉	2001/10/14				
9	总经办	谭光文	2005/4/16				
10	采购部	李秀芬	2009/3/8				

图6-63 输入明细数据

步骤4 如图6-64所示，在E2单元格输入以下公式，计算员工工龄。

```
=DATEDIF(D2,TODAY(),"y")
```

E2 =DATEDIF(D2,TODAY(),"y")

序号	部门	姓名	入职日期	工龄	应休天数	已休天数	剩余天数
1	总经办	王鹤林	2006/4/19	10			
2	质检部	何嘉兰	2000/9/26	16			
3	生产部	李玉琼	2004/5/20	12			
4	仓储部	黄建梅	2008/3/3	8			
5	生产部	刘湘华	2015/8/3	1			
6	仓储部	庞锦芝	1999/10/3	17			
7	总经办	李平	2011/5/29	5			
8	生产部	赵辉	2001/10/14	15			
9	总经办	谭光文	2005/4/16	11			
10	采购部	李秀芬	2009/3/8	7			

图6-64 计算员工工龄

步骤 5 如图6-65所示，在F2单元格输入以下公式，计算应休天数。

```
=LOOKUP(E2,{0,1,10,20},{0,5,10,15})
```

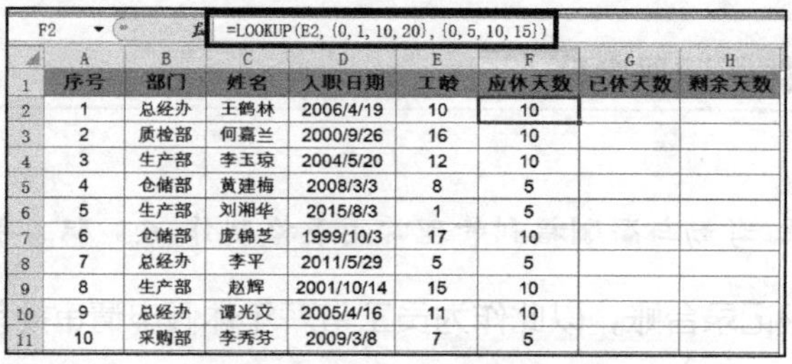

F2 =LOOKUP(E2, {0, 1, 10, 20}, {0, 5, 10, 15})

序号	部门	姓名	入职日期	工龄	应休天数	已休天数	剩余天数
1	总经办	王鹤林	2006/4/19	10	10		
2	质检部	何嘉兰	2000/9/26	16	10		
3	生产部	李玉琼	2004/5/20	12	10		
4	仓储部	黄建梅	2008/3/3	8	5		
5	生产部	刘湘华	2015/8/3	1	5		
6	仓储部	庞锦芝	1999/10/3	17	10		
7	总经办	李平	2011/5/29	5	5		
8	生产部	赵辉	2001/10/14	15	10		
9	总经办	谭光文	2005/4/16	11	10		
10	采购部	李秀芬	2009/3/8	7	5		

图6-65 计算应休天数

步骤 6 在J1单元格内输入“休假日期”，选中J1:X1单元格区域，设置合并后居中。

步骤 7 根据表格中的实际人数，从J2:X2单元格区域开始向下选中实际数据行数，添加单元格边框，设置后的效果如图6-66所示。

图6-66 设置休假日期区域的格式

步骤 8 如图6-67所示，在G2单元格区域输入以下公式，计算J2:X2单元格区域中的非空单元格个数，如果在J2:X2单元格区域中输入实际休假日期，公式计算的结果即为已休假天数。

```
=COUNTA(J2:X2)
```

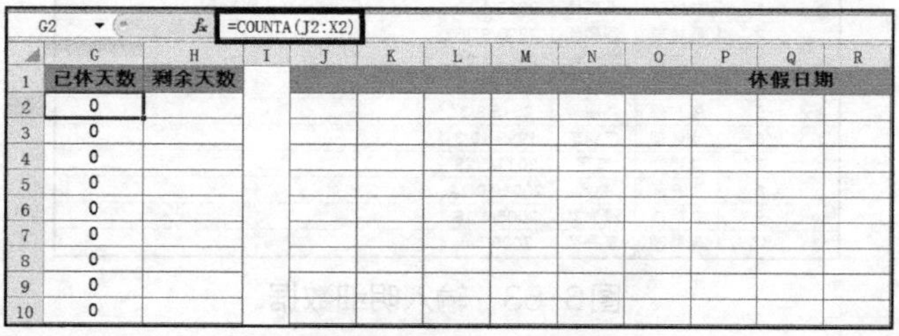

G2 =COUNTA(J2:X2)

已休天数	剩余天数
0	
0	
0	
0	
0	
0	
0	
0	
0	

图6-67 计算已休假天数

步骤 9 如图6-68所示，在H2单元格输入公式“=F2-G2”，计算剩余休假天数。

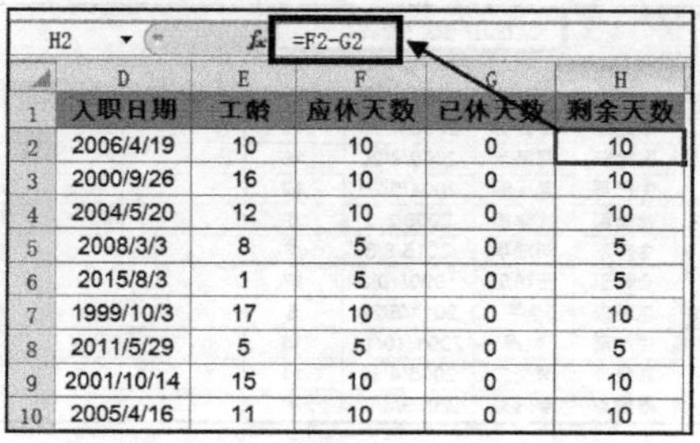

H2 =F2-G2

入职日期	工龄	应休天数	已休天数	剩余天数
2006/4/19	10	10	0	10
2000/9/26	16	10	0	10
2004/5/20	12	10	0	10
2008/3/3	8	5	0	5
2015/8/3	1	5	0	5
1999/10/3	17	10	0	10
2011/5/29	5	5	0	5
2001/10/14	15	10	0	10
2005/4/16	11	10	0	10

图6-68 计算剩余休假天数

步骤 10 设置完成后的表格局部效果如图6-69所示。

	A	B	C	D	E	F	G	H	I	J	K	L	M
1	序号	部门	姓名	入职日期	工龄	应休天数	已休天数	剩余天数					
2	1	总经办	王鹤林	2006/4/19	10	10	2	8		2016/12/8	2016/12/9		
3	2	质检部	何嘉兰	2000/9/26	16	10	0	10					
4	3	生产部	李玉琼	2004/5/20	12	10	0	10					
5	4	仓储部	黄建梅	2008/3/3	8	5	0	5					
6	5	生产部	刘湘华	2015/8/3	1	5	3	2		2016/6/1	2016/6/2	2016/6/3	
7	6	仓储部	庞锦芝	1999/10/3	17	10	0	10					
8	7	总经办	李平	2011/5/29	5	5	0	5					
9	8	生产部	赵辉	2001/10/14	15	10	4	6		2016/10/17	2016/10/18	2016/10/19	2016/10/20
10	9	总经办	谭光文	2005/4/16	11	10	0	10					

图6-69　设置完成的表格局部效果

知识点讲解

F2单元格计算应休天数公式为

```
=LOOKUP(E2,{0,1,10,20},{0,5,10,15})
```

LOOKUP函数以E2单元格中的工龄年数10作为查找值，在第二参数{0,1,10,20}中查找10的位置，如果找不到具体的值，则以小于查找值的最大值进行匹配。本例中查找值10在第二参数{0,1,10,20}中的位置是3，LOOKUP函数最终返回第三参数{0,5,10,15}中的第三个元素，结果为10。

6.5.2　制作带薪年休假申请审批单

职工年休假记录台账制作完成后，接下来以此表格中的信息为参考依据，制作带薪年休假申请审批单。

操作步骤如下。

步骤 1 将Sheet2工作表重命名为“带薪年休假申请审批单”。

步骤 2 在工作表中输入基础信息，并设置字体、字号格式，对部分单元格合并后居中，然后添加表格边框，效果如图6-70所示。

	A	B	C	D	E	F
1	第一分公司2017年度带薪年休假申请审批单					
2	员工姓名		所属部门		工龄（年）	
3	本年度应休假天数		已休假天数		剩余休假天数	
4	休假时间		年　月　日至　年　月　日			
5	主管领导审批	年　月　日				
6	此表一式两份：一份所在部门人力资源主管留存、一份交集团人力资源部门备存。					

图6-70　带薪年休假申请审批单

步骤 3 选中B2单元格，设置员工姓名的下拉列表。在【数据】选项卡下单击【数据有效性】按钮，弹出【数据有效性】对话框。在【设置】选项卡下的【有效性条件】区域中，单击【允许】右侧的下拉按钮，选择“序列”。单击【来源】编辑框右侧的折叠按钮，切换到“年休假记录台账”工作表，单击C2单元格，然后按住<Shift+Ctrl>组合键不放，按方向键的下箭头↓，快速选中C2:C60单元格区域。最后单击【确定】按钮完成设置，如图6-71所示。

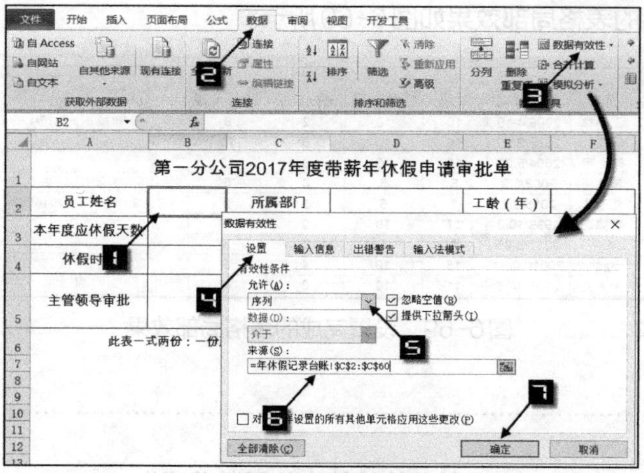

图6-71　设置数据有效性

此时单击B2单元格的下拉按钮，即可在下拉列表选择不同的员工姓名，如图6-72所示。

步骤 4 如图6-73所示，选中D2单元格，输入以下公式查询员工所属部门。

```
=INDEX(年休假记录台账!B:B,MATCH(B2,年休假记录台账!C:C,))
```

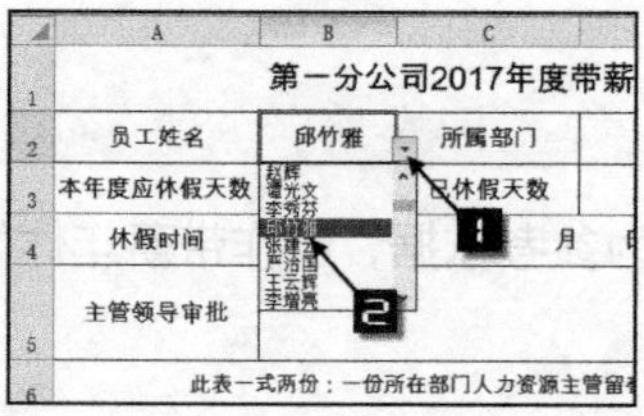

图6-72　在下拉列表中选择员工姓名

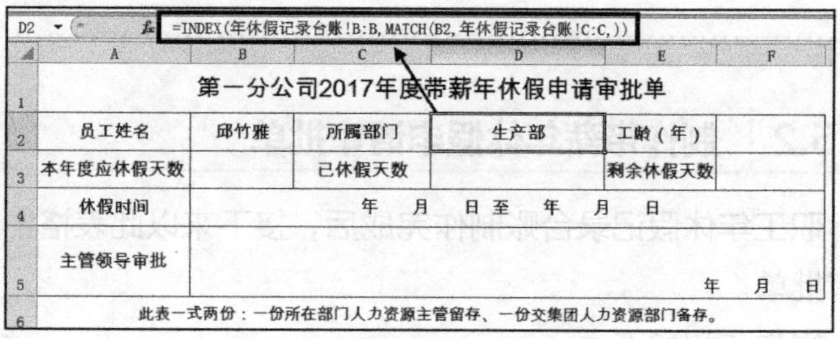

图6-73　查询员工所属部门

步骤 5 如图6-74所示，选中F2单元格，输入以下公式查询员工工龄。

```
=VLOOKUP(B2,年休假记录台账!C:H,3,0)
```

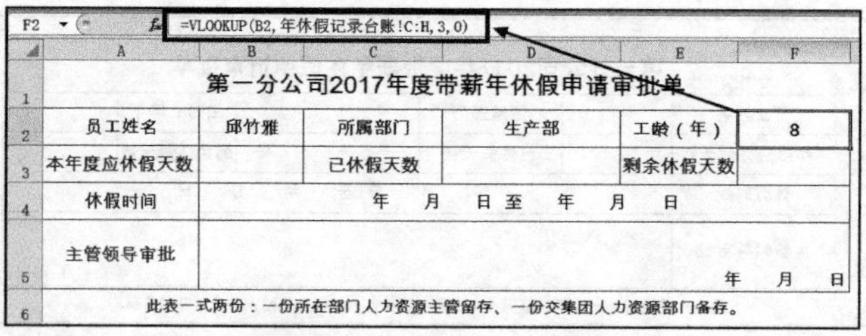

图6-74　查询员工工龄

步骤 6 选中B3单元格，输入以下公式查询员工应休假天数。

```
=VLOOKUP(B2,年休假记录台账!C:H,4,0)
```

步骤 7 选中D3单元格，输入以下公式查询员工已休假天数。

```
=VLOOKUP(B2,年休假记录台账!C:H,5,0)
```

步骤 8 选中F3单元格，输入公式“=B3-D3”计算员工剩余休假天数。

设置完成的表格效果如图6-75所示。

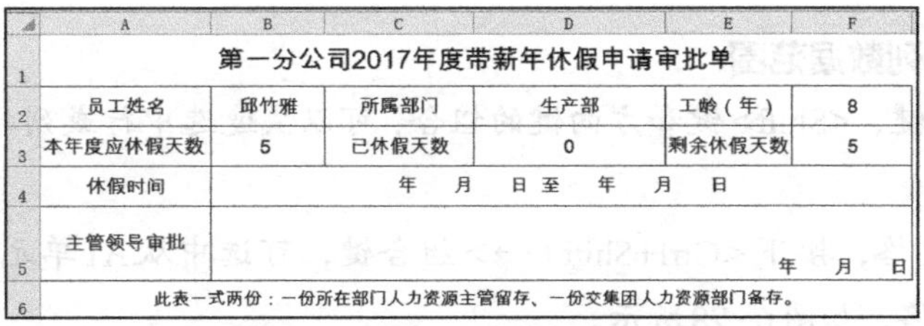

图6-75 带薪年休假申请审批单

步骤9 因为表格注明需要一式两份，因此需要建立一个能够与审批单同步显示的“影子表格”。选中A1:F6单元格区域，按<Ctrl+C>组合键复制。选中A13单元格，单击鼠标右键，在快捷菜单中选择【选择性粘贴】→【链接的图片】，如图6-76所示。

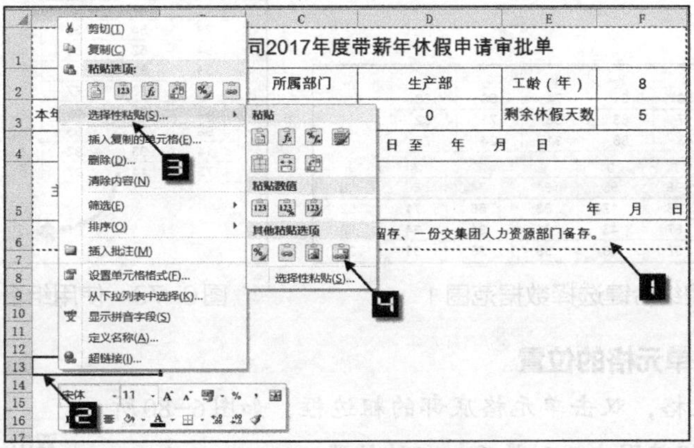

图6-76 选择性粘贴

表格最终效果如图6-77所示。

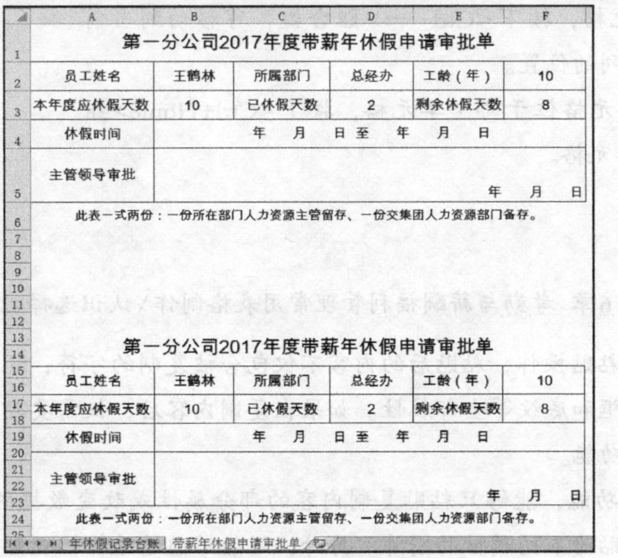

图6-77 表格最终效果

扩展知识点

1. 快速选中行或列数据范围

灵活使用<Ctrl>键、<Shift>键和方向键的组合，可以快速选中行或列的数据范围，提高工作效率。

（1）选中A1单元格，按下<Ctrl+Shift+→>组合键，可选中从A1单元格开始到当前数据范围最右侧所有的单元格，如图6-78所示。

（2）选中C4单元格，按下<Ctrl+Shift+↓>组合键，可选中从C4单元格开始到当前数据范围最底部所有的单元格，如图6-79所示。

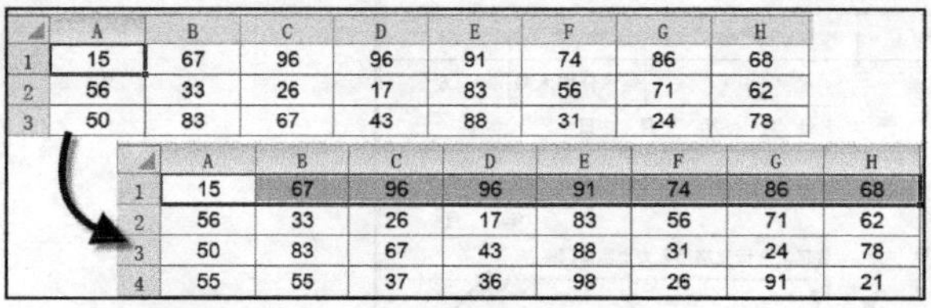

图6-78　使用组合键选择数据范围1

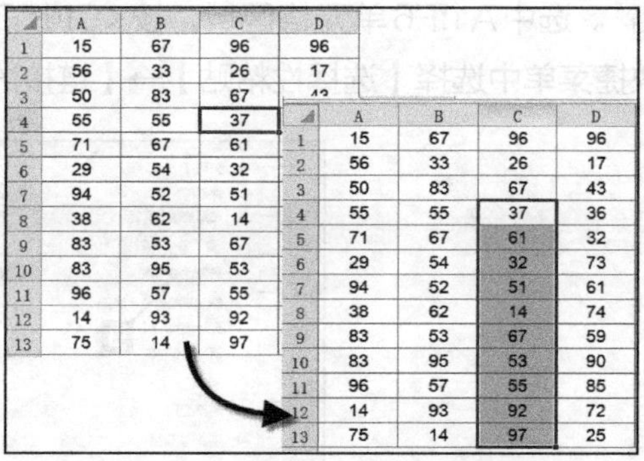

图6-79　使用组合键选择数据范围2

2. 快速移动活动单元格的位置

（1）选中A1单元格，双击单元格底部的粗边框，如图6-80所示，可移动到当前数据范围内A列最后一行的位置。

（2）选中A1单元格，按下<Ctrl+↓>组合键，可移动到当前数据范围内A列最后一行的位置。

（3）选中A1单元格，按下<Ctrl+→>组合键，可移动到当前数据范围内最右侧一列的位置。

（4）无论活动单元格位于哪个单元格，按下<Ctrl+Home>组合键，可移动到A1单元格。

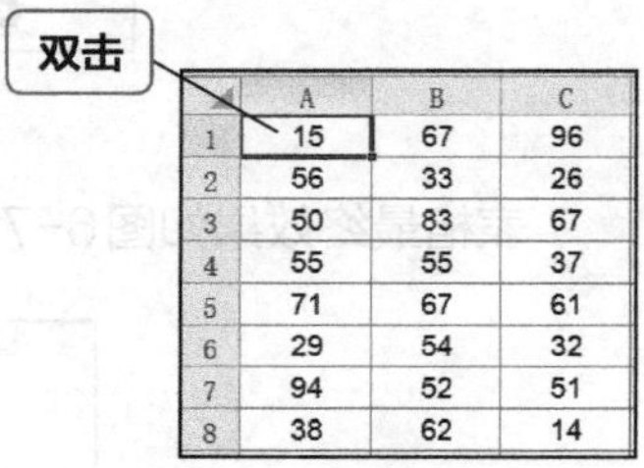

图6-80　移动活动单元格位置

3. 选择性粘贴

素材所在位置：

光盘：\素材\第6章　考勤与薪酬福利管理常用表格制作\认识选择性粘贴.xlsx

使用常规的复制粘贴操作，粘贴后的内容不仅包含被复制的字符，还会包括被复制内容的字体、字号、单元格边框和底纹等全部属性。如果在复制内容后，仅需要粘贴其中的特定属性，则可以使用选择性粘贴功能。

使用选择性粘贴功能，能够只粘贴复制内容的部分属性或改变数据的行列位置，除此之外，还能够将复制内容粘贴为不同属性的图片。另外，还能够通过选择性粘贴，对数据进行简单的加减乘除等运算。

（1）对某个单元格或单元格区域执行复制操作之后，在目标单元格上单击鼠标右键，在快捷菜单中可以看到【粘贴选项】命令和【选择性粘贴】命令。在粘贴选项区域中，集成了常用的选择性粘贴命令，包括“粘贴”“值”“公式”“转置”“格式”和“粘贴链接”，如图6-81所示。

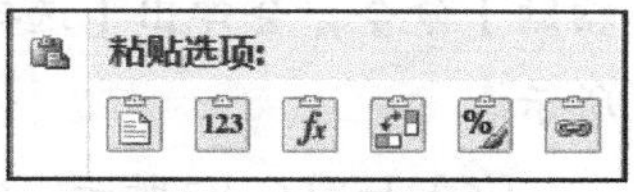

图6-81　粘贴选项

（2）单击【选择性粘贴】命令右侧的按钮，会出现更多选择性粘贴的方式，而且按粘贴方式分成了不同的大类，当鼠标悬停在某个粘贴选项上时，在Excel中会出现粘贴样式的预览，如图6-82所示。

在【开始】选项卡下单击【粘贴】下拉按钮，也可以看到选择性粘贴的选项菜单，如图6-83所示。

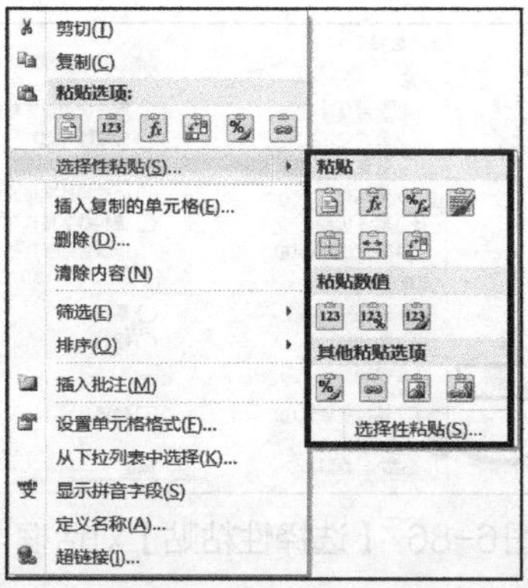

图6-82　右键快捷菜单中的选择性粘贴方式

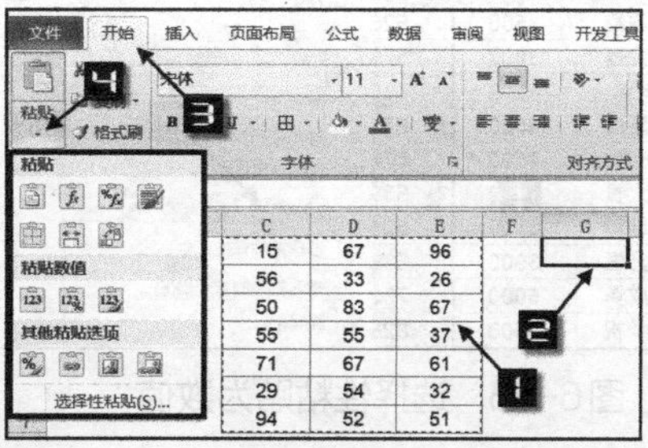

图6-83　在功能区中的选择性粘贴命令

（3）如图6-84所示，选中A1:C11单元格区域，按<Ctrl+C>组合键复制，单击要粘贴的目标单元格A13，然后单击【开始】选项卡下的【粘贴】下拉按钮。在粘贴选项列表中单击【转置】按钮，即可实现表格行列位置的互换。

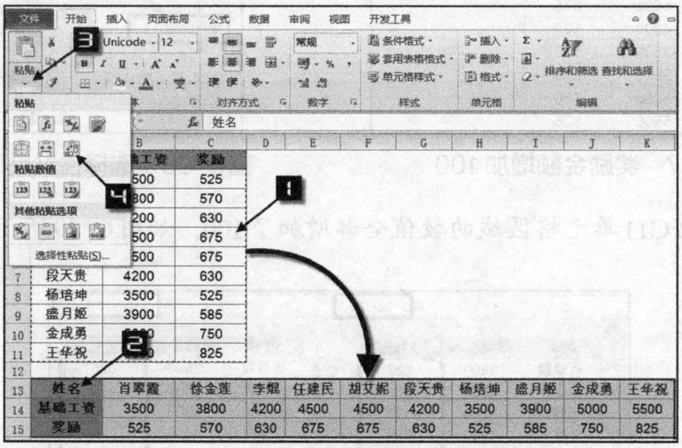

图6-84　利用选择性粘贴实现数据转置

（4）日常工作中，将带有公式的Excel表格传给其他人时，出于保密的考虑，往往不希望其他人看到相应的公式结构，可以通过选择性粘贴，快速将公式结果转换为数值。如图6-85所示，选中带有公式的C2:C11单元格区域，按<Ctrl+C>组合键复制，单击鼠标右键，在快捷菜单中的

【粘贴选项】下，单击【值】按钮，即可将公式结果转换为数值。

（5）对一个单元格或单元格区域执行【复制】命令后，依次单击【开始】→【粘贴】下拉按钮，在粘贴选项列表的底部单击【选择性粘贴】命令，或是在右键快捷菜单中单击【选择性粘贴】命令，会弹出【选择性粘贴】对话框，在该对话框中，包含更多的粘贴选项，如图6-86所示。

（6）如图6-87所示，需要将C列的员工奖励金额在现有基础上统一增加100。

首先选中E2单元格，按<Ctrl+C>组合键复制。然后选中C2:C11单元格区域，单击鼠标右键，在快捷菜单中单击【选择性粘贴】命令，弹出【选择性粘贴】对话框，在【运算】命令组中，选中【加】复选框，单击【确定】按钮，如图6-88所示。

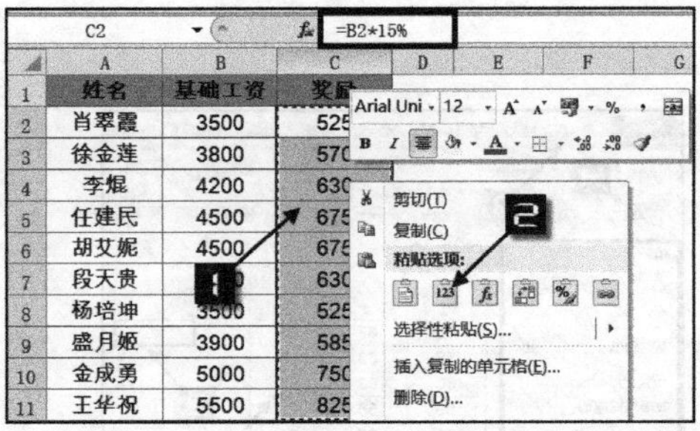

图6-85　选择性粘贴为数值

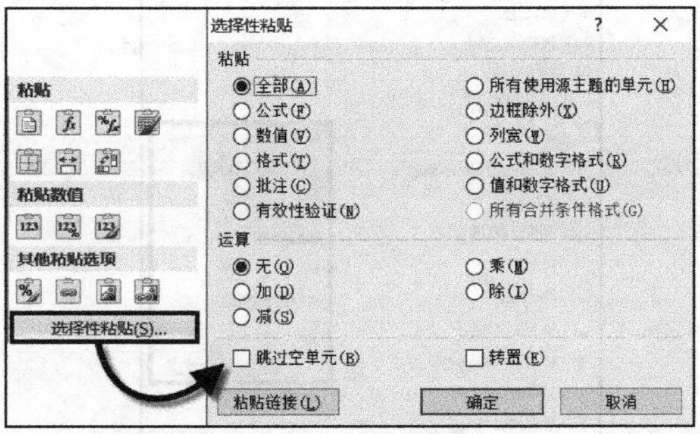

图6-86　【选择性粘贴】对话框

	A	B	C	D	E
1	姓名	基础工资	奖励		奖励增加
2	肖翠霞	3500	525		100
3	徐金莲	3800	570		
4	李焜	4200	630		
5	任建民	4500	675		
6	胡艾妮	4500	675		
7	段天贵	4200	630		
8	杨培坤	3500	525		
9	盛月姬	3900	585		
10	金成勇	5000	750		
11	王华祝	5500	825		

图6-87　奖励金额增加100

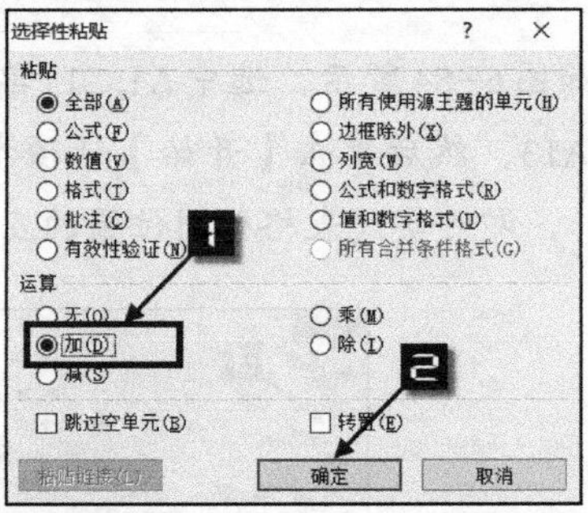

图6-88　选择性粘贴时执行的运算

操作完成后，C2:C11单元格区域的数值全部增加了100，如图6-89所示。

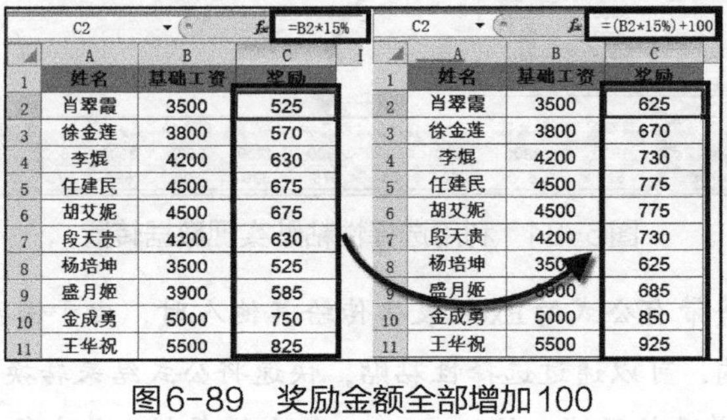

图6-89　奖励金额全部增加100

6.6 使用图表展示不同部门工资增幅变化

素材所在位置：

光盘：\素材\第6章 考勤与薪酬福利管理常用表格制作\6.6 使用图表展示不同部门工资增幅变化.xlsx

使用图表展示不同部门工资增幅变化

年度工资结构分析通常包括薪资增长状况、不同薪资结构对比、不同职位和级别的薪资数据、奖金福利状况、长期激励措施以及未来薪资走势分析等。本节以工资增幅数据为例，介绍使用图表展示不同部门工资增幅变化的情况，效果如图6-90所示。

人员类别	15年年平均工资	16年年平均工资	年工资增幅
工程技术人员	216000	240000	11.11%
一般管理人员	124000	135000	8.87%
直接生产人员	45600	48000	5.26%
辅助生产人员	42000	41000	-2.38%
后勤科室人员	36000	35000	-2.78%
劳务派遣人员	38000	36000	-5.26%

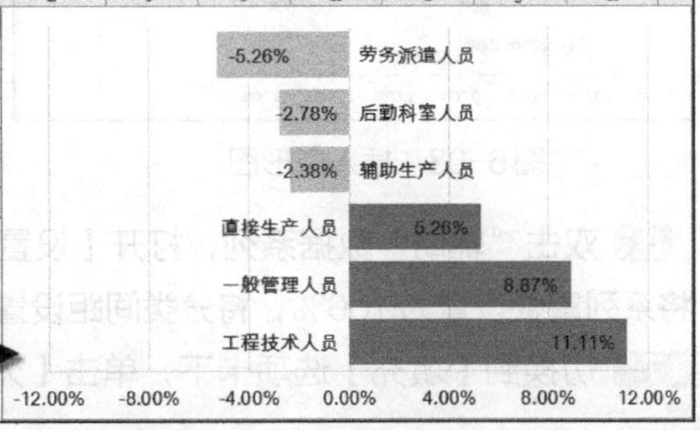

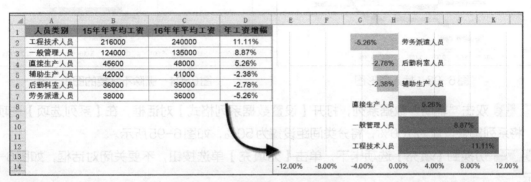

图6-90 不同部门工资增幅变化

操作步骤如下。

步骤1 新建一个工作簿，删除Sheet2和Sheet3工作表，按<Ctrl+S>组合键，另存为“使用图表展示不同部门工资增幅变化.xlsx”。

步骤2 在工作表中输入基础信息，设置字体、字号，添加单元格边框，效果如图6-91所示。

步骤3 在E列增加辅助列，E2单元格输入以下公式，向下复制到E7单元格，如图6-92所示。

```
=IF(D2>0,-10%,10%)
```

人员类别	15年年平均工资	16年年平均工资	年工资增幅
直接生产人员	45600	48000	5.26%
辅助生产人员	42000	41000	-2.38%
一般管理人员	124000	135000	8.87%
工程技术人员	216000	240000	11.11%
劳务派遣人员	38000	36000	-5.26%
后勤科室人员	36000	35000	-2.78%

图6-91 基础表格

E2 =IF(D2>0, -10%, 10%)

人员类别	15年年平均工资	16年年平均工资	年工资增幅	辅助
直接生产人员	45600	48000	5.26%	-10.00%
辅助生产人员	42000	41000	-2.38%	10.00%
一般管理人员	124000	135000	8.87%	-10.00%
工程技术人员	216000	240000	11.11%	-10.00%
劳务派遣人员	38000	36000	-5.26%	10.00%
后勤科室人员	36000	35000	-2.78%	10.00%

图6-92 在辅助列内使用公式

步骤4 按住<Ctrl>键不放，依次选中A1:A7和D1:E7单元格区域，在【插入】选项卡下单击【条形图】下拉按钮，在下拉列表中选择条形图，如图6-93所示。

步骤5 单击选中主要纵坐标轴标签，按<Delete>键删除。单击选中图例项，按<Delete>键删除，如图6-94所示。

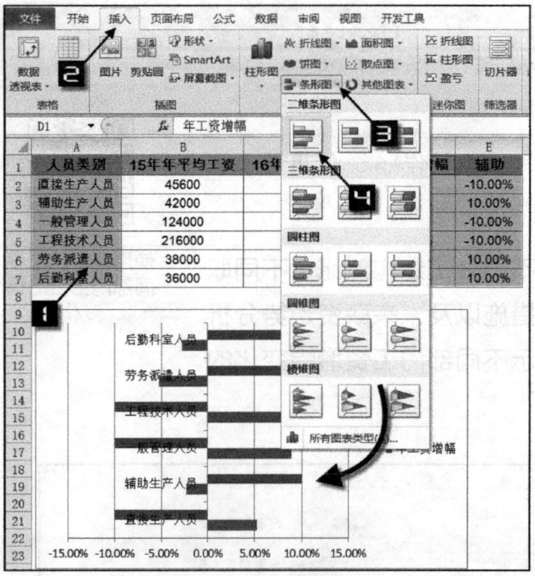

图6-93　插入条形图

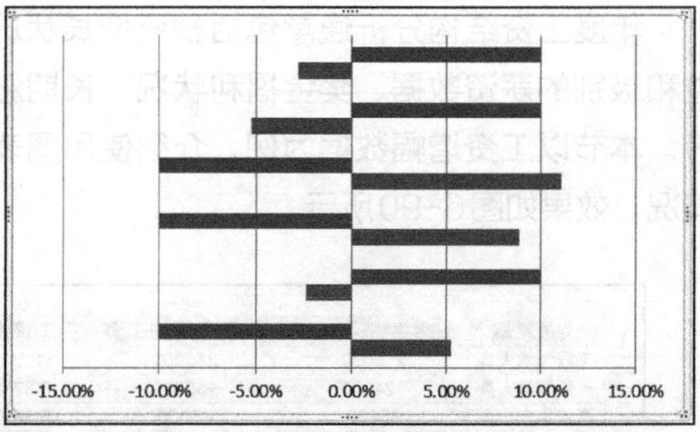

图6-94　删除不需要的图表元素

步骤 6 双击“辅助”数据系列，打开【设置数据系列格式】对话框，在【系列选项】选项卡下，将系列重叠设置为100%，将分类间距设置为50%，如图6-95所示。

步骤 7 切换到【填充】选项卡下，单击【无填充】单选按钮，不要关闭对话框，如图6-96所示。

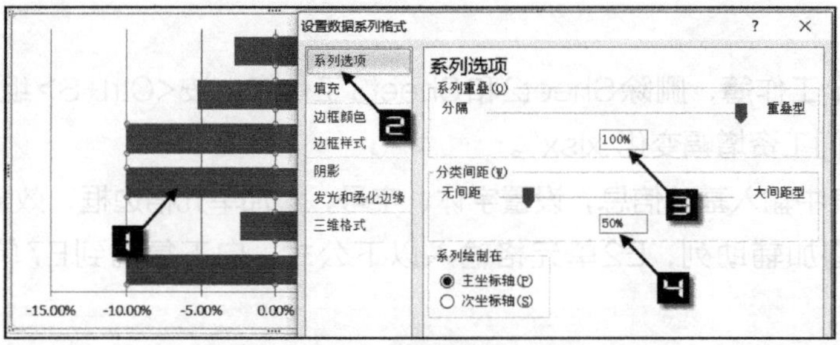

图6-95　设置系列重叠和分类间距

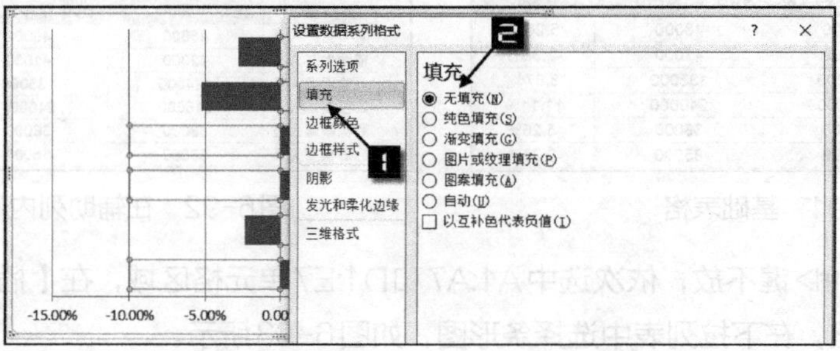

图6-96　设置“辅助”系列填充颜色

步骤 8 单击图表中的“年工资增幅”系列，再次切换到【填充】选项卡。单击【纯色填充】

单选按钮，勾选【以互补色代表负值】复选框，此时【颜色】右侧会出现两个主题颜色的下拉按钮，分别表示图表中的正数系列填充颜色和负数系列填充颜色。依次单击下拉按钮，选择两个颜色接近但是深浅不同的颜色，如图6-97所示。

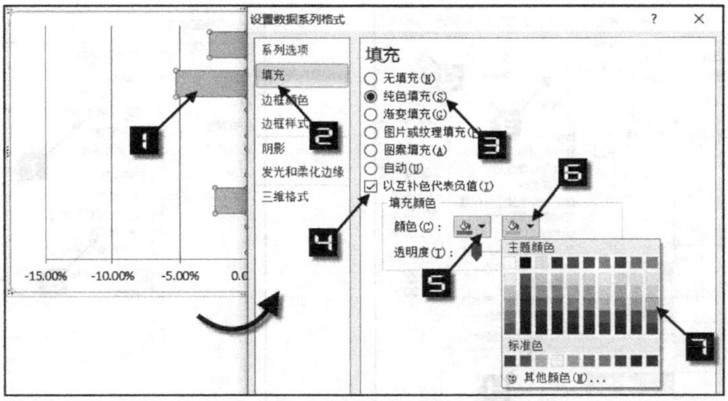

图6-97　设置以互补色代表负值

步骤9 单击图表中的水平轴，【设置数据系列格式】对话框标题会自动更改为【设置坐标轴格式】，将最小值设置为固定-0.12，最大值设置为固定0.12，主要刻度单位为固定0.04，单击【关闭】按钮，如图6-98所示。

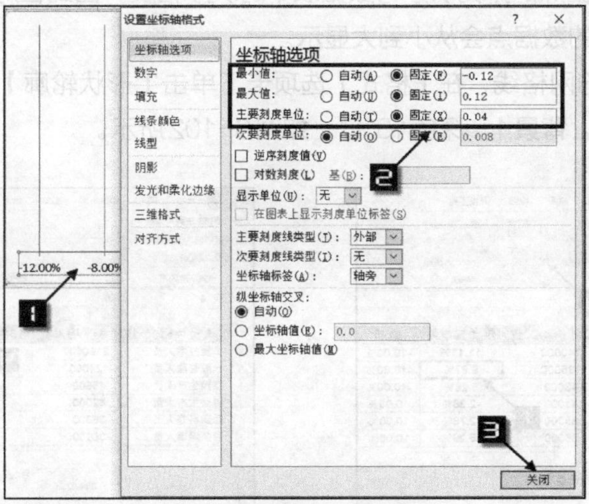

图6-98　设置坐标轴格式

提示

设置坐标轴最大值和最小值时，需要以实际数据为参考，选择略大于实际数据值即可。

步骤10 右键单击“辅助”数据系列，在【布局】选项卡下单击【数据标签】下拉按钮，在下拉列表中单击【其他数据标签选项】，打开【设置数据标签格式】对话框，如图6-99所示。

步骤 11 在【设置数据标签格式】对话框中，去掉【值】复选框的勾选，然后勾选【类别名称】复选框。在【标签位置】区域，选中【轴内侧】单选按钮，单击【关闭】按钮，如图6-100所示。

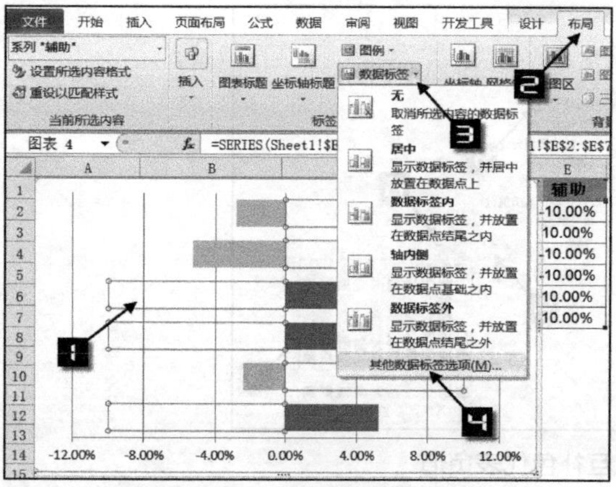

图6-99　添加数据标签

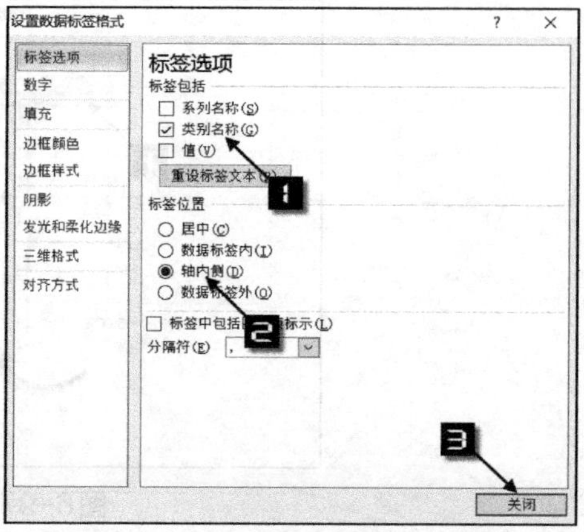

图6-100　设置数据标签格式

步骤 12 单击数据表中的“年工资增幅”所在列任意单元格，如D3，在【数据】选项卡下单击【降序】按钮，如图6-101所示。

使用条形图时，数据点的排列次序与数据表中的次序相反，因此在对数据表中的数据降序排序时，在条形图图表中的数据点会从小到大显示。

步骤 13 单击图表中的网格线，在【格式】选项卡下单击【形状轮廓】下拉按钮，在【主题颜色】面板中选择“白色，背景1，深色15%”，如图6-102所示。

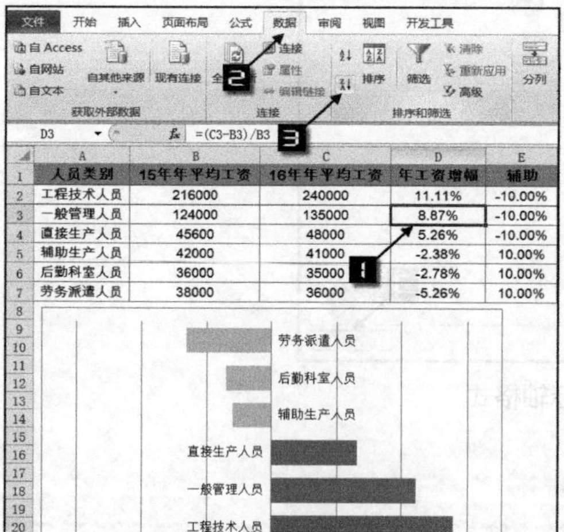

图6-101　对数据排序

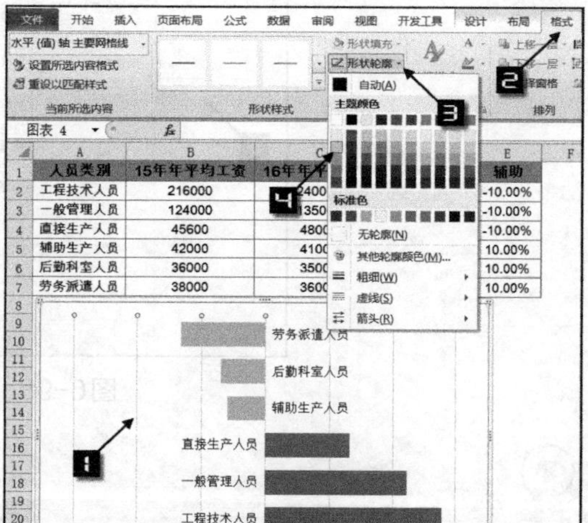

图6-102　设置网格线颜色

步骤 14 选中“年工资增幅”数据系列，在【布局】选项卡下单击【数据标签】下拉按钮，在下拉菜单中选择【数据标签内】命令，如图6-103所示。

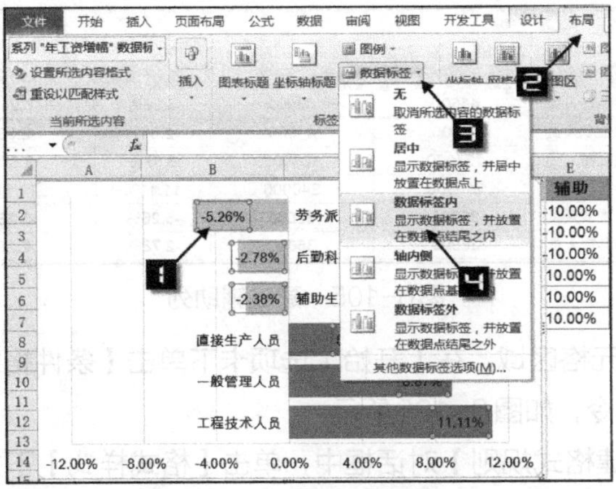

图6-103 添加数据标签

步骤15 最后设置图表字体，完成制作。

知识点讲解

本图表的主要技巧是添加一个由正数和负数组成的辅助列，目的是在图表中添加一个占位的数据系列。设置该数据系列无轮廓、无填充色，并且仅显示数据标签，以实现左右显示图表标签的效果。

6.7 使用条件格式展示工资增幅变化

素材所在位置：

光盘：\素材\第6章 考勤与薪酬福利管理常用表格制作\6.7 使用条件格式展示不同部门工资增幅变化.xlsx

使用图表展示数据的优点是效果美观，但是其操作步骤较多，刚刚学习Excel的用户往往不容易掌握。仍以6.6节中的数据为例，也可以使用条件格式实现类似的效果，如图6-104所示。

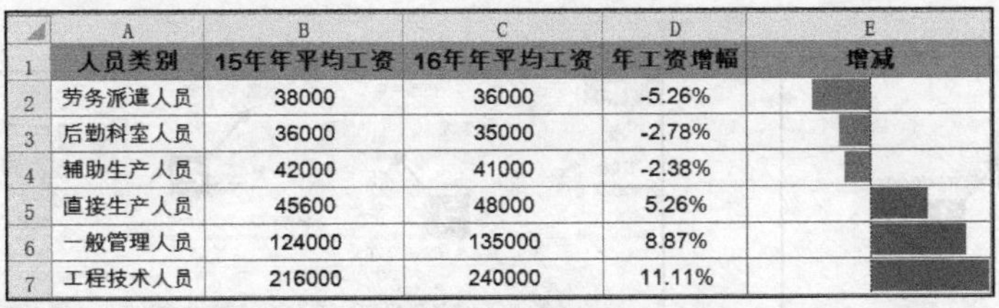

	A	B	C	D	E
1	人员类别	15年年平均工资	16年年平均工资	年工资增幅	增减
2	劳务派遣人员	38000	36000	-5.26%	
3	后勤科室人员	36000	35000	-2.78%	
4	辅助生产人员	42000	41000	-2.38%	
5	直接生产人员	45600	48000	5.26%	
6	一般管理人员	124000	135000	8.87%	
7	工程技术人员	216000	240000	11.11%	

图6-104 使用条件格式展示数据增减

操作步骤如下。

步骤1 在E列增加辅助列，E1单元格内输入“增减”。在E2单元格输入公式“=D2”，并将公式向下复制到E7单元格，如图6-105所示。

E2 =D2

	A	B	C	D	E
1	人员类别	15年年平均工资	16年年平均工资	年工资增幅	增减
2	直接生产人员	45600	48000	5.26%	5.26%
3	辅助生产人员	42000	41000	-2.38%	-2.38%
4	一般管理人员	124000	135000	8.87%	8.87%
5	工程技术人员	216000	240000	11.11%	11.11%
6	劳务派遣人员	38000	36000	-5.26%	-5.26%
7	后勤科室人员	36000	35000	-2.78%	-2.78%

图6-105　建立辅助列

步骤 2 选中E2:E7单元格区域，在【开始】选项卡下单击【条件格式】下拉按钮，在下拉列表中选择【新建规则】命令，如图6-106所示。

步骤 3 在弹出的【新建格式规则】对话框中，单击【格式样式】下拉按钮，在下拉列表中选择“数据条”。勾选【仅显示数据条】复选框。单击【填充】下拉按钮，在下拉列表中选择“实心填充”。单击【颜色】下拉按钮，在主题颜色面板中选择红色。最后单击【负值和坐标轴】按钮，如图6-107所示。

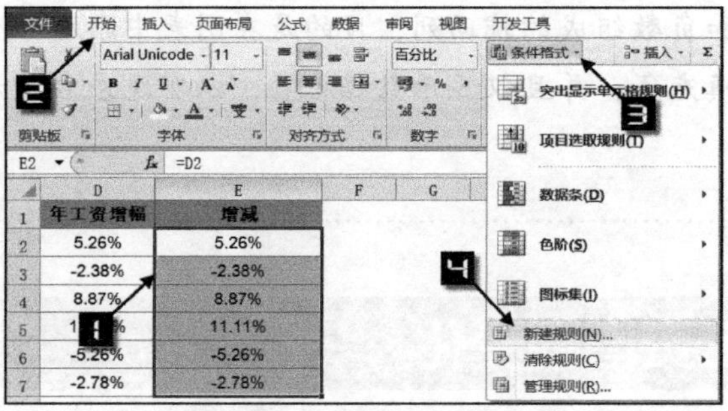

图6-106　新建条件格式

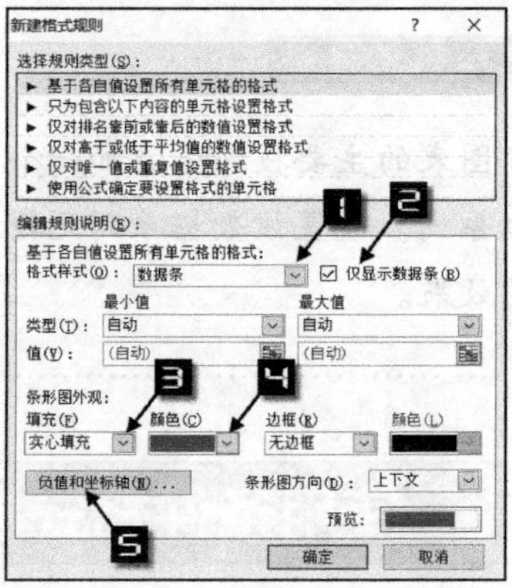

图6-107　设置条件格式规则

步骤 4 在弹出的【负值和坐标轴设置】对话框中，选中【填充颜色】单选按钮，在右侧的【颜色】下拉列表中选择绿色。在【坐标轴设置】区域选中【单元格中点值】单选按钮，如图6-108所示。最后单击【确定】按钮返回【新建格式规则】对话框，再次单击【确定】按钮关闭对话框。

步骤 5 单击D列任意单元格，如D3，在【数据】选项卡下单击【升序】按钮，完成设置，如图6-109所示。

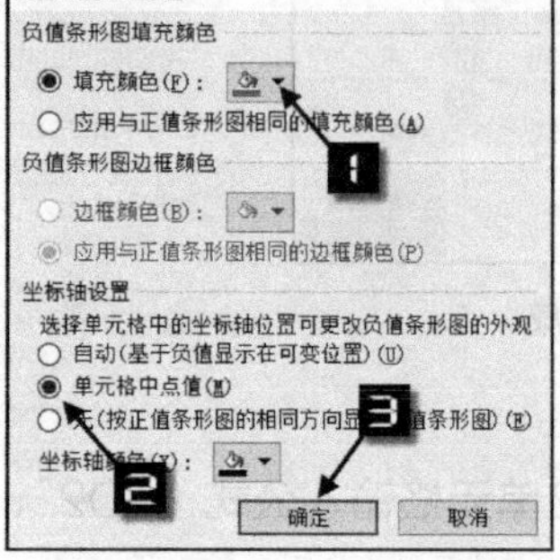

图6-108　负值和坐标轴设置

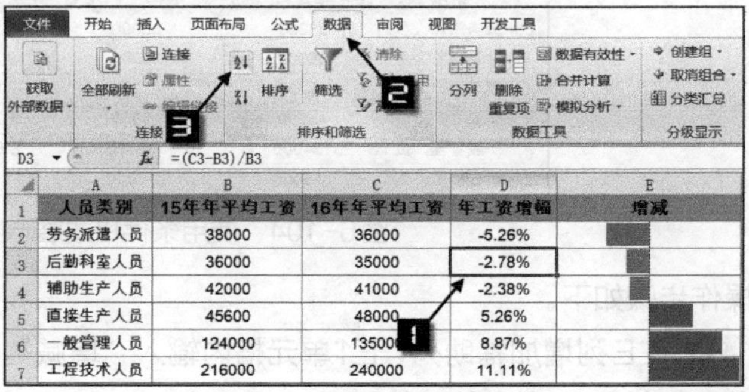

图6-109　对数据排序

6.8 制作工资表

企业有每月为职工代扣、代缴工资薪金所得部分个人所得税的义务。根据有关法规：工资薪金所得以每月收入额减除费用3500元后的余额为应纳税所得额，即：

月应纳税所得额＝月工资收入额－3500（基数）

月应纳税额＝月应纳税所得额×适用税率－速算扣除数

“月应纳税额”即每月单位需要为职工代扣代缴的个人收入所得税。

“速算扣除数”是指采用超额累进税率计税时，简化计算应纳税额的常数。在超额累进税率条件下，用全额累进的计税方法，只要减掉这个常数，就等于用超额累进方法计算的应纳税额，故称速算扣除数。

个人所得税速算扣除数如表6-1所示。

表6-1　　工资、薪金所得部分的个人所得税额速算扣除数

级数	含税级距	税率/%	计算公式	速算扣除数
1	不超过1500元的	3	T=（A-3500）×3%-0	0
2	超过1500元至4500元的部分	10	T=（A-3500）×10%-105	105
3	超过4500元至9000元的部分	20	T=（A-3500）×20%-555	555
4	超过9000元至35 000元的部分	25	T=（A-3500）×25%-1005	1005
5	超过35 000元至55 000元的部分	30	T=（A-3500）×30%-2775	2775
6	超过55 000元至80 000元的部分	35	T=（A-3500）×35%-5505	5505
7	超过80 000元的部分	45	T=（A-3500）×45%-13 505	13 505

注：① A为每月收入额，T为月应纳税额。
② 本表含税级距指以每月收入额减除基数3500元后的余额。

相关法规规定了个人所得税的减免部分，在实际工作中计算应纳税额时应注意减免。

根据《中华人民共和国个人所得税法》，下列各项个人所得，免纳个人所得税。

（1）省级人民政府、国务院部委和中国人民解放军军以上单位，以及外国组织、国际组织颁发的科学、教育、技术、文化、卫生、体育、环境保护等方面的奖金；

（2）国债和国家发行的金融债券利息；

（3）按照国家统一规定发给的补贴、津贴；

（4）福利费、抚恤金、救济金；

（5）保险赔款；

（6）军人的转业费、复员费；

（7）按照国家统一规定发给干部、职工的安家费、退职费、退休工资、离休工资、离休生活补助费；

（8）依照我国有关法律规定应予免税的各国驻华使馆、领事馆的外交代表、领事官员和其他人员的所得；

（9）中国政府参加的国际公约、签订的协议中规定免税的所得；

（10）经国务院财政部门批准免税的所得。

有下列情形之一的，经批准可以减征个人所得税。

（1）残疾、孤老人员和烈属的所得；

（2）因严重自然灾害造成重大损失的；

（3）其他经国务院财政部门批准减税的。

6.8.1 创建基础表格

素材所在位置：

光盘：\素材\第6章 考勤与薪酬福利管理常用表格制作\6.8.1 工资表.xlsx

本节介绍个人所得税代扣代缴表的制作和应发工资公式的编制。

操作步骤如下。

步骤 1 新建一个工作簿，删除Sheet2和Sheet3工作表，按<Ctrl+S>组合键，另存为“工资表.xlsx”。

步骤 2 将Sheet1工作表重命名为“薪酬工资表”。在工作表中输入基础信息，其中包括工号、部门、姓名、基础工资、津贴福利、奖金、补贴、缺勤扣款、应发工资、代缴保险、应纳税所得额、代缴个税、实发工资等项目，如图6-110所示。

	A	B	C	D	E	F	G	H	I	J	K	L	M	N
1	序号	工号	部门	姓名	基础工资	津贴福利	奖金	补贴	缺勤扣款	应发工资	代缴保险	应纳税所得额	代缴个税	实发工资
2														
3														

图6-110 输入基础信息

步骤 3 设置字体、字号，添加单元格边框，效果如图6-111所示。

	A	B	C	D	E	F	G	H	I	J	K	L	M	N
1	序号	工号	部门	姓名	基础工资	津贴福利	奖金	补贴	缺勤扣款	应发工资	代缴保险	应纳税所得额	代缴个税	实发工资
2														
3														
4														
5														
6														
7														
8														
9														
10														

图6-111 设置格式后的表格效果

步骤 4 在表格中输入工号、部门、姓名以及基础工资等原始数据，如图6-112所示。

步骤 5 如图6-113所示，在J2单元格输入以下公式，计算应发工资，并将公式向下复制。

```
=SUM(E2:H2)-I2
```

	B	C	D	E	F	G	H	I	J	K	L	M	N
1	工号	部门	姓名	基础工资	津贴福利	奖金	补贴	缺勤扣款	应发工资	代缴保险	应纳税所得额	代缴个税	实发工资
2	GS001	安监部	简知秋	4000	300	200				188.28			
3	GS002	总经办	乔昭宁	11000	100	100		25		376.56			
4	GS003	质检科	乔沐枫	4500	900	400	100			188.28			
5	GS004	生产部	柳笙絮	8500	500	200				376.56			
6	GS005	销售部	楚羡冰	3500	600	100				188.28			
7	GS006	销售部	连敏原	3500	800	200				188.28			
8	GS007	生产部	辛涵若	4500	400	300		40		188.28			
9	GS008	总经办	李紫婷	3800	300	300	500			188.28			
10	GS009	仓储部	尤沙秀	4200	200	400				188.28			
11	GS010	生产部	明与雁	3900	200	200				188.28			
12	GS011	安监部	白如雪	4500	500	200				188.28			
13	GS012	财务部	杜郎清	5000	400	200		50		188.28			
14	GS013	财务部	柳千佑	4800	400	100				188.28			
15	GS014	销售部	庄秋言	3500	800	200	700			188.28			

图6-112 输入原始数据

J2 =SUM(E2:H2)-I2

	B	C	D	E	F	G	H	I	J
1	工号	部门	姓名	基础工资	津贴福利	奖金	补贴	缺勤扣款	应发工资
2	GS001	安监部	简知秋	4000	300	200			4500
3	GS002	总经办	乔昭宁	11000	100	100		25	11175
4	GS003	质检科	乔沐枫	4500	900	400	100		5900
5	GS004	生产部	柳笙絮	8500	500	200			9200
6	GS005	销售部	楚羡冰	3500	600	100			4200
7	GS006	销售部	连敏原	3500	800	200			4500
8	GS007	生产部	辛涵若	4500	400	300		40	5160
9	GS008	总经办	李紫婷	3800	300	300	500		4900
10	GS009	仓储部	尤沙秀	4200	200	400			4800

图6-113 计算应发工资

6.8.2 计算个人所得税

基础数据表制作完成后，接下来计算应纳税所得额和个人所得税。

操作步骤如下。

步骤 1 如图6-114所示，在L2单元格输入以下公式，计算应纳税所得额，并将公式向下复制。

```
=J2-K2
```

L2 =J2-K2

	F	G	H	I	J	K	L	M	N
1	津贴福利	奖金	补贴	缺勤扣款	应发工资	代缴保险	应纳税所得额	代缴个税	实发工资
2	300	200			4500	188.28	4311.72		
3	100	100		25	11175	376.56	10798.44		
4	900	400	100		5900	188.28	5711.72		
5	500	200			9200	376.56	8823.44		
6	600	100			4200	188.28	4011.72		
7	800	200			4500	188.28	4311.72		
8	400	300		40	5160	188.28	4971.72		
9	300	300	500		4900	188.28	4711.72		
10	200	400			4800	188.28	4611.72		

图6-114 计算应纳税所得额

步骤 2 如图6-115所示，在M2单元格输入以下公式，计算代缴个税额，并将公式向下复制。

```
=ROUND(MAX((L2-3500)*{3;10;20;25;30;35;45}%-{0;105;555;1005;2755;5505;13505},0),2)
```

`=ROUND(MAX((L2-3500)*{3;10;20;25;30;35;45}%-{0;105;555;1005;2755;5505;13505},0),2)`

	E	F	G	H	I	J	K	L	M	N
1	基础工资	津贴福利	奖金	补贴	缺勤扣款	应发工资	代缴保险	应纳税所得额	代缴个税	实发工资
2	4000	300	200			4500	188.28	4311.72	24.35	
3	11000	100	100		25	11175	376.56	10798.44	904.69	
4	4500	900	400	100		5900	188.28	5711.72	116.17	
5	8500	500	200			9200	376.56	8823.44	509.69	
6	3500	600	100			4200	188.28	4011.72	15.35	
7	3500	800	200			4500	188.28	4311.72	24.35	
8	4500	400	300		40	5160	188.28	4971.72	44.15	
9	3800	300	300	500		4900	188.28	4711.72	36.35	
10	4200	200	400			4800	188.28	4611.72	33.35	

图6-115　计算个人所得税

步骤3 如图6-116所示，在N2单元格输入以下公式，计算实发工资，并将公式向下复制。

```
=J2-K2-M2
```

`=J2-K2-M2`

	D	E	F	G	H	I	J	K	L	M	N
1	姓名	基础工资	津贴福利	奖金	补贴	缺勤扣款	应发工资	代缴保险	应纳税所得额	代缴个税	实发工资
2	简知秋	4000	300	200			4500	188.28	4311.72	24.35	4287.37
3	乔昭宁	11000	100	100		25	11175	376.56	10798.44	904.69	9893.75
4	乔沐枫	4500	900	400	100		5900	188.28	5711.72	116.17	5595.55
5	柳笙絮	8500	500	200			9200	376.56	8823.44	509.69	8313.75
6	楚羡冰	3500	600	100			4200	188.28	4011.72	15.35	3996.37
7	连敏原	3500	800	200			4500	188.28	4311.72	24.35	4287.37
8	辛涵若	4500	400	300		40	5160	188.28	4971.72	44.15	4927.57
9	李紫婷	3800	300	300	500		4900	188.28	4711.72	36.35	4675.37
10	尤沙秀	4200	200	400			4800	188.28	4611.72	33.35	4578.37

图6-116　计算实发工资

知识点讲解

1. 数组和数组公式

在Excel函数与公式中，数组是指按一行、一列或多行多列排列的一组数据元素的集合。数据元素可以是数值、文本、日期、逻辑值和错误值等。

在Excel中，有常量数组和区域数组两种数组形式。常量数组可以包含数字、文本、逻辑值和错误值等，它用花括号{ }将构成数组的常量括起来，各元素之间分别用分号和逗号来间隔行和列，如以下公式即表示6行1列的数值型常量数组。

```
={1;2;3;4;5;6}
```

以下公式表示1行4列的文本型常量数组。

```
={"二","三","四","五"}
```

区域数组实际上就是公式中对单元格区域的直接引用，如以下公式中的A1:A9和B1:B9就都是区域数组。

```
=SUMPRODUCT(A1:A9*B1:B9)
```

数组公式，是使用了数组的一种特殊公式，对一组或多组的值执行多重计算，并返回一个或多个结果。输入数组公式时，需要按<Ctrl+Shift+Enter>组合键。作为数组公式的标识，Excel会自动在数组公式的首尾添加花括号“{ }”，但是公式两侧的花括号手工输入无效。

例如，一个1行3列数组与一个1行3列数组相乘，结果为新的1行3列数组。新数组中第一个元素，是第一个数组里第一个元素和第二个数组里第一个元素相乘的结果；新数组中第二个元素，是第一个数组里第二个元素和第二个数组里第二个元素相乘的结果，新数组里其他元素的计算依此类推。

通过数组公式运算后所生成的新数组称为内存数组，内存数组可以作为其他函数的参数，参加进一步的运算。

2. 公式讲解

L2单元格计算应纳税所得额公式为

```
=J2-K2
```

即应发工资减去代缴保险。

按照国家规定，个人缴付的基本养老保险费、基本医疗保险费、失业保险费以及住房公积金，允许从纳税义务人的应纳税所得额中扣除。因此这里用应发工资减去代缴保险，计算出应纳税所得额。

以下为本小节中计算个人所得税公式

```
=ROUND(MAX((L2-3500)*{3;10;20;25;30;35;45}%-{0;105;555;1005;2755;5505;13505},0),2)
```

已知采用速算扣除数法计算超额累进税率的所得税时的计税公式是

应纳税额＝应纳税所得额 × 适用税率－速算扣除数

{3;10;20;25;30;35;45}%部分是不同区间的税率，即3%、10%、20%、25%、30%、35%和45%。

{0;105;555;1005;2755;5505;13505}是各区间的速算扣除数。

应纳税所得额 × 适用税率－速算扣除数计算后的结果为

```
{24.3516;-23.828;-392.656;-802.07;-2511.484;-5220.898;-13139.726}
```

将“应纳税所得额”与各个“适用税率”“速算扣除数”分别进行运算，得到一系列备选“应纳个人所得税”，其中的最大值即为个人所得税。

如果工资不足3500元时公式会出现负数，所以使用MAX函数，加了一个参数0，如果工资不足3500元，缴税额度为0。

最后使用ROUND函数将公式计算结果保留两位小数。

6.9 分类汇总工资表

在月度工资表中往往需要按照部门统计当月工资的小计，使用分类汇总功能可以简化统计工作量，提高工作效率。

6.9.1 部门分类汇总统计

仍以“工资表.xlsx”中的数据为例，在进行分类汇总操作前，要预先调整工作表里需要分类汇总项目的排序。本例以部门分类，因此需要将同部门归类在一起。

操作步骤如下。

步骤 1 清除A2单元格内容，输入以下公式，作为工资表的序号，并向下复制公式。

```
=SUBTOTAL(3,B$1:B1)*1
```

步骤 2 单击数据区域中部门所在列的任意单元格，如C3，单击【数据】选项卡下的【升序】按钮，对数据表按部门排序，如图6-117所示。

图6-117　按部门排序

步骤 3 在【数据】选项卡下单击【分类汇总】按钮，打开【分类汇总】对话框。

单击【分类字段】下拉按钮，在下拉列表中选择“部门”。汇总方式保留默认的“求和”选项不变。在【选定汇总项】区域，依次勾选“基础工资”“津贴福利”“奖金”“补贴”“缺勤扣款”“应发工资”“代缴保险”“应纳税所得额”“代缴个税”和“实发工资”复选框，单击【确定】按钮，如图6-118所示。

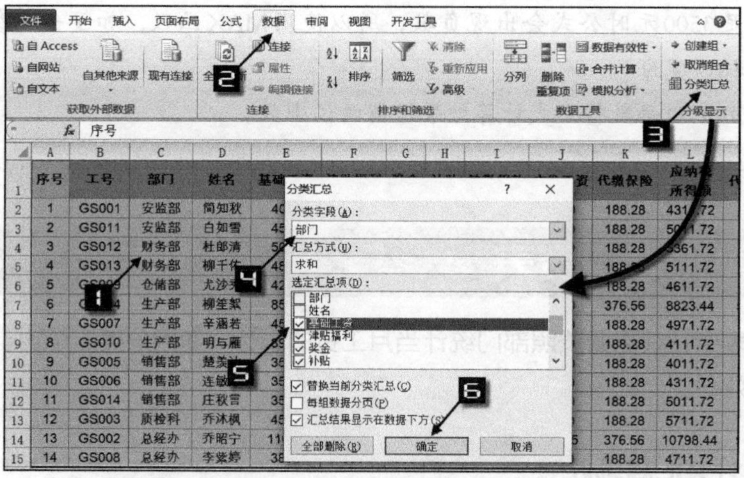

图6-118　按部门分类汇总

分类汇总完成后的表格效果如图6-119所示。

1	序号	工号	部门	姓名	基础工资	津贴福利	奖金	补贴	缺勤扣款	应发工资	代缴保险	应纳税所得额	代缴个税	实发工资
2	1	GS001	安监部	简知秋	4000	300	200			4500	188.28	4311.72	24.35	4287.37
3	2	GS011	安监部	白如雪	4500	500	200			5200	188.28	5011.72	46.17	4965.55
4		安监部 汇总			8500	800	400	0	0	9700	376.56	9323.44	70.52	9252.92
5	3	GS012	财务部	杜郎清	5000	400	200		50	5550	188.28	5361.72	81.17	5280.55
6	4	GS013	财务部	柳千佑	4800	400	100			5300	188.28	5111.72	56.17	5055.55
7		财务部 汇总			9800	800	300	0	50	10850	376.56	10473.44	137.34	10336.10
8	5	GS009	仓储部	尤沙秀	4200	200	400			4800	188.28	4611.72	33.35	4578.37
9		仓储部 汇总			4200	200	400	0	0	4800	188.28	4611.72	33.35	4578.37
10	6	GS004	生产部	柳笙絮	8500	500	200			9200	376.56	8823.44	509.69	8313.75
11	7	GS007	生产部	辛涵若	4500	400	300		40	5160	188.28	4971.72	44.15	4927.57
12	8	GS010	生产部	明与雁	3900	200	200			4300	188.28	4111.72	18.35	4093.37
13		生产部 汇总			16900	1100	700	0	40	18660	753.12	17906.88	572.19	17334.69
14	9	GS005	销售部	楚羡冰	3500	600	100			4200	188.28	4011.72	15.35	3996.37
15	10	GS006	销售部	连敏原	3500	800	200			4500	188.28	4311.72	24.35	4287.37
16	11	GS014	销售部	庄秋言	3500	800	200	700		5200	188.28	5011.72	46.17	4965.55
17		销售部 汇总			10500	2200	500	700	0	13900	564.84	13335.16	85.87	13249.29
18	12	GS003	质检科	乔沐枫	4500	900	400	100		5900	188.28	5711.72	116.17	5595.55
19		质检科 汇总			4500	900	400	100	0	5900	188.28	5711.72	116.17	5595.55
20	13	GS002	总经办	乔昭宁	11000	100	100		25	11175	376.56	10798.44	904.69	9893.75
21	14	GS008	总经办	李紫婷	3800	300	300	500		4900	188.28	4711.72	36.35	4675.37
22		总经办 汇总			14800	400	400	500	25	16075	564.84	15510.16	941.04	14569.12
23		总计			69200	6400	3100	1300	115	79885	3012.48	76872.52	1956.48	74916.04

图6-119 分类汇总效果

6.9.2 打印不同汇总结果

在打印分类汇总结果时，若只需要打印部门汇总结果部分，可以按如下步骤操作。

步骤1 单击工作表左侧的分级按钮“2”，此时员工的具体信息都被隐藏，只显示各部门的汇总结果，如图6-120所示。

1	序号	工号	部门	姓名	基础工资	津贴福利	奖金	补贴	缺勤扣款	应发工资	代缴保险	应纳税所得额	代缴个税	实发工资
			安监部 汇总		8500	800	400	0	0	9700	376.56	9323.44	70.52	9252.92
7			财务部 汇总		9800	800	300	0	50	10850	376.56	10473.44	137.34	10336.10
9			仓储部 汇总		4200	200	400	0	0	4800	188.28	4611.72	33.35	4578.37
13			生产部 汇总		16900	1100	700	0	40	18660	753.12	17906.88	572.19	17334.69
17			销售部 汇总		10500	2200	500	700	0	13900	564.84	13335.16	85.87	13249.29
19			质检科 汇总		4500	900	400	100	0	5900	188.28	5711.72	116.17	5595.55
22			总经办 汇总		14800	400	400	500	25	16075	564.84	15510.16	941.04	14569.12
23			总计		69200	6400	3100	1300	115	79885	3012.48	76872.52	1956.48	74916.04

图6-120 只显示各部门汇总结果

步骤2 在【页面布局】选项卡下设置纸张方向、纸张大小和页边距，单击快速访问工具栏中的【打印预览】按钮预览无误后即可打印输出。

6.9.3 高亮显示部门小计

为方便迅速找出部门小计，用户可以通过设置单元格的背景颜色和文字颜色，使部门小计在工作表中突出显示。

操作步骤如下。

步骤1 单击工作表左侧的分类汇总分级按钮“2”，使表格仅显示列标题行和汇总行。选中A1:N23单元格区域，按<F5>键弹出【定位】对话框，单击【定位条件】按钮，在弹出的【定位条件】对话框中选中【可见单元格】单选按钮，单击【确定】按钮，如图6-121所示。

步骤2 保持工作表的选中状态，单击【开始】→【填充颜色】，在【主题颜色】面板中，选择“灰色-50%，强调文字颜色3，淡色40%”，如图6-122所示。同样的方法，设置字体颜色。

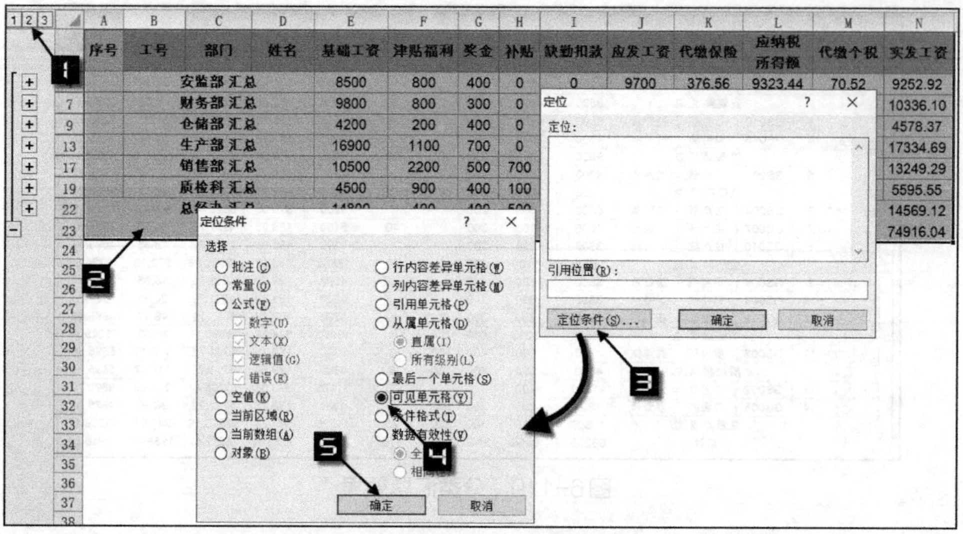

图6-121　定位可见单元格

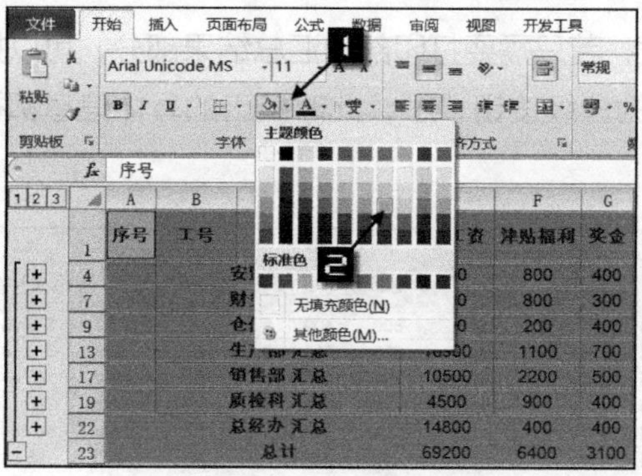

图6-122　设置填充颜色

步骤 3 单击工作表左侧的分类汇总分级按钮“3”，使表格全部展开，如图6-123所示。

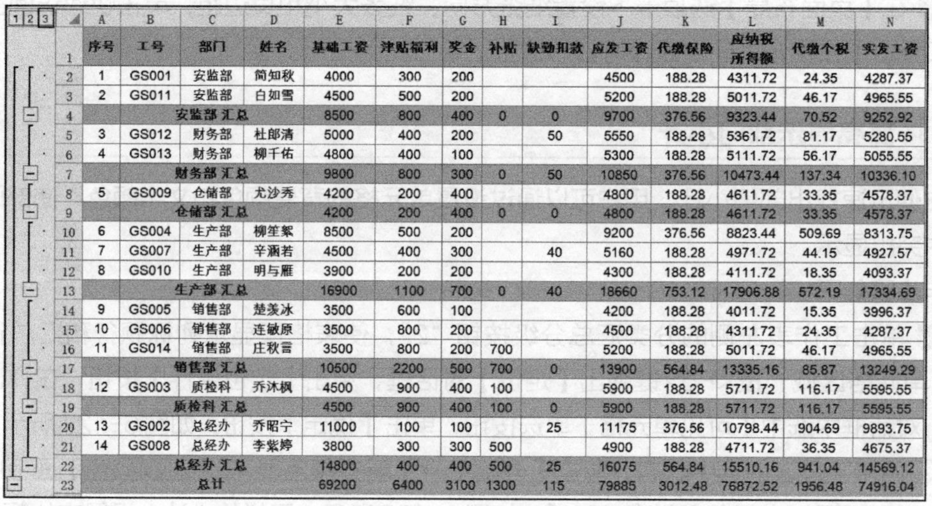

序号	工号	部门	姓名	基础工资	津贴福利	奖金	补贴	缺勤扣款	应发工资	代缴保险	应纳税所得额	代缴个税	实发工资
1	GS001	安监部	简知秋	4000	300	200			4500	188.28	4311.72	24.35	4287.37
2	GS011	安监部	白如雪	4500	500	200			5200	188.28	5011.72	46.17	4965.55
		安监部 汇总		8500	800	400	0	0	9700	376.56	9323.44	70.52	9252.92
3	GS012	财务部	杜郎清	5000	400	200		50	5550	188.28	5361.72	81.17	5280.55
4	GS013	财务部	柳千佑	4800	400	100			5300	188.28	5111.72	56.17	5055.55
		财务部 汇总		9800	800	300	0	50	10850	376.56	10473.44	137.34	10336.10
5	GS009	仓储部	尤沙秀	4200	200	400			4800	188.28	4611.72	33.35	4578.37
		仓储部 汇总		4200	200	400	0	0	4800	188.28	4611.72	33.35	4578.37
6	GS004	生产部	柳笙絮	8500	500	200			9200	376.56	8823.44	509.69	8313.75
7	GS007	生产部	辛涵若	4500	400	300		40	5160	188.28	4971.72	44.15	4927.57
8	GS010	生产部	明与雁	3900	200	200			4300	188.28	4111.72	18.35	4093.37
		生产部 汇总		16900	1100	700	0	40	18660	753.12	17906.88	572.19	17334.69
9	GS005	销售部	楚羡冰	3500	600	100			4200	188.28	4011.72	15.35	3996.37
10	GS006	销售部	连敏原	3500	800	200			4500	188.28	4311.72	24.35	4287.37
11	GS014	销售部	庄秋言	3500	800	200	700		5200	188.28	5011.72	46.17	4965.55
		销售部 汇总		10500	2200	500	700	0	13900	564.84	13335.16	85.87	13249.29
12	GS003	质检科	乔沐枫	4500	900	400	100		5900	188.28	5711.72	116.17	5595.55
		质检科 汇总		4500	900	400	100	0	5900	188.28	5711.72	116.17	5595.55
13	GS002	总经办	乔昭宁	11000	100	100		25	11175	376.56	10798.44	904.69	9893.75
14	GS008	总经办	李紫婷	3800	300	300	500		4900	188.28	4711.72	36.35	4675.37
		总经办 汇总		14800	400	400	500	25	16075	564.84	15510.16	941.04	14569.12
		总计		69200	6400	3100	1300	115	79885	3012.48	76872.52	1956.48	74916.04

图6-123　完成后的工资表

6.10 每页带小计的工资表

素材所在位置：

光盘：\素材\第 6 章 考勤与薪酬福利管理常用表格制作\6.10 每页带小计的工资表.xlsx

每页带小计的工资表

如果工资表的数据量比较多，当需要打印时，在每一页的最后加上本页小计，在最后一页加上总计，能够增加表格的可读性。类似的打印效果在一些财务软件中已经实现了自动化，用Excel自带的功能也可以实现这样的效果。

以图6-124中的工资表为例，共有147行数据，假定需要每页打印40行内容。

	A	B	C	D	E	F	G	H	I	J	K	L	M	N
1	序号	工号	部门	姓名	基础工资	津贴福利	奖金	补贴	缺勤扣款	应发工资	代缴保险	应纳税所得额	代缴个税	实发工资
134	133	GS133	仓储部	张钟淑	6200	300	200		40	6700	307.28	6392.72	184.27	6208.45
135	134	GS134	财务部	田丽	6100	100	300			6500	308.28	6191.72	164.17	6027.55
136	135	GS135	生产部	何维礼	6100	300	400			6800	309.28	6490.72	194.07	6296.65
137	136	GS136	生产部	张丽娟	3700	400	100			4200	310.28	3889.72	11.69	3878.03
138	137	GS137	安监部	王云祥	4800	200	100	700		5100	311.28	4788.72	38.66	4750.06
139	138	GS138	生产部	马敏慧	6000	200	300	100		6500	312.28	6187.72	163.77	6023.95
140	139	GS139	生产部	徐菲霞	4700	200	100		25	5000	313.28	4686.72	35.60	4651.12
141	140	GS140	安监部	周世华	4700	400	400	500		5500	314.28	5185.72	63.57	5122.15
142	141	GS141	安监部	普雪	5100	400	300			5800	315.28	5484.72	93.47	5391.25
143	142	GS142	质检科	毕学智	5600	100	200			5900	316.28	5583.72	103.37	5480.35
144	143	GS143	生产部	孙兰清	6200	200	200			6600	317.28	6282.72	173.27	6109.45
145	144	GS144	仓储部	汤志宁	3900	500	200			4600	318.28	4281.72	23.45	4258.27
146	145	GS145	仓储部	张云生	4400	400	400		25	5200	319.28	4880.72	41.42	4839.30
147	146	GS146	生产部	李开义	3800	500	400			4700	320.28	4379.72	26.39	4353.33

图6-124 待打印的工资表

操作步骤如下。

步骤 1 鼠标右键单击A列列标，在快捷菜单中选择【插入】，插入一个空白列。在A1单元格输入列标题“辅助”，在A2单元格输入以下公式，然后双击填充柄，将公式快速填充至数据区域的最后一行，如图6-125所示。

```
=INT(ROW(A40)/40)
```

公式中的40可以根据实际每页打印的行数确定，用于生成40个1、40个2、40个3……这样的循环序列。

A2 f_x =INT(ROW(A40)/40)

	A	B	C	D	E	F	G
1	辅助	序号	工号	部门	姓名	基础工资	津贴福利
2	1	1	GS001	安监部	简知秋	4000	300
3	1	2	GS011	安监部	白如雪	4500	500
4	1	3	GS012	财务部	杜郎清	5000	400
5	1	4	GS013	财务部	柳千佑	4800	400
6	1	5	GS009	仓储部	尤沙秀	4200	200
7	1	6	GS004	生产部	柳笙絮	8500	500
8	1	7	GS007	生产部	辛涵若	4500	400

图6-125 在辅助列中输入公式

步骤 2 单击A列列标，按<Ctrl+C>组合键复制A列内容。保持A列选中状态，单击鼠标右键，在快捷菜单中的【粘贴选项】下单击【数值】按钮，将公式结果粘贴为数值，如图6-126所示。

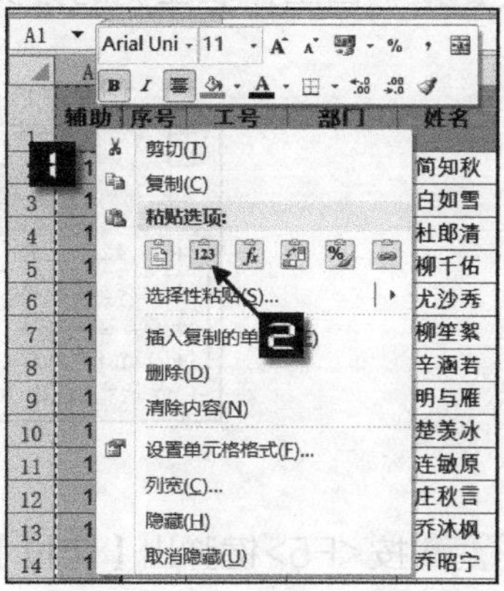

图6-126 选择性粘贴

步骤 3 单击数据区域任意单元格，如C4，在【数据】选项卡下单击【分类汇总】按钮，弹出【分类汇总】对话框。【分类字段】选择“辅助”，【汇总方式】

选择“求和”，在【选定汇总项】区域中勾选“实发工资”。在【分类汇总】对话框下部勾选【每组数据分页】复选框，单击【确定】按钮，如图6-127所示。

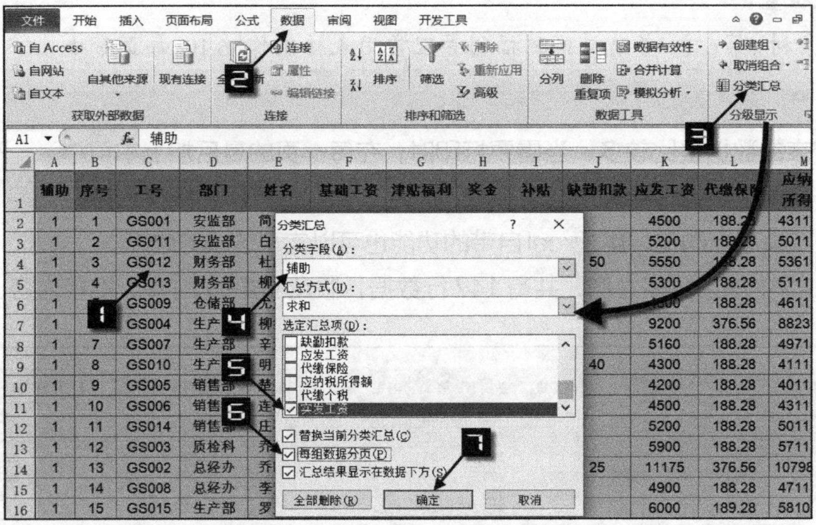

图6-127　设置分类汇总选项

设置完成后的表格，会在每个分类汇总结果下自动添加分页符，表格的局部效果如图6-128所示。

	A	B	C	D	E	F	G
1	辅助	序号	工号	部门	姓名	基础工资	津贴福利
38	1	37	GS037	生产部	李亚虹	4400	400
39	1	38	GS038	生产部	陈永昆	5200	200
40	1	39	GS039	财务部	孙建文	5800	100
41	1	40	GS040	生产部	李艳玲	4700	400
42	1 汇总						
43	2	41	GS041	生产部	杨宏杰	4200	500
44	2	42	GS042	质检科	张云鸿	4000	300
45	2	43	GS043	安监部	张明	6000	100
46	2	44	GS044	仓储部	魏波	6000	200

图6-128　分类汇总的局部效果

步骤 4 单击工作表左侧的分类汇总分级按钮“2”，使数据表只显示汇总行，如图6-129所示。

	A	B	C	D	E	F	G	H
1	辅助	序号	工号	部门	姓名	基础工资	津贴福利	奖金
42	1 汇总							
83	2 汇总							
124	3 汇总							
151	4 汇总							
152	总计							

图6-129　只显示汇总行

步骤 5 按<F5>键弹出【定位】对话框，单击【定位条件】按钮，在弹出的【定位条件】对话框中选中【可见单元格】单选按钮，单击【确定】按钮。

步骤 6 选中汇总区域，即A2:N151，注意选择数据区域时不要包含最后的实发工资所在列、第一行的标题以及最后的总计行。在【开始】选项卡下单击【合并后居中】下拉按钮，在下拉列表中选择【跨越合并】，如图6-130所示。

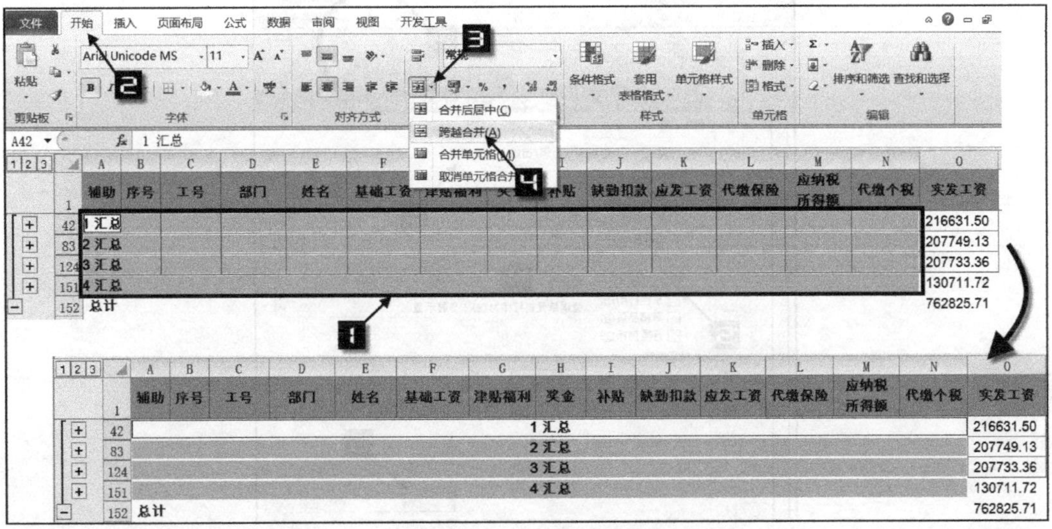

图6-130 设置跨越合并

步骤 7 在编辑栏内输入“本页小计”，按<Ctrl+Enter>组合键，如图6-131所示。

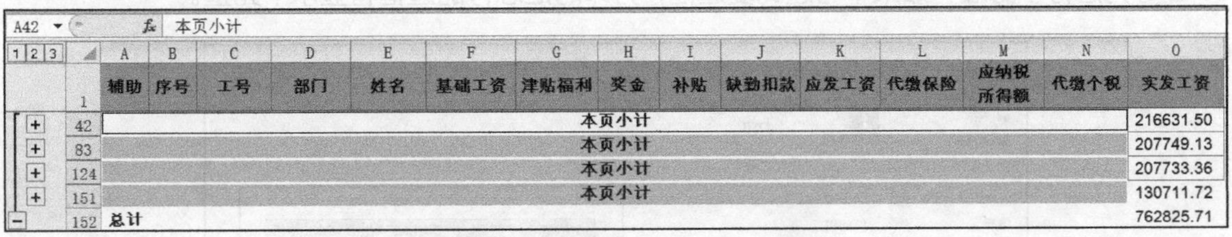

图6-131 多单元格同时输入内容

步骤 8 单击工作表左侧的分类汇总分级按钮“3”，展开数据表。选中A~D列和M列的列标，单击鼠标右键，在快捷菜单中单击【隐藏】命令，将不需要在打印文件中体现的“辅助”“序号”“工号”“部门”以及“应纳税所得额”列隐藏，如图6-132所示。

步骤 9 在【页面布局】选项卡下，依次设置纸张大小、纸张方向和页边距。然后单击【打印标题】按钮，打开【页面设置】对话框，在【工作表】选项卡下，单击【顶端标题行】右侧的折叠按钮，鼠标单击第一行的行号，此时在编辑框内显示为“$1:$1”。勾选【网格线】复选框，最后单击【确定】按钮，如图6-133所示。

图6-132 隐藏列

设置完成后，在打印时每一页都会有固定的列标题，不但看起来比较美观，也便于数据的阅读。同时在每一页的最后会自动添加本页的实发工资小计，如图6-134所示。

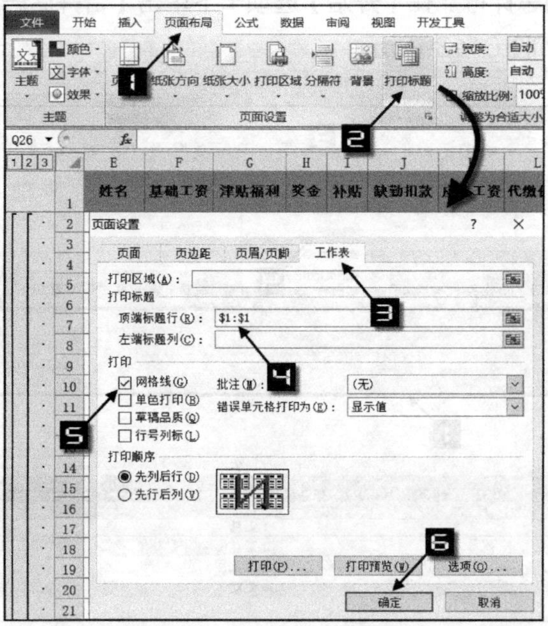

图6-133　设置顶端标题行

勾选【网格线】复选框的目的是因为本页小计行的内容实际仍然是在A列，而在步骤8中对A~D等列进行了隐藏，如果不勾选此复选框，打印时汇总行的边框将显示不完整。

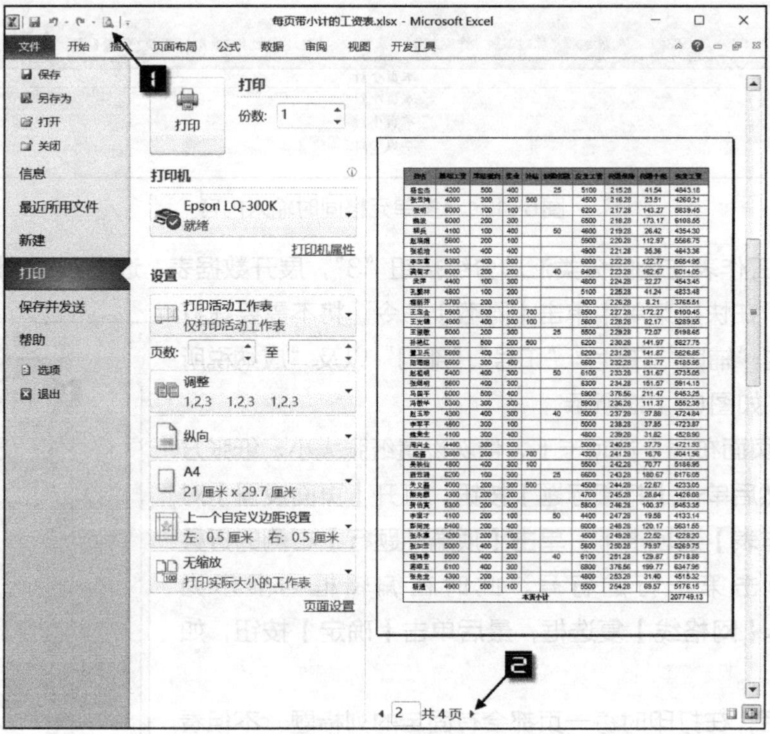

图6-134　打印预览

知识点讲解

生成自然数序列

使用INT函数、MOD函数，结合ROW函数和COLUMN函数，能够生成具有一定规律的自然数序列。在系统学习函数公式时，会经常用到构建序列的技巧。

以下是几种常用生成递增、递减和循环序列的通用公式写法，实际应用时将公式中的*n*修改为需要的数字即可。

（1）如图6-135所示，生成1、1、2、2、3、3……或1、1、1、2、2、2……，即间隔*n*个相同数值的递增序列，通用公式为

```
=INT(行号/n)
```

	A	B	C
1	=INT(ROW(2:2)/2)	=INT(ROW(3:3)/3)	=INT(ROW(4:4)/4)
2	1	1	1
3	1	1	1
4	2	1	1
5	2	2	1
6	3	2	2
7	3	2	2
8	4	3	2
9	4	3	2
10	5	3	3
11	5	4	3
12	6	4	3
13	6	4	3

图6-135 递增序列

用ROW函数产生的行号除以循环次数*n*，初始值行号等于循环次数，随着公式向下填充，行号逐渐递增，最后使用INT函数对两者相除的结果取整。

（2）如图6-136所示，生成1、2、1、2……或1、2、3、1、2、3……，即1至*n*的循环序列，通用公式为

```
=MOD(行号,n)+1
```

	A	B	C
1	=MOD(ROW(2:2),2)+1	=MOD(ROW(3:3),3)+1	=MOD(ROW(4:4),4)+1
2	1	1	1
3	2	2	2
4	1	3	3
5	2	1	4
6	1	2	1
7	2	3	2
8	1	1	3
9	2	2	4
10	1	3	1
11	2	1	2
12	1	2	3
13	2	3	4

图6-136 循环序列

以循环序列中的最大值作为起始行号，MOD函数计算行号与循环序列中的最大值相除的余数，结果为0、1、0、1……或0、1、2、0、1、2……的序列。结果加1，使其成为自1开始的循环序列。

（3）如图6-137所示，生成2、2、4、4……或3、3、3、6、6、6……，即以*n*次循环的递增序列，

通用公式为

=CEILING(行号,n)

	A	B	C
1	=CEILING(ROW(1:1),2)	=CEILING(ROW(1:1),3)	=CEILING(ROW(1:1),4)
2	2	3	4
3	2	3	4
4	4	3	4
5	4	6	4
6	6	6	8
7	6	6	8
8	8	9	8
9	8	9	8
10	10	9	12
11	10	12	12
12	12	12	12
13	12	12	12

图6-137　循环递增序列

CEILING函数的作用是按指定基数的倍数，对数值向上舍入。例如公式“=CEILING(12,5)”的结果为15，因为15是5的倍数，大于12并且最接近12。本例中使用CEILING函数，将ROW函数的结果向上舍入为最接近指定基数的倍数，其倍数由需要循环递增的间隔值指定。

（4）如图6-138所示，生成2、1、2、1……或3、2、1、3、2、1……，即n至1的逆序循环序列，通用公式为

=MOD(n-行号,n)+1

先计算循环序列中的最大值减去行号的差，再用MOD函数计算这个差与循环序列中的最大值相除的余数，得到1、0、1、0……或2、1、0、2、1、0……的逆序循环序列。将结果加1，使其成为自n至1的逆序循环序列。

	A	B	C
1	=MOD(2-ROW(1:1),2)+1	=MOD(3-ROW(1:1),3)+1	=MOD(4-ROW(1:1),4)+1
2	2	3	4
3	1	2	3
4	2	1	2
5	1	3	1
6	2	2	4
7	1	1	3
8	2	3	2
9	1	2	1
10	2	1	4
11	1	3	3
12	2	2	2
13	1	1	1

图6-138　逆序循环序列

6.11 按部门拆分工资表

素材所在位置：

光盘：\素材\第6章 考勤与薪酬福利管理常用表格制作\6.11 按部门拆分工资表.xlsx

如果将工资表中的内容按不同的部门分别拆分到不同工作表内，能够便于查询和打印。本节

仍以图6-124中的工资表数据为例，介绍按部门拆分工资表的技巧。

按部门拆分工资表

操作步骤如下。

步骤1 单击数据区域任意单元格，如A4，在【插入】选项卡下单击【数据透视表】按钮，弹出【创建数据透视表】对话框，Excel会自动选中当前连续的数据范围，单击【确定】按钮，如图6-139所示。

步骤2 在【数据透视表字段列表】中，将“部门”字段拖动到【报表筛选】区域。将“工号”和“姓名”字段拖动到【行标签】区域。将“基础工资”“津贴福利”“奖金”“补贴”“缺勤扣款”“应发工资”“代缴保险”“应纳税所得额”“代缴个税”及“实发工资”各个字段依次拖动到【数值】区域，如图6-140所示。

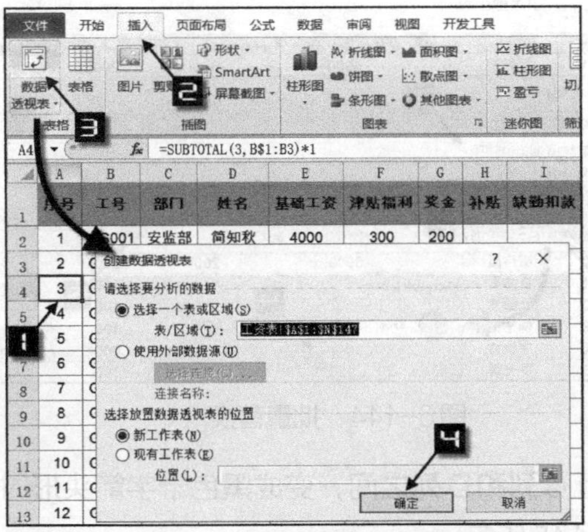

图6-139 插入数据透视表

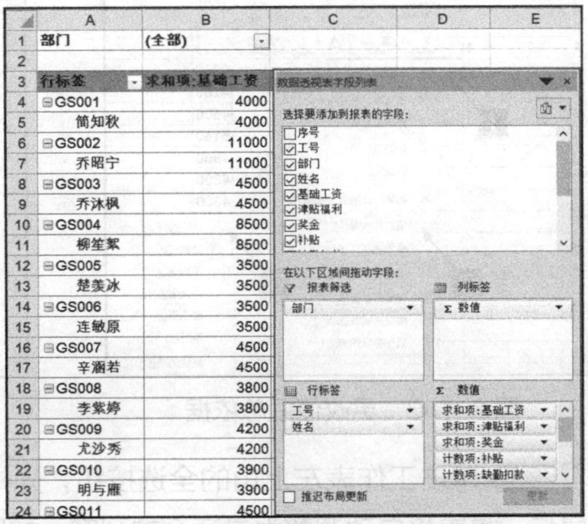

图6-140 调整数据透视表字段布局

步骤3 单击数据透视表任意单元格，如A6，在【设计】选项卡下单击【报表布局】下拉按钮，在下拉菜单中选择【以表格形式显示】命令，如图6-141所示。

步骤4 在【设计】选项卡下单击【分类汇总】下拉按钮，在下拉菜单中选择【不显示分类汇总】命令，如图6-142所示。

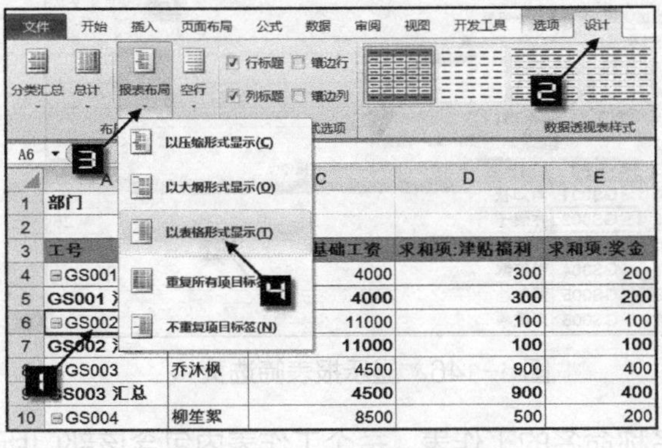

图6-141 设置报表布局

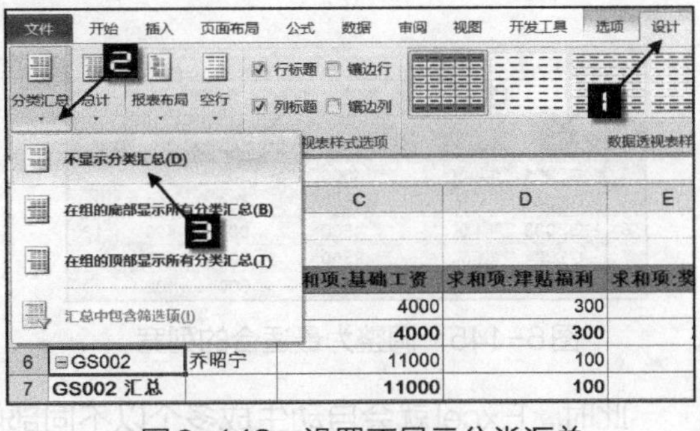

图6-142 设置不显示分类汇总

步骤5 如果数据源工作表字段中有空白单元格，数据透视表会将该字段的汇总方式默认为计数，因此需要修改透视表中“补贴”和“缺勤扣款”字段的值汇总依据。

如图6-143所示，右键单击“缺勤扣款”字段的任意单元格，如G7，在快捷菜单中依次选择【值汇总依据】→【求和】。同样的方法，将“补贴”字段的值汇总依据修改为求和。

步骤 6 接下来对字段标题中的“求和项:”进行替换。按<Ctrl+H>组合键调出【查找和替换】对话框，在【替换】选项卡下的【查找内容】编辑框内输入“求和项:”，在【替换为】编辑框内输入一个空格，单击【全部替换】按钮，在弹出的提示对话框中单击【确定】按钮，最后单击【关闭】按钮，关闭【查找和替换】对话框，如图6-144所示。

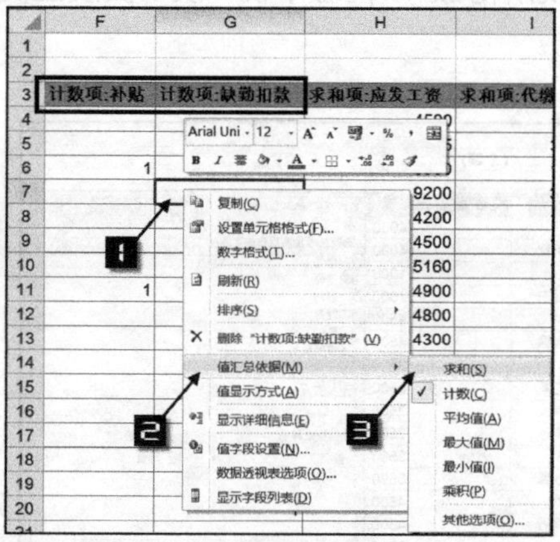

图6-143　更改值汇总依据

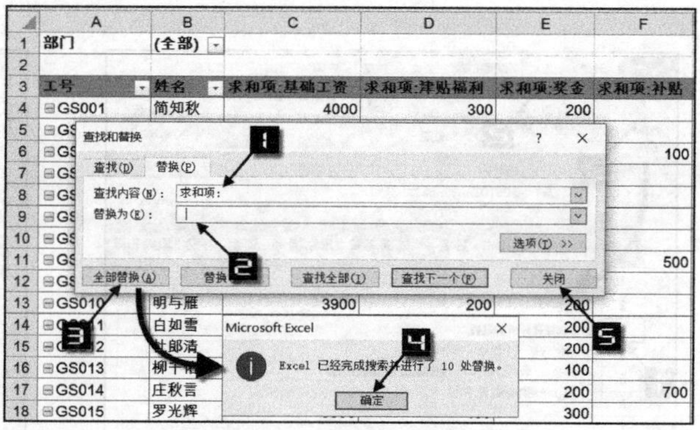

图6-144　批量替换

步骤 7 单击工作表左上角的全选按钮，光标靠近C列和D列之间，变成黑色十字箭头形时双击鼠标，将表格自动调整为最适合的列宽，如图6-145所示。

步骤 8 单击数据透视表任意单元格，如A5，在【选项】选项卡下单击【选项】下拉按钮，在下拉列表中选择【显示报表筛选页】命令，打开【显示报表筛选页】对话框，单击【确定】按钮，如图6-146所示。

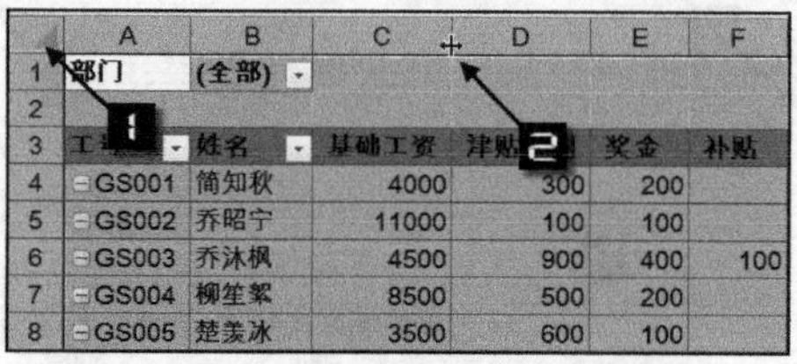

图6-145　调整为最适合的列宽

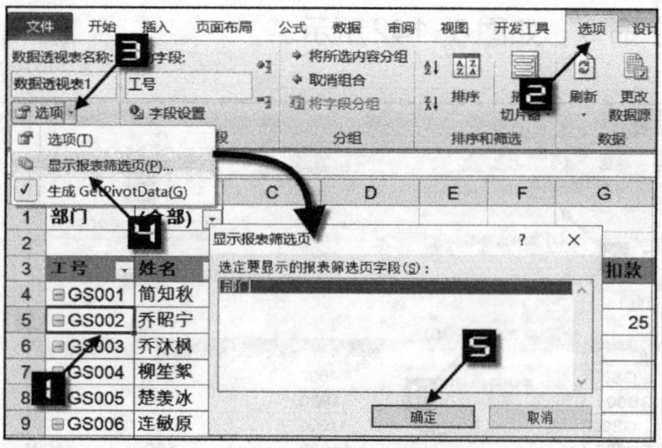

图6-146　显示报表筛选页

此时，Excel就会自动生成多个以不同部门名称命名的工作表，每个工作表内包含该部门所有员工的工资明细，如图6-147所示。

部门	销售部										
工号	姓名	基础工资	津贴福利	奖金	补贴	缺勤扣款	应发工资	代缴保险	应纳税所	代缴个税	实发工资
GS005	楚羡冰	3500	600	100			4200	188.28	4011.72	15.35	3996.37
GS006	连敏原	3500	800	200			4500	188.28	4311.72	24.35	4287.37
GS014	庄秋言	3500	800	200	700		5200	188.28	5011.72	46.17	4965.55
GS017	付成花	4500	400	200		50	5100	191.28	4908.72	42.26	4866.46
GS032	陈诚	5800	400	100			6300	206.28	6093.72	154.37	5939.35
GS059	赵祖明	5400	400	300		50	6100	233.28	5866.72	131.67	5735.05
GS061	马国平	6000	500	400			6900	376.56	6664.72	211.47	6453.25
GS066	周兴全	4400	300	300			5000	240.28	4759.72	37.79	4721.93
总计		36600	4200	1800	700	100	43300	1812.52	41628.8	663.43	40965.3

图6-147　自动生成的工作表

6.12 批量制作员工工资条

工资条是单位定期给员工反映工资的凭据，记录着员工的月收入分项和收入总额，通常包括工号、部门、姓名、基础工资、津贴福利、奖金、补贴、缺勤扣款、应发工资、代缴保险、应纳税所得额、代缴个税和实发工资等项目。

批量制作员工工资条

工资条的制作可通过多种方法来实现，主要有排序法、函数法以及邮件合并法等。

6.12.1 排序法批量制作员工工资条

素材所在位置：

光盘：\素材\第6章 考勤与薪酬福利管理常用表格制作\6.12.1 排序法批量制作员工工资条.xlsx

首先介绍排序法制作员工工资条，操作步骤如下。

步骤 1 打开“工资表.xlsx”工作簿，右键单击“工资表”工作表标签，在快捷菜单中选择【移动或复制】命令，弹出【移动或复制工作表】对话框。勾选【建立副本】复选框，单击【确定】按钮，此时会自动创建一个当前工作表的副本“工资表(2)”，如图6-148所示。

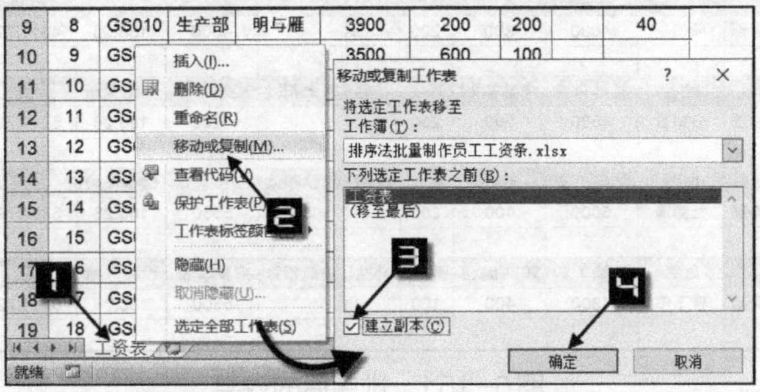

图6-148　建立工作表副本

步骤 2 将“工资表（2）”工作表标签重命名为“工资条”。本例的工资表中已有序号，可以通过对这些序号排序来制作工资条。如果实际表格中没有序号，可以加入辅助列，手工添加序号。

步骤 3 选中A2单元格，按<Ctrl+Shift+↓>组合键快速选中A2:A147单元格区域所有的序号，然后按<Ctrl+C>组合键复制。

步骤 4 单击A148单元格，按<Ctrl+V>组合键粘贴。再单击A294单元格，按<Ctrl+V>组合键粘贴。

步骤 5 选中B1:N1单元格区域的列标题，按<Ctrl+C>组合键复制，然后单击B294单元格，按<Ctrl+V>组合键粘贴。

步骤 6 双击N294单元格右下角的填充柄，将内容快速复制到B294:N439单元格区域，如图6-149所示。

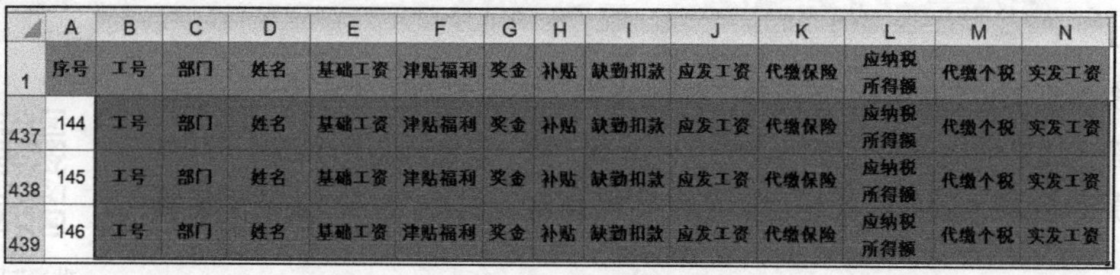

	A	B	C	D	E	F	G	H	I	J	K	L	M	N
1	序号	工号	部门	姓名	基础工资	津贴福利	奖金	补贴	缺勤扣款	应发工资	代缴保险	应纳税所得额	代缴个税	实发工资
437	144	工号	部门	姓名	基础工资	津贴福利	奖金	补贴	缺勤扣款	应发工资	代缴保险	应纳税所得额	代缴个税	实发工资
438	145	工号	部门	姓名	基础工资	津贴福利	奖金	补贴	缺勤扣款	应发工资	代缴保险	应纳税所得额	代缴个税	实发工资
439	146	工号	部门	姓名	基础工资	津贴福利	奖金	补贴	缺勤扣款	应发工资	代缴保险	应纳税所得额	代缴个税	实发工资

图6-149 复制工作表标题行

步骤 7 单击A列任意单元格，如A140，单击【数据】选项卡下的【升序】按钮，如图6-150所示。

排序后的效果如图6-151所示。

步骤 8 单击A列列标，按<Ctrl+->组合键删除该列。然后单击工作表左上角的全选按钮，双击第4~5行行号之间的位置，使其调整为最合适的行高。然后选中数据区域，设置单元格边框线。完成后的效果如图6-152所示。

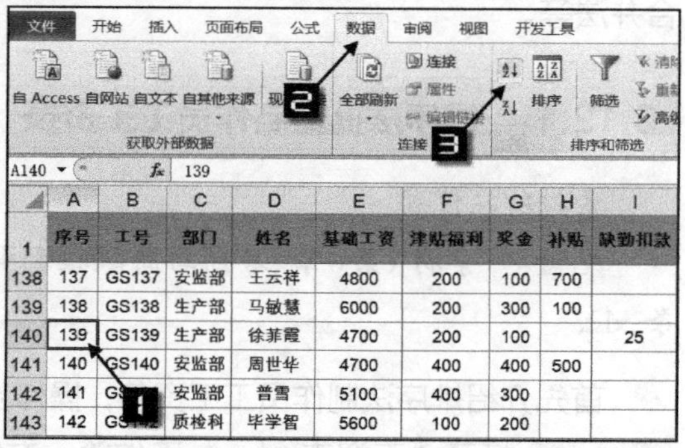

	A	B	C	D	E	F	G	H	I
1	序号	工号	部门	姓名	基础工资	津贴福利	奖金	补贴	缺勤扣款
138	137	GS137	安监部	王云祥	4800	200	100	700	
139	138	GS138	生产部	马敏慧	6000	200	300	100	
140	139	GS139	生产部	徐菲霞	4700	200	100		25
141	140	GS140	安监部	周世华	4700	400	400	500	
142	141	GS	安监部	普雪	5100	400	300		
143	142	GS	质检科	毕学智	5600	100	200		

图6-150 对序号列排序

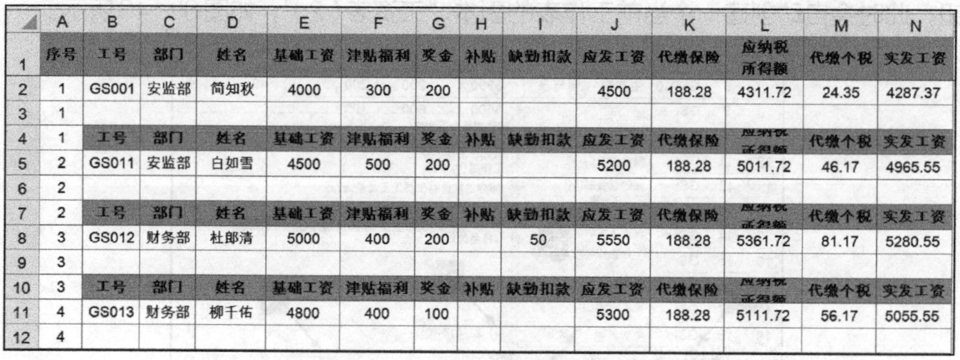

	A	B	C	D	E	F	G	H	I	J	K	L	M	N
1	序号	工号	部门	姓名	基础工资	津贴福利	奖金	补贴	缺勤扣款	应发工资	代缴保险	应纳税所得额	代缴个税	实发工资
2	1	GS001	安监部	简知秋	4000	300	200			4500	188.28	4311.72	24.35	4287.37
3	1													
4	1	工号	部门	姓名	基础工资	津贴福利	奖金	补贴	缺勤扣款	应发工资	代缴保险	应纳税所得额	代缴个税	实发工资
5	2	GS011	安监部	白如雪	4500	500	200			5200	188.28	5011.72	46.17	4965.55
6	2													
7	2	工号	部门	姓名	基础工资	津贴福利	奖金	补贴	缺勤扣款	应发工资	代缴保险	应纳税所得额	代缴个税	实发工资
8	3	GS012	财务部	杜郎清	5000	400	200		50	5550	188.28	5361.72	81.17	5280.55
9	3													
10	3	工号	部门	姓名	基础工资	津贴福利	奖金	补贴	缺勤扣款	应发工资	代缴保险	应纳税所得额	代缴个税	实发工资
11	4	GS013	财务部	柳千佑	4800	400	100			5300	188.28	5111.72	56.17	5055.55
12	4													

图6-151 排序后的效果

	A	B	C	D	E	F	G	H	I	J	K	L	M
1	工号	部门	姓名	基础工资	津贴福利	奖金	补贴	缺勤扣款	应发工资	代缴保险	应纳税所得额	代缴个税	实发工资
2	GS001	安监部	简知秋	4000	300	200			4500	188.28	4311.72	24.35	4287.37
3													
4	工号	部门	姓名	基础工资	津贴福利	奖金	补贴	缺勤扣款	应发工资	代缴保险	应纳税所得额	代缴个税	实发工资
5	GS011	安监部	白如雪	4500	500	200			5200	188.28	5011.72	46.17	4965.55
6													
7	工号	部门	姓名	基础工资	津贴福利	奖金	补贴	缺勤扣款	应发工资	代缴保险	应纳税所得额	代缴个税	实发工资
8	GS012	财务部	杜部清	5000	400	200		50	5550	188.28	5361.72	81.17	5280.55
9													
10	工号	部门	姓名	基础工资	津贴福利	奖金	补贴	缺勤扣款	应发工资	代缴保险	应纳税所得额	代缴个税	实发工资
11	GS013	财务部	柳千佑	4800	400	100			5300	188.28	5111.72	56.17	5055.55
12													

图6-152　完成后的工资条

6.12.2　使用VLOOKUP函数制作工资条

素材所在位置：

光盘：\素材\第6章 考勤与薪酬福利管理常用表格制作\6.12.2 使用VLOOKUP函数制作工资条.xlsx

借助工资表中原有的序号列，使用VLOOKUP函数即可快速制作出工资条，操作步骤如下。

步骤1 打开“工资表”工作簿，单击工作表标签右侧的【插入工作表】按钮，插入一个新工作表，重命名为“工资条”，如图6-153所示。

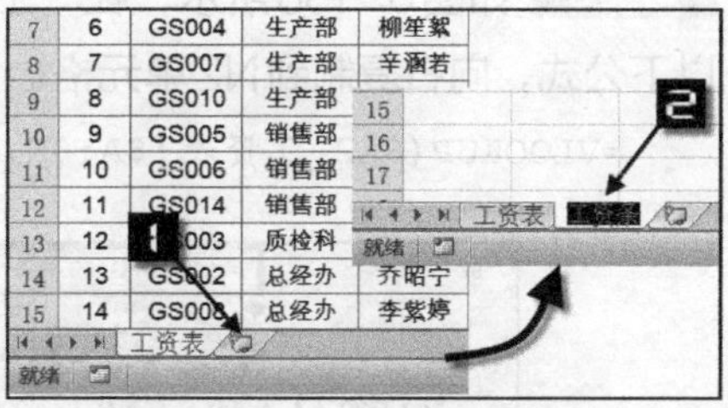

图6-153　插入新工作表

步骤2 在“工资表”工作表内选中首行的列标题，即A1:N1单元格区域，按<Ctrl+C>组合键复制，切换到“工资条”工作表，单击A1单元格，按<Enter>键粘贴，如图6-154所示。

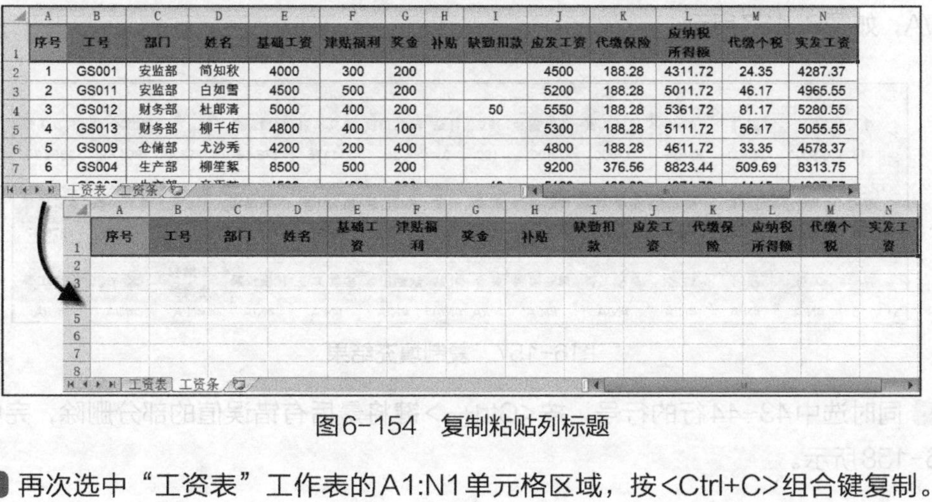

图6-154　复制粘贴列标题

步骤3 再次选中“工资表”工作表的A1:N1单元格区域，按<Ctrl+C>组合键复制。切换到

“工资条”工作表，选中A1单元格，单击鼠标右键，在快捷菜单中选择【选择性粘贴】命令，打开【选择性粘贴】对话框，选中【列宽】单选按钮，单击【确定】按钮，使目标工作表中的列宽和数据源工作表中的列宽一致，如图6-155所示。

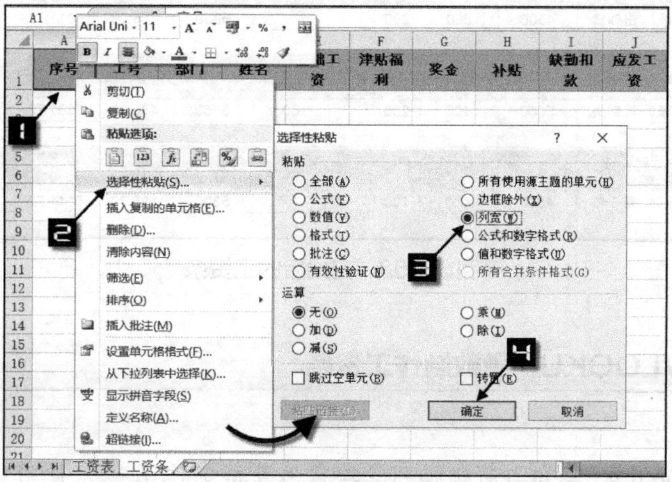

图6-155　选择性粘贴

步骤 4 如图6-156所示，在“工资条”工作表的A2单元格中输入序号1，在B2单元格输入以下公式，向右复制到N2单元格。

```
=VLOOKUP($A2,工资表!$A:$N,COLUMN(B1),0)
```

序号	工号	部门	姓名	基础工资	津贴福利	奖金	补贴	缺勤扣款	应发工资	代缴保险	应纳税所得额	代缴个税	实发工资
1	GS001	安监部	简知秋	4000	300	200	0	0	4500	188.28	4311.72	24.35	4287.37

图6-156　输入公式

步骤 5 同时选中A1:N3单元格区域，拖动N3单元格右下角的填充柄向下拖动，直到出现错误值#N/A，如图6-157所示。

序号	工号	部门	姓名	基础工资	津贴福利	奖金	补贴	缺勤扣款	应发工资	代缴保险	应纳税所得额	代缴个税	实发工资
13	GS002	总经办	乔昭宁	11000	100	100	0	25	11175	376.56	10798.44	904.69	9893.75
序号	工号	部门	姓名	基础工资	津贴福利	奖金	补贴	缺勤扣款	应发工资	代缴保险	应纳税所得额	代缴个税	实发工资
14	GS008	总经办	李紫婷	3800	300	300	500	0	4900	188.28	4711.72	36.35	4675.37
序号	工号	部门	姓名	基础工资	津贴福利	奖金	补贴	缺勤扣款	应发工资	代缴保险	应纳税所得额	代缴个税	实发工资
15	#N/A	#N/A	#N/A	#N/A	#N/A	#N/A	#N/A	#N/A	#N/A	#N/A	#N/A	#N/A	#N/A

图6-157　复制填充结果

步骤 6 同时选中43~44行的行号，按<Ctrl+->键将最后有错误值的部分删除，完成后的效果如图6-158所示。

	A	B	C	D	E	F	G	H	I	J	K	L	M	N
1	序号	工号	部门	姓名	基础工资	津贴福利	奖金	补贴	缺勤扣款	应发工资	代缴保险	应纳税所得额	代缴个税	实发工资
2	1	GS001	安监部	简知秋	4000	300	200	0	0	4500	188.28	4311.72	24.35	4287.37
3														
4	序号	工号	部门	姓名	基础工资	津贴福利	奖金	补贴	缺勤扣款	应发工资	代缴保险	应纳税所得额	代缴个税	实发工资
5	2	GS011	安监部	白如雪	4500	500	200	0	0	5200	188.28	5011.72	46.17	4965.55
6														
7	序号	工号	部门	姓名	基础工资	津贴福利	奖金	补贴	缺勤扣款	应发工资	代缴保险	应纳税所得额	代缴个税	实发工资
8	3	GS012	财务部	杜郎清	5000	400	200	0	50	5550	188.28	5361.72	81.17	5280.55
9														
10	序号	工号	部门	姓名	基础工资	津贴福利	奖金	补贴	缺勤扣款	应发工资	代缴保险	应纳税所得额	代缴个税	实发工资
11	4	GS013	财务部	柳千佑	4800	400	100	0	0	5300	188.28	5111.72	56.17	5055.55
12														

图6-158　完成后的工资条效果

知识点讲解

本例中的公式为

```
=VLOOKUP($A2,工资表!$A:$N,COLUMN(B1),0)
```

其中的“$A2”和“工资表!$A:$N”部分均使用列方向的绝对引用，在公式向右复制时，查找值和查找范围始终保持不变。

COLUMN(B1)的结果为2，公式向右复制时，COLUMN(B1)会依次变成COLUMN(C1)，COLUMN(D1)，…，最终生成从2开始的递增序列。

以COLUMN(B1)作为VLOOKUP函数的第三参数，指定在查询区域“工资表!$A:$N”范围中返回哪一列的内容。生成的递增序列的作用是，公式向右复制时能够依次返回多个列的内容。

选中连续的三行向下填充时，首行的列标题和第三行的空白行将被复制，而第二行的序号则会自动递增填充，相当于为VLOOKUP函数设置了不同的查找值。

使用VLOOKUP函数时，如果在查询区域中查找到的是空单元格，公式将会返回无意义的0值。例如，H列的补贴和I列的缺勤扣款，在工资表中的空单元格部分，就返回了0值。而本例中的这两列查询的恰好是数值型的金额，因此返回0并不影响整体效果。

如果需要屏蔽这些无意义的0值，只要在公式最后使用连接符&连接一个空文本""即可，如图6-159所示。

```
=VLOOKUP($A2,工资表!$A:$N,COLUMN(B1),0)&""
```

H2　fx　=VLOOKUP($A2,工资表!$A:$N,COLUMN(H1),0)&""

	A	B	C	D	E	F	G	H	I	J	K	L	M	N
1	序号	工号	部门	姓名	基础工资	津贴福利	奖金	补贴	缺勤扣款	应发工资	代缴保险	应纳税所得额	代缴个税	实发工资
2	1	GS001	安监部	简知秋	4000	300	200			4500	188.28	4311.72	24.35	4287.37
3														
4	序号	工号	部门	姓名	基础工资	津贴福利	奖金	补贴	缺勤扣款	应发工资	代缴保险	应纳税所得额	代缴个税	实发工资
5	2	GS011	安监部	白如雪	4500	500	200			5200	188.28	5011.72	46.17	4965.55
6														
7	序号	工号	部门	姓名	基础工资	津贴福利	奖金	补贴	缺勤扣款	应发工资	代缴保险	应纳税所得额	代缴个税	实发工资
8	3	GS012	财务部	杜郎清	5000	400	200		50	5550	188.28	5361.72	81.17	5280.55

图6-159　屏蔽无意义的0值

6.13 计算销售提成

销售团队在每个企业中都非常重要，销售团队成员决定着企业的销售量和营销收入。在薪酬考核体系中，对于销售人员多采用“提成制”。不同行业、不同公司的销售提成计算方式各有不同，主要包括以下4种。

（1）纯提成制，销售人员的工资全部由提成构成，不发放固定的基本工资。

（2）底薪+提成制，销售人员的工资由基本工资和业绩提成两部分构成。

（3）底薪+提成+奖金制，销售人员除了底薪和业绩提成外，还会获得部分奖金收入。

（4）底薪+奖金制，销售人员的收入主要以底薪和与企业整体利益挂钩的奖金组成。

除此之外，对销售人员提成的规则也是多种多样，包括固定比例提成、浮动比例提成、超额阶梯提成等。所谓固定比例提成，是指无论销售总额多少，提成比例始终不变。浮动比例提成是指销售总额达到一定标准时，总的提成比例会随之调整。超额阶梯提成是指销售总额每超过一定比例，超出部分会额外奖励一定的提成比例，类似于阶梯电价或阶梯水价的计算。

固定比例提成和浮动比例提成的计算比较简单，只要用销售总额乘以指定的提成比例即可，而超额阶梯提成的计算相对比较复杂。本节从制作销售提成表开始，主要学习阶梯式销售提成的计算。

6.13.1 制作销售提成表

素材所在位置：

光盘：\素材\第6章 考勤与薪酬福利管理常用表格制作\6.13.1 销售提成表.xlsx

首先完成销售提成表的制作，操作步骤如下。

步骤1 新建一个工作簿，删除Sheet2和Sheet3工作表，按<Ctrl+S>组合键，另存为“销售提成表.xlsx”。

步骤2 在工作表中输入基础信息，其中包括员工工号、姓名、职务、销售任务、实际完成、完成比例和销售提成等项目，如图6-160所示。

	A	B	C	D	E	F	G
1	工号	姓名	职务	销售任务	实际完成	完成比例	销售提成
2	GS001	乔菲菲	销售总监	250000	298000		
3	GS002	肖云峰	销售经理	230000	340000		
4	GS003	谭汝霖	销售副总	220000	230000		
5	GS004	林枫瑞	销售代表	170000	215000		
6	GS005	肖美凤	销售主管	200000	260000		
7	GS006	刘志轩	销售代表	170000	150500		
8	GS007	钱云飞	销售代表	170000	200800		
9	GS008	邱之雨	销售代表	170000	241200		
10	GS009	金如玉	销售代表	170000	130000		

图6-160 输入基础信息

步骤3 设置字体、字号，添加单元格边框，对工作表进行美化，效果如图6-161所示。

步骤4 在F2单元格输入公式“=E2/D2”，向下复制到F10单元格。保持F2:F10单元格的选中状态，在【开始】选项卡下单击【百分比样式】按钮，再两次单击【增加小数位数】按钮，使该区域的数字显示为百分数并且保留两位小数，如图6-162所示。

	A	B	C	D	E	F	G
1	工号	姓名	职务	销售任务	实际完成	完成比例	销售提成
2	GS001	乔菲菲	销售总监	250000	298000		
3	GS002	肖云峰	销售经理	230000	340000		
4	GS003	谭汝霖	销售副总	220000	230000		
5	GS004	林枫瑞	销售代表	170000	215000		
6	GS005	肖美凤	销售主管	200000	260000		
7	GS006	刘志轩	销售代表	170000	150500		
8	GS007	钱云飞	销售代表	170000	200800		
9	GS008	邱之雨	销售代表	170000	241200		
10	GS009	金如玉	销售代表	170000	130000		

图6-161　设置表格格式

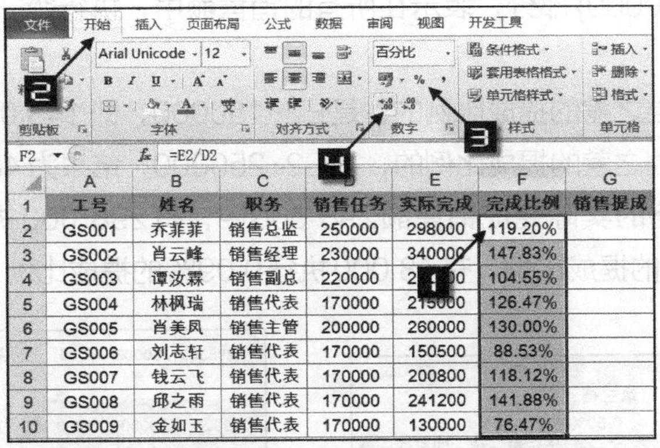

	A	B	C	D	E	F	G
1	工号	姓名	职务	销售任务	实际完成	完成比例	销售提成
2	GS001	乔菲菲	销售总监	250000	298000	119.20%	
3	GS002	肖云峰	销售经理	230000	340000	147.83%	
4	GS003	谭汝霖	销售副总	220000	230000	104.55%	
5	GS004	林枫瑞	销售代表	170000	215000	126.47%	
6	GS005	肖美凤	销售主管	200000	260000	130.00%	
7	GS006	刘志轩	销售代表	170000	150500	88.53%	
8	GS007	钱云飞	销售代表	170000	200800	118.12%	
9	GS008	邱之雨	销售代表	170000	241200	141.88%	
10	GS009	金如玉	销售代表	170000	130000	76.47%	

图6-162　计算完成比例

6.13.2　阶梯式销售提成计算

销售提成表制作完成后，接下来根据表6-2所示的规则计算阶梯式销售提成。

表6-2　　阶梯式销售提成规则

档次	分档标准/元	提成比例
第一档	0~150 000	0.34%
第二档	150 001~250 000	0.41%
第三档	250 001及以上	0.50%

在G2单元格输入以下公式，向下复制到G10单元格，如图6-163所示。

```
=ROUND(SUM(TEXT(E2-{0,150000,250000},"0;!0")*{0.34,0.07,0.09}%),0)
```

G2　=ROUND(SUM(TEXT(E2-{0, 150000, 250000}, "0;!0")*{0.34, 0.07, 0.09}%), 0)

	A	B	C	D	E	F	G	H
1	工号	姓名	职务	销售任务	实际完成	完成比例	销售提成	
2	GS001	乔菲菲	销售总监	250000	298000	119.20%	1160	
3	GS002	肖云峰	销售经理	230000	340000	147.83%	1370	
4	GS003	谭汝霖	销售副总	220000	230000	104.55%	838	
5	GS004	林枫瑞	销售代表	170000	215000	126.47%	777	
6	GS005	肖美凤	销售主管	200000	260000	130.00%	970	
7	GS006	刘志轩	销售代表	170000	150500	88.53%	512	
8	GS007	钱云飞	销售代表	170000	200800	118.12%	718	
9	GS008	邱之雨	销售代表	170000	241200	141.88%	884	
10	GS009	金如玉	销售代表	170000	130000	76.47%	442	

图6-163　使用公式计算阶梯式销售提成

公式中的E2是实际完成销售额。

“{0,150000,250000}”部分，0、150 000和250 000分别是不同分档的销售额节点。

“{0.34,0.07,0.09}%”部分，即0.34%、0.07%和0.09%。

其中的0.34%是第一档的提成比例。

0.07%是第二档和第一档的差，也就是0.41%~0.34%。

0.09%是第三档和第二档的差，也就是0.50%~0.41%。

不同分档执行比例的构成如图6-164所示。

以E2单元格中的实际完成数298 000为例，可以将公式解释如下。

E2-{0,150000,250000}部分，表示在所有的销售额中，执行第一档提成比例的是E2-0，即298000。

执行第二档与第一档之差的提成比例的，是E2-150000，即148 000。

执行第三档与第二档之差的提成比例的，是E2-250000，结果为48 000。

也就是在E2单元格的实际完成销售额298 000中，有298 000执行0.34%的提成比例，有148 000执行0.07%的提成比例，有48 000执行0.09%的提成比例，如图6-165所示。

	A	B	C	D	E	F
1	分档	第一档	第二档	第三档		
2	总比例	0.34%	0.41%	0.50%		
3	第一档	0.34%	0.34%	0.34%	执行第一档，即最低比例	
4	第二档		0.07%	0.07%	执行第二档和第一档的差	
5	第三档			0.09%	执行第三档和第二档的差	

图6-164　不同分档执行比例的构成

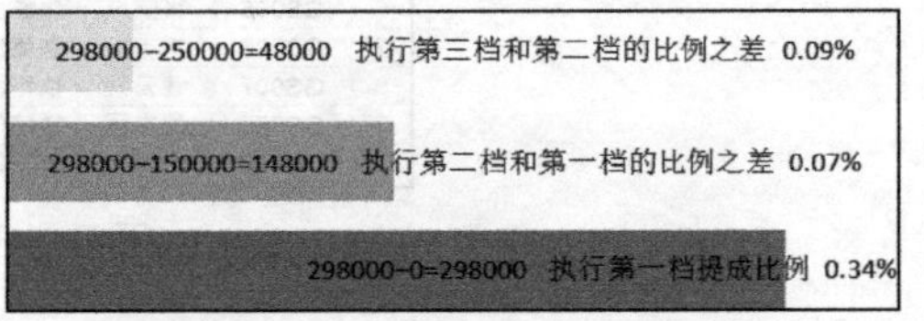

图6-165　提成比例构成示意图

“TEXT(E2-{0,150000,250000},‘0;!0’)*{0.34,0.07,0.09}%”部分，用计算出的各个区间的销售额，再乘以各分档提成比例之差，如图6-166所示。

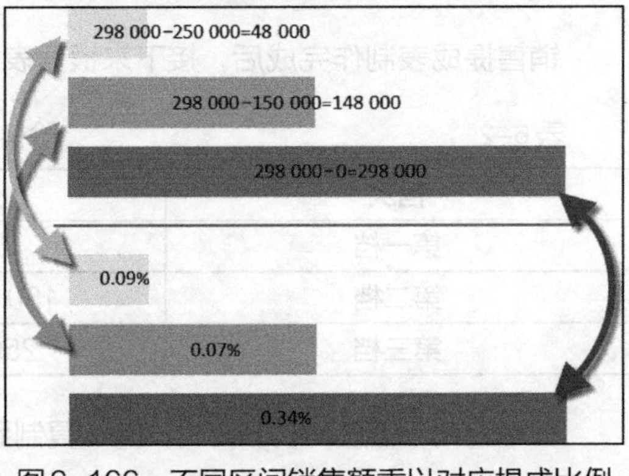

图6-166　不同区间销售额乘以对应提成比例

公式相当于

```
{"298000","148000","48000"}*{0.34,0.07,0.09}%
```

再用SUM函数求和，即得到提成总额。计算过程为

```
48 000*0.09%+148 000*0.07%+298 000*0.34%
```

当实际完成销售额在最低分档时，如果再用实际完成销售额减去各档的节点，将会出现负数。

以E10单元格的实际完成销售额130 000为例，130 000-{0,150000,250000}的结果返回一个内存数组{130000,-20000,-120000}，也就是执行第一档提成比例的销售额是130 000，而执行第二档和第三档的销售额则变成了负数。

在公式中使用了TEXT函数，将TEXT函数的格式代码写成“0;!0”，能够将负数强制转换为0。就是将{130000,-20000,-120000}变成{130000,0,0}，即执行第一档提成比例的销售额是130 000，执行第二档和第三档提成比例的销售额均为0。

此公式同样适用于阶梯电价、阶梯水价等超额阶梯类的计算。

6.14 用图表展示历年平均薪酬变化

素材所在位置：

光盘：\素材\第6章 考勤与薪酬福利管理常用表格制作\6.14 用图表展示历年平均薪酬变化.xlsx

用图表展示历年平均薪酬变化

本节以企业历年平均薪酬数据为例，介绍使用图表展示历年平均薪酬变化的技巧，如图6-167所示。

该图表与普通折线图有所不同，在折线之下使用了填充色，使图表看起来比较新颖。此种图表适合在数据量比较多的情况下，展示同一类数据的变化趋势。

操作步骤如下。

步骤 1 首先准备好历年平均工资的基础数据。

步骤 2 选中B2:B21单元格区域，在【插入】选项卡下单击【折线图】下拉按钮，在下拉菜单中选择折线图，如图6-168所示。

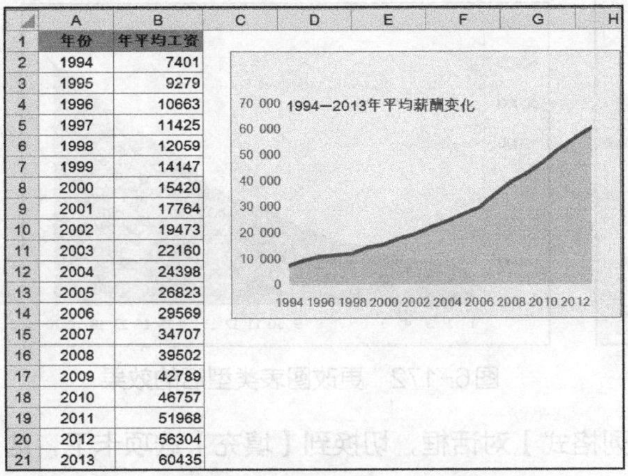

图6-167 用图表展示历年平均薪酬变化

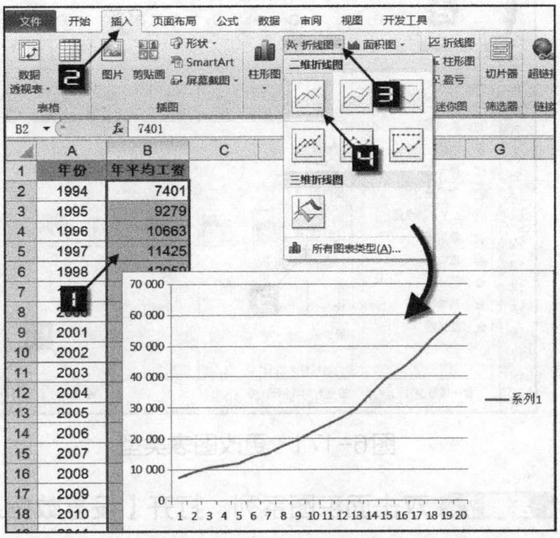

图6-168 插入折线图

步骤 3 单击选中图例项，按<Delete>键删除。单击选中图表网格线，按<Delete>键删除。完成后的效果如图6-169所示。

步骤 4 选中B2:B21单元格区域，按<Ctrl+C>组合键复制，单击图表，按<Ctrl+V>组合键粘贴，此时图表中会增加一个数据系列。

步骤 5 在【布局】选项卡下单击【图表元素】下拉按钮，在下拉列表中选择“系列2”，如图6-170所示。

步骤 6 切换到【设计】选项卡，单击【更改图表类型】按钮，在弹出的【更改图表类型】对话框中选择“面积图”，单击【确定】按钮，如图6-171所示。

此时的图表效果如图6-172所示。

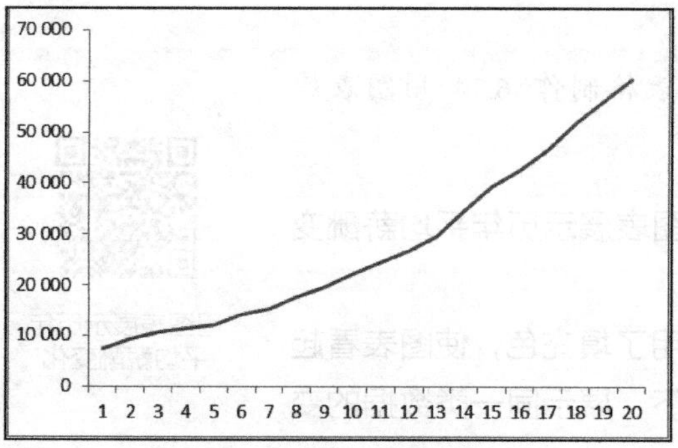

图6-169　删除不需要的元素

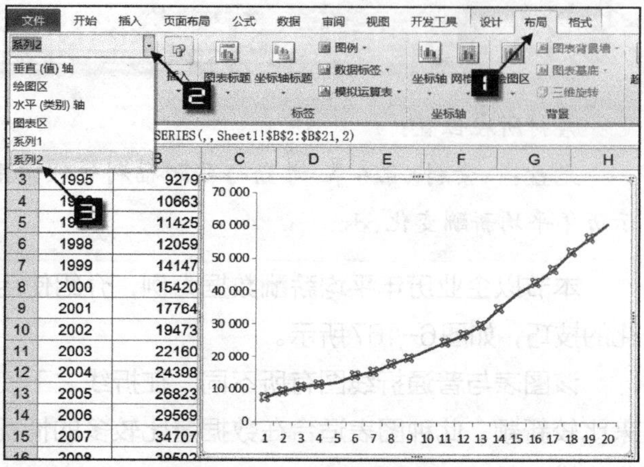

图6-170　选择数据系列

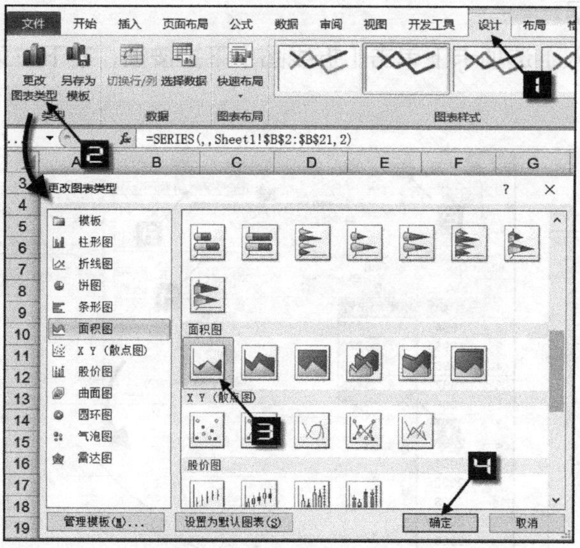

图6-171　更改图表类型

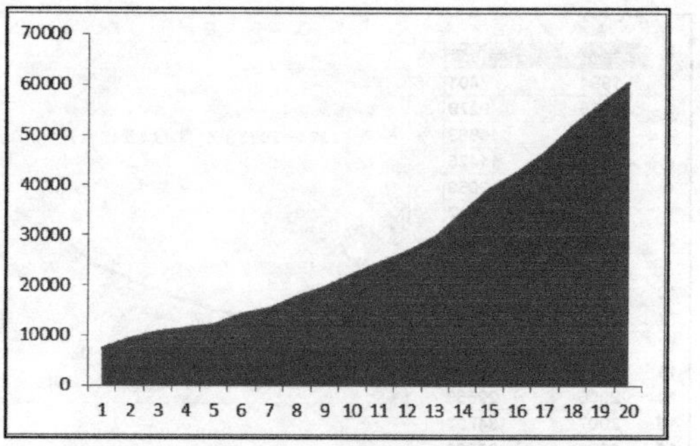

图6-172　更改图表类型后的效果

步骤 7 双击面积图系列，打开【设置数据系列格式】对话框，切换到【填充】选项卡下，选择【纯色填充】单选按钮，单击【颜色】下拉按钮，在【主题颜色】面板中选择"水绿色，强调文字颜色5，淡色60%"，不要关闭对话框，如图6-173所示。

步骤 8 在【布局】选项卡下单击【图表元素】下拉按钮，在下拉列表中选择"系列1"，然后在【设置数据系列格式】对话框中切换到【线型】选项卡，单击【宽度】右侧的微调按钮，调整为3磅，如图6-174所示。

步骤 9 切换到【线条颜色】选项卡，选择【实线】单选按钮，单击【颜色】下拉按钮，在【主题颜色】面板中选择"水绿色，强调文字颜色5，深色25%"，如图6-175所示。

步骤 10 单击图表水平轴，此时【设置数据系列格式】对话框切换为【设置坐标轴格式】对话框，在【坐标轴选项】选项卡下，单击【主要刻度线类型】右侧的下拉按钮，在下拉列表中选择"无"，在【位置坐标轴】区域选中【在刻度线上】单选按钮，如图6-176所示。

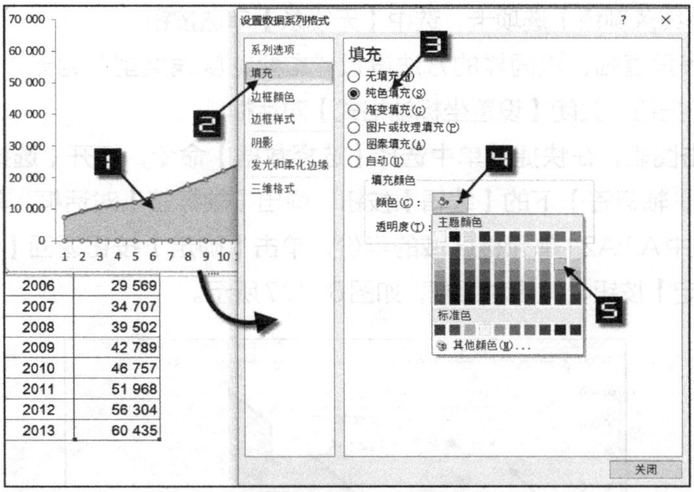

图6-173　设置数据系列填充颜色

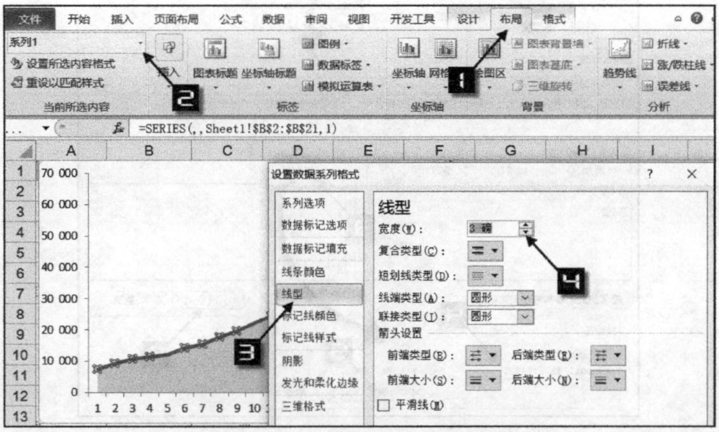

图6-174　设置数据系列线型宽度

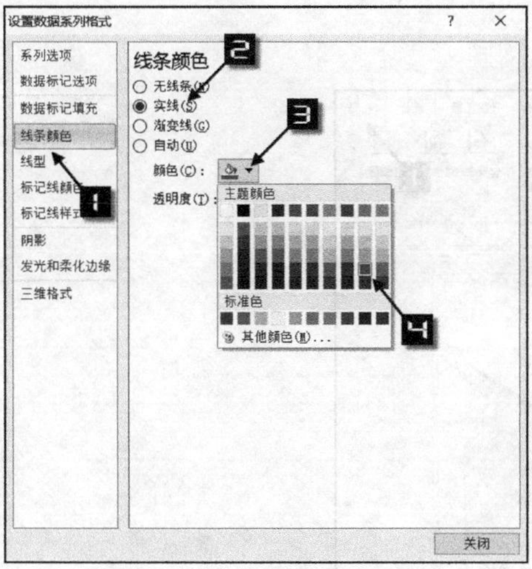

图6-175　设置线条颜色

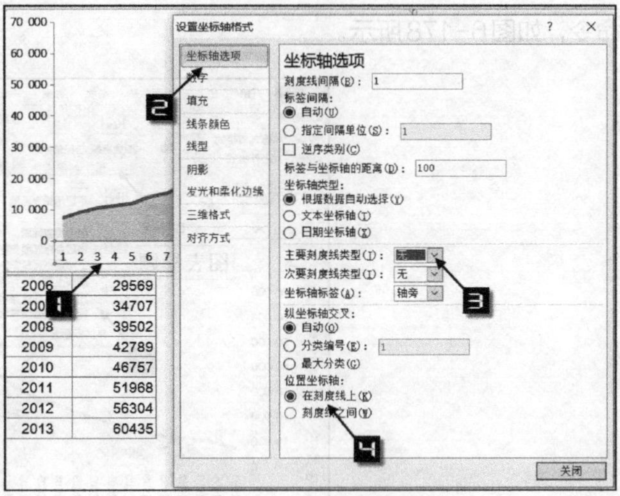

图6-176　设置坐标轴格式

步骤 11 切换到【线条颜色】选项卡，选中【无线条】单选按钮。

步骤 12 选中图表垂直轴，按同样的方法设置“主要刻度线类型”为无，线条颜色为“无线条”，单击【关闭】按钮，关闭【设置坐标轴格式】对话框。

步骤 13 右键单击图表，在快捷菜单中选择【选择数据】命令，打开【选择数据源】对话框。单击【水平（分类）轴标签】下的【编辑】按钮，弹出【轴标签】对话框。单击【轴标签区域】下的折叠按钮，选中A2:A21单元格区域的年份，单击【确定】按钮返回【选择数据源】对话框，再次单击【确定】按钮，关闭对话框，如图6-177所示。

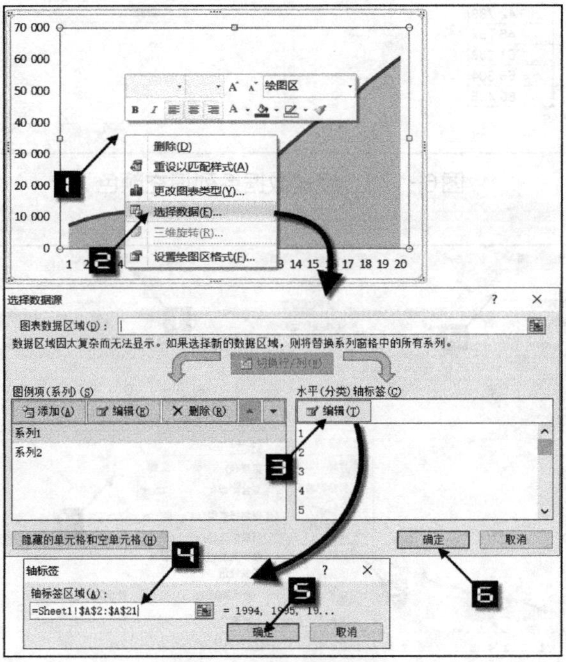

图6-177 选择数据源

步骤 14 在【布局】选项卡下，单击【图表标题】下拉按钮，在下拉菜单中选择【图表上方】命令，如图6-178所示。

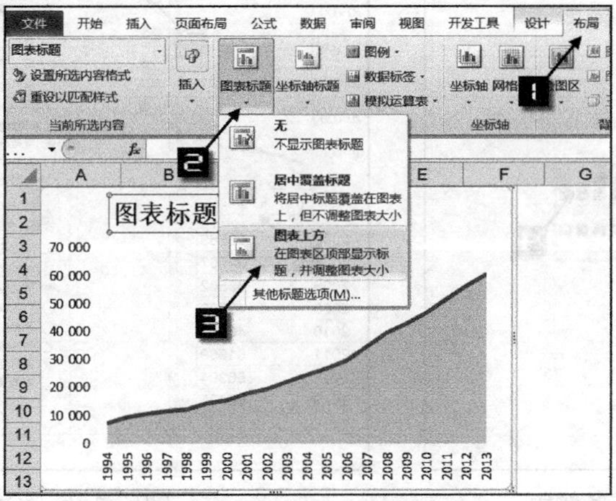

图6-178 添加图表标题

步骤15 将图表标题修改为“1994—2013年平均薪酬变化”，选中图表后设置字体、字号和字体颜色。

步骤16 拖动图表标题边框调整位置，适当调整图表大小。

步骤17 单击图表区，在【格式】选项卡下单击【形状填充】下拉按钮，在下拉菜单中选择【其他填充颜色】命令，打开【颜色】对话框。切换到【自定义】选项卡下，在底部依次输入颜色RGB值241、242、254，单击【确定】按钮，如图6-179所示。

完成设置后的效果如图6-180所示。

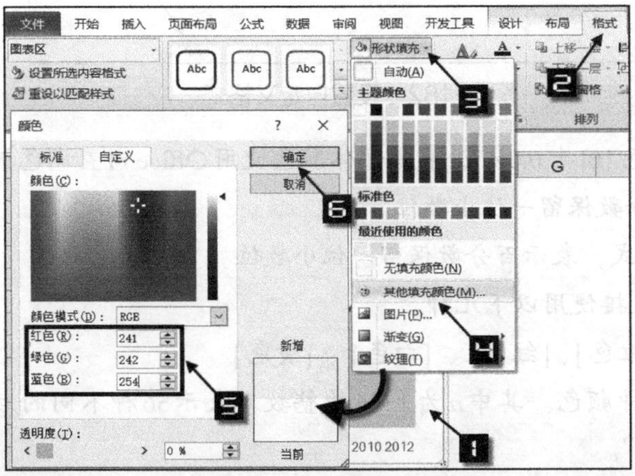

图6-179 设置图表区颜色

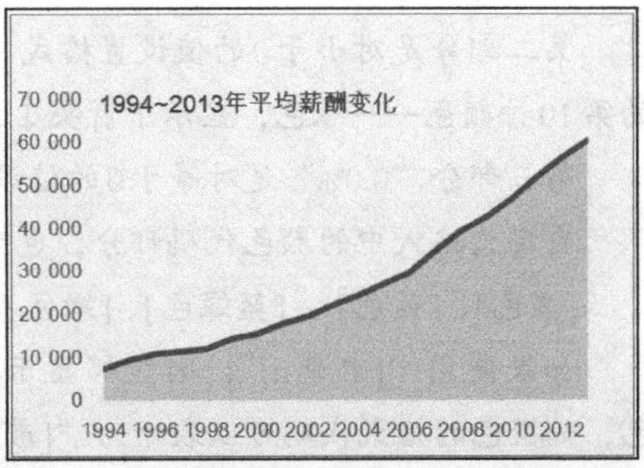

图6-180 完成后的图表效果

小技巧

使用自定义格式展示数据变化

如图6-181所示，在销售数据表中的C列设置自定义格式后，箭头朝向和字体颜色可以随着数据变化自动改变。

C列的负数表示低于平均值，文字显示为绿色，并且添加下箭头。正数表示高于平均值，文字显示为红色，并且添加上箭头。

素材所在位置：

光盘：\素材\第6章 考勤与薪酬福利管理常用表格制作\使用自定义格式展示数据变化.xlsx

如图6-182所示，首先选中C2:C13单元格区域，按<Ctrl+1>组合键，在弹出的【设置单元格格式】对话框中单击【自定义】选项卡，在【类型】编辑框中输入以下格式代码，单击【确定】按钮。

```
[颜色3]↑0.0%;[颜色10]↓0.0%;0.0%
```

格式分为3部分，用半角分号隔开。第一部分是对大于0的值设置格式“[颜色3]↑0.0%”，表示字体颜色使用Office内置调色板的第3种颜色——红色，显示上箭头↑，百分数保留一位小数位。

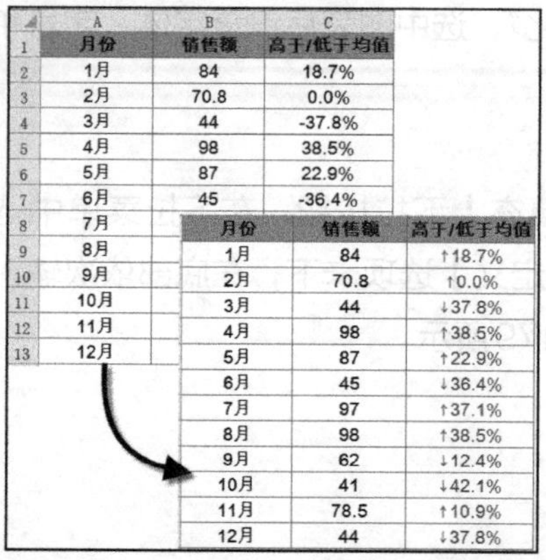

图6-181　使用自定义格式展示增减状况

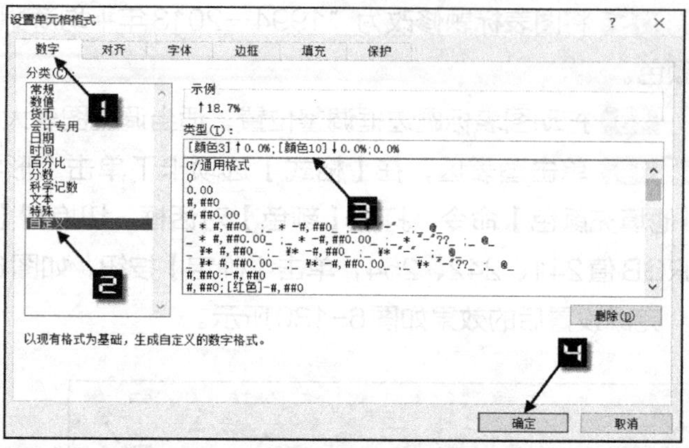

图6-182　设置自定义格式

第二部分是对小于0的值设置格式“[颜色10]↓0.0%”，表示字体颜色使用Office内置调色板的第10种颜色——绿色，显示下箭头↓，百分数保留一位小数位。

第三部分“0.0%”是对等于0的值设置格式，表示百分数保留一位小数位。

自定义格式中的颜色代码部分，也可以直接使用以下几种。

[黑色]、[蓝色]、[蓝绿色]、[绿色]、[洋红色]、[红色]、[白色]、[黄色]

如果使用“[颜色*n*]”，则能够显示更多种颜色。其中*n*为1~56的整数，表示56种不同的颜色，如橙色的格式代码可以表示为“[颜色46]”。

在自定义格式中输入上下箭头↑↓时，可以在【插入】选项卡下单击【符号】按钮，弹出【符号】对话框。单击【子集】右侧的下拉按钮，在下拉列表中选择“箭头”，这样就可以在显示框中看到不同方向的箭头，选中所需的箭头，再单击【插入】按钮，即可将箭头插入单元格中，如图6-183所示。

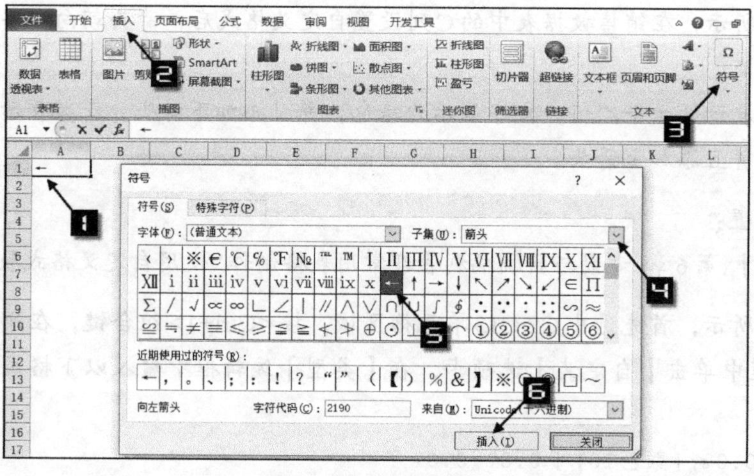

图6-183　插入箭头

然后复制单元格中的箭头，在设置单元格格式时，粘贴到格式编辑框中即可。

本章小结

本章主要介绍了加班统计表、工资表、工资条以及个人所得税计算、销售提成计算等与薪酬管理有关的内容。同时，介绍了日期时间的计算、常用日期类函数、条件求和与多条件求和的汇总、用百分比图表展示出勤率、用占位条形图展示不同部门工资增幅变化，以及用折线图+面积图图表来展示历年的平均薪酬变化等内容。

练习题

1. 填充公式可以使用________、________、________、________和________等方法。

2. 返回A列最后一个文本的公式是________________。

3. 返回A列最后一个数值的公式是________________。

4. 返回A列最后一个非空单元格内容的公式是________________。

5. 按部门拆分工资表，使用的是数据透视表的________________功能。

6. 如果要对一组数据统一增加100，应该使用哪个功能完成？简述操作步骤。

7. WEEKDAY函数的作用是什么？

8. EOMONTH函数的作用是什么？

9. SUMIFS的第几个参数是求和区域？SUMIF函数的第几个参数是求和区域？

10. 模拟一组数据，仿照6.4节中的步骤制作百分比图表。

11. 模拟一组数据，仿照6.14节中的步骤，用折线图+面积图展示数据变化趋势。

第 7 章

职工社保管理常用表格制作

本章导读

社会保险属于人力资源管理的一项重要工作内容，完善的社保管理工作不仅能保障职工权益，也有助于提高企业的凝聚力和竞争力。

7.1 创建社保缴费统计表

社会保险费是企业成本和职工工资总额的重要组成部分，主要包括基本养老保险、基本医疗保险、失业保险、工伤保险和生育保险等强制性基本保险费用，同时还包括企业依法设立的各项补充保险费用。

社会保险费的构成包括企业缴纳部分和职工个人缴纳部分，本节以某市社会保险缴费规定为例（各省市缴费比例略有不同），制作社会保险费统计表格。

素材所在位置：

光盘：\素材\第 7 章 职工社保管理常用表格制作\7.1 员工社保缴费统计表.xlsx

操作步骤如下。

步骤 1 新建一个工作簿，删除Sheet2和Sheet3工作表，按<Ctrl+S>组合键，另存为“员工社保缴费统计表.xlsx”。

步骤 2 在工作表中输入基础信息，其中包括工号、姓名、缴费基数，以及养老保险、医疗保险、失业保险、工伤保险和生育保险各项保险承担的比例，如图7-1所示。

	A	B	C	D	E	F	G	H	I	J	K	L	M	N	O
1	公司员工保险缴纳费统计表														
2	工号	姓名	缴费基数	养老保险			医疗保险			失业保险			工伤保险	生育保险	合计
3				合计(28%)	单位(20%)	个人(8%)	合计(11%)	单位(9%)	个人(2%)	合计(3%)	单位(2%)	个人(1%)	单位(1%)	单位(0.8%)	
4															
5															
6															
7															
8															
9															
10															
11	合计														
12				制表人:							制表日期:				

图7-1 在表格中输入基础数据

步骤 3 对工作表中的部分单元格进行“合并后居中”操作，然后添加边框，设置单元格字体字号，设置完成后的表格效果如图7-2所示。

	A	B	C	D	E	F	G	H	I	J	K	L	M	N	O
1	公司员工保险缴纳费统计表														
2	工号	姓名	缴费基数	养老保险			医疗保险			失业保险			工伤保险	生育保险	合计
3				合计(28%)	单位(20%)	个人(8%)	合计(11%)	单位(9%)	个人(2%)	合计(3%)	单位(2%)	个人(1%)	单位(1%)	单位(0.8%)	
4															
5															
6															
7															
8															
9															
10															
11		合计													
				制表人：							制表日期：				

图7-2 员工社保缴费统计表

7.2 计算社会保险缴费基数

社会保险缴费基数简称社保基数，是指职工在一个社保年度的社会保险缴费基数，按照职工上一年度1~12月的所有工资性收入所得的月平均额来进行确定。社会保险缴费基数是计算用人单位及其职工缴纳社保费和职工社会保险待遇的重要依据，有上限和下限之分，具体数额根据各地区实际情况而定。

缴费基数上限，是指职工工资收入超过上一年省、市在岗职工月平均工资300%的部分不计入缴费基数。

缴费基数下限，是指职工工资收入低于上一年省、市在岗职工月平均工资60%的，以上一年省、市在岗职工月平均工资算术平均数的60%为缴费基数。

素材所在位置：

光盘：\素材\第7章 职工社保管理常用表格制作\7.2 计算社会保险缴费基数.xlsx

在图7-3所示的表格中，D列是职工本人上年度月平均工资，需要在E列计算出个人缴费基数。如果上年度月平均工资在缴费基数范围内，缴费基数按上年度月平均工资执行。如果上年度月平均工资超出缴费基数范围，则缴费基数按规定的上下限值执行。

	A	B	C	D	E
1	姓名	部门	职务	上年度月平均工资	个人缴费基数
2	陈春秀	安监部	保卫	3200	3200
3	任小伟	财务部	出纳	4500	4500
4	董艳慧	采购部	部长	6000	6000
5	程建男	仓储部	保管	4500	4500
6	董大伟	企管部	保洁	2600	2815
7	白彩玲	审计部	部长	6000	6000
8	丁一民	生产部	总工	14500	14076
9	陈安东	销售部	主管	5000	5000
10	蔡燕娟	质保部	化验	3600	3600
11	白金飞	总经办	经理	25000	14076
12					
13		缴费基数范围			
14		上限	下限		
15		14076	2815		

图7-3 计算社保缴费基数

方法1 使用IF函数

```
=IF(D2>$B$15,$B$15,IF(D2<$C$15,$C$15,D2))
```

首先以B15单元格的缴费基数上限14076为参照，如果D2单元格中的平均工资大于缴费基数的上限，则返回B15单元格中的值，如果D2单元格中的平均工资低于C15单元格的缴费基数下限，则返回C15单元格中的值；否则仍然返回D2单元格中的值。

方法2 使用MAX函数和MIN函数

```
=MIN($B$15,MAX(D2,$C$15))
```

该公式利用MAX函数和MIN函数，在上年度月平均工资和缴费基数限值之间进行比较。

“MAX(D2,$C$15)”部分，用MAX函数计算出D2单元格平均工资与C15单元格的缴费基数下限的最大值，这一步的作用是如果平均工资低于缴费基数下限，则返回缴费基数下限，否则返回D2单元格本身的值。

再使用MIN函数，在缴费基数上限和MAX函数的计算结果之间进行比较，并返回其中的较小值。这一步的作用是如果MAX函数的计算结果大于缴费基数上限，则仍然返回缴费基数上限。

此技巧在实际工作中经常被用户使用，公式模型通常为

```
=MIN(上限,MAX(下限,数值本身))
```

方法3 使用MEDIAN函数

```
=MEDIAN(D2,$B$15,$C$15)
```

MEDIAN函数用来返回一组数的中值，正确使用MEDIAN函数将会比IF函数写的公式更加简洁。如果参数集合中包含偶数个数字，MEDIAN函数将返回位于中间的两个数的平均值。

小技巧

按姓氏笔画排序

在默认情况下，Excel是按照字母顺序对汉字排序。以中文姓名为例，字母顺序即按姓的拼音首字母在26个英文字母中出现的顺序进行排列，如果同姓，则依次计算姓名中的第二、第三个字。

素材所在位置：

光盘：\素材\第7章 职工社保管理常用表格制作\按姓氏笔画排序.xlsx

以图7-4所示的公司内部会议参加人员表格为例，需要使用姓氏笔画的顺序排序，这种排序的规则是按照姓氏笔画数的多少排列，同笔画的姓名按起笔顺序排列，如果同姓则对姓名第二字、第三字按该规则排序。

	A	B	C
1	姓名	部门	职务
2	陈安东	销售部	部长
3	董艳慧	采购部	部长
4	陈春秀	安监部	部长
5	蔡燕娟	质保部	部长
6	丁一民	生产部	部长
7	董大伟	企管部	部长
8	白彩玲	审计部	部长
9	任小伟	财务部	部长
10	程建男	仓储部	部长
11	白金飞	总经办	经理

图7-4 与会人员名单

操作步骤如下。

步骤1 单击数据区域中的任意单元格，如A3，在【数据】选项卡中单击【排序】按钮，弹出【排序】对话框。

步骤2 在【排序】对话框中，主要关键字选择为“姓名”，排序次序为“升序”，单击【选项】按钮，弹出【排序选项】对话框。

步骤3 在【排序选项】对话框中选中【笔画排序】单选按钮，依次单击【确定】按钮，关闭对话框，如图7-5所示。

排序完成的效果如图7-6所示。

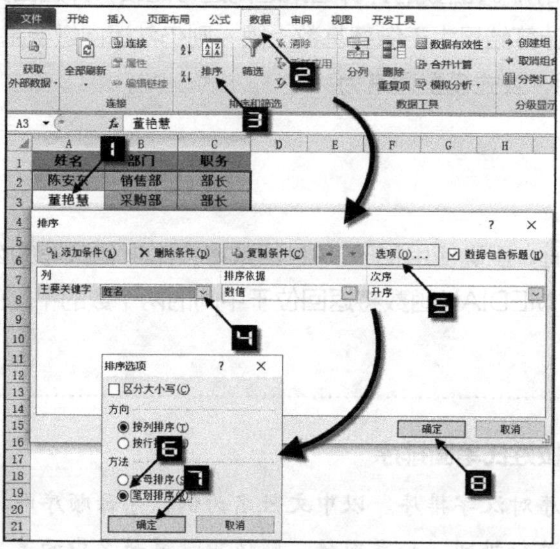

图7-5　按笔画排序

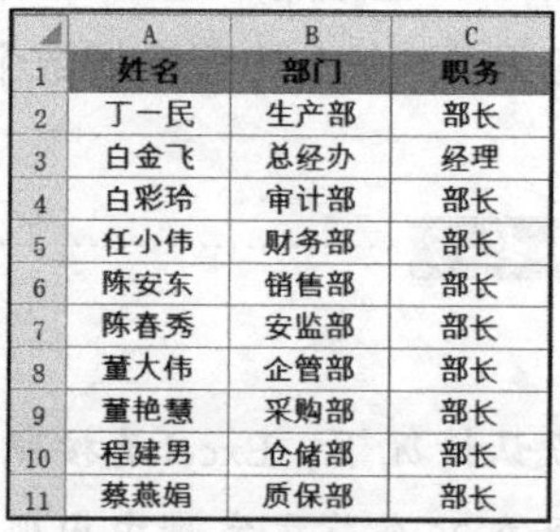

姓名	部门	职务
丁一民	生产部	部长
白金飞	总经办	经理
白彩玲	审计部	部长
任小伟	财务部	部长
陈安东	销售部	部长
陈春秀	安监部	部长
董大伟	企管部	部长
董艳慧	采购部	部长
程建男	仓储部	部长
蔡燕娟	质保部	部长

图7-6　按笔画排序的效果

本章小结

动态、及时地掌握社保费用的缴纳和支付情况，关系到每位职工的切身利益，因此在实际工作中有非常重要的意义。本章主要介绍了社保缴费统计表的创建和社保缴费基数的计算。

练习题

1. 建立一个工作簿，并进行如下操作。

（1）在A2单元格中输入123456789123456789。

（2）首先设置自定义序列，然后在A5至G5单元格中拖动填充柄输入部门一、部门二、部门三……部门七。

（3）在B1至B10单元格中拖动填充柄输入数据1，3，5，7，…。

（4）在C1:F5单元格区域中同时输入“我很棒”。

2. 在Excel 2010功能区中，包括______选项卡、______选项卡、______选项卡、______选项卡、______选项卡、______选项卡、______选项卡和______选项卡。

3. Excel 2010工作表的默认格式是______。

4. 新建一个工作簿，插入一个新的工作表Sheet4。将Sheet4工作表移动到Sheet2之前，删除Sheet3工作表，将Sheet4工作表重命名为“我的工作表”。设置该工作表1~3行的行高为90，A~D列的列宽为30，最后隐藏该工作表。

5. 逻辑值通常表示对一个条件的判定结果，包括______和______两种类型。

6. 请将“作业7-1.xlsx”中的“燕京一中”，全部替换为“燕京一中附中”。

7. 设置自定义格式，使单元格输入“技术”时，显示为“天润有限公司技术部”。

8. 设置自定义格式，使单元格输入“2017-5-1”时，显示为“今天是 2017年5月1日星期一”。

9. 简述顶端标题行的设置方法。

10. 以B5单元格为例，若使用相对引用、混合引用或绝对引用，分别如何表达？

11. 以下单元格地址中，______是相对引用。

A. $A$1　　B. $A1　　C. A$1　　D. A1

12. 在条件格式中使用公式时，要针对______进行设置，设置后的规则将自动应用于所选定的区域的每一个单元格。

13. 利用“练习7-2.xlsx”中的数据，要求根据B列的出生日期计算年龄，截止时间为2017年1月1日，如图7-7所示。

14. 利用“练习7-3.xlsx”中的数据，要求在G2单元格中，使用VLOOKUP函数在B:D列查询员工年龄，如图7-8所示。

	A	B	C
1	姓名	出生日期	年龄
2	华远东	1996/2/5	20
3	毕紫玉	1998/8/12	18
4	蓝天阔	1997/11/5	19
5	周远芳	1995/1/13	21
6	韩小磊	1999/12/20	17

图7-7　根据出生日期计算年龄

	A	B	C	D	E	F	G
1		姓名	出生日期	年龄		姓名	年龄
2		华远东	1996/2/5	20		蓝天阔	19
3		毕紫玉	1998/8/12	18			
4		蓝天阔	1997/11/5	19			
5		周远芳	1995/1/13	21			
6		韩小磊	1999/12/20	17			

图7-8　查询员工年龄

15. 利用“练习7-4.xlsx”中的数据，要求在F2单元格中，使用INDEX+MATCH函数，在A~C列查询员工工号，如图7-9所示。

	A	B	C	D	E	F
1	工号	姓名	性别		姓名	工号
2	D001	华远东	男		蓝天阔	D003
3	D002	毕紫玉	女			
4	D003	蓝天阔	男			
5	D004	周远芳	女			
6	D005	韩小磊	男			

图7-9　查询员工工号

16. 新建一个工作簿，对Sheet1工作表的D1:D10单元格区域设置数据有效性，当选中该区域任意单元格时，在其右侧显示下拉按钮，下拉列表中的选项为“采购部”“信息部”和“质保部”。

17. 对“练习7-5.xlsx”中的员工信息表，按照“经理、科长、职员”的职务顺序排序。

18. 新建一个工作簿，模拟一组数据，制作带平均线的柱形图，并进行美化。

19. 修改数据透视表字段名称时，需要注意与__________名称不能相同。

20. 利用“作业7-6.xlsx”提供的数据，创建数据透视表，并对日期按年月进行组合，如图7-10所示。

	A	B	C	D	E	F	G
1	金额		业务员				
2	年	日期	叶之枫	白云飞	邱文韵	廖文轩	总计
3	2016年	8月	21,698	49,996	27,472	48,665	147,830
4		9月	17,750	43,378	29,695	36,129	126,952
5		10月	28,196	39,585	52,958	16,782	137,521
6		11月	8,930	35,662	14,955	21,860	81,407
7		12月	19,910	37,625	46,185	36,176	139,896
8	2017年	1月	14,690	43,497	38,699	32,350	129,236
9		2月	15,760	31,481	45,082	36,170	128,493
10		3月	31,430	39,244	49,205	35,062	154,941
11		4月	7,222	30,230	26,958	33,102	97,512
12		5月	18,202	67,957	23,644	18,420	128,222
13		6月	7,640	44,070	45,622	11,074	108,406
14		7月	7,800	18,640	15,300	3,265	45,005
15	总计		199,228	481,362	415,774	329,055	1,425,418

图7-10　作业7-6